U0851773

铁路新职人员岗位培训系列教材

助理值班员

中国铁路上海局集团有限公司　编

中国铁道出版社有限公司

2025年·北　京

内 容 简 介

本书为铁路新职人员岗位培训系列教材之一，根据《铁路特有工种技能培训规范》和岗位作业标准编写。全书共四篇，主要包括铁路线路、道岔及站场，通信、信号、联锁、闭塞设备，机车车辆等基础知识；接发列车，货车列尾装置，非正常接发列车，调车工作等专业知识；电气化铁路知识，车站技术作业，现在车管理及相关数据统计，铁路交通事故等相关知识；助理值班员（内外勤）接发列车作业，助理值班员（内勤）接发列车作业，助理值班员（外勤）接发列车作业等专业技能。

本书可作为助理值班员岗前资格性培训和岗位适应性培训教材，对各类职业院校相关师生也有重要的参考价值。

图书在版编目（CIP）数据

助理值班员/中国铁路上海局集团有限公司编．—北京：中国铁道出版社有限公司，2023.12（2025.8 重印）

铁路新职人员岗位培训系列教材

ISBN 978-7-113-30729-5

Ⅰ.①助… Ⅱ.①中… Ⅲ.①铁路车站-行车组织-岗位培训-教材 Ⅳ.①U292

中国国家版本馆 CIP 数据核字（2023）第 215041 号

书　　名：助理值班员
作　　者：中国铁路上海局集团有限公司

责任编辑：黄　筱　　**编辑部电话：**（010）51892548
编辑助理：刘　臻
封面设计：郑春鹏
责任校对：刘　畅
责任印制：赵星辰

出版发行：中国铁道出版社有限公司（100054，北京市西城区右安门西街 8 号）
网　　址：https://www.tdpress.com
印　　刷：天津嘉恒印务有限公司
版　　次：2023 年 12 月第 1 版　2025 年 8 月第 4 次印刷
开　　本：787 mm×1 092 mm 1/16　**印张：**21　**字数：**508 千
书　　号：ISBN 978-7-113-30729-5
定　　价：80.00 元

前言

新职人员是铁路职工队伍的新生力量，也将是中国式现代化建设的中坚力量。随着我国铁路事业快速发展，路网规模持续扩大、技术装备不断更新、职工队伍大规模新老交替，对铁路专业技能人才，尤其是新职人员的知识结构、技能结构提出了更高的要求。为提高职工岗位技能源头培训质量，提升职工队伍素质，保障运输安全生产，推动铁路高质量发展和现代化建设取得新成效，根据国铁集团《铁路特有工种技能培训规范》和岗位作业标准，中国铁路上海局集团有限公司组织编写了"铁路新职人员岗位培训系列教材"。

本套教材严格落实铁路主要行车工种岗位资格性培训准入制度，紧密结合现场各工种岗位作业实际及职工培训中的重点，充分依据现行基本规章和作业标准，内容反映各专业新技术、新设备、新工艺、新规章制度变化，重点突出非正常情况下应急处置、作业标准和流程、安全规定、关键作业项点等。

本套教材的最大特点为"理实一体"，以岗位需求为导向，以提升职业素养和岗位技能为核心，将理论知识和实作技能融会贯通，融为一体。理论知识部分，遵循铁路专业学科的知识体系，由浅入深，既包含入门必备的基础知识，也针对专业知识逐步展开，使铁路新职人员较快掌握。实作技能部分，以提升技能操作水平为目标，紧密围绕岗位技能需求，突出必知必会内容，涵盖基本技能和专业技能。为便于教学和使用，每章后面配有复习思考题。

本套教材由中国铁路上海局集团有限公司教材编审委员会组织，集团公司领导高度重视，职工培训部主牵头，运输、客运、货运、机务、车辆、工务、电务、供电等各专业部门，分别组建以首席技师、工匠、技能大师等为主体的编写团队进行编写，适用于新职人员岗前资格性培训，也可作为日常岗位适应性培训教材。本套教材在编写过程中得到了相关运输站段的大力支持，在此一并表示感谢！

本书为"铁路新职人员岗位培训系列教材"之一，共四篇，主要包括铁路线路、道岔及站场，通信、信号、联锁、闭塞设备，机车车辆等基础知识；接发列车，货车列尾装置，非正常接发列车，调车工作等专业知识；电气化铁路知识，车站技术作业，现在车管理及相关数据统计，铁路交通事故等相关知识；助理值班员（内外勤）接发列车作业，助理值班员（内勤）接发列车作业，助理值班员（外勤）接发列车作业等专业技能。

编写过程中，虽多次组织现场调研、专题分析研讨，多层面广泛收集意见建议，但难免有不足和纰漏之处，恳请广大读者提出宝贵意见，便于日后修订完善。

编委会

2023年12月

目 录

第一篇 基础知识

第二篇 专业知识

第四篇　专业技能

第一篇　基础知识

第一章　铁路线路、道岔及站场

本章以铁路线路及道岔基础知识为出发点，围绕助理值班员需要掌握的知识点，着重介绍了车站及线路分类、线路轨道的组成和作用、车站线路及道岔编号等方面的知识。通过学习，掌握铁路道岔的辙叉号及与列车过岔速度关系、道岔定位的规定、股道及道岔编号、股道有效长和容车数计算等铁路基础知识。

第一节　车站、线路分类及线路组成

一、铁路等级

铁路等级依据其在路网中的作用、性质、设计速度和客货运量确定，分为高速铁路、城际铁路、客货共线铁路和重载铁路。

（一）高速铁路

高速铁路是指新建设计速度为 250 km/h 及以上，运行动车组列车的客运专线铁路。设计速度分为 250 km/h、300 km/h 和 350 km/h 三级。高速铁路一般只运行动车组列车，不开行货车和机车牵引的客车。

（二）城际铁路

城际铁路是指专门服务于相邻城市间或城市群，快速、便捷、高密度的客运专线铁路。城际铁路可自成体系并相对独立运营，重要节点考虑与铁路网互联互通或换乘的条件。

（三）客货共线铁路

客货共线铁路是指铁路网中客货列车共线运行，旅客列车设计行车速度 200 km/h 及以下的铁路。

客货共线铁路根据其在路网中的作用和运量，又分为Ⅰ级、Ⅱ级、Ⅲ级和Ⅳ级铁路。

Ⅰ级铁路，铁路网中起骨干作用的铁路，或近期年客货运量≥20 Mt。

Ⅱ级铁路，铁路网中起联络、辅助作用的铁路，或近期年客货运量＜20 Mt 且≥10 Mt。

Ⅲ级铁路，为某一地区服务或企业服务的铁路，近期年客货运量＜10 Mt 且≥5 Mt。

Ⅳ级铁路，为某一地区服务或企业服务的铁路，近期年客货运量＜5 Mt。

以上年客货运量为重车方向的货运量与客车对数折算的货运量之和，每日一对旅客列车按 1 Mt 年货运量折算。近期指交付运营后第 10 年。

（四）重载铁路

满足列车牵引质量 8 000 t 及以上、轴重为 27 t 及以上、在至少 150 km 线路区段上年运量大于 4 000 万 t 三项条件中两项的铁路。

二、铁路线路分类

(一)按区间正线数量分类

单线铁路:区间只设一条正线,上、下行列车共用该线。

双线铁路:区间设两条正线,上、下行列车按左侧行车制分开使用。

多线铁路:根据行车量的大小,区间正线的数量多于两条。

(二)按铁路产权分类

国家铁路:指中国国家铁路集团有限公司(以下简称国铁集团)独立投资或以国铁集团为主投资建设和管理的铁路。

合资铁路:指国铁集团与其他部委、地方政府、企业或其他投资者合资建设和经营的铁路,分为国家铁路控股合资铁路和非国家铁路控股合资铁路。

地方铁路:指地方人民政府投资建设和管理的铁路。

专用铁路:指由企业或者其他单位管理,专为本企业或者本单位内部提供运输服务的铁路。

三、铁路线路组成

铁路线路是机车车辆运行的基础,直接承受机车车辆通过轮对传递来的动荷载。为了保证列车能按规定速度安全、平稳和不间断地运行,铁路线路必须经常保持良好状态。

铁路线路是由轨道、路基、桥隧建筑物组成的一个整体工程结构。

四、车站的定义及分类

(一)车站的定义

车站是办理列车接发和会让,通常还办理客货业务运输的分界点,一般设有配线。设备较完善的车站,还进行列车解体和编组等工作。单线、双线区段车站如图 1-1-1、图 1-1-2 所示。

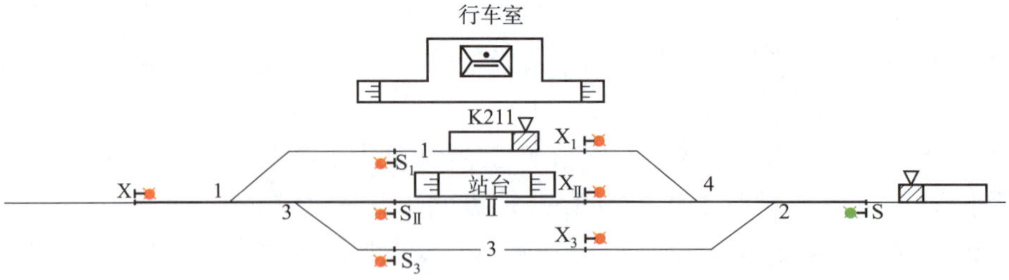

图 1-1-1　单线区段车站

(二)车站的分类及等级

1. 车站的分类

为便于掌握、管理和运用,根据每个车站在路网上所处的地位和所承担的任务,对所有车站可按技术作业、业务性质和等级进行分类。

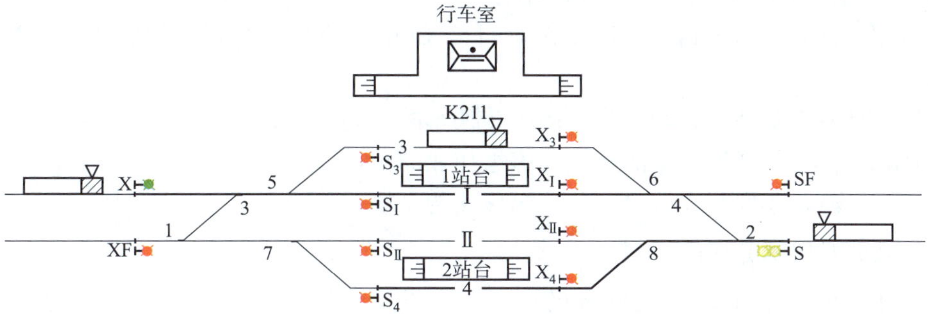

图 1-1-2　双线区段车站

(1)按技术作业分类

①编组站:设置于大量车流集散,港、矿附近或若干铁路线路衔接的地点。其主要作业为解体和编组各种货物列车。因此,在设备上有较多的配线、若干车场和调车设备,以及机车整备、车辆检修等设备。

②区段站:设置于机车牵引区段两端,一般为机务段(折返点)所在站。主要办理无调车作业中转列车的技术作业,机车的更换或整备,乘务组的换班,区段列车和摘挂列车的编、解作业,以及直达、直通列车的补减轴作业,也担当部分列车的编、解作业。始发、终到旅客列车较多的客运站、客货运站,进行大量机车换挂等技术作业,也属于区段站。

③中间站:在每一区段内设有若干个中间站,其中包括单线区段的会让站和双线区段的越行站。主要办理列车的会让、越行、停站、通过,以及摘挂列车摘挂车辆等作业。个别的中间站也进行编组列车和机车整备作业,以及补机摘挂、列车技术检查等作业。

(2)按业务性质分类

按是否办理客运、货运业务,将车站分为营业站、非营业站。办理客运、货运业务的车站为营业站;既不办理客运业务也不办理货运任务的车站为非营业站。营业站根据办理的业务分为:

①客运站:设于具有特殊意义的城市(如首都、省会、旅游地等)和客流量较大的城市,专门办理客运业务。

②货运站:设于大城市,工业中心、港口、矿区或有大量货物装卸、中转作业的地点,专门办理货运业务。

③客货运站:既办理客运业务又办理货运业务。

(3)按车站等级分类

车站分为特等站和一、二、三、四、五等站。

由于车站是依其主要特点和不同角度分类的,因而一个车站可能是技术作业上的区段站,又是业务性质上的客货运站。

2. 车场的分类

编组站、区段站和其他较大的车站线路较多,为便于管理和减少各种作业间的互相干扰,实行平行作业,提高车站能力,可根据线路的配置情况及用途按线群划分车场。车场一般分为下列几种:

(1)到达场:主要办理接入到达解体列车作业的车场;

(2)出发场:主要办理编组始发列车作业的车场;

(3)到发场:兼办列车到达与出发作业的车场(还可分为货物列车到发场与旅客列车到发场);

(4)直通场:主要办理无调车作业的中转列车的车场;

(5)调车场:主要办理列车的解体与编组作业的车场;

(6)编发场:兼办列车编解与出发列车作业的车场。

(三)区间及闭塞分区的界限

为保证列车运行的安全,使同方向列车不致发生追尾冲突,对向列车不致发生迎面相撞,列车运行必须有间隔;同时,在满足列车长度、速度、密度、制动力和信号显示距离等条件下,划分列车运行间隔有利于提高铁路通过能力。

1. 保持列车运行之间有一定的间隔距离的办法有以下两类:

(1)空间间隔法:以车站、线路所所划分的区间,自动闭塞区间的通过信号机所划分的闭塞分区,作为两列车间隔的行车方法。即在正常情况下,每个区间(或闭塞分区),在同一时间内,只准有一个列车占用。

(2)时间间隔法:又称隔时续行法,按一定的时间间隔开行续行列车。即第一列车发车后,经过一定的时间,再发出下一列列车。

2. 我国铁路列车运行一般采用空间间隔法,就是将铁路正线分别用车站、线路所和自动闭塞区间的通过信号机(三者统称为分界点),划分为站间区间、所间区间和闭塞分区,作为列车运行的间隔。

(1)站间区间——车站与车站间的线段。

①单线站间区间,以进站信号机柱中心线为车站与区间的分界线,如图 1-1-3 所示。

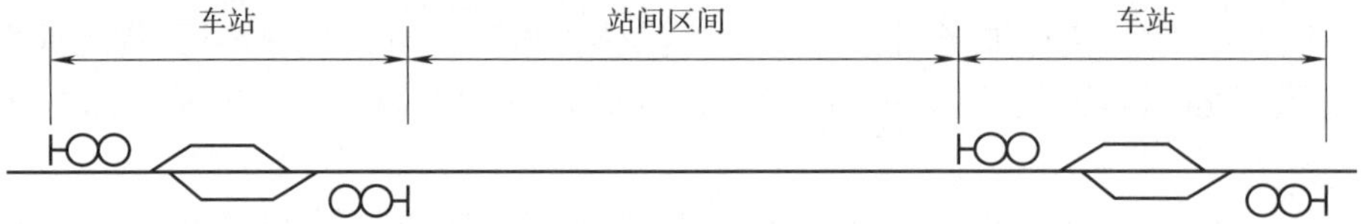

图 1-1-3 单线区段站间区间界限示意图

②双线或多线站间区间,分别以各该线的进站信号机柱或站界标的中心线为车站与区间的分界线,如图 1-1-4 所示。

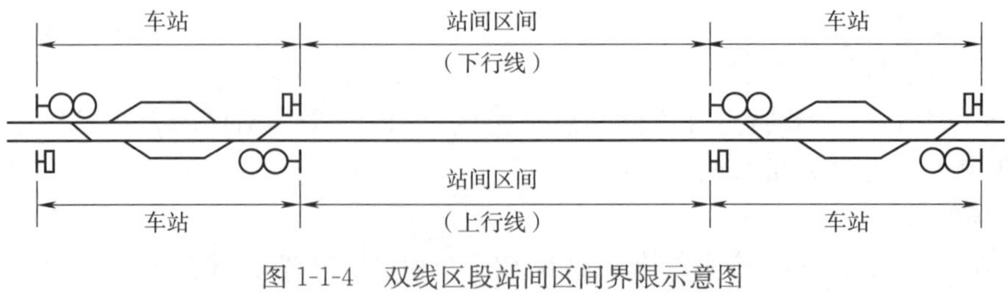

图 1-1-4 双线区段站间区间界限示意图

(2)所间区间——两线路所间或线路所与车站间的线段。

①单线所间区间,以该线上的线路所通过信号机柱的中心线为所间区间的分界线。设

有进站信号机的线路所，所间区间的分界方法与站间区间相同。

单线区间线路所只设有通过信号机，无管辖地段的，所间区间界限如图 1-1-5 所示。

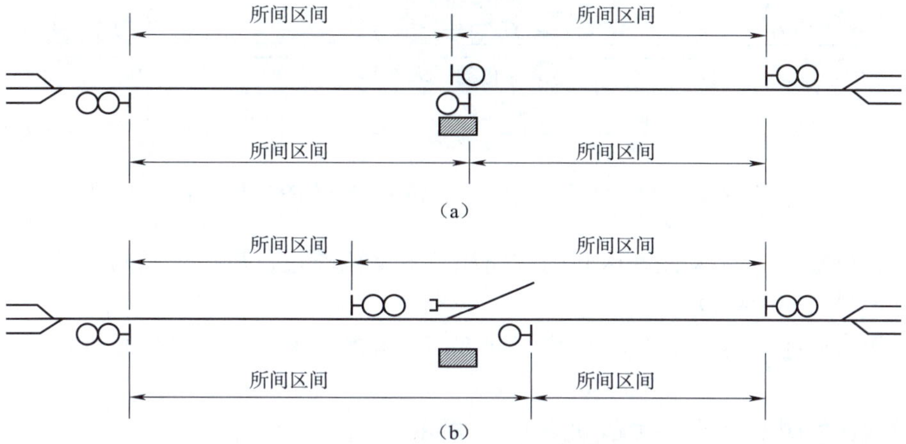

图 1-1-5 单线区间只设有通过信号机的所间区间界限示意图

单线区间线路所设有进、出站信号机，并有管辖地段的，所间区间界限如图 1-1-6 所示。

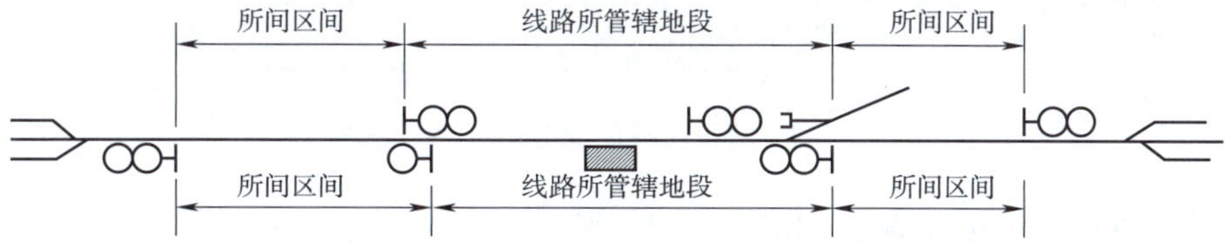

图 1-1-6 单线区间设有进、出站信号机的所间区间界限示意图

②双线所间区间，其划分方法与单线所间区间相同。

双线区间线路所只设有通过信号机，无管辖地段的，所间区间界限如图 1-1-7 所示。

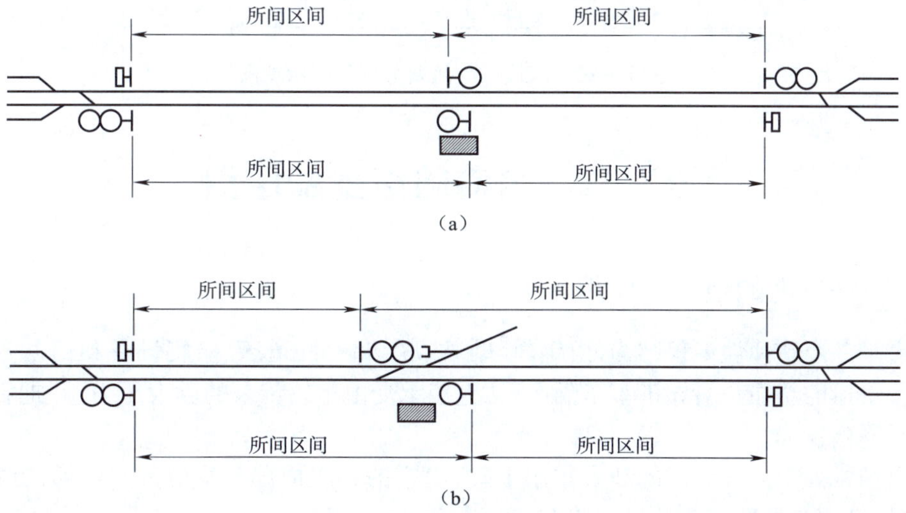

图 1-1-7 双线区间只设有通过信号机的所间区间界限示意图

双线区间线路所设有进、出站信号机，并有管辖地段的，所间区间界限如图 1-1-8 所示。

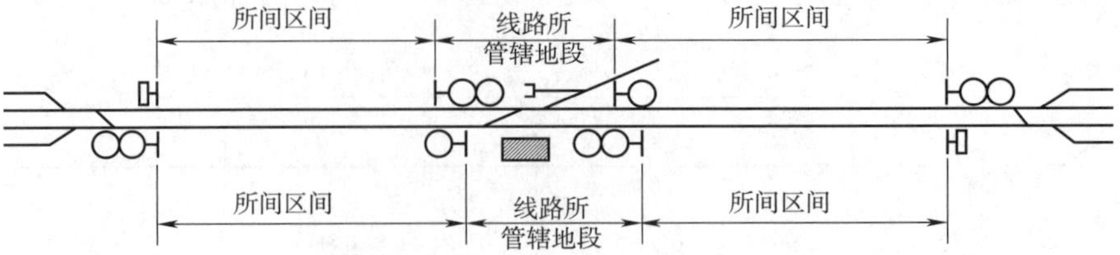

图 1-1-8 双线区间设有进、出站信号机的所间区间界限示意图

(3)闭塞分区——自动闭塞区间同方向相邻的两架通过色灯信号机间或进站信号机与通过色灯信号机间的线段。

自动闭塞区间的闭塞分区，以该线上同方向相邻的两架通过色灯信号机柱的中心线为分界线。

①单线区间闭塞分区分界线，如图 1-1-9 所示。

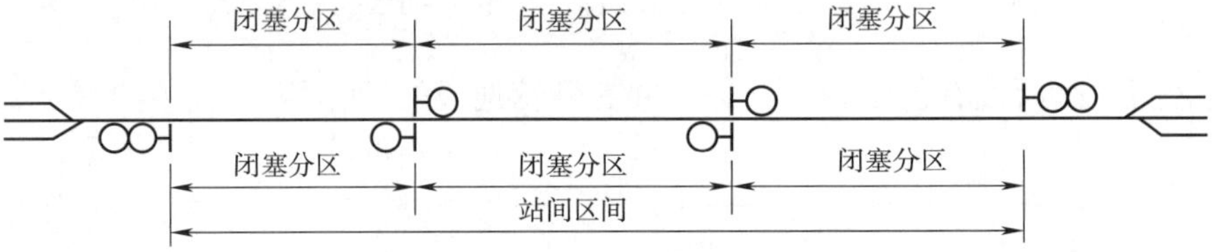

图 1-1-9 单线区间闭塞分区界限示意图

②双线区间闭塞分区分界线，如图 1-1-10 所示。

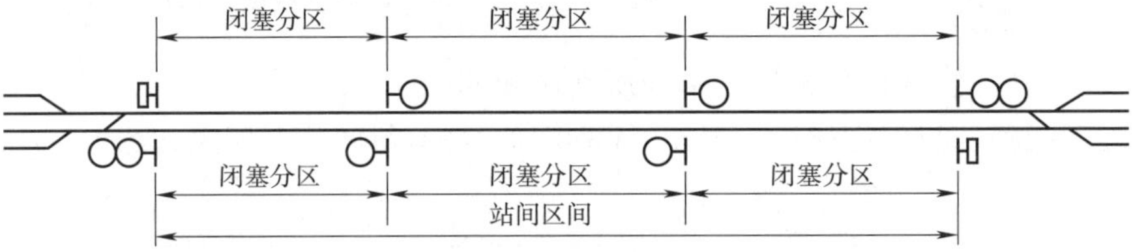

图 1-1-10 双线区间闭塞分区界限示意图

第二节 轨道的组成和作用

一、铁路轨道的组成及作用

轨道是一个整体性工程结构，由钢轨、轨枕、联结零件、道床、防爬设备和道岔等主要部件组成。轨道的功能是引导机车车辆运行，直接承受由车轮传来的巨大压力，并把它传递给路基或桥隧建筑物。

轨道经常处于列车运行的动力作用下，所以它的各组成部分均应具有足够的强度和稳定性，以保证列车按照规定的最高速度，安全、平稳和不间断地运行。

(一)钢　　轨

钢轨的作用是直接承受车轮的巨大压力并引导车轮的运行方向,因而它应当具备足够的强度、稳定性和耐磨性。为了使钢轨具有最佳的抗弯性能,钢轨的断面形状采用"工"字形,由轨头、轨腰和轨底组成。

在我国,钢轨的类型或强度以每米长度的质量表示,主要的标准钢轨类型有:75 kg/m、60 kg/m、50 kg/m 等。钢轨的长度长一些可以减少接头的数量,列车运行平稳并可节省接头零件和线路的维修费用,但是由于加工条件和运输条件的限制,一根钢轨的轧制长度是有限的。目前我国钢轨的标准长度有 25 m、50 m、100 m 3 种,无缝线路是先将钢厂生产出的长 100 m 的钢轨,运到焊轨厂焊成长 500 m 的钢轨,再将 500 m 长的钢轨运到工地,在现场将其逐根焊接出所需要的长度。此外,还有专供曲线地段铺设内轨用的标准缩短轨若干种。

(二)轨　　枕

轨枕的作用是支撑钢轨,并将钢轨传来的压力传递给道床,同时可固定钢轨的位置及保持规定的轨距。轨枕应具有必要的坚固性、弹性和耐久性,制作简单、铺设及养护方便。

轨枕按具体使用目的不同可分为普通轨枕、桥枕、岔枕等。轨枕按照制作材料分,主要有钢筋混凝土枕和木枕两种。木枕消耗大量木材,使用寿命较短。钢筋混凝土轨枕使用寿命长、养护工作量小、轨道的强度和稳定性强,所以在我国铁路上得到广泛采用。

我国普通轨枕(Ⅰ、Ⅱ型)的长度为 2.5 m,道岔用的岔枕和钢桥上用的桥枕,其长度有 2.6～4.85 m 多种。我国自行研制的Ⅲ型钢筋混凝土轨枕,其长度为 2.5 m 和 2.6 m 两种,它提高了轨道的强度和稳定性,在提速线路和重载线路以及新建的高速线上,均使用Ⅲ型钢筋混凝土轨枕。

宽混凝土轨枕(又称为轨枕板)外形和普通钢筋混凝土轨枕相似,但比普通钢筋混凝土轨枕宽而且稍薄,它在线路上时是连续铺设的。

采用宽混凝土轨枕的轨道沉陷较小,也不容易发生坑洼不平和道床的脏污现象。同时,由于它的底部和道床、上部和轨底的接触面积大,因而提高了线路的稳定性,改善了线路的受力条件,有利于高速行车。我国已在隧道内、大桥桥头、大客运站上采用,并且在主要干线上也逐步扩大使用。

(三)联结零件

在铁路线路上,钢轨要在轨枕连成一体铺在道床上。钢轨与轨枕的联结主要依靠联结零件。联结零件包括接头联结零件和中间联结零件两类。

接头联结零件是用来联结钢轨与钢轨之间的接头的,包括接头夹板(又称鱼尾板)、螺栓、螺帽和弹性垫圈等。把一节节钢轨联结成一个整体,钢轨接头处必须保持一定的缝隙,这一缝隙叫作轨缝。当气温发生变化时,轨缝可满足钢轨的自由伸缩。钢轨接头是线路上最薄弱的环节,它使行车阻力和线路维修费用显著增加,因此它是线路维修工作的重点对象。

中间联结零件(又称扣件)的作用是将钢轨紧扣在轨枕上,以固定钢轨的正确位置,阻止钢轨的纵向爬行和横向位移,防止钢轨倾翻,同时还能提供必要的弹性、绝缘性能等。

中间联结零件因轨枕的不同,有钢筋混凝土枕用的扣件和木枕用扣件两类。

(四)道　　床

道床是铺设在路基面上的石砟(道砟)垫层,主要作用是支撑轨枕,把从轨枕上部的压力均匀地传递给路基,并固定轨枕的位置,阻止轨枕纵向或横向移动,增加轨道的弹性,缓和机车车辆轮对对钢轨的冲击,此外还起到排水的作用。

道床分为有砟道床和无砟道床。

在铁路线上铺设有碎石的路面,就是有砟道床。道床的材料应当具有坚硬、不易风化、富有弹性,并有利于排水的特点。常用的材料有碎石、卵石、粗砂等,其中以碎石为最优。

道床的断面呈梯形,其顶面宽度、边坡坡度及道床厚度等均按轨道的类型而定。

无砟道床(也称整体道床)是钢筋混凝土直接在路基面上灌注水泥浆或沥青等材料,筑成坚固的轨道基础,用以代替通常的碎石道床。整体道床线路的强度高、维修工作量少,适合于高速列车行车。目前我国大部分是在隧道内、大桥上和高速线路上应用。

(五)防爬设备

因列车运行时纵向力的作用,使钢轨产生纵向移动,有时甚至带动轨枕一起移动,这种现象叫轨道爬行。轨道爬行经常出现在单线铁路的重车方向(运量大的方向)、双线铁路的行车方向、长大下坡道以及进站制动距离内的线路上。

轨道爬行的爬行量虽然很小,但对线路的破坏是非常严重的,会引起轨缝不匀、轨枕歪斜等线路病害,对轨道的破坏性极大,严重危及行车安全。因此,必须采用有效措施加以防止。通常的做法是,一方面加强钢轨与轨枕间的扣压力和道床阻力;另一方面是设置防爬设备(防爬器和防爬撑)。常用的防爬器为穿销式防爬器。

在钢轨底部加设防爬器,加紧钢轨,防爬撑安装在轨枕之间,用来顶住轨枕,达到共同防止钢轨的爬行。

(六)道　　岔

道岔是一种使机车车辆能从一股道转入或越过另一股道的线路连接设备,大量铺设在车站内,以满足各种作业需要。

二、轨道上两股钢轨的位置

为了确保行车安全,轨道除了应具有合理的组成外,还应保持两股钢轨的规定距离和钢轨顶面的相对水平位置。

(一)直线部分的轨距和水平

1. 轨距

轨距是钢轨头部踏面下 16 mm 范围内两股钢轨工作边之间的最小距离。我国铁路采用 1 435 mm 的标准轨距。轨距小于 1 435 mm 的铁路统称为窄轨铁路,轨距大于 1 435 mm 的统称为宽轨铁路。在机车车辆运行的动力作用下,轨距可能产生一定的偏差。

2. 水平

直线地段两股钢轨的顶面应保持在同一水平。如有误差,验收时线路、道岔的钢轨水平静态允许偏差见表 1-1-1。

表 1-1-1　钢轨水平静态允许偏差

线路允许速度(km/h)	$v \leqslant 120$	$120 < v \leqslant 160$	$160 < v \leqslant 200$
正线及到发线(mm)	4	4	3
道　岔(mm)	4	4	3

(二)曲线部分的轨距和水平

1. 轨距加宽

机车车辆走行部中只能保持平行而不能做相对运动的车轴中心线间的最大距离，叫作固定轴距。由于机车车辆具有固定轴距，在曲线上运行时转向架的纵向中心线与曲线轨道中心线并不一致，因而引起转向架前一轮对外侧车轮轮缘和后一轮对的内侧车轮轮缘压挤钢轨，增加走行阻力，如图 1-1-11 所示。

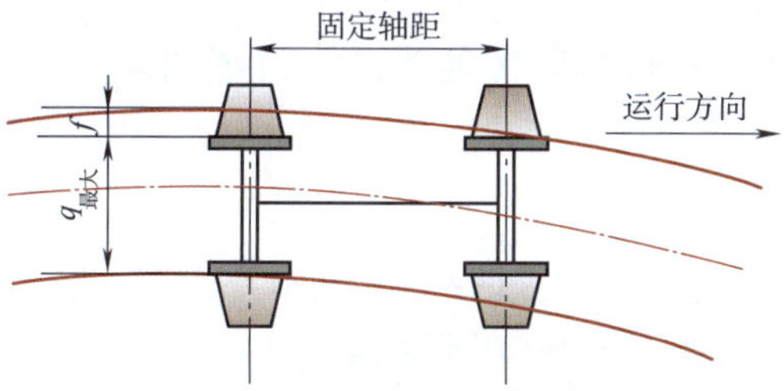

图 1-1-11　轨距加宽原因示意图

为了使机车车辆顺利地通过曲线，需对小半径曲线的轨距适当加宽，曲线轨距加宽见表 1-1-2。

表 1-1-2　曲线轨距加宽

曲线半径 R(m)	加　宽　值(mm)
$R \geqslant 295$	0
$295 > R \geqslant 245$	5
$245 > R \geqslant 195$	10
$R < 195$	15

2. 外轨超高

机车车辆在曲线上运行时，由于离心力的作用使曲线外轨承受了较大的压力，因而造成两股钢轨磨耗不均匀现象，并使旅客感到不舒适，严重时还可能造成翻车事故。因此通常要将曲线上的外轨抬高，使机车车辆内倾，以平衡离心力的作用。外轨比内轨高出的部分称为超高，如图 1-1-12 所示。

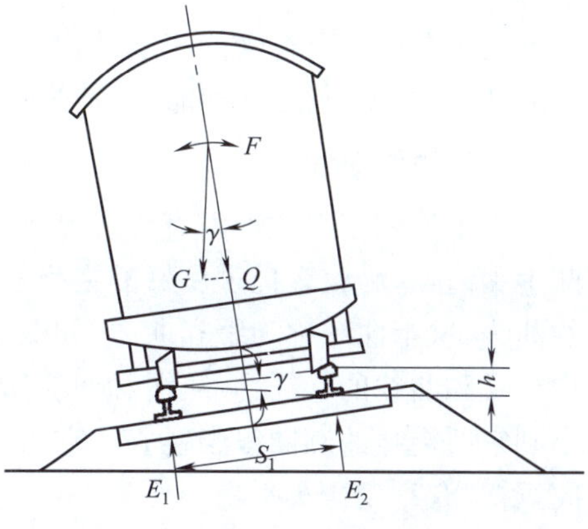

图 1-1-12　外轨超高原理图

曲线外轨超高量(H)，通常可用下列公式计算：

$$H = 11.8\frac{v^2}{R}(\text{mm})$$

式中 v——列车平均运行速度(km/h);

R——曲线半径(m)。

外轨超高的最大值,有砟轨道单线不得超过 125 mm,双线不得超过 150 mm;无砟轨道不得超过 150 mm。轨距加宽的设置办法,都是从缓和曲线的起点开始,逐渐增加,到圆曲线起点时,超高和加宽都应达到规定的数值。

第三节 线路平面、纵断面、线路标记及限界

一、铁路线路的平面

铁路线路在空间的位置是用它的线路中心线表示的。线路中心线在水平面上的投影,叫作铁路线路的平面。它表示线路的直、曲变化状态。

铁路线路平面由直线、圆曲线以及连接直线与圆曲线的缓和曲线组成,如图 1-1-13 所示。

(一)圆 曲 线

铁路线路在转向处所设的曲线为圆曲线,其基本要素有:曲线半径(R),曲线转向角(α),曲线长度(L),切线长度(T),如图 1-1-14 所示。

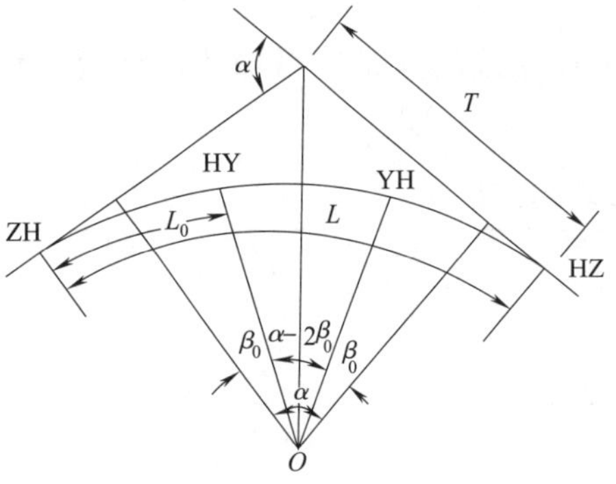

图 1-1-13 线路曲线

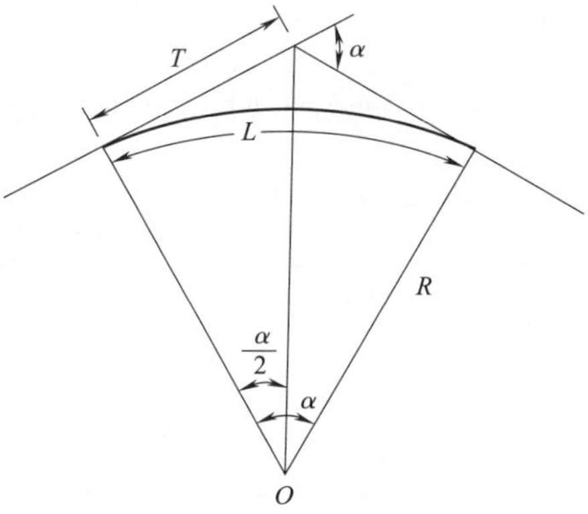

图 1-1-14 圆曲线组成要素

列车在曲线上行驶的速度越快,车体离心力也就越大。为了保证列车运行的安全性和舒适性,应根据线路地形和列车通过速度合理进行曲线的设置。

(二)缓和曲线

为了使列车平顺地由直线过渡到圆曲线或由圆曲线过渡到直线,以避免离心力的突然产生和消除,为旅客提供良好的乘坐舒适性,需在直线与圆曲线之间设置一条曲率半径变化的曲线,这个曲线称为缓和曲线,如图 1-1-15 所示。

缓和曲线的特征为:从缓和曲线所衔接的直线一端起,它的曲率半径 ρ 由无穷大逐渐减小到它所衔接的圆曲线半径 R。它可以使离心力逐渐增加或减小,不至于造成列车强烈横向摇摆,有利于行车平稳。

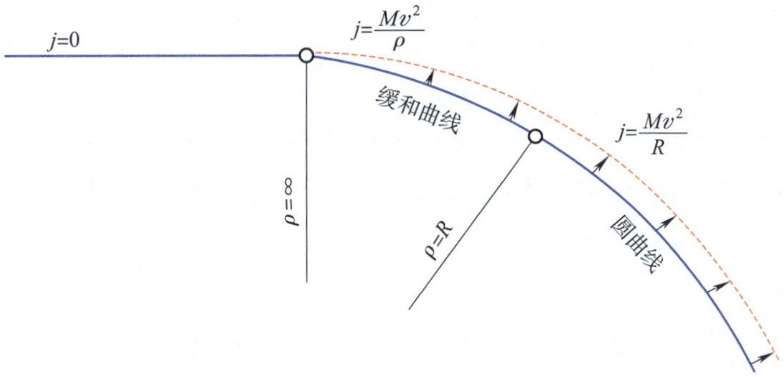

图 1-1-15 缓和曲线示意图

二、铁路线路的纵断面

线路中心线纵向展直后在垂直面上的投影，叫作铁路线路的纵断面。它表明线路的起伏变化情况，其高程为路肩高程。

为了适应地面的起伏，线路上除了平道以外，还有坡道。因此，平道、坡道和竖曲线是线路纵断面的组成要素。

(一)坡　　度

坡道的陡与缓常用坡度来表示。坡度是指坡道线路中心线与水平夹角的正切值，即一段坡道两端点的高差与水平距离之比，如图 1-1-16 所示。坡道坡度的大小通常是用千分率来表示。

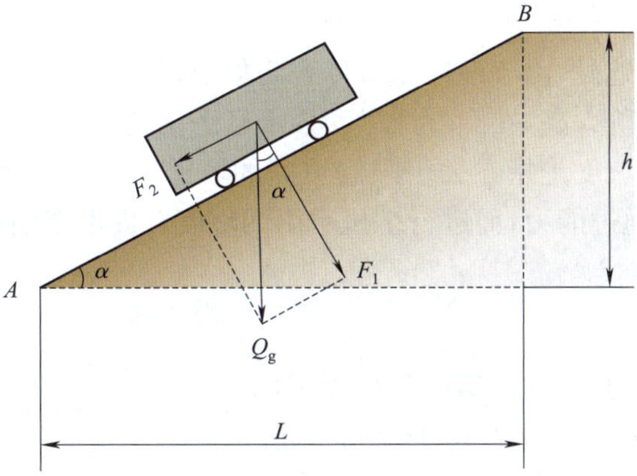

图 1-1-16 坡度与坡道阻力示意图

$$i‰=\tan\alpha=h/L$$

式中 i——坡度值；

α——坡道段线路中心线与水平线夹角(°)；

h——坡道段始点与终点的高差(m)；

L——坡道段始点与终点的水平距离(m)。

若 L 为 1 200 m，h 为 6 m，则 AB 坡道的坡度为 5‰。

(二)坡道附加阻力

由于有了坡道,就给列车运行带来了一定的影响。列车在坡道上运行时,会受到一种由坡道引起的阻力,这一阻力称之为坡道附加阻力。

列车上坡时,坡道阻力规定为"+",而当下坡时,坡道阻力规定为"−"。

坡度越大,列车上坡时的坡道阻力也就越大。在保持列车运行速度相同的条件下,同一台机车所能牵引的列车质量也就越小。

(三)限制坡度

每一铁路区段都是由许多平道和不同坡度的坡道组成的。坡道的长度和坡度不同,对列车牵引质量的影响也就不同。

如果在坡道上又有曲线,那么这一坡道的单位坡道阻力值和单位曲线阻力值 ω_r 之和,不能大于该区段规定的限制坡度的阻力值,即 $i+\omega_r \leqslant i_x$。

限制坡度的大小,影响一个区段甚至全铁路线的运输能力。限制坡度小,列车重量可以增加,运输能力就大,经济性也较好。但是限制坡度过小时,就不容易适应地面的天然起伏,特别是在地形变化很大的地段,使工程量增大,造价提高。因此,限制坡度的选定是一个很重要的问题,要经过仔细的综合研究,才能得出合理的结论。我国《铁路技术管理规程》(以下简称《技规》)规定的最大限制坡度的数值,见表 1-1-3。

表 1-1-3 客货共线Ⅰ、Ⅱ级铁路区间线路最大限制坡度(‰)

铁路等级		Ⅰ		Ⅱ	
		一般	困难	一般	困难
牵引种类	电力	6.0	15.0	6.0	20.0
	内燃	6.0	12.0	6.0	15.0

在个别线路的越岭地段,由于地形障碍显著而集中,若仍采用表 1-1-3 规定的限制坡度,实际上有困难或工程造价太高,在经过详尽的技术经济比较后,允许采用大于限制坡度的加力牵引坡度。加力牵引坡度是指在大于限制坡度的坡道地段,为了统一全区段的列车重量标准,保证必要的线路通过能力,而进行多机牵引的坡度。内燃牵引的加力牵引坡度可增至 25‰,电力牵引的可增至 30‰。

(四)竖 曲 线

竖曲线是纵断面上的圆曲线,用以连接相邻两段坡道,如图 1-1-17 所示。列车经过平道与坡道、坡道与坡道的交点时,由于坡度的突然变化,车钩内产生附加应力较大,严重时容易发生断钩和脱钩等事故,因此采用竖曲线进行相邻坡道的连接以减缓车辆动力冲击。对于高速列车来说,竖曲线还能改善行车舒适性。

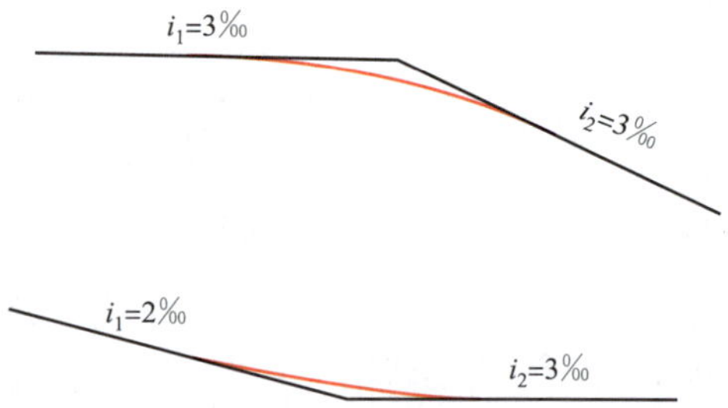

图 1-1-17 竖曲线示意图

三、线路标志

为了线路维修及机车乘务员等工作需要,在线路沿线设有各种线路标志。线路标志包括公里标、半公里标，曲线标，圆曲线和缓和曲线的始终点标，桥梁标，隧道（明洞）标，坡度标，以及铁路局集团公司、工务段、线路车间、线路工区和供电段的界标，如图 1-1-18 所示。

（a）公里标　（b）半公里标

（c）坡度标　（d）曲线标

（e）桥梁标　（f）隧道（明洞）标

图 1-1-18　线路标志

线路标志内侧设在距线路中心线应不小于 3.1m 处。线路标志按计算公里方向设在线路左侧，双线区段须另设线路标志时，应设在列车运行方向左侧。

公里标、半公里标是线路的里程标。公里标表示从铁路线路起点开始计算的连续里程，每整公里设一个。半公里标设于线路的每半公里处。

曲线标，设在曲线的中点处，标明曲线中心里程、半径大小、曲线和缓和曲线长度、超高等。

圆曲线和缓和曲线始终点标，设于直线与缓和曲线、圆曲线与缓和曲线的连接处，标明缓和曲线的起点与终点。在该标上分别写有直缓、缓圆、圆缓、缓直字样。

坡度标设于变坡点处。它的正面和背面分别表示两边的坡度和坡段长度，并用箭头表示上坡或下坡，侧面则标明它所在的里程。

桥梁标一般设于桥头处，标明桥梁编号、中心里程和长度。

隧道(明洞)标，直接标注在隧道(明洞)两端洞门端墙上，标明隧道号或名称、中心里程和长度。

铁路局集团公司、工务段、线路车间、线路工区和供电段的界标，设在各该单位管辖地段的分界点处，两侧标明所向的单位名称。

四、限　　界

为了确保机车车辆在铁路线路上运行的安全，防止机车车辆撞击邻近线路的建筑物和设备，而对机车车辆和接近线路的建筑物、设备所规定的不允许超越的轮廓尺寸线，称为限界。

铁路基本限界可分为机车车辆限界和建筑接近限界两种。

(一)机车车辆限界

机车车辆限界是机车车辆横断面的最大极限，它规定了机车车辆不同部位的宽度、高度的最大尺寸和底部零件至轨面的最小距离。机车车辆限界是和桥梁、隧道等限界起相互制约作用的，当机车车辆在满载状态下运行时，也不会因产生摇晃、偏移等现象而与桥梁、隧道及线路上其他设备相接触，以保证行车安全。

机车车辆无论空、重状态，均不得超出机车车辆限界。

客货共线铁路，机车车辆的中心最大高度为 4 800 mm。因此，机车车辆顶部的任何装置均应在 4 800 mm 之内，以防机车车辆顶部与桥梁、隧道上部相撞。

机车车辆在钢轨轨面上部 1 250～3 600 mm 范围内其宽度为 3 400 mm，在 2 600～3 100 mm列车信号、后视镜装置范围内允许两侧各加宽 100 mm，如图 1-1-19 所示。

(二)建筑限界

建筑限界是一个和线路中心线垂直的横断面，它规定了保证机车车辆安全通行所必需的横断面的最小尺寸。凡靠近铁路线路的建筑物及设备，其任何部分(和机车车辆有相互作用的设备除外)都不得侵入限界之内。根据不同的运行速度和是否运行双层集装箱，规定了不同的建筑限界标准。其中 $v \leqslant 160$ km/h 客货共线铁路建筑限界，如图 1-1-20 所示。

建筑限界与机车车辆限界之间的空间为安全空间。留有安全空间的目的：一是组织“超限货物列车”运行；二是适应运行中的列车横向晃动偏移和竖向上下振动，防止与邻近的建筑物或设备发生碰撞。

机车车辆限界在装载货物时作为货物的装载限界。随着经济的发展，经由铁路运输的长大货物不断增加，当货物装车后，货物任何部分的高度和宽度超过机车车辆限界时，称为超限货物。按货物超限的程度，分为一级超限、二级超限和超级超限三个级别。对于超限货物运输，采取特殊的组织方法来进行。

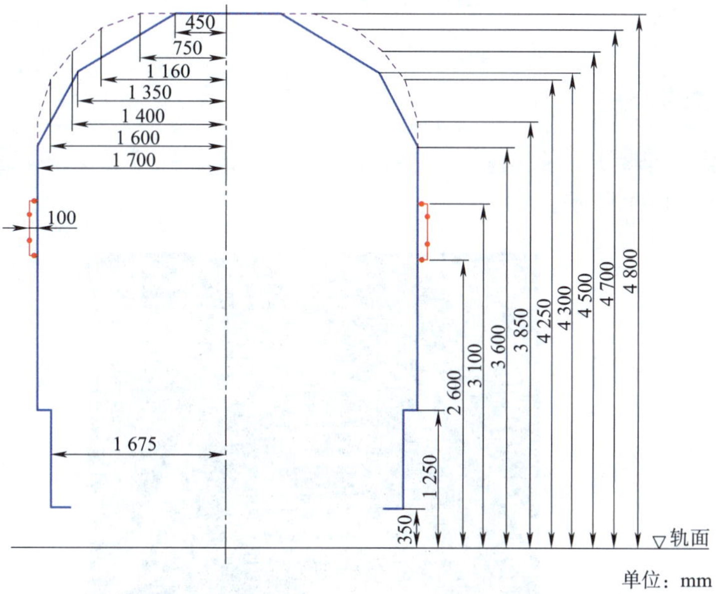

机车车辆限界基本轮廓。

电力机车限界轮廓。

列车信号、后视镜装置限界轮廓。

图 1-1-19　客货共线铁路机车车辆上部限界

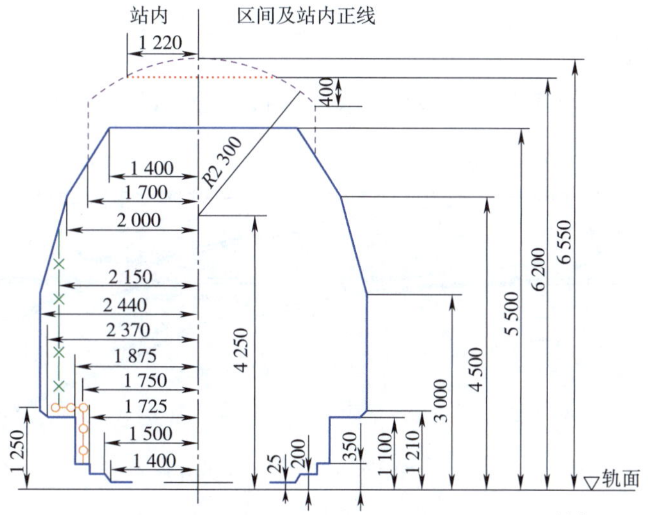

信号机、高架候车室结构柱和接触网、跨线桥、天桥、电力照明、雨棚等杆柱的建筑限界（正线不适用）。

站台建筑限界（正线不适用）。

各种建（构）筑物的基本限界。

适用于电力牵引区段的跨线桥、天桥及雨棚等建（构）筑物。

电力牵引区段的跨线桥在困难条件下的最小高度。

图 1-1-20　客货共线铁路建筑限界（$v \leqslant 160$ km/h）

第四节 道　　岔

一、道岔的作用

道岔是机车车辆从一股道转入或越过另一股道的线路连接设备，是线路轨道的重要组成部分，如图 1-1-21 所示。

图 1-1-21　道岔

二、道岔的分类

(一)单开道岔

普通单开道岔由转辙器，辙叉及护轮轨，连接部分三部分组成，如图 1-1-22 所示。

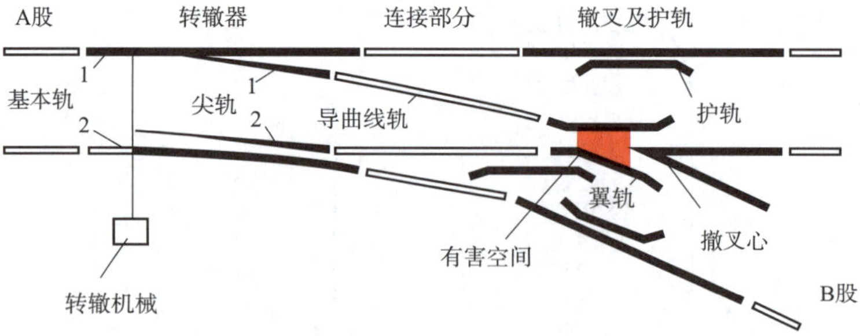

图 1-1-22　普通单开道岔

1. 转辙器部分是由基本轨、尖轨、跟端结构、联结零件(拉杆、连接杆、顶铁、滑床板、轨撑、辙前垫板、辙后垫板)及转辙机械等组成，如图 1-1-23 所示。

2. 辙叉设于道岔中两条线路相交处，由翼轨、心轨、联结零件等组成。辙叉有整铸式辙叉(翼轨、心轨铸成整体)、组合式辙叉(长心轨、短心轨、翼轨、间隔铁、螺栓连接拼装)、可动心轨辙叉。

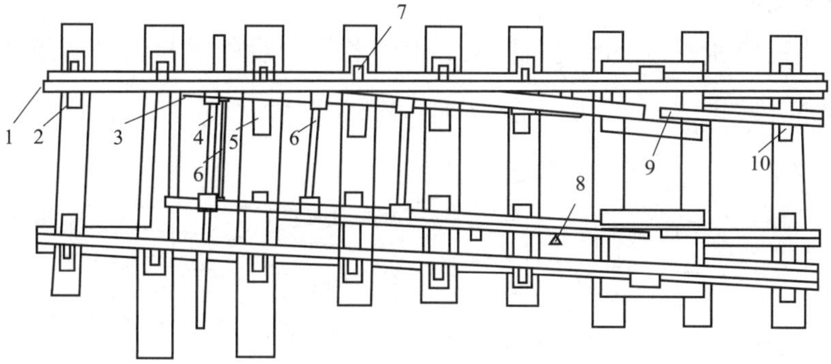

图 1-1-23 转辙器部分组成

1—基本轨；2—辙前垫板；3—尖轨；4—拉杆；5—滑床板；6—连接杆；7—轨撑；8—顶铁；9—尖轨根部；10—辙后垫板

3. 连接部分：主要有四根钢轨，即两根直股和两根曲股（导曲线），导曲线采用圆曲线，一般不设外轨超高。

（二）对称道岔

对称道岔是单开道岔的一种特殊形式，构造与单开道岔基本相同，只是连接部分没有直轨，都是导曲线，如图 1-1-24 所示。

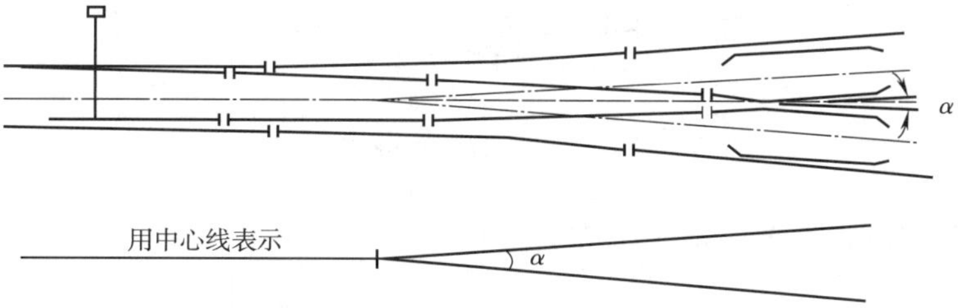

图 1-1-24 单开道岔

（三）三开道岔

三开道岔的作用如两组单开道岔，是一组道岔纳入另一组道岔中形成的，如图 1-1-25 所示。

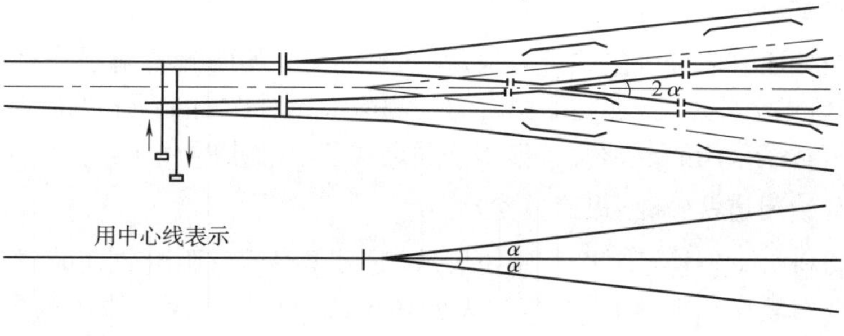

图 1-1-25 三开道岔

(四)菱形交叉

菱形交叉由两组相同角度的锐角辙叉和两组相同角度的钝角辙叉所组成,如图 1-1-26 所示。

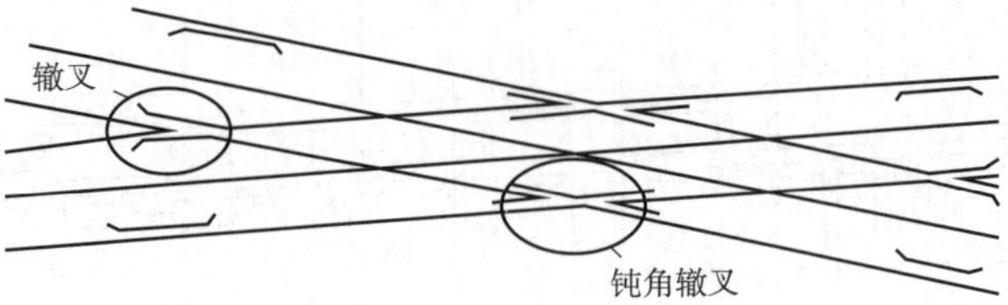

图 1-1-26　菱形交叉

菱形交叉可以与四条曲钢轨组合成复式交分道岔,如图 1-1-27 所示。

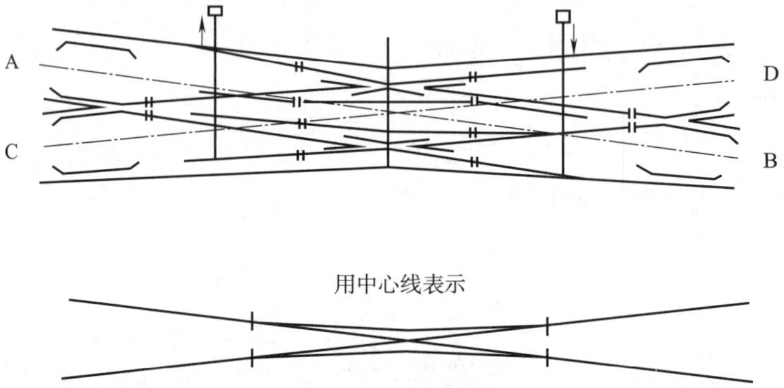

图 1-1-27　复式交分道岔

菱形交叉可以与四组单开道岔组成交叉渡线,如图 1-1-28 所示。

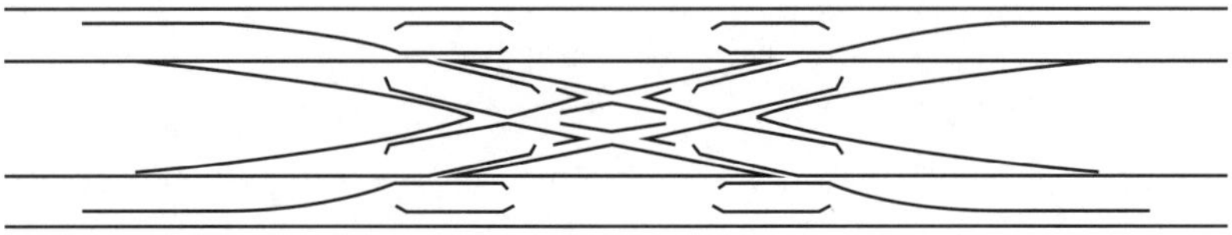

图 1-1-28　交叉渡线

(五)交分道岔

交分道岔按开通方向分为复式交分道岔(在菱形交叉的两侧各增添一对连接曲线,如图 1-1-29 所示)和单式交分道岔(在菱形交叉的一侧增添一对连接曲线和两副转辙器)两种。

复式交分道岔按采用的菱形交叉类型分固定式和活动式两种。

(六)分动外锁闭道岔(新型提速道岔)

道岔由转辙机带动转换至某个特定位置后,通过本身所依附的锁闭装置,直接把尖轨与基本轨或心轨与翼轨密贴夹紧并固定,称为外锁闭或叫直接锁闭。由于两根道岔尖轨分别动作,所以叫分动外锁闭。

其辙叉类型有固定型辙叉和可动心轨型辙叉。按钢轨类型分动外锁道岔有 60 kg/m、75 kg/m。

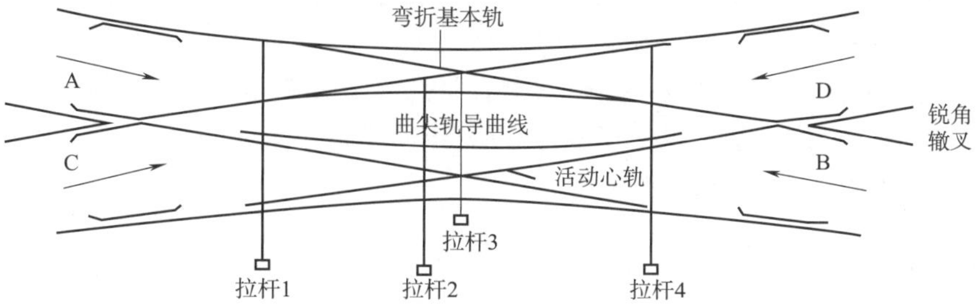

图 1-1-29 复式交分道岔

分动外锁闭道岔特点：由于直接锁闭道岔，提高列车过岔的安全性，又因尖轨分动而所需力量较小，有利设备保护。

(七)活动心轨道岔

活动心轨道岔仅指辙叉心是活动的道岔，它消去了有害空间。提速道岔大多是活动心轨道岔，如图 1-1-30 所示。

图 1-1-30 活动心轨道岔

三、道岔的辙叉号及与列车过岔速度

(一)道岔辙叉号数

道岔的辙叉号数亦称道岔号数。我国规定为辙叉角的余切值。余切值越大，号数就越大，其辙叉角就越小，列车侧向过岔速度越高。辙叉角越大，道岔号码越小，列车侧向过岔速度越小。列车经过道岔的最大速度一定要和道岔的辙叉号数相适应，才能保证行车安全。

(二)道岔辙叉号数选择

1. 正线道岔的直向通过速度不应小于路段设计行车速度。

2. 用于侧向通过列车的单开道岔的辙叉号数应根据列车侧向通过的最高速度合理选用。

3. 侧向接发停车旅客列车的单开道岔，不得小于 12 号。

4. 侧向接发停车货物列车并位于正线的单开道岔，在中间站不得小于 12 号，在其他车站不得小于 9 号。

5. 列车轴重大于 25 t 的铁路正线单开道岔不得小于 12 号。

6. 其他线路的单开道岔不得小于 9 号。

7. 狭窄的站场采用交分道岔不得小于 9 号,但尽量不用于正线,必须采用时不得小于 12 号。

8. 峰下线路的对称道岔不得小于 6 号,三开道岔不得小于 7 号。

9. 段管线的对称道岔不得小于 6 号。

四、道岔定位的规定

道岔除使用、清扫、检查或修理时外,均须保持定位。

道岔的定位规定如下:

1. 单线车站正线进站道岔,为由车站两端向不同线路开通的位置。

2. 双线车站正线进站道岔,为各该正线开通的位置。

3. 区间内正线道岔及站内正线上其他道岔(引向安全线、避难线的除外),为正线开通的位置。

4. 引向安全线、避难线的道岔,为安全线、避难线开通的位置。

5. 到发线上的中岔,为到发线开通的位置。

6. 其他由车站负责管理的道岔,由车站规定。

车站道岔的定位,应在《车站行车工作细则》(以下简称《站细》)内记明。

集中操纵的道岔及不办理接发列车的非集中操纵的道岔可不保持定位(到发线上的中岔和引向安全线、避难线的道岔除外)。

段管线道岔的定位,由各段自行规定。

第五节 车站线路及道岔编号

一、线路的分类

铁路线路分为正线、站线、段管线、岔线、安全线及避难线,如图 1-1-31 所示。

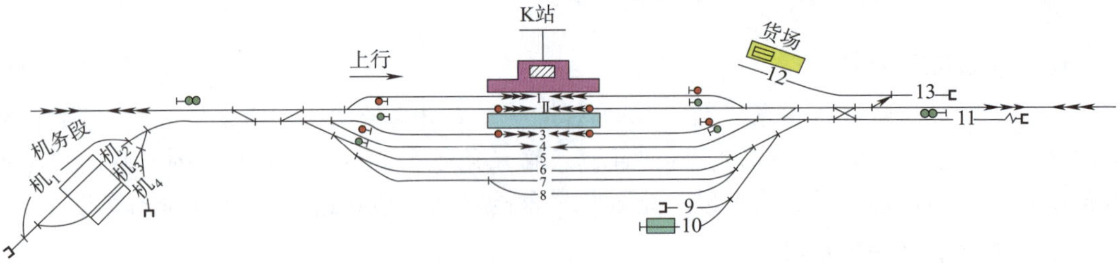

图 1-1-31 车站线路图

Ⅱ—正线;1、3、4—到发线;5、6、7、8—调车线;9、10—站修线;11、13—牵出线;12—货物线;机$_1$、机$_2$、机$_3$、机$_4$—机车走行线

(一)正 线

连接车站并贯穿或直股伸入车站的线路为正线。

正线可分为区间正线及站内正线，连接车站的部分为区间正线，贯穿或直股伸入车站的部分为站内正线。

(二)站　　线

站线是指到发线、调车线、牵出线、货物线及站内指定用途的其他线路。

到发线是供列车到达、出发的线路；调车线和牵出线是供解体或编组车列的线路；货物线是办理货物装卸等货运业务的线路；站内指定用途的其他线路，主要有机车走行线、机待线、禁溜线、峰下迂回线、存车线、站内机车整备线、站修线、专用铁路交接线等。

(三)段 管 线

段管线是指由机务、车辆、工务、电务、供电等段专用，并由其管理的线路。如机务段内机车整备线，车辆段内车辆检修作业用的线路以及工务、电务段内停留轨道车及其他车辆的线路。

(四)岔　　线

岔线是指在区间或站内接轨，通向路内、外单位的专用线路。岔线直接为厂矿企业服务，有的岔线上还设有车站，相互间还办理闭塞手续；但这些车站不办理铁路营业业务，该岔线不算铁路营业线。

(五)安 全 线

安全线是指为防止列车或机车车辆从一进路进入另一列车或机车车辆占用的进路而发生冲突的一种安全隔开设备，其有效长度一般不小于 50 m。机车车辆因故进入安全线并不能保证其本身安全，只是起隔开作用，以保证邻线上其他机车车辆的安全。以下情况需设置安全线，如图 1-1-32 所示。

1. 岔线与正线在区间接轨时，应设置安全线。因为岔线在区间内与正线接轨，对正线的通过能力影响很大，既危及行车安全，又不便于管理。

2. 岔线、段管线在站内与正线、到发线接轨时，均应铺设安全线。岔线与站内到发线接轨，当站内有平行进路及隔开道岔并有联锁装置时，可不设安全线。

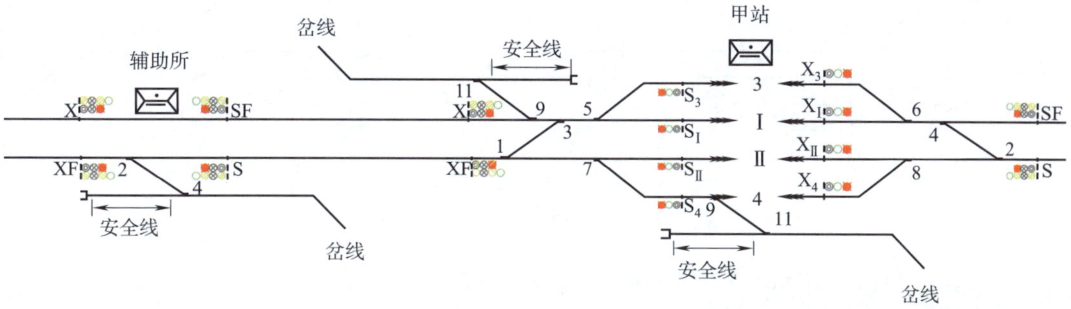

图 1-1-32　岔线在区间及站内与正线、到发线接轨

3. 在进站信号机外制动距离内，进站方向为超过 6‰下坡道的车站，应在正线或到发线的接车方向末端设置安全线。

4. 合资铁路、地方铁路及专用铁路与国家铁路车站接轨，其接轨处或接车线末端应设隔开设备(设有平行进路并有联锁时除外)。

(六)避 难 线

避难线是指在长大下坡道上能使失控列车安全进入的线路。避难线应设在如下几个地点：

1. 设在区间小半径曲线前。主要是防止列车速度过大，小半径曲线产生的离心力导致列车脱轨或颠覆。

2. 设在陡长坡道下坡方向车站的进站一端或出站端(接车方向末端)。因避难线设在区间对正线的通过能力影响很大，因此，应结合车站布局，将避难线设在车站的进站一端或接车方向末端，如图 1-1-33 所示。

避难线应将接车方向设为上坡，以缓和列车的前冲力，避难线的长度应通过检算确定。

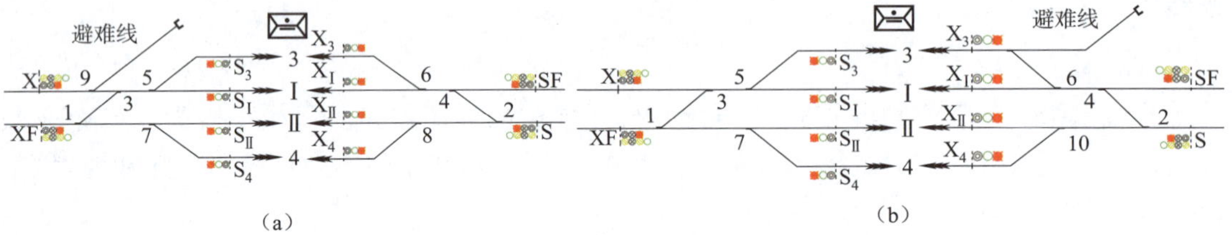

图 1-1-33 避难线设置示意图

二、车站线路的编号

为便于线路管理和使用，《技规》规定，站内线路应统一进行编号。线路编号规定正线用罗马数字，站线用阿拉伯数字。

1. 单线区段内的车站，从靠近站舍的线路起向远离站舍方向顺序编号；位于站舍左、右或后方的线路，在站舍前的线路编完后，再顺序编号，如图 1-1-34 所示。

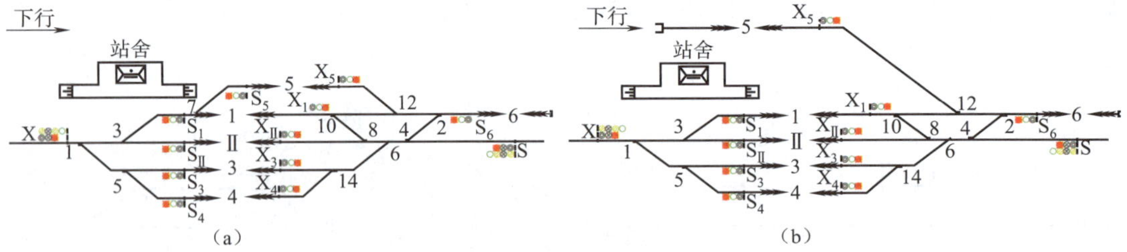

图 1-1-34 单线铁路车站线路编号

2. 双线区段内的车站，从正线起顺序编号，上行为双号，下行为单号，如图 1-1-35 所示。

双线铁路横列式区段站的线路，在车站两侧线路的数量不均衡，相差较大，如果按照双线车站进行编号，就会出现单号远多于双号或双号远多于单号的情况，不便记忆和日常管理，不适宜按列车运行方向分别编号，可比照单线铁路车站的线路编号方法编号。

3. 尽头式车站，站舍位于线路一侧时，从靠近站舍的线路起，向远离站舍方向顺序编号。站舍位于线路终端时，面向终点方向由左侧线路起顺序编号，如图 1-1-36 所示。

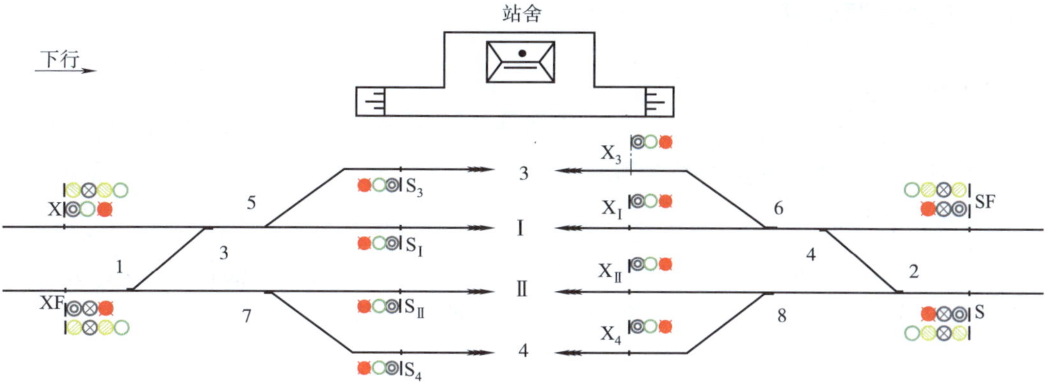

图 1-1-35 双线铁路车站线路编号

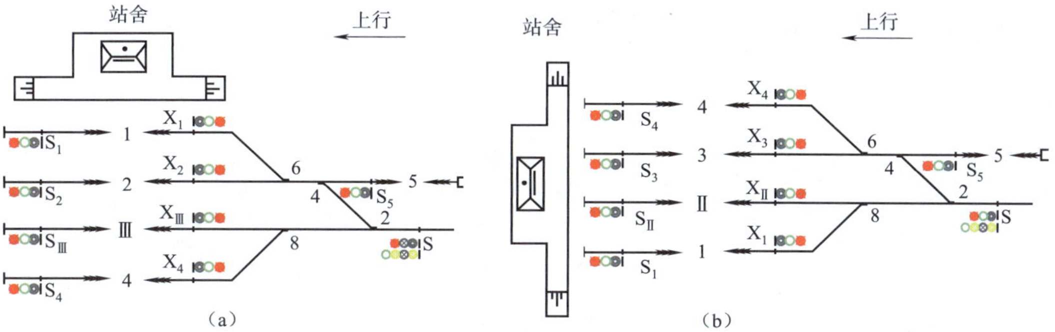

（a） （b）

图 1-1-36 尽头式铁路车站线路编号

4. 大型车站当有数个车场时，应分车场编号。车场靠站舍时，从靠近站舍线路起，向远离站舍方向顺序编号；车场远离站舍时，顺公里标前进方向由左侧向右侧顺序编号；且在线路编号前冠以罗马数字表示车场，如二场 3 道，写为Ⅱ-3。

三、道岔编号方法

1. 从车站两端用阿拉伯数字，由外向内，先主要进路，后次要进路依次编号。上行列车到达端编为双数，下行列车到达端编为单数。渡线道岔、交叉渡线道岔、交分道岔及梯线上的道岔应连续编号。（如图 1-1-34 至图 1-1-36 所示）

2. 站内道岔一般以车站值班员室（信号楼）中心线划分上、下行区域，若车站值班员室（信号楼）远离车站中心时，以车站或车场中心线划分。

3. 车站一端衔接两个及其以上方向，有上行又有下行时，应按主要方向编号。

4. 尽头式车站，向线路终点方向顺序编号。

5. 大型车站当有数个车场时，每一车场的道岔应单独编号，道岔号码可使用三位数字，百位数字表示车场号码，十位和个位数表示道岔编号，如一场下行方向第 1 号道岔，编为 101 号；如车场一端的道岔超过 50 组时，用千位数往下编，千位数表示车场号码，如一场的第 1 号道岔，编为 1001 号，一场的第 100 号道岔，编为 1100 号。

6. 联锁区内的道岔号码应连续编排，在联锁道岔编完后，再编非联锁道岔。

四、车站线路长度

(一)线路全长

线路全长是指线路一端的道岔基本轨接头至另一端的道岔基本轨接头的长度。如为尽头式线路,则为道岔基本轨接头至车挡的长度。

(二)线路有效长

1. 线路有效长系指在线路的全长中,可以停放机车车辆而不影响信号显示、道岔转换(压中间道岔除外)或邻线行车可利用线路全长中的部分长度。

2. 有效长起止点。

设有信号机的线路为信号机～信号机、信号机～警冲标、信号机～车挡或信号机～轨道绝缘节(采用绝缘节时,应在表内注明);无信号机的线路为警冲标～警冲标、警冲标～车挡、道岔尖轨尖端～车挡。车挡前设有挡车器时,计算至挡车器;设有尽头站台时,有效长计算至车钩缓冲装置,如图 1-1-37 所示。

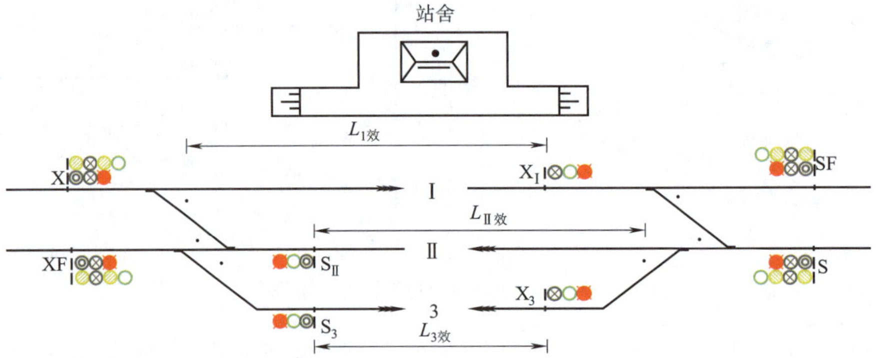

图 1-1-37　线路有效长示意图

五、容 车 数

1. 正线、到发线按线路有效长减去牵引机车长度(一台或多台)和 30 m 安全距离后分别除以 11 m 和 14.3 m(小数部分舍去,以下同)。

2. 调车线按线路有效长的 75%分别除以 11 m 和 14.3 m。

3. 货物装卸线、禁溜线、洗刷消毒线、专用线等,按线路实际能利用的长度分别除以 11 m和 14.3 m。计算尽头线(牵出线除外)的容车数时,有效长应减去 10 m 安全距离(端部站台的货物线除外)。

4. 牵出线按线路有效长减去一台机车长度及 10 m 安全距离后,分别除以 11 m 和 14.3 m。

5. 机车走行线、机待线、检衡线、迂回线、安全线、避难线(兼闯坡线除外),不计算容车数。

6. 渡线、无岔区段:有机车车辆停留的填记,按有效长减去不少于 30 m 的安全距离后,除以 14.3 m。

7. 最大换算容车数计算方法：按车站线路有效长分别除以 11 m 和 14.3 m。

六、线路间距

线路间距指相邻线路中心线间的距离，简称线路间距。线路间距应保证行车和站内作业的安全，满足通行超限列车和设置行车、客运、货运设备的需要。因此，它通常由机车车辆限界、基本建筑限界、超限货物装载限界、线间设备计算宽度和线间办理作业性质需要的安全量等项因素确定。

1. 普速铁路直线部分线间距，见表 1-1-4。

表 1-1-4 普速铁路线间距

<table>
<tr><th>序 号</th><th colspan="4">名 称</th><th>线间最小距离(mm)</th></tr>
<tr><td rowspan="3">1</td><td rowspan="3">区间双线</td><td colspan="3">$v \leqslant 120$ km/h</td><td>4 000</td></tr>
<tr><td colspan="3">120 km/h$<v \leqslant$160 km/h</td><td>4 200</td></tr>
<tr><td colspan="3">160 km/h$<v \leqslant$200 km/h</td><td>4 400</td></tr>
<tr><td>2</td><td colspan="4">三线及四线区间的第二线与第三线</td><td>5 300</td></tr>
<tr><td>3</td><td colspan="4">站内正线</td><td>5 000</td></tr>
<tr><td rowspan="7">4</td><td rowspan="7">站内正线与相邻到发线</td><td colspan="3">无列检作业</td><td>5 000</td></tr>
<tr><td rowspan="6">有列检作业或上水作业</td><td rowspan="2">$v \leqslant 120$ km/h</td><td>一 般</td><td>5 500</td></tr>
<tr><td>改建特别困难</td><td>5 000</td></tr>
<tr><td rowspan="2">120 km/h$<v \leqslant$160 km/h</td><td>一 般</td><td>6 000</td></tr>
<tr><td>改建特别困难</td><td>5 500</td></tr>
<tr><td rowspan="2">160 km/h$<v \leqslant$200 km/h</td><td>一 般</td><td>6 500</td></tr>
<tr><td>改建特别困难</td><td>5 500</td></tr>
<tr><td>5</td><td colspan="4">到发线间或到发线与其他线</td><td>5 000</td></tr>
<tr><td>6</td><td colspan="4">站内线间设有高柱信号机时，相邻两线(含正线)均需通行超限货物列车</td><td>5 300</td></tr>
<tr><td>7</td><td colspan="4">站内线间设有高柱信号机时，相邻两线(含正线)只有一条通行超限货物列车</td><td>5 000</td></tr>
<tr><td rowspan="2">8</td><td colspan="2" rowspan="2">牵出线与其相邻线</td><td colspan="2">调车作业繁忙车站</td><td>6 500</td></tr>
<tr><td colspan="2">改建困难或仅办理摘挂取送作业</td><td>5 000</td></tr>
</table>

注：线间有建(构)筑物或有影响限界的设施，最小线间距按建筑限界计算确定。既有线列车最高运行速度提速到 140～160 km/h 时，可保持 4 m 线间距。

站内正线须保证能通过超限货物列车。此外，在编组站、区段站及区段内选定的三至五个中间站上，单线铁路应另有一条线路，双线铁路上、下行各另有一条线路，须能通行超限货物列车。

铁路线路无论在区间或站内，平行的两线路中心线间必须有一定的距离。这个距离一方面要保证列车按规定速度运行的安全；另一方面还要考虑到通行超限货物列车和在两线间装设行车设备的需要；在站内还需考虑到工作人员的行走安全。

2. 客运专线铁路直线部分线间距，见表 1-1-5。

表 1-1-5 客运专线铁路线间距

序　号	名　　称		线间最小距离(mm)
1	区间双线	$v=160$ km/h	4 200
		160 km/h $<v\leqslant$ 200 km/h	4 400
		200 km/h $<v\leqslant$ 250 km/h	4 600
		250 km/h $<v\leqslant$ 300 km/h	4 800
		300 km/h $<v\leqslant$ 350 km/h	5 000
2	三线及四线区间的第二线与第三线		5 300
3	站内正线	$v\leqslant$ 250 km/h	4 600
		250 km/h $<v\leqslant$ 300 km/h	4 800
		300 km/h $<v\leqslant$ 350 km/h	5 000
4	站内正线与相邻到发线		5 000
5	到发线与相邻到发线		5 000
6	安全线与其他线路		5 000

注:线间有建(构)筑物或有影响限界的设施,最小线间距按建筑限界计算确定。

进出枢纽或大型车站,两端的加减速地段的线间距根据列车运行速度确定;区间正线与站内正线线间距不同时,宜利用邻近曲线完成过渡。

3. 曲线部分。

由于曲线地段,外侧线路上的车体中部向曲线内侧偏移,内侧线路上的车体两端外线外侧偏移及相邻两曲线的超高度不同所造成立面上的影响,若相邻两曲线线间距与直线地段的线间距相同,将会使处于曲线地段两列车间的净空较直线地段小,影响列车运行安全。曲线地段线间距适当加宽(高速铁路曲线地段线路线间水平距离可不加宽)。曲线地段的中心线间的水平距离和线间设施(含站台边缘)至线路中心线的最小距离按曲线半径大小,根据《技规》规定的 $v\leqslant$ 160 km/h 客货共线铁路的曲线上建筑限界加宽办法计算确定。

复习思考题

1. 铁路线路按用途分哪几种?
2. 什么情况下需设置安全线?避难线设置在什么地方?
3. 什么叫线路的全长?什么叫线路的有效长?确定有效长的因素有哪些?
4. 何谓道岔的有害空间?
5. 何谓分动外锁闭道岔?

第二章　通信、信号、联锁、闭塞设备

铁路信号设备是指挥列车运行，保证行车安全，提高运输效率，改善行车组织方式，实现行车指挥现代化的关键设施。

车站联锁是保证站内运输作业安全、提高作业效率的铁路信号子系统，其控制对象是道岔、进路和信号，实现道岔、进路和信号集中控制与监督。

闭塞设备是用来保证列车在区间内运行安全，并提高区间通过能力的信号设备。闭塞设备可分为半自动闭塞、自动闭塞、自动站间闭塞设备。目前，我国铁路单线多采用半自动闭塞、自动站间闭塞，双线多采用自动闭塞。

通信设备是铁路行车指挥必不可少的通信手段，为与行车密切相关的人员之间提供语音服务。为保证列车运行畅通无阻、安全高速，调度通信系统必须提供迅速、准确、安全、可靠的通信服务。

第一节　信号设备

一、信号的作用及分类

（一）信号的作用

信号是指示列车运行及调车作业的命令，它通过音响、颜色、形状、位置、灯光等来表示。铁路运输需高度集中和统一指挥才能保证列车按规定的速度，安全、迅速和不间断地运行，信号在这一过程中起着传递信息、准确预告运行条件的重要作用。

（二）信号的分类

1. 按感官分类

（1）视觉信号

用信号机、信号旗、信号灯、信号牌、信号表示器、信号标志及火炬等显示的信号均属视觉信号。视觉信号分为昼间、夜间及昼夜通用信号，基本颜色规定为红、黄、绿三种。

视觉信号的基本颜色及要求：

红色——停车；

黄色——注意或减低速度；

绿色——按规定速度运行。

（2）听觉信号

用号角、口笛、机车及自轮运转特种设备的鸣笛及响墩等发出的信号均属听觉信号。听觉信号有两种作用：一种是以有一定规律的长短声音响，反映行车的作业要求，另一种听觉信号起警报作用，提醒有关人员注意。

2. 按设置方式分类

(1)固定信号

固定信号一般为固定信号装置，分为信号机、信号表示器、信号标志，其设置地点相对固定。

信号机按类型分为色灯信号机、臂板信号机和机车信号机。信号机按用途分为进站、出站、通过、进路、预告、接近、遮断、驼峰、驼峰辅助、复示、调车信号机。

信号表示器分为道岔、脱轨、进路、发车、发车线路、调车及车挡表示器。

信号标志分为警冲标，站界标，预告标，引导员接车地点标，司机鸣笛标，电气化区段的电力机车禁停标，断电标、合电标，接触网终点标，准备降下受电弓标、降下受电弓标、升起受电弓标，作业标，减速地点标，补机终止推进标、机车停车位置标，四显示机车信号接通标，四显示机车信号断开标，轨道电路调谐区标志，级间转换标，通信模式转换标，以及除雪机用的临时信号标志等。

(2)移动信号

移动信号用于线路故障、站内或区间施工时，临时性禁止列车驶入或要求慢行的地段，采用可以随时设置或撤除的移动式信号牌，如停车信号、减速信号、减速防护地段终端信号等。

(3)手信号

手信号是铁路运输工作中广泛采用的一种视觉信号。根据行车工作的要求，可以机动地指挥列车运行和调车作业，也可作为联系和传达行车有关事项的旗(灯)语。手信号显示的停车信号、减速信号、通过信号、引导信号与固定信号机显示的相应信号具有同等作用，显示手信号时必须严肃认真，应做到横平、竖直、灯正、圈圆。

二、信号机的显示方式及作用

信号机设在列车运行方向的左侧或其所属线路的中心线上空。反方向运行进站信号机可设在列车运行方向的右侧；其他特殊地段因条件限制，需设于右侧时，须经铁路局集团公司批准。

信号机设置的地点，由电务部门会同运输、机务及工务等有关部门共同研究决定。

在确定设置信号机地点时，除满足信号显示距离的要求外，还应考虑到该信号机不致被误认为邻线的信号机。

(一)进站信号机

1. 进站信号机应设在距进站最外方道岔尖轨尖端(顺向为警冲标)不小于 50 m 的地点，因调车作业或制动距离需要延长时，一般不超过 400 m，如图 1-2-1 所示。这是为了满足调车作业的需要，即一台机车挂 1、2 辆车辆转线时不致越出进站信号机，如因调车作业或制动距离的需要可延长，但该距离延长后，将影响车站的通过能力，所以延长的距离一般不超过 400 m。

进站信号机的作用是防护车站，指示进站列车的运行条件，保证接车进路的正确和安全可靠，完成有关的联锁任务。所以，凡车站的列车入口处都必须装设进站信号机。进站信号机应尽量避免装设在停车后起动困难的上坡道上。

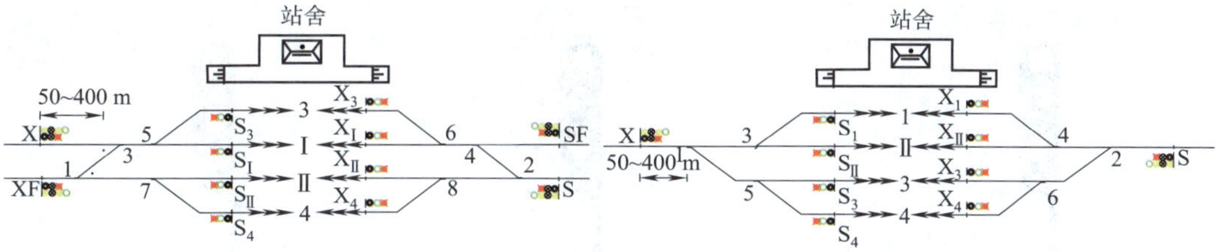

图 1-2-1 进站信号机设置位置

进站信号机采用黄、绿、红、黄、月白五个灯位的色灯信号机。

2. 三显示自动闭塞、半自动闭塞、自动站间闭塞区段进站色灯信号机。

(1)一个绿色灯光——准许列车按规定速度经正线通过车站，表示出站及进路信号机在开放状态，进路上的道岔均开通直向位置(如图 1-2-2 所示)；

(2)一个绿色灯光和一个黄色灯光——准许列车经道岔直向位置，进入站内越过次一架已经开放的信号机准备停车(如图 1-2-3 所示)；

(3)一个黄色灯光——准许列车经道岔直向位置，进入站内正线准备停车(如图 1-2-4 所示)；

图 1-2-2 一个绿色灯光

图 1-2-3 一个绿色灯光和一个黄色灯光

图 1-2-4 一个黄色灯光

(4)一个黄色闪光和一个黄色灯光——准许列车经 18 号及以上道岔侧向位置，进入站内越过次一架已经开放的信号机且该信号机防护的进路经道岔直向位置或 18 号及以上道岔侧向位置(如图 1-2-5 所示)；

(5)两个黄色灯光——准许列车经道岔侧向位置[但不满足上述第(4)项条件]进入站内准备停车(如图 1-2-6 所示)；

(6)一个红色灯光——不准列车越过该信号机(如图 1-2-7 所示)。

3. 四显示自动闭塞区段进站色灯信号机。

(1)一个绿色灯光——准许列车按规定速度经道岔直向位置进入或通过车站，表示运行前方至少有三个闭塞分区空闲(如图 1-2-2 所示)；

(2)一个绿色灯光和一个黄色灯光——准许列车按规定速度经道岔直向位置进入站内，表示次一架信号机经道岔直向位置开放一个黄灯(如图 1-2-3 所示)；

(3)一个黄色灯光——准许列车按限速要求经道岔直向位置进入站内正线准备停车(如图 1-2-4 所示)；

图 1-2-5　一个黄色闪光和一个黄色灯光

图 1-2-6　两个黄色灯光

图 1-2-7　一个红色灯光

(4)一个黄色闪光和一个黄色灯光——准许列车经 18 号及以上道岔侧向位置，进入站内越过次一架已经开放的信号机且该信号机防护的进路经道岔直向位置或 18 号及以上道岔侧向位置(如图 1-2-5 所示)；

(5)两个黄色灯光——准许列车按限速要求越过该信号机，经道岔侧向位置[但不满足上述第(4)项条件]进入站内准备停车(如图 1-2-6 所示)；

(6)一个红色灯光——不准列车越过该信号机(如图 1-2-7所示)。

4. 进站及接车进路、接发车进路色灯信号机的引导信号显示一个红色灯光及一个月白色灯光——准许列车在该信号机前方不停车，以不超过 20 km/h 速度进站或通过接车进路，并须准备随时停车(如图 1-2-8 所示)。

图 1-2-8　引导信号显示

(二)出站信号机

出站信号机的作用是防护区间，作为列车占用区间的凭证，指示列车可否进入区间；与发车进路及敌对进路相联锁，信号开放后保证发车进路安全；指示列车在站内的停车位置。

在车站的正线和到发线上，应设出站信号机。出站信号机应设在每一发车线的警冲标内方(对向道岔为尖轨尖端外方)适当地点，如图 1-2-9 所示。在调车场的编发线上，必要时可设线群出站信号机。设置出站信号机应考虑到少占用股道有效长。当发车线不设轨道电路时，在限界允许的条件下，应缩小与警冲标间的距离；当发车线设有轨道电路时，出站信号机宜与轨道绝缘设在同一坐标处，为了避免和减少在安装信号机时造成串轨、换轨和锯轨等工作，轨道绝缘设置在出站信号机前方 1 m 或后方 6.5 m 的范围内。

1. 半自动闭塞或自动站间闭塞区段出站信号机的显示意义

(1)一个绿色灯光——准许列车由车站出发(如图 1-2-10 所示)；

(2)两个绿色灯光——准许列车由车站出发，开往次要线路(如图 1-2-11 所示)；

(3)一个红色灯光——不准列车越过该信号机(如图 1-2-12 所示)；

(4)在兼作调车信号机时，一个月白色灯光——准许越过该信号机调车(如图 1-2-13 所示)。

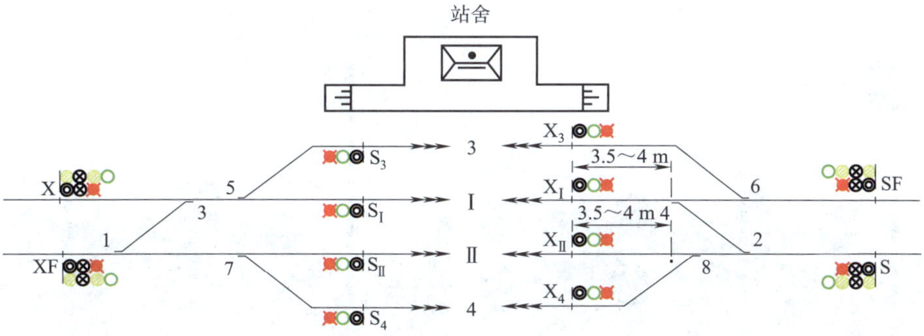

图 1-2-9 出站信号机设置位置

图 1-2-10 一个绿色灯光

图 1-2-11 两个绿色灯光

图 1-2-12 一个红色灯光

图 1-2-13 一个月白色灯光

2. 三显示自动闭塞区段出站信号机的显示意义

(1)一个绿色灯光——准许列车由车站出发，表示运行前方至少有两个闭塞分区空闲(如图 1-2-14 所示)；

(2)一个黄色灯光——准许列车由车站出发，表示运行前方有一个闭塞分区空闲(如图 1-2-15所示)；

(3)两个绿色灯光——准许列车由车站出发，开往半自动闭塞或自动站间闭塞区间(如图 1-2-16 所示)；

(4)一个红色灯光——不准列车越过该信号机(如图 1-2-17 所示)；

图 1-2-14　一个绿色灯光

图 1-2-15　一个黄色灯光

图 1-2-16　两个绿色灯光

图 1-2-17　一个红色灯光

(5)在兼作调车信号机时,一个月白灯光——准许越过该信号机调车(如图 1-2-18 所示)。

3. 四显示自动闭塞区段出站信号机的显示意义

(1)一个绿色灯光——准许列车由车站出发,表示运行前方至少有三个闭塞分区空闲(如图 1-2-19 所示);

图 1-2-18　一个月白灯光

图 1-2-19　一个绿色灯光

(2)一个绿色灯光和一个黄色灯光——准许列车由车站出发,表示运行前方有两个闭塞分区空闲(如图 1-2-20 所示);

(3)一个黄色灯光——准许列车由车站出发,表示运行前方有一个闭塞分区空闲(如

图 1-2-21所示)；

图 1-2-20　一个绿色灯光和一个黄色灯光

图 1-2-21　一个黄色灯光

(4)两个绿色灯光——准许列车由车站出发，开往半自动闭塞或自动站间闭塞区间(如图 1-2-22 所示)；

图 1-2-22　两个绿色灯光

(5)一个红色灯光——不准列车越过该信号机(如图 1-2-23 所示)；

(6)在兼作调车信号机时，一个月白色灯光——准许越过该信号机调车(如图 1-2-24 所示)。

图 1-2-23　一个红色灯光

图 1-2-24　一个月白色灯光

出站信号机有两个及其以上的运行方向，已经不能用两个绿色灯光表示进路方向时，应在信号机上装设进路表示器。

(三)进路信号机

进路信号机按用途可分为：

接车进路信号机——用以对到达列车指示运行条件；

发车进路信号机——用以对出发列车指示运行条件；

接发车进路信号机——用以对到达列车及出发列车指示运行条件。

当同一信号机具有多种意义兼有多种作用时，应称其全名，如“出站兼接发车进路信号机”。

1. 接车进路及接发车进路色灯信号机的显示与进站色灯信号机相同。

2. 三显示自动闭塞、半自动闭塞、自动站间闭塞区段的发车进路色灯信号机显示下列信号：

(1)一个绿色灯光——准许列车由车站经正线出发，表示出站和进路信号机均在开放状态(如图 1-2-25 所示)；

(2)一个绿色灯光和一个黄色灯光——准许列车越过该信号机，表示该信号机列车运行前方次一架信号机在开放状态(如图 1-2-26 所示)；

图 1-2-25　一个绿色灯光

图 1-2-26　一个绿色灯光和一个黄色灯光

(3)一个黄色灯光——准许列车运行到次一架信号机之前准备停车(如图 1-2-27 所示)；

(4)一个红色灯光——不准列车越过该信号机(如图 1-2-28 所示)。

图 1-2-27　一个黄色灯光

图 1-2-28　一个红色灯光

3. 四显示自动闭塞区段发车进路色灯信号机显示下列信号：

(1)一个绿色灯光——表示该信号机列车运行前方至少有两架信号机经道岔直向位置在开放状态(如图 1-2-25 所示)；

(2)一个绿色灯光和一个黄色灯光——表示该信号机列车运行前方次一架信号机经道岔直向位置在开放状态(如图 1-2-26 所示)；

(3)一个黄色灯光——准许列车运行到次一架信号机之前准备停车(如图 1-2-27 所示)；

(4)一个红色灯光——不准列车越过该信号机(如图 1-2-28 所示)。

4. 接车进路、发车进路及接发车进路色灯信号机兼作调车信号机时，一个月白色灯光——准许越过该信号机调车(如图 1-2-29 所示)。

图 1-2-29 一个月白色灯光

在车场前或引向不同车场的分线道岔前的信号机为接车进路信号机，如图 1-2-30(XL_1 为下行第一接车进路信号机，SL_1 为上行第一接车进路信号机)。

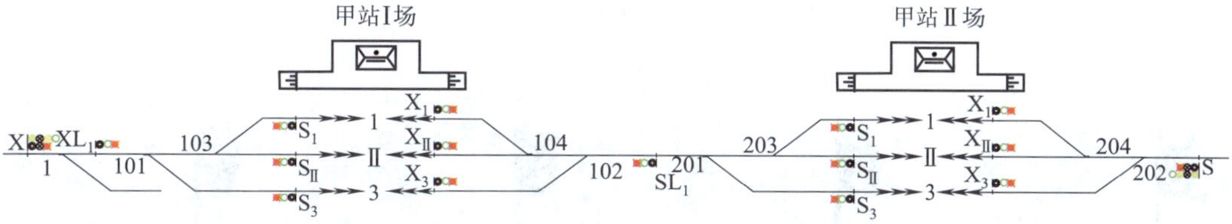

图 1-2-30 进路信号机设置位置

(四)通过信号机

在自动闭塞区段，通过信号机设于两闭塞分区的分界点处，指示列车能否占用运行前方的闭塞分区。在线路所，也设通过信号机，用以指示列车能否占用运行前方的所间区间。

通过色灯信号机显示下列信号：

1. 半自动闭塞及自动站间闭塞区段

(1)一个绿色灯光——准许列车按规定速度运行(显示方式参照图 1-2-31，但机构为二显示)；

(2)一个红色灯光——不准列车越过该信号机(显示方式参照图 1-2-33，但机构为二显示)。

2. 三显示自动闭塞区段

(1)一个绿色灯光——准许列车按规定速度运行，表示运行前方至少有两个闭塞分区空

闲(如图 1-2-31 所示);

(2)一个黄色灯光——要求列车注意运行,表示运行前方有一个闭塞分区空闲(如图 1-2-32所示);

(3)一个红色灯光——列车应在该信号机前停车(如图 1-2-33 所示)。

图 1-2-31 一个绿色灯光

图 1-2-32 一个黄色灯光

图 1-2-33 一个红色灯光

3. 四显示自动闭塞区段

(1)一个绿色灯光——准许列车按规定速度运行,表示运行前方至少有三个闭塞分区空闲(如图 1-2-34 所示);

(2)一个绿色灯光和一个黄色灯光——准许列车按规定速度运行,要求注意准备减速,表示运行前方有两个闭塞分区空闲(如图 1-2-35 所示);

(3)一个黄色灯光——要求列车减速运行,按规定限速要求越过该信号机,表示运行前方有一个闭塞分区空闲(如图 1-2-36 所示);

(4)一个红色灯光——列车应在该信号机前停车(如图 1-2-37 所示)。

图 1-2-34 一个绿色灯光

图 1-2-35 一个绿色灯光和一个黄色灯光

图 1-2-36 一个黄色灯光

图 1-2-37 一个红色灯光

(五)调车信号机

调车信号机用以指示站内各种调车作业,起到指示开始调车、折返调车和阻挡调车的作用。如取送、摘挂、转线、转场、整编、机车出入段等。

1. 调车信号机的设置位置。

调车信号机是根据调车作业的实际需要设置的，必须根据车站的技术作业过程和调车作业繁忙程度来确定，并考虑站内必要的平行作业需要及较短的机车走行距离。调车信号机的设置一般有以下几种情况：

(1)出站及接车、发车进路信号机可设调车信号显示，以满足调车作业的需要。

(2)尽头线、机车出入段线、机待线、专用线及调车线等通向集中区的入口处，均应装设调车信号机。双线发车口内、进站信号机内方、单向运行的正线股道不发车端也应设调车信号机，它们称为尽头线调车信号机。

(3)在咽喉区，应设置满足起转线、平行作业、减少机车走行距离等需要的调车信号机。

2. 调车色灯信号机显示下列信号：

(1)一个月白色灯光——准许越过该信号机调车(如图 1-2-38 所示)；

(2)一个月白色闪光灯光——装有平面溜放调车区集中联锁设备时，准许溜放调车(如图 1-2-39 所示)；

图 1-2-38　一个月白色灯光

图 1-2-39　一个月白色闪光灯光

(3)一个蓝色灯光——不准越过该信号机调车(如图 1-2-40 所示)。

不办理闭塞的站内岔线，在岔线入口处设置的调车信号机，可用红色灯光代替蓝色灯光(如图 1-2-41 所示)。

图 1-2-40　一个蓝色灯光

图 1-2-41　不办理闭塞的站内岔线，在岔线入口处设置的调车信号机

起阻挡列车运行作用的调车信号机，应采用矮型三显示机构，增加红色灯光或用红色灯光代替蓝色灯光(如图 1-2-42 所示)。当该信号机的红色灯光熄灭、显示不明或显示不正确时，应视为列车的停车信号。不办理闭塞的站内岔线，在岔线入口处设置的调车信号机，可用红色灯光代替蓝色灯光。

图 1-2-42　起阻挡列车运行作用的调车信号机

(六)容许信号、遮断、预告信号机

1. 容许信号

(1)在自动闭塞区段内，当货物列车在设于上坡道上的通过信号机前停车后起动困难时，在该信号机上应装设容许信号。在进站信号机前方第一架通过信号机上，不得装设容许信号。

(2)容许信号显示一个蓝色灯光——准许列车在通过色灯信号机显示红色灯光的情况下不停车，以不超过 20 km/h 的速度通过，运行到次一架通过信号机，并随时准备停车(如图 1-2-43所示)。

2. 遮断信号机

在繁忙道口，有人看守的较大桥梁、隧道，可能危及行车安全的塌方落石地点，根据需要装设遮断信号机。遮断信号机距防护地点不得少于 50 m，遮断信号机采用高柱单显示，方形背板，且机柱上涂以黑白相间斜线，以区别于一般的信号机，遮断信号机平时不着灯，不起信号作用。当遇有危及行车安全情况时，遮断色灯信号机显示一个红色灯光——不准列车越过该信号机；不点灯时，不起信号作用(如图 1-2-44 所示)。

图 1-2-43　容许信号一个蓝色灯光

图 1-2-44　遮断信号机一个红色灯光

3. 预告信号机

预告信号机的作用是预告进站信号机等主体信号机的显示。

(1)在自动闭塞区段,进站信号机前方的第一架通过信号机已经起到预告信号机的作用,不再设预告信号机。为区别于其他通过信号机,在该信号机机柱上涂以三道黑斜线。

(2)列车运行速度不超过 120 km/h 的区段,预告信号机与其主体信号机的安装距离不得小于 800 m,当预告信号机的显示距离不足 400 m 时,其安装距离不得小于 1 000 m。

(3)遮断信号机的预告信号机显示一个黄色灯光——表示遮断信号机显示红色灯光;不点灯时,不起信号作用(如图 1-2-45 所示)。

其他预告色灯信号机显示下列信号:

①一个绿色灯光——表示主体信号机在开放状态(如图 1-2-46 所示);

②一个黄色灯光——表示主体信号机在关闭状态(如图 1-2-47 所示)。

图 1-2-45 遮断信号机的预告信号机

图 1-2-46 预告色灯信号机一个绿色灯光

图 1-2-47 预告色灯信号机一个黄色灯光

(七)接近信号机

在列车运行速度超过 120 km/h 的半自动闭塞、自动站间闭塞区段,应设置两段接近区段,在第一接近区段和第二接近区段的分界处设接近信号机,在第一接近区段入口 100 m 处,设置机车信号接通标。接近色灯信号机显示下列信号:

1. 一个绿色灯光——表示进站信号机开放一个绿色灯光或一个绿色灯光和一个黄色灯光(如图 1-2-48 所示);

2. 一个绿色灯光和一个黄色灯光——表示进站信号机开放一个黄色灯光(如图 1-2-49 所示);

3. 一个黄色灯光——表示进站信号机在关闭状态,或表示进站信号机显示两个黄色灯光或一个黄色闪光和一个黄色灯光(如图 1-2-50 所示)。

(八)复示信号机

进站、出站、进路信号机及线路所通过信号机,因受地形、地物影响,达不到规定的显示距离时,应设复示信号机。

设在车站岔线入口处的调车色灯信号机,达不到规定的显示距离时,根据需要可设调车复示信号机。

图 1-2-48 一个绿色灯光

图 1-2-49 一个绿色灯光和一个黄色灯光

图 1-2-50 一个黄色灯光

1. 色灯复示信号机分下列几种：

进站、接车进路、接发车进路信号机的色灯复示信号机采用灯列式机构，显示下列信号：

(1)两个月白色灯光与水平线构成 60°角显示——表示主体信号机显示经道岔直向位置向正线接车的信号(如图 1-2-51 所示)；

(2)两个月白色灯光水平位置显示——表示主体信号机显示经道岔侧向位置接车的信号(如图 1-2-52 所示)；

(3)无显示——表示主体信号机在关闭状态(如图 1-2-53 所示)。

图 1-2-51 与水平线构成 60°角显示

图 1-2-52 水平位置显示

图 1-2-53 无显示

2. 出站及发车进路信号机的色灯复示信号机显示下列信号：

(1)一个绿色灯光——表示主体信号机在开放状态(如图 1-2-54 所示)；

(2)无显示——表示主体信号机在关闭状态。

3. 调车色灯复示信号机显示下列信号：

(1)一个月白色灯光——表示调车信号机在开放状态(如图 1-2-55 所示)；

(2)无显示——表示调车信号机在关闭状态。

进站、出站、进路、驼峰及调车色灯复示信号机均采用方形背板，以区别于一般信号机。

图 1-2-54 一个绿色灯光

图 1-2-55 一个月白色灯光

三、信号显示距离

1. 信号的显示距离，是指从机车上能够连续确认的显示距离。各种信号机及表示器，在正常情况下的显示距离：

(1)进站、通过、接近、遮断信号机，不得小于 1 000 m；

(2)高柱出站、高柱进路信号机，不得小于 800 m；

(3)预告、驼峰、驼峰辅助信号机，不得小于 400 m；

(4)调车、矮型出站、矮型进路、复示信号机，容许、引导信号及各种表示器，不得小于 200 m。

在地形、地物影响视线的地方，进站、通过、接近、预告、遮断信号机的显示距离，在最坏的条件下，不得小于 200 m。对进站、通过、接近、遮断信号机的显示距离应当严格要求。在装设此类信号机时，应选择适当地点，尽可能使其显示距离达到标准。但因条件限制，如在山区弯道多、曲线半径小、隧道接连不断等最坏情况下，实在无法达到标准时，考虑到此类信号机均设有预告信号机，因此允许降低到不小于 200 m 的最低标准。预告信号机的显示距离在最坏条件下，不得小于 200 m。

2. 当进站、出站、进路信号机及线路所通过信号机，因受地形、地物影响，达不到规定的显示距离时，应设复示信号机。设在车站岔线入口处的调车色灯信号机，达不到规定的显示距离时，根据需要可设调车复示信号机。

3. 在昼间遇降雾、暴风雨雪及其他情况，致使停车信号显示距离不足 1 000 m，注意或减速信号显示距离不足 400 m，调车信号及调车手信号显示距离不足 200 m 时，应使用夜间信号。

四、信号机定位要求

信号机的定位，是指无列车运行的条件下，信号机经常保持的显示状态。使用完毕后须立即恢复到规定的显示状态，即定位显示。

1. 进站、出站、进路、调车、驼峰、驼峰辅助信号机均以显示停车信号为定位；线路所的通过信号机以显示停车信号为定位，其他通过信号机以显示进行信号为定位。

2. 接近信号机、进站预告信号机、非自动闭塞区段通过信号机的预告信号机及通过臂板，以显示注意信号为定位。

3. 遮断、遮断预告、复示信号机以无显示为定位。

4. 在自动闭塞区段内的车站(线路所)，如将进站、正线出站信号机及其直向进路内的进路信号机转为自动动作时，以显示进行信号为定位。

停车信号也称禁止信号，是指禁止列车或调车车列越过信号机的信号。注意信号是指准许列车以准备在前方预定地点停车的速度运行的信号。进行信号也称允许信号，是指准许列车或调车车列运行的各种信号显示的总称。

第二节 信号表示器及信号标志

一、信号表示器的作用及分类

信号表示器用以表示某些与行车有关设备的位置和状态，或表示信号显示的某些附加意义的铁路信号机具。它和信号机不同的是，它没有独立的防护意义。信号表示器分为道岔表示器、脱轨表示器、进路表示器、发车表示器、发车线路表示器、调车及车挡表示器。

(一)道岔表示器

道岔表示器用在非集中联锁车站上表示该道岔的开通方向，以便车站扳道及有关行车、调车人员确认道岔开通方向是否正确。

非集中操纵的接发车进路上的道岔，装设道岔表示器，集中操纵的道岔、调车场及峰下咽喉的道岔，不装设道岔表示器；其他道岔根据需要装设道岔表示器。集中联锁调车区进行连续溜放作业的分歧道岔，设道岔表示器。

道岔表示器的显示方式如下：

1. 昼间无显示；夜间为紫色灯光——表示道岔位置开通直向(如图 1-2-56 所示)。

图 1-2-56 道岔位置开通直向

2. 昼间为中央划有一条鱼尾形黑线的黄色鱼尾形牌；夜间为黄色灯光——表示道岔位置开通侧向(如图 1-2-57 所示)。

3. 在调车区为集中联锁时，进行连续溜放作业的分歧道岔应有道岔表示器，平时无显示，当进行溜放作业时，其显示方式如下：

(1)紫色灯光——表示道岔开通直向(如图 1-2-58 所示)；

(2)黄色灯光——表示道岔开通侧向(如图 1-2-58 所示)。

图 1-2-57　道岔位置开通侧向

图 1-2-58　道岔表示器显示连续溜放作业

(二)脱轨表示器

脱轨表示器设置在集中联锁以外的脱轨器及引向安全线或避难线的道岔，表示线路的开通或遮断。

脱轨表示器的显示方式如下：

1. 带白边的红色长方牌及红色灯光——表示线路在遮断状态(如图 1-2-59 所示)。

2. 带白边的绿色圆牌及月白色灯光——表示线路在开通状态(如图 1-2-59 所示)。

图 1-2-59　脱轨表示器

(三)进路表示器

进路表示器在其主体信号机开放时点亮，用于区别进路开通方向或双线区段反方向发车，不能独立构成信号显示。

1. 出站信号机有两个及以上的运行方向，而信号显示不能分别表示进路方向时，应在信号机上装设进路表示器。发车进路兼出站信号机，根据需要可装设进路表示器，区分进路方向。双线自动闭塞区段，有反方向运行条件时，出站信号机设进路表示器。驼峰色灯辅助信号机，可兼作出站或发车进路信号机，并根据需要装设进路表示器。

2. 两个发车方向，当信号机在开放的条件下，分别按左、右两个白色灯光，区别进路开通方向（如图 1-2-60 所示）。

3. 三个发车方向，其显示方式如下：

（1）信号机在开放状态及表示器左方显示一个白色灯光——表示进路开通，准许列车向左侧线路发车（如图 1-2-61 所示）；

（2）信号机在开放状态及表示器中间显示一个白色灯光——表示进路开通，准许列车向中间线路发车（如图 1-2-61 所示）；

（3）信号机在开放状态及表示器右方显示一个白色灯光——表示进路开通，准许列车向右侧线路发车（如图 1-2-61 所示）。

图 1-2-60　两个发车方向进路表示器

图 1-2-61　三个发车方向进路表示器

4. 在双线区段仅用于区分反方向发车时，其显示方式如下：

（1）信号机在开放状态且表示器不点亮——准许列车正方向发车（如图 1-2-62 所示）；

（2）信号机在开放状态且表示器显示一个白色灯光——准许列车反方向发车（如图 1-2-62所示）。

5. 车挡表示器。

车挡表示器设在尽头线终端的车挡上（安全线、避难线除外）。其设置目的是便于司机和调车指挥人员瞭望车挡位置，防止列车或机车车辆与车挡相撞。

车挡表示器显示方式，昼间一个红色方牌；夜间显示一个红色灯光（如图 1-2-63 所示）。

图 1-2-62　双线区段反方向发车表示器

图 1-2-63　车挡表示器

二、信号标志设置

信号标志，设在列车运行方向左侧（警冲标除外）。双线区段的轨道电路调谐区标志设在线路外侧。

1. 警冲标，设在两会合线路线间距离为 4 m 的中间。线间距离不足 4 m 时，设在两线路中心线最大间距的起点处（如图 1-2-64 所示）。在线路曲线部分所设道岔附近的警冲标与线路中心线间的距离应按限界的加宽增加。

2. 站界标，设在双线区间列车运行方向左侧最外方顺向道岔（对向出站道岔的警冲标）外不少于 50 m 处，或邻线进站信号机相对处（如图 1-2-65 所示）。

图 1-2-64 警冲标

图 1-2-65 站界标

3. 预告标，设在进站信号机及线路所通过信号机外方 900 m、1 000 m 及 1 100 m 处（如图 1-2-66 所示），但在设有预告或接近信号机及自动闭塞的区段，均不设预告标。

在双线区间，退行的列车看不见邻线的预告标时，在距站界外 1 100 m 处特设一个预告标（如图 1-2-67 所示）。

单位：m

图 1-2-66 预告标

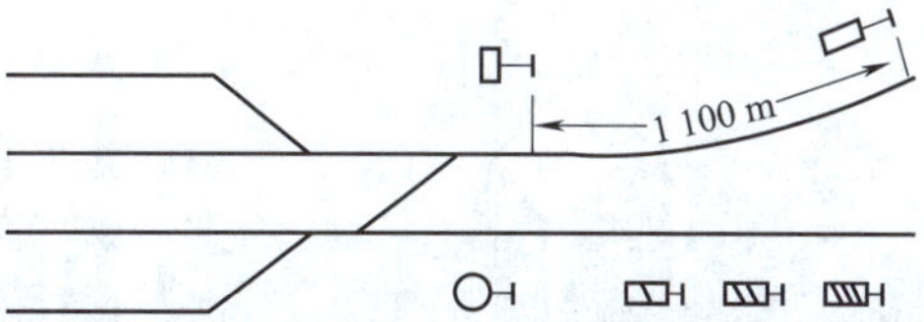

图 1-2-67 特设预告标设置

4. 引导员接车地点标，列车在距站界 200 m 以外，不能看见引导人员在进站信号机或站界标处显示的手信号时，须在列车距站界 200 m 外能清晰地看见引导人员手信号的地点设置（如图 1-2-68 所示）。

5. 司机鸣笛标，设在道口、大桥、隧道及视线不良地点的前方 500～1 000 m 处(如图 1-2-69所示)。在非限鸣区域，司机见此标志须长声鸣笛；在限鸣区域内，司机见此标志应开启灯显示警设备，除遇危及行车安全等情况外，限制鸣笛。

6. 电力机车禁停标，设在站场、区间接触网锚段关节式电分段两端，电力机车(动车组)在该标志提示的禁停区域内不得停留(如图 1-2-70 所示)。

图1-2-68 引导员接车地点标

图 1-2-69 司机鸣笛标

图 1-2-70 电力机车禁停标

7. 在电气化区段接触网电分相前方，分别设断电标(如图 1-2-71 左图所示)、禁止双弓标(如图 1-2-72 所示)。对于最高运行速度大于 120 km/h 的旅客列车、特快货物班列及最高运行速度为 120 km/h 的货物列车、快速货物班列运行的线路，在断电标的前方增设特殊断电标(如图 1-2-71 右图所示)。在接触网电分相后方设合电标(如图 1-2-73 所示)，设置位置如图 1-2-74 所示。在双线电气化区段，在“合”“断”电标背面，可分别加装“断”“合”字标，作为反方向行车的“断”“合”电标使用。

图 1-2-71 断电标和特殊断电标

图 1-2-72 禁止双弓标

图 1-2-73 合电标

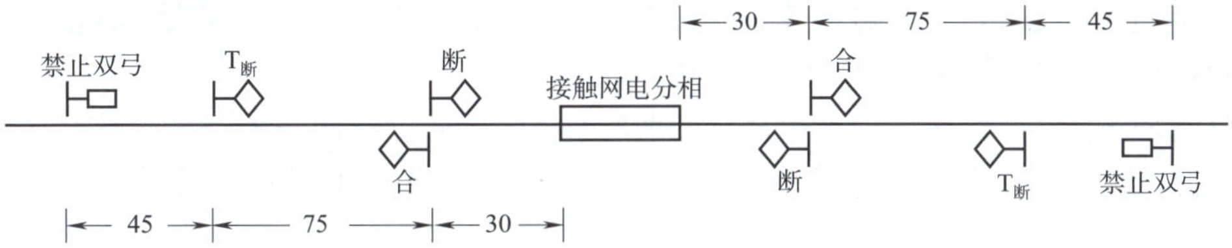

图 1-2-74　合电标设置位置(单位:m)

8. 接触网终点标,设在接触网边界(如图 1-2-75 所示)。

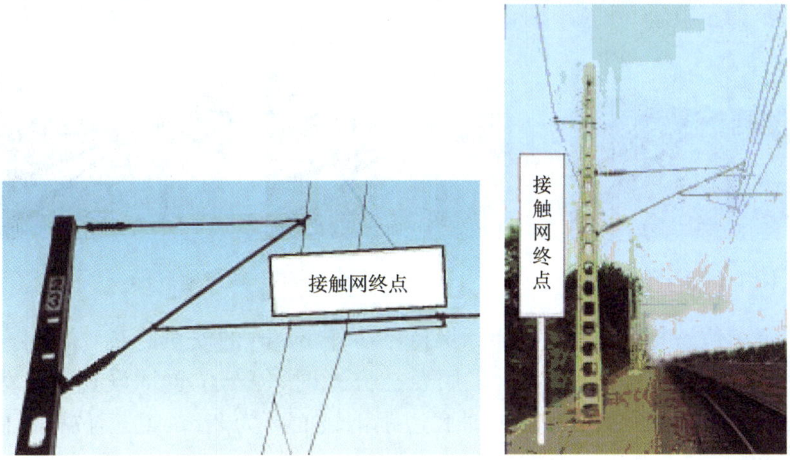

图 1-2-75　接触网终点标

9. 在电气化线路接触网故障降弓地段前方,分别设准备降下受电弓标(如图 1-2-76 所示)、降下受电弓标(如图 1-2-77 左图所示);对于最高运行速度大于 120 km/h 的旅客列车、特快货物班列及最高运行速度为 120 km/h 的货物列车、快速货物班列运行的线路,在降下受电弓标的前方增设特殊降弓标(如图 1-2-77 右图所示)。在降弓地段后方,设升起受电弓标(如图 1-2-78 所示)。

图 1-2-76　准备降下受电弓标

图 1-2-77　降下受电弓标及特殊降弓标

图 1-2-78　升起受电弓标

10. 作业标，设在施工线路及其邻线距施工地点两端 500～1 000 m 处(如图 1-2-79 所示)。司机见此标志须长声鸣笛，注意瞭望。

11. 减速地点标，设在需要减速地点的两端各 20 m 处。正面表示列车应按规定限速通过地段的始点，背面表示列车应按规定限速通过地段的终点(如图 1-2-80 所示)。

图 1-2-79　作业标

图 1-2-80　减速地点标

12. 机车停车位置标，设在与警冲标保持不少于 30 m 的安全距离，机车停车位置标(如图 1-2-81 所示)。动车组停车位置标，采用悬挂方式时，停车位置标设置高度为底边距钢轨面高为 3.5 m；设置在地面或雨棚柱上时底边距钢轨面高为 3 m。停车位置标内侧距线路中心均不少于 3.1 m。

13. 四显示机车信号接通标(机车信号接通标)：涂有白底色、黑竖线、黑框的反光菱形板及黑白相间的立柱标志(如图 1-2-82 左图所示)。

14. 四显示机车信号断开标：涂有白底色、中间断开的黑横线、黑框的反光菱形板及黑白相间的立柱标志(如图 1-2-82 右图所示)。

图 1-2-81　机车停车位置标

图 1-2-82　四显示机车信号接通标和断开标

15. 级间转换标：在 CTCS-0/CTCS-2 级转换边界一定距离前方的级间转换应答器组对应的线路左侧设级间转换标志。该标志采用涂有白底色、黑框、写有黑“C0”“C2”标记的反光菱形板及黑白相间的立柱(如图 1-2-83 所示)。

图 1-2-83　级间转换标

16. 通信模式转换标：在始发站列车停车标内方或需要转换通信模式的相应地点设机车综合无线通信设备通信模式转换提示标志，标志牌顶边距轨面 2.5 m。该标志标面采用涂有白底色、黑框、写有黑“通信转换”字样的方形板，如图 1-2-84 所示。

图 1-2-84　通信模式转换标

第三节　联锁及闭塞设备

一、联锁设备

（一）联锁的概念

通过技术方法，使车站信号、道岔和进路必须按照一定程序并满足一定条件，才能动作或建立起来的相互关系称为联锁关系，简称联锁。

（二）联锁的技术要求

1. 站内正线及到发线上的道岔，均须与有关信号机联锁。区间内正线上的道岔，须与

有关信号机或闭塞设备联锁。各种联锁设备(驼峰除外)应满足下列条件:

(1)当进路上的有关道岔开通位置不对或敌对信号机未关闭时,防护该进路的信号机不能开放;信号机开放后,该进路上的有关道岔不能扳动,其敌对信号机不能开放。

(2)半自动闭塞、自动站间闭塞及三显示自动闭塞区段,正线上的出站信号机未开放时,进站信号机不能开放通过信号;主体信号机未开放时,预告信号机不能开放。

(3)装有转换锁闭器,电动、电液转辙机的道岔,当第一连接杆处(分动外锁闭道岔为锁闭杆处)的尖轨与基本轨间、心轨与翼轨间有 4 mm 及以上水平间隙时,不能锁闭或开放信号机。

(4)区间辅助所内正线上的道岔,未开通正线时,两端站不能开放有关信号机。设在辅助所的闭塞设备与有关站闭塞设备应联锁。

2. 集中联锁设备应保证:当进路建立后,该进路上的道岔不能转换;当道岔区段有车占用时,该区段的道岔不能转换;列车进路向占用线路上开通时,有关信号机不能开放(引导信号除外);能监督是否挤岔,并于挤岔的同时,使防护该进路的信号机自动关闭,被挤道岔未恢复前,有关信号机不能开放。

3. 非集中联锁设备,应保证车站值班员能控制接、发车进路和信号机的开放与关闭。

(三)联锁设备的分类

联锁设备分为集中联锁和非集中联锁。其中集中联锁分为计算机联锁和继电联锁,非集中联锁分为色灯电锁器联锁和臂板电锁器联锁。

1. 集中联锁

用电器的方法集中控制和监督全站的道岔、进路和信号机,并实现它们之间的关系称为集中联锁。集中联锁包括继电式电器集中联锁(继电联锁)和计算机电器集中联锁(计算机联锁)。

2. 非集中联锁

电锁器联锁主要依靠电锁器来实现主要联锁关系。信号机由车站值班员控制,道岔由扳道员在现场操纵。色灯电锁器联锁的信号机则由车站值班员通过控制台操纵。

二、闭塞设备

(一)闭塞的定义

确保在一个区间(或闭塞分区),同一时间内只能有一列车在运行的技术方法称为闭塞,为实现以上目标所采用的设备叫作闭塞设备。闭塞设备是保证区间行车安全、提高运输效率的区间信号设备。

(二)闭塞的分类

闭塞设备分为自动闭塞、自动站间闭塞和半自动闭塞。具体设置条件如下:

在单线区段,应采用半自动闭塞或自动站间闭塞,繁忙区段可根据情况采用自动闭塞;

在双线区段,应采用自动闭塞。在一个区段内,原则上应采用同一类型的闭塞方式。

在列车运行速度超过 120 km/h 的双线区段,采用速差式自动闭塞,列车紧急制动距离由两个及以上闭塞分区长度保证。

1. 自动闭塞

自动闭塞是根据列车运行及有关闭塞分区状态，自动变换通过信号机显示而司机凭信号行车的闭塞方法。其特征为：把站间划分为若干闭塞分区，有分区占用检查设备，一般设有通过信号机；站间能实现列车追踪；办理发车进路时自动办理闭塞手续，自动变换通过信号机的显示。使用自动闭塞法行车时，列车进入闭塞分区的行车凭证为出站或通过信号机显示的允许运行的信号，如图 1-2-85 所示。

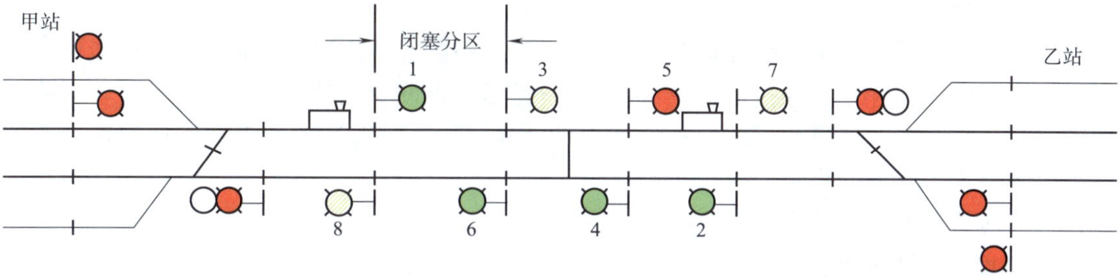

图 1-2-85　三显示自动闭塞信号显示及闭塞分区划分示意图

2. 自动站间闭塞

自动站间闭塞是采用轨道检查装置自动检查区间空闲，随着办理发车进路自动构成站间闭塞，列车凭出站信号显示进入发车进路后，出站信号机自动关闭，待列车出清区间后自动解除闭塞的行车闭塞方法。通常与集中联锁设备结合使用。使用自动站间闭塞法行车时，列车凭出站信号机或线路所通过信号机显示的允许运行的信号进入区间。

自动站间闭塞有两种：当采用计轴轨道检查装置检查区间空闲时，称为计轴自动站间闭塞；当采用轨道电路检查区间空闲时，称为轨道电路自动站间闭塞。

3. 半自动闭塞

半自动闭塞设备由半自动闭塞机、半自动闭塞用的轨道检查装置、操纵和表示设备、闭塞电源、闭塞机外线等部分组成。半自动闭塞机是闭塞设备的核心，由电源、继电器、电阻器、电容器等组成。半自动闭塞是以出站信号机或线路所的通过信号机显示作为列车占用区间凭证，发车站的出站信号机（或线路所的通过信号机）必须经两站同意、办理闭塞手续后才能开放，列车进入区间后自动关闭，而且在列车未到达接车站以前，向该区间发出列车的信号不能开放，这就保证了两站间的区间内同时只有一列列车运行。

三、调度集中设备

调度集中系统（CTC）是调度中心（列车调度员）对某一区段内的信号设备进行集中控制、对列车运行直接指挥、管理的技术装备。分散自律调度集中系统是综合了计算机技术、网络通信技术和现代控制技术，采用智能化分散自律设计原则，以列车运行调整计划控制为中心，兼顾列车与调车作业的高度自动化的调度指挥系统。

“分散自律”是一种智能分布式的体系结构，由网络连接的、分布在各个站点的智能子系统协同完成处理任务。我国调度集中系统采用分散自律结构，由各车站配置的自律机独立处理本站逻辑，同时和邻站、调度中心进行数据交换，以列车运行调整计划和安全约束条件为核心实现自动控制功能。分散自律可以解决列车进路和调车进路相互干扰的问题，实现在不影响列车运行的原则下，允许中心和车站通过调度集中自主进行调车的功能。车站自律机完成正常接发列车以及协调列车、调车作业冲突的功能，实现列车和调车作业的统一控制。

在调度集中(CTC)区段，列车调度员可以利用设备直接操纵调度集中控制车站的道岔和信号，可以随时了解区段内进路、道岔、信号和列车运行等情况。所以规定在调度集中区段，调度集中控制车站有关行车工作由列车调度员直接指挥，但调度集中设备转为车站控制时，只能由车站值班员操纵车站的道岔和信号，车站的行车工作由车站值班员指挥。

(一)非常站控模式

调度集中应具有分散自律控制模式和非常站控模式。分散自律控制模式是根据列车运行调整计划或调车计划自动控制列车或调车运行进路，同时具备人工办理列车、调车进路的功能；非常站控模式是遇行车设备故障、施工、维修需要时，脱离调度集中系统控制转为车站联锁控制台人工办理的模式。

遇下列情况可转为非常站控模式：

1. 调度集中设备故障；

2. 行车设备施工、维修需要时(须在施工、维修计划中注明)；

3. 行车设备故障，需现场准备进路，且无法转为车站操作方式时；

4. 自动站间闭塞设备的车站因故改按半自动闭塞法或电话闭塞法行车，且无法转为车站操作方式时；

5. 发生危及行车安全的情况需要时。

(二)模式转换的条件

1. 分散自律控制模式与非常站控模式间的相互转换，须通过点击车站控制台上非常站控按钮，并均需输入规定的密码来实现。

2. 分散自律控制模式转向非常站控模式不检查任何条件，但系统向调度员进行提示报警；非常站控模式转回分散自律控制模式系统检查以下条件：

(1)CTC 系统设备正常；

(2)非常站控模式下没有正在执行的按钮操作。

在满足上述条件时，允许转回分散自律控制模式表示灯亮黄灯后，操作非常站控按钮，转回分散自律控制模式，否则操作无效。

(三)模式转换的有关要求

1. 转非常站控模式。

(1)除因危及行车安全必须立即转换为非常站控外，列车调度员提出需转为非常站控时，须经调度所值班主任(值班副主任)准许。

(2)转为非常站控时，车站值班员(车务应急值守人员)和列车调度员须在“CTC 控制模式转换登记簿”内登记，记明转换的原因。

(3)车站值班员与列车调度员核对设备状况、站内停留车情况、列车运行计划、邻站(线路所)控制模式及与本站(线路所)有关的调度命令执行等情况。

(4)转为非常站控后，车站值班员应通知司机车站(线路所)转为非常站控。

(5)转为非常站控的原因消除后，车站值班员在“CTC 控制模式转换登记簿”内登记，并及时转回。

2. 分散自律控制模式下各种操作方式转换的有关要求。

(1)中心操作方式车站调车作业时,可转为车站调车操作方式。

(2)中心操作或车站调车操作方式车站遇施工、维修时,应转为车站操作方式(施工、维修计划中注明转非常站控的除外)。

(3)中心操作或车站调车操作方式车站遇行车设备故障,需现场准备进路时,应转为车站操作方式。

(4)在分散自律控制模式下转换操作方式时(施工、维修需要转换时除外),须经调度所值班主任(副)同意后方可进行。

第四节 车站列车无线调度通信设备及语音记录装置

一、列车无线调度通信设备

列车无线调度通信系统由五个分系统组成,分别是列车无线调度电话系统、TDCS无线车次号校核系统、调度命令无线传送系统、列车尾部安全防护装置和列车防护报警系统(LBJ)。

GSM-R系统能实现列车无线调度通信、无线车次号传送、调度命令无线传送等功能,是对传统模拟制式列车无线调度通信系统的数字化改造。机车综合无线通信设备(CIR)是上述各功能的集成,安装于机车或动车组上,兼容模拟列车无线调度通信和数字通信功能。

(一)列车无线调度电话系统

列车无线调度电话系统分模拟列车无线调度电话系统和GSM-R数字列车无线调度电话系统。

模拟列车无线调度电话系统由无线列调总机、车站电台、车站语音记录仪、机车电台(或CIR)、助理值班员电台(便携电台)、车辆乘务员电台(便携电台)等组成。GSM-R列车无线调度电话系统由数调台(FAS台)、移动交换系统(MSC)、基站子系统(BSS)、分组数据无线系统(GPRS)、移动终端设备(CIR或GSM-R手机)等组成,可实现调度所调度员、机车司机、车站值班员(助理值班员)、车辆乘务员之间通信。

GSM-R系统通常情况下采用点对点的通信方式,使用者需注册本岗位的功能号,可使用功能号、短号码(12XX,13XX等)或直接用预分配的号码(11位电话号码)进行呼叫。当遇紧急情况需向其他移动台或相关调度员、车站值班员发布紧急事项时,可采用“紧急呼叫”或“组呼”功能进行呼叫。

(二)TDCS无线车次号校核系统

TDCS无线车次号校核系统能实时显示列车运行位置。该系统由车载设备和地面设备组成。车载设备由无线列调机车电台(或CIR)、车次号编码器、TDCS接口适配器和机车安全信息综合监测装置(TAX箱)(由电务段维护)组成;地面设备有车次号无线接收机、车次号解码器、TDCS系统(由电务段维护)组成。每当列车通过某一车站的进站信号机和出站信号机时,车载设备向地面接收设备发送车次号信息,地面设备收到信息后在车站、调度所TDCS系统的显示终端上显示该次列车的车次信息,并标注当前的列车位置。

(三)调度命令无线传送系统

列车调度员或车站值班员利用该系统可直接向机车司机发送调度命令(包括行车凭证、调车作业通知单、列车接车进路预告等信息,以下同)。该系统由车载设备(或 CIR)和地面设备组成。地面设备由行车调度台、车站转接器、无线列调车站电台、TDCS 无线车次号校核系统、TDCS 系统组成。列车调度员或车站值班员根据列车运行位置,选择合适的车站,向机车发布命令;车载设备收到调度命令后,在显示终端上显示调度命令内容,同时车载设备提醒司机签收。地面设备将司机的签收信息传送到调度台和各相关车站。

(四)列车尾部安全防护装置(列尾装置)

列车尾部安全防护装置(列尾装置)分为客车列尾装置和货车列尾装置,列车司机可通过列尾装置查询列车尾部风压和实施尾部排风。其中,客车列尾装置由客车列尾主机(KLW)和列车防护报警装置(LBJ)设备组成,KLW 主机由车辆部门维护,LBJ 设备由电务段维护;货车列尾装置由 CIR 或列尾机车台和列尾主机组成,CIR、列尾机车台由电务段维修,列尾主机由运输部门维护。

(五)列车防护报警系统(LBJ)

列车防护报警系统(LBJ)是列车在运行过程中,当遇突发事件需向其他列车或道口通报列车位置的装置,当司机压下 CIR 操作面板上的"报警"按钮后,LBJ 持续发布机车故障报警信息,再次按压"报警"按钮后,报警消除。

二、使用无线列调时的有关注意事项

1. 使用列车无线调度电话联系列车运行注意事项时,应语言清楚,简短扼要,受话者必须复诵。发话者确认受话者复诵无误后,方可认为联系事项传达完毕。

2. 双机重联时,本务机车电台开启并注册车次功能号,重联端机车电台只能注册补机功能号,不准注册与操控端相同的车次功能号;对双机重联且双端相同机车号的机车,重联端机车电台须关闭。

3. 为确保列车调度员的行车指挥和执行车机联控制度,使用双工制无线列调设备的区段,车站值班员与司机间通话应使用单工通话方式。除发生危及人身及行车安全情况外,不准车站值班员、司机使用"隧道/紧急"按钮进行通话或切断他人通话。

三、铁路数字移动通信系统

(一)GSM-R 用途

铁路数字移动通信系统("GSM-R 系统")是铁路专用移动通信系统,承载语音、数据等与铁路行车及运营维护相关的移动通信业务。

(二)GSM-R 使用办法

1. GSM-R 系统主要承载语音通信和窄带数据通信业务,其中窄带数据通信业务又分为分组域数据业务("GPRS")和电路域数据业务("CSD")。移动用户的语音通信采用长号码呼叫、短号码呼叫、功能号呼叫、组呼 4 种呼叫方式实现。

2. 长号码呼叫是指拨打被叫移动终端 11 位号长的 MSISDN 号码或铁路调度电话 8 位

号长的 ISDN 号码、铁路自动电话进行通话。长号码呼叫又称点对点呼叫，是每个语音业务终端的基本功能，不需要特殊配置。

3. 短号码呼叫是指移动终端拨打的 4 位短号码，由 GSM-R 网络根据主叫终端所在位置将呼叫自动接续到列车调度员、动车调度员、机车(动车司机)调度员、客服调度员和车站值班员等行车指挥人员的调度通信终端。

(1)列车司机及车辆乘务员、随车机械师、乘警长、车站助理值班员可以使用短号码方式进行呼叫。

(2)列车调度台通信终端("调度终端")短号码原则上使用号码"12X0"。移动终端在铁路沿线呼叫"12X0"时，GSM-R 网络自动接通终端所在位置所属调度辖区对应的调度终端。

(3)车站值班台通信终端("车站值班台")短号码原则上使用号码"13X0"。移动终端在铁路沿线呼叫"13X0"时，GSM-R 网络自动将呼叫接续到距离移动终端所在无线小区最近的车站值班台。

(4)一个无线小区同时覆盖多条线路或多个车站，使用一个短号码难以区分呼叫对象时，按 GSM-R 网络编号规则，将采用"12X0""13X0"等号码扩展编号方案。

4. 功能号呼叫是指通过拨打包含车次号、机车号等特定标识的号码呼叫相应岗位的用户终端进行通话。

(1)车次功能号呼叫：用于调度员、车站值班员、助理值班员等行车指挥人员使用调度终端、车站值班台或 GSM-R 专用手持终端("专用终端")，以"2＋车次号＋岗位功能码"方式呼叫运行列车司机。

(2)机车功能号呼叫：用于调度员、车站值班员、助理值班员等行车指挥人员使用调度终端、车站值班台或专用终端，以"3＋机车号＋岗位功能码"方式呼叫 CIR。

(3)调度功能号呼叫：用于移动终端用户以"91＋位置编号＋岗位功能码"方式呼叫调度员、车站值班员、助理值班员等人员。

(4)为避免功能号注销失败影响其他终端正常使用车次功能号码，GSM-R 系统在车次功能号注册 48 h 后自动注销该功能号。

(5)为适应在同一时段、不同铁路局集团公司内的列车使用相同车次号码的需要，避免因车次功能号重复注册造成功能号呼叫失败，GSM-R 系统设置基于位置区的呼叫限制功能。上海局集团公司管内各调度终端、车站值班台作为主叫用户时，仅能呼叫上海局集团公司管辖调度区段范围内的移动终端的车次功能号。

5. 具备功能号呼叫功能的终端开机后，使用人员应及时注册功能号。

(1)使用专用终端的助理值班员(包括承担行车指挥职能的其他人员)，在上岗前应对专用终端进行身份功能号注册。

(2)各用户在非工作时间(岗位)，不得擅自注册 CIR 和专用终端的功能号。

6. 功能号注册和使用。

功能号呼叫是指通过拨打包含车次号、机车号等特定标识的号码呼叫相应岗位的用户终端进行通话。功能号根据列车车次号、机车号(含动车组号)和调度用户位置等标识编制。如果需启用功能号呼叫功能，必须先进行功能号网络注册。目前常用的功能号有车次功能号和机车功能号。车次功能号由车次号加功能码组成，机车功能号由机车号加功能码组成。功能号有其固定的格式。

(1)车次功能号的格式为:2CCCCXXXXXFF。其中2是固定的,在启动功能号注册时告知网络注册的是车次功能号;CCCC为车次号前的字母转换成的ASCII码(见表1-2-1),车次号前的字母最多为2位,不足2位时用"00"填补,例如D123次的"D",在键入时应为0068(D的ASCII码为68,只有1个字母时,缺省的字母用00),另如DJ123,在键入时应为6874,又如1234次列车,没有字母时,应键入0000;XXXXX为车次号,最多为5位数字,例如D123次,取"123";FF为功能码,功能码的代码见表1-2-2。

(2)机车功能号的格式为:3TTTXXXXXFF。其中3是固定的,在启动功能号注册时告知网络注册的是机车功能号;TTT为机车代码(见表1-2-3),由3位数字组成;XXXXX为5位机车号,不足5位时在前面用0补足5位;FF为功能码,功能码的代码见表1-2-2。

(3)功能号注册。

车次功能号注册格式为:

方法一(快捷注册方式):086+91+LN值(车站位置号)+(21~29)。

方法二(一般注册方式):* *214 *086+91+LN值(车站位置号)+(21~29)* * * #,按呼叫键。

方法三(实践中注册方式):点击菜单→标识→选择"设置功能号"→注册→选择"注册向导"→选择"调度功能号"→LN值(车站位置号)→功能码→确认→注册成功,即可。

其中LN为车站值班台位置号,每个车站固定;第四项从21~29选取。如果车站是一个助理值班员岗位,则该值为21,如果两个或及其以上助理值班员岗位,则依次取22、23……

如果注册成功,网络会返回一串信息,告知注册成功。功能号注册及使用方法见表1-2-4、表1-2-5。

表1-2-1 ASCII码转换规则

字母	数字	字母	数字	字母	数字
A	65	J	74	S	83
B	66	K	75	T	84
C	67	L	76	U	85
D	68	M	77	V	86
E	69	N	78	W	87
F	70	O	79	X	88
G	71	P	80	Y	89
H	72	Q	81	Z	90
I	73	R	82	0(数字)	48

表1-2-2 常用功能码

功能码FC	功能描述	功能码FF	功能描述
01	本务机司机(车载台)	02至05	补机1~4司机(车载台)
10~11	列车长	31~32	乘警长
81	本务机司机手持台	86~87	车辆乘务员/随车机械师

表 1-2-3 机车代码

车型代号	车型符号	车型代号	车型符号
101	DF	221	DJF
104	DF_4	222	DJJ
105	DF_{4K}	223	DJF_1
106	DF_{4C}	231	HXD_1
107	DF_5	232	HXD_2
108	DF_{5K}	233	HXD_3
111	DF_8	234	HXD_{1B}
140	DF_{10F}	235	HXD_{2B}
141	DF_{4D}	236	HXD_{3B}
142	DF_{8B}	237	HXD_{1C}
144	DF_{7E}	301	CRH1
148	DF_{4DJ}	302	CRH2
160	HXN_3	303	CRH3
161	HXN_5	305	CRH5
201	8G	306	CRH380A
202	8K	307	CRH380B
203	6G	308	CRH380C
219	DJ_1	309	CRH380D
220	DJ_2	358	DA_8
351	JW-3	359	DA_{11}
352	JW-4	360	DA_{12}
353	JW-7	361	DA_{220}
354	TY_2	381	JZW-4
355	TY_5	382	DAX
356	TY_6	391	QGC-16
357	DA_{7B}	392	QGC-25

表 1-2-4 车次功能号呼叫方法

拨打号码	解释
2 CCCC XXXXX FF	共 8～12 位数字。 CCCC:车次号 0～2 位字母转换的 4 位数字,详见 ASCII 码转换规则表(见表 1-2-1),无字母时 CCCC=0000,1 位字母时 CCCC=00CC。 XXXXX:车次号中的数字位,1～5 位可变长。 FF:2 位数字功能码(见表 1-2-2)

例 1:呼叫 D468 次司机,拨 2006846801 即可。

例 2:呼叫 DJ689 次司机,拨 2687468901 即可。

例 3:呼叫 54321 次司机,拨 200005432101 即可。

例 4：呼叫 0D5477 次司机，拨 24868547701 即可。

表 1-2-5 机车功能号呼叫方法

机车功能号	备注
3 TTT XXXXX FF	共 11 位数字。 TTT：3 位数字机车类型代码（见表 1-2-3）。 XXXXX：机车编号，由 5 位定长数字组成，不足时在数字前补 0。 需区分动车组 A、B 端时，可用末位数字 X 表示。X=0 表示 A 端，X=1 表示 B 端。 FF：2 位数字功能码 FC（见表 1-2-2）

例 1：呼叫 CRH2—0015 号 A 端本务机司机，则拨 33020015001。

例 2：呼叫 CRH2—0015 号 A 端司机手持台，则拨 33020015081。

例 3：呼叫 DF_{4D}—5458 号本务机司机，则拨 31410545801。

7. 有关功能号的相关要点提示。

功能号与 MSISDN 号绑定，可代替 11 位 MSISDN 号，由于车次号可能会重复（例如列车超过 24 h 运行），因此网络中可能会有同一个功能号对应着不同的 11 位的 MSISDN 号，此时如果用功能号进行呼叫时，网络无法确定需呼叫的号码，在目前的网络下呼叫会中断，因此只能改用 11 位的 MSISDN 号进行呼叫。

（三）组呼通信

组呼业务是指以 3 位号长的组呼号码呼叫特定范围内的预定义被叫用户，组成临时通话组的通信方式，包括"210"组呼、"299"组呼等。

1."210"组呼通信由 GSM-R 移动终端或车站值班台发起，用于车站范围内相关人员的组呼通话。"210"组呼通信范围按车站基站的无线小区覆盖范围设定。当一个车站有多个基站小区覆盖时，"210"组呼通信范围延伸到相应的无线小区。组呼通话结束后，组呼发起方应挂机或及时拆除组呼通信。组呼发起方因离开组呼区域等原因无法拆除组呼通信或组呼中的车站值班员 3 次及以上呼叫无人应答时，由车站值班员实施拆除；其他接收方在确认与本次组呼无关后可直接挂机退出。车站值班员在车站值班台上不能拆除"210"组呼时，应及时通知通信段调度采取技术措施予以拆除。

2."299"组呼通信由 GSM-R 移动终端发起，用于在危及行车安全的紧急情况下与所在小区及相邻小区无线覆盖范围内相关人员的组呼通话，仅用于处置危及行车安全重要事项需向车站值班员、列车调度员或邻近列车司机报告情况时使用。GSM-R 移动终端用户应谨慎使用"299"组呼，避免因误操作发起紧急呼叫而影响列车正常运行。

"299"组呼发起时，本区段列车调度台和组呼通信范围内车站值班台、具有"299"通话权限的 GSM-R 移动终端均自动加入和接听"299"组呼通话，且无法再使用其他通信业务功能，相关人员应及时收听并处理组呼通话。

"299"组呼发话人在通话时，应根据报告内容呼叫具体的通话对象。列车司机、列车工作人员及调度集中区段作业人员应呼叫列车调度员，其他区段呼叫车站值班员。特殊情况需防护列车时，可直接呼叫接近的列车司机。

"299"组呼通信方式为单工（即对讲机通信方式），每一次通话只能由最先按下发话按钮（PTT）的用户发话，其他用户收听。发话者讲话应简明扼要，言毕须及时释放发话按钮。通话组内收到呼叫的用户，不得随意抢占信道发话，以免干扰紧急呼叫的正常通信。

车站值班员接到“299”呼叫，如发现“299”组呼发起人未主动发话时，要呼叫发起人询问情况，发起人应据实报告。通话完毕后或发现为误拨时发起人应及时拆除呼叫。

列车调度员（非调度集中区段为车站值班员）3 次及以上呼叫发起人无应答时，应操作调度终端对“299”组呼予以强制拆除。列车调度员在调度终端上不能拆除“299”组呼时，应及时通知通信段调度采取技术措施予以拆除。

3. 车站和个人未经批准不得擅自进行“299”组呼功能试验。

4. 各 GSM-R 使用车站要切实加强对 GSM-R 专用终端（SIM 卡）使用人员的操作使用培训和管理，落实安全责任；要按照设备操作说明，指导使用人员掌握“299”组呼通信的使用要求、操作方法，组织培训考试并做好记录。对擅自使用或误发“299”组呼且不及时拆除呼叫影响正常行车的单位和人员，铁路局集团公司、车务段将进行责任追究。

5. GSM-R 通信异常或业务失效，车站应及时向终端所在站设备通信维护单位报告情况，或向终端归属地设备通信、电务维护单位申告，由其转告相关故障（障碍）受理部门进行抢通和恢复，同时报告技术科。

四、FAS 台

（一）FAS 功能按键的介绍

FAS 主屏幕如图 1-2-86 所示。

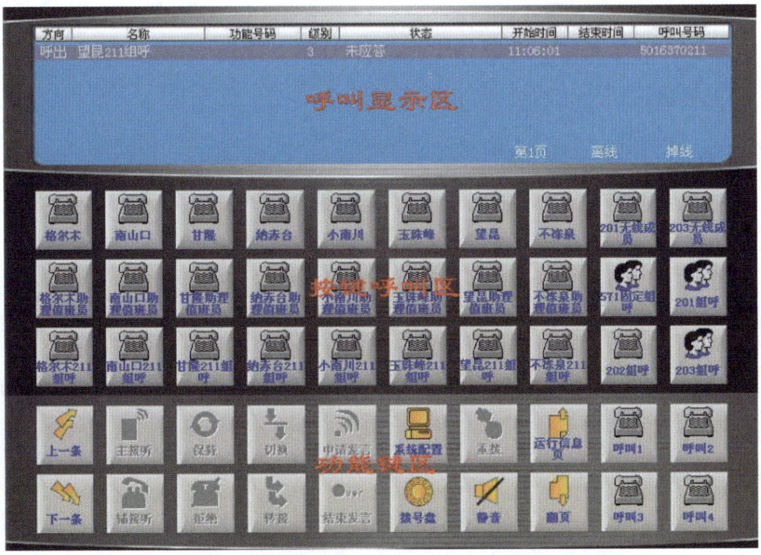

图 1-2-86 FAS 主屏幕

 主接听：选择主通道接听，即麦克风通话。

 辅接听：选择辅通道接听，即手柄通话。

保持:保持当前呼叫。如当前值班员正在和上行车站通话,这时下行车站呼入,值班员可以不挂断上行车站的电话,按此键先和下行车站通话,通话完挂断后,即可和上行车站通话。

拒绝:拒绝选择的呼入。值班员可以按此键拒绝通话,与手机的挂断按键相似。

切换:切换主辅通道。

转接:转接当前的通话。

申请发言:在会议中申请发言、可以讲话。(组呼中使用,平时不用)

结束发言:释放发言、结束讲话。(组呼中使用,平时不用)

系统配置:完成系统配置。

拨号盘:通过拨号方式发起呼叫。通过输入车次号、机车号或 ISDN 号码呼叫与调度业务有关的用户。

重拨:重拨选择的呼叫。在"呼叫显示区"(只显示最近 5 个通话记录)中选中用户后,按此键即可呼叫到选中的用户。

静音:对主通道进行静音。

单键呼叫页:显示单键拨号按键。

翻页:单键拨号页分为三页,该键用来翻页。

呼叫 1(呼叫 2、呼叫 3、呼叫 4):如果呼入的电话号码在 FAS 前台上没有定义,当用户呼入时会显示在呼叫 1 到呼叫 4 中的一个空闲的按键显示该呼叫,并进行号码翻译。

(二)FAS 台通话

1. 呼叫司机

在 FAS 台上输入列车车次,点击"本务机司机"后点击"呼叫"按钮;司机接到呼叫后,应答"××次司机";得到司机应答后,车站值班员(列车调度员)按规定进行通话;司机按规定应答或复诵。

2. FAS 应急电话呼叫

车站用一部可以拨号的电话机作为 FAS 前台的备用机,简称"应急电话",在 FAS 前台故障时呼入可以自动转接到该话机,而车站值班员也可以依据用户的 FAS 号呼叫调度、邻站和站内 FAS 共电电话用户。使用时,与普通电话使用方法一样,摘机后根据用户的 FAS 号码呼叫需要呼叫的用户。

五、语音记录装置

(一)语音记录装置概念

铁路行车通信语音记录装置(语音记录装置)是强化铁路行车安全管理的重要设施,是铁路交通事故分析的语音记录依据。列车调度电话、站间行车电话应配置语音记录装置,自动记录一定时间内调度员、车站值班员、司机等的通话内容,并可查询语音记录。

(二)语音记录装置运用管理

1. 任何人不得随意移设、拆装或停用语音记录装置,任何单位和个人不得损毁或更改语音记录装置的记录内容。

2. 语音记录装置应使用稳定可靠的电源,保证设备不间断工作。

3. 车站值班员发现固定式语音记录装置外接监控指示灯灯闪不正常时(当进行有、无线通话录音时红灯闪烁为正常,绿灯亮表示外接电源正常),应在行车设备检查登记簿(运统-46)内登记并立即通知通信段处理。

复习思考题

1. 信号机按类型如何分类?
2. 信号显示距离的要求有哪些?
3. 信号标志有哪些设置要求?
4. 联锁的要求有哪些?
5. 遇哪些情况可将分散自律控制模式转为非常站控模式?
6. 列车无线通信系统由哪几部分组成?

第三章　机车车辆

本章以机车车辆作为知识点，着重介绍了机车的分类及型号、车辆的分类及型号等方面的知识。通过学习，掌握机车的作用、分类、技术要求，客车车辆、货车车辆的构造，车辆的方位、共同标记、特殊标记等知识。

第一节　机车分类及型号

一、机车的作用

机车是牵引旅客列车、货物列车和调车作业的动力。由于铁路车辆大都不具备动力装置，需要把客车或货车连挂成车列，由机车牵引在钢轨上运行。在车站上车辆的转线以及货车取送、调车作业，也需要机车来完成。

二、机车的分类

铁路运用的机车有很多类型，它有不同的分类方式。

(一)按牵引动力方式分类

机车按牵引动力方式分为电力机车、内燃机车，传动方式主要有交流传动和直流传动。

1. 内燃机车

内燃机车是自带能源，由柴油机、燃气轮机通过传动装置驱动的机车。主型机车为和谐(内燃)(HXN)系列、东风(DF)系列。DF_{4D} 型内燃机车如图 1-3-1 所示。HXN_3 型内燃机车如图 1-3-2 所示。

图 1-3-1　DF_{4D} 型内燃机车

图 1-3-2　HXN_3 型内燃机车

2. 电力机车

电力机车是一种非自带能源，直接从接触网获得电能，通过机车上的牵引电动机和传动装置将电能转换为机械能驱动的机车。主型机车为和谐(HXD)系列、韶山(SS)系列。HXD_{3B} 型电力机车如图 1-3-3 所示。SS_8 型电力机车如图 1-3-4 所示。

图 1-3-3 HXD_{3B} 型电力机车

图 1-3-4 SS_8 型电力机车

(二)按用途分类

机车按用途分为货运机车、客运机车、调车机车、客货通用机车、工矿机车等。国产电力机车 SS_4 型、内燃机车 DF_4 型、HX 系列交流传动机车为货运机车，SS_8、DF_{11} 型为客运机车，DF_7、BJ 型为调车机车。

三、机车的技术要求

1. 机车应有识别的标记，包括路徽、配属局段简称、车型、车号、最高运行速度、制造厂名及日期。在机车主要部件上应有铭牌，在监督器上应有检验标记。电气化区段运行的机车应有“电化区段严禁攀登”的标识。内燃机车燃料箱上应标明燃料油装载量。

2. 机车须配备机车信号、列车运行安全监控系统（LKJ、机车安全信息综合监测装置TAX箱、机车语音记录装置、列车运行状态信息系统车载设备、机车车号识别设备）、车载无线通信设备、机车列尾控制设备等。机车应逐步配备机车车载安全防护系统、机车限鸣示警系统及空气防滑装置等。机车应向车辆的空气制动装置提供风源，具有双管供风装置的机车应向车辆空气弹簧等其他用风装置提供风源；具有直供电设备的机车应向车辆提供电源。

电力机车还应配备自动过分相装置，并根据需要装设弓网检测装置等。

3. 机车乘务制度分为包乘制和轮乘制。机车乘务制度由铁路局集团公司确定。

4. 机车编入列车时，重量及长度应符合表 1-3-1 相关要求。

表 1-3-1 机车重量及长度表

种 类	机 型	自重(t)	换算长度	备 注
电力	SS_1	137	1.9	
	SS_{3B}	276	4.0	按双节计算
	SS_4	184	3.0	按双节计算
	SS_3、SS_6、SS_{6B}、SS_7、SS_{7B}、6K	138	2.0	
	SS_{7C}	132	2.0	
	SS_{7D}、SS_{7E}、SS_9	126	2.0	
	SS_8	87/89	1.6	无列车供电/有列车供电
	8G、DJ_1	184	3.2	按双节计算
	8K	184	3.4	按双节计算
	HXD_1	200	3.2	按双节计算

续上表

种　类	机　型	自重(t)	换算长度	备　注
电力	HXD_2	200	3.5	按双节计算
	HXD_{1B}、HXD_{2B}、HXD_{3B}	150	2.1	
	HXD_{1C}、HXD_{2C}	138/150	2.1	
	HXD_3、HXD_{3C}	138/150	1.9	
	HXD_{1D}、HXD_{3D}	126	2.1	
内燃	DF_4、DF_{4B}、DF_{4C}、DF_{4D}	127	1.9	
	DF_5、DF_7、DF_{7B}、DF_{7C}	130	1.7	
	DF_{7D}	132	1.7	山区型自重 127 t,双司机室机车换长 1.8
	DF_{7E}	145	1.8	
	DF_{7G}	132	1.8	
	DF_8	130	2.0	
	DF_{8B}	131	2.0	25 t 轴重 DF_{8B} 自重 139 t
	DF_{11}	133	1.9	
	DF_{11G}	133	2.0	
	DFH_2	58	1.2	
	DFH_3	84	1.7	
	DFH_5	81	1.4	
	BJ	84	1.5	
	ND_2	114	1.6	
	ND_3	122	1.7	
	ND_5	126	1.8	
	NY_6、NY_7	124	2.1	
	HXN_5	150	2.1	
	HXN_3	150	2.0	
	NJ_2	138	1.9	

5. 机车每台换算闸瓦压力应符合表 1-3-2 要求。

表 1-3-2　机车计算重量及每台换算闸瓦压力表

种　类	机　型	换算闸瓦压力(kN)	种　类	机　型	换算闸瓦压力(kN)
电力	SS_3、SS_6	700	内燃	DF_4、DF_5、DF_7、DF_8、DF_{11}	680
	SS_1	830			
	SS_{3B}、SS_{6B}	680		DF_{11G}、DF_{11Z}	770
	SS_4	900			
	SS_7	1 100		DF_{7B}、DF_{7C}、DF_{7D}	680
	SS_{7E}、SS_9	770			

续上表

种　类	机　型	换算闸瓦压力(kN)
电力	SS_8	520
	DJ_1	1 120
	6K	780
	8G、8K	880
	HXD_1、HXD_2	900(320)
	HXD_{1B}、HXD_{2B}、HXD_{3B}	680(240)
	HXD_{1C}、HXD_{2C}、HXD_3、HXD_{3C}	680(240)
	HXD_{1D}、HXD_{3D}	790(280)
内燃	DF_{8B}	900
	BJ	680
	ND_5	800
	HXN_5、HXN_3	680(240)
	NJ_2	620(220)

注:1. 表中为按铸铁闸瓦换算闸瓦压力。

2. 新型机车根据 120 km/h 速度下紧急制动距离在 1 100 m 以内的要求计算,括弧内为按 H 高摩合成闸瓦换算闸瓦压力。

第二节　车辆分类及型号

铁路车辆是铁路运输的重要设备,是用来运送旅客、装运货物或作其他特殊用途的运载工具。车辆上一般没有动力装置,需要把车辆连挂在一起,由机车牵引并在线路上运行,才能达到运送旅客和货物的目的。

铁路车辆按用途分为客车、货车及特种用途车三类。

一、客车车辆

(一)客车的分类

客车可分为运送旅客、为旅客服务和特殊用途等三种。

1. 运送旅客的车辆

(1)硬座车:设有硬席座椅设备的座车。

(2)软座车:设有软席座椅设备的座车。

(3)硬卧车:设有硬席卧铺设备的卧车。硬卧车一般分隔成若干开敞式或半开敞式包间,每个包间分上、中、下三层共设六个卧铺。25T 型硬卧车。

(4)软卧车:设有软席卧铺设备的卧车。软卧车一般分隔成若干封闭式包间,每个包间分上、下二层共设四个卧铺。

(5)双层客车:设有上、下两层客室的座车或卧车。

(6)简易客车:设有简易设备的客车。

(7)代用客车:用货车改装的、代替客车使用的车辆,如代用座车、代用行李车等。

2. 为旅客服务的车辆

(1)餐车:供旅客在旅行中饮食就餐使用的车辆。车内设有厨房、餐室及储藏室(或有小卖部和炊事等设备。

(2)行李车:供运输旅客行李及物品的车辆。车内设有行李间及办公室等设备。

3. 特种用途的车辆

(1)邮政车:供运输邮件使用的车辆,设有邮政间及邮政员办公室等设备。常固定编挂于旅客列车中。

(2)空调发电车:专给集中供电的空调车供电的车辆,车内设有柴油发电机组。

(3)公务车:供国家机关人员办公专用的车辆。

(4)医疗车:到铁路沿线为铁路职工及家属进行巡回医疗使用的车辆,车内设有医疗设备。

(5)卫生车:专供运送伤病员使用的车辆,车内设有简单的医疗设备。

(6)文教车:为沿线铁路职工进行文艺演出、文化教育和技术教育使用的车辆。车内设有必要的文娱和教育用器具及设备。

此外还有一辆车上同时设有两种或两种以上用途车内设备的合造车辆,如软硬座合造车、行李邮政合造车等。

(二)客车车种及型号

1. 客车车种及基本型号应符合表 1-3-3 要求。

表 1-3-3 客车车种及基本型号

客车分类	车种名称	基本型号	客车分类	车种名称	基本型号
运送旅客车辆	硬座车	YZ	为旅客服务的车辆	餐车	CA
	软座车	RZ		双层餐车	SCA
	硬卧车	YW		行李车	XL
	软卧车	RW	特种用途的车辆	邮政车	UZ
	双层硬座车	SYZ		公务车	GW
	双层软座车	SRZ		试验车	SY
	双层硬卧车	SYW		空调发电车	KD
	双层软卧车	SRW		维修车	WX
	一等座车	ZY		特种车	TZ
	二等座车	ZE			

2. 客车车号编排应符合表 1-3-4 要求。

表 1-3-4 客车号码编排表

序号	车种	车号范围
1	合造车	100000～109999
2	行李车	200000～299999
3	邮政车	7000～9999
4	软座车	110000～199999
5	硬座车	300000～499999
6	软卧车	500000～599999
7	硬卧车	600000～799999
8	餐车	800000～899999
9	其他(包括公务车等)	900000～999999

二、货车车辆

(一)货车分类

货车是供运输货物和为此服务的车辆，一般编组在货物列车中使用。货车类型很多，按用途可分为通用货车、专用货车。

1. 通用货车

通用货车是适用于运输多种货物的车辆。如通用敞车、通用棚车、共用平车等。通用货车可装载多种货物，主要有如下三种：

(1)敞车

敞车是设有底架、侧墙和端墙，底架为平底或浴盆(单浴盆或双浴盆)结构，不设车顶的铁路货车。通用敞车设有一定数量的侧开门和下侧门，主要用以装运散粒货物，如煤、焦炭等；可装运木材、集装箱等无须严格防止湿损的货物；也可加盖篷布，运输怕湿损的货物；还可装运重量不大的机械设备。因此敞车具有很大的通用性。

(2)棚车

棚车是设有底架、侧墙、端墙及车顶和门、窗(或通风口)，可防止雨水进入，供运输各种需防止湿损、日晒或散失的货物(如布匹、粮食等)的铁路货车。按结构不同棚车可分为通用棚车、活顶棚车、活墙棚车等。

(3)平车

平车是设有底架，通常两侧设有柱插，不设侧墙、端墙和车顶的铁路货车。部分车辆设有可活动向下翻倒的端门和侧门，大部分车辆的底架承载面为平形结构，也有少部分车辆的底架为凹形结构。用来装运钢材、机器、设备、集装箱、汽车、拖拉机等。设有可向下翻倒的活动矮侧墙和端墙的平车，可用来装运矿石、砂土等块粒状货物，如 N_{17} 型平车。

2. 专用货车

专用货车是专门运输某一种类货物的车辆。如罐车、集装箱车、漏斗车等。常用专用货车有如下几种：

(1)集装箱车

集装箱车是设有底架和集装箱固定装置，供运输集装箱的铁路货车。

(2)漏斗车

漏斗车是设有底架、侧墙、端墙、漏斗、底门及开闭机构，车辆底架上设有一个或数个周边带一定斜度的漏斗，每个漏斗口上设有底门及开闭机构的铁路货车。通常借助货物自身的重力从漏斗口卸货。根据运输货物特性要求，部分车辆设有车顶、顶盖及开闭机构。按装运货物品种漏斗车可分为煤炭、矿石、石砟、粮食、盐、石灰石、水泥漏斗车等。按结构形式不同漏斗车可分为有盖漏斗车和无盖漏斗车。

(3)冷藏车

冷藏车是设有底架、侧墙、端墙、车顶和侧门，车体设有隔热层，并设制冷和(或)加温设备的铁路货车。按制冷方式冷藏车主要分为隔热车、加冰冷藏车、冷冻板冷藏车、机械冷藏车，用以装运易腐货物，如鱼、肉、水果等；也可装运对温度有特殊要求的货物。

(4)罐车

罐车是设有圆筒形或圆锥形罐体和底架或牵枕装置，供运输液体、液化气体和粉状货物等介质的铁路货车。罐体采用钢、玻璃钢、铝、铝合金等不同的材质制造。按用途不同罐车可分为轻油罐车、粘油罐车、机油罐车、沥青罐车、食油罐车、水泥罐车、化工品罐车、粉状货物罐车、液化气罐车、特种罐车等。按结构不同罐车分为有中梁罐车、无中梁罐车、上卸式罐车、下卸式罐车等。

(5)毒品车

毒品车是设有底架、侧墙、端墙、车顶和侧门,供运输有毒物品(如农药等)的铁路货车。

(6)小汽车运输车

小汽车运输车是设有上下两层底架、端门、端渡板和止轮装置,专供运输小汽车的铁路货车。

(7)长大货物车

长大货物车是车体长度在 19m 以上、无墙板、载重 70t 以上,用以装运重量特大或长度特长的货物的铁路货车。有的车体中部凹下或设有落下孔,便于装载高大货物;有的将车辆分为两节,运货时将货物夹持和悬挂在两节之间或通过专门支架跨装于两节车上,称为钳夹车或双联平车,用以装运体积特别庞大的货物。

(二)货车车种及型号

1. 货车车种及基本型号应符合表 1-3-5 要求。

表 1-3-5 货车车种及基本型号

货车分类	车种名称	基本型号	货车分类	车种名称	基本型号	货车分类	车种名称	基本型号
通用货车	敞　车	C	专用货车	集装箱车	X	专用货车	散装水泥车	U
	棚　车	P		矿石车	K		散装粮食车	L
	平　车	N		长大货物车	D		罐　车	G
特种货车	特种车	T		毒品车	W		冷藏车	B
				汽车运输车	J			

2. 货车车号编排应符合表 1-3-6 要求。

表 1-3-6 常见货车号码编排表

基本车种	主要车型	车号范围	基本车种	主要车型	车号范围
棚车(P)	P_{62T}、P_{62K}、P_{62NT}、P_{62N}、P_{63K}	3100000～3399999	平车(N)	N_{16}、N_{17T}、N_{17K}、N_{17A}、N_{17AT}、N_{17AK}、N_{17G}、N_{17GT}、N_{17GK}	5020000～5099999
	P_{64T}、P_{64K}、P_{64AT}、P_{64AK}、P_{64GH}、P_{64GT}、P_{64GK}、P_{65}	3400000～3649999		NX_{17T}、NX_{17K}、NX_{17AT}、NX_{17AK}、NX_{17BT}、NX_{17BK}	5264000～5299999
	P_{66H}、P_{66K}	3720000～3759999		NX_{17BH}	5350000～5369999
	P_{70}	3800000～3899999		NX_{70H}	5370000～5399999
	P_{70H}	3760000～3769999		NX_{70}、NX_{70A}	5450000～5499999
	P_{80}	3000000～3029999		NX_{70A}(N_{70})	5720000～5739999
	PT	3700000～3719999	集装箱车(X)	X_{1K}	5300000～5309999
	PB	7700000～7799999		X_{2H}、X_{2K}、X_{3K}	5400000～5440999

续上表

基本车种	主要车型	车号范围
敞车(C)	C_{16K}、C_{16AK}	4170000～4173999
	C_{62A}、C_{62AT}、C_{62AK}	4400000～4599999
	C_{62BT}、C_{62BK}	4600400～4799999
	C_{63}、C_{63A}	4325000～4349999
	C_{64T}、C_{64K}、C_{64AT}	4800000～4999999
	C_{64H}	4200000～4299999
	C_{70}、C_{70H}、C_{70B}、C_{70BH}、C_{70C}、C_{70E}、C_{70EF}、C_{70EH}	1550000～1899999
	C_{76}、C_{76A}、C_{76B}、C_{76C}、C_{76H}	4350000～4354999
	C_{80B}、C_{80BH}、C_{80BF}	4140000～4159999 4360000～4369999
	C_{80}、C_{80H}、C_{80A}、C_{80AH}、C_{80C}、C_{80CA}	4370000～4399999
	C_{80E}、C_{80EF}、C_{80EH}	2000000～2004999
	CFK	4174000～4175999
矿石车(K)	K_{13}、K_{13T}、K_{13K}、K_{13N}、K_{13NT}、K_{13NK}、K_{13AK}	5500000～5519999
	KZ_{70}、KZ_{70H}、KM_{70}、KM_{70H}	5540000～5579999
冷藏车(B)	B_{10A}、B_{10B}、B_{10BT}、B_{22}、B_{22-1}、B_{22-2}、B_{23}、B_{23-1}、B_{23-2}、BX_{1K}	7000000～7999999
水泥车(U)	U_{61WZK}、U_{61W}、U_{61WT}、U_{61WK}	8030000～8039999
	U_{15}、U_{60}	8040000～8049999
	U_{60WKB}、U_{60W}、U_{60WK}	8050000～8059999

基本车种	主要车型	车号范围
集装箱车(X)	X_{4K}	5700000～5719999
	X_{6BT}、X_{6BK}、X_{6CT}、X_{6CTK}	5250000～5263999
	X_{6K}	5220000～5224999
	X_{70}	5225000～5249999 5310000～5319999
罐车(G)	G_{17}、G_{17T}、G_{17K}、G_{17DT}、G_{17DK}、G_{17BT}、G_{17BK}	6080000～6169999
	G_{60}、G_{60T}、G_{60K}	6220000～6259999
	G_{70T}、G_{70K}、G_{70AK}	6270000～6299999
	G_{70B}	6400000～6400499
	G_{70H}、G_{75K}、G_{75H}	6450000～6529999
	GF_{1MK}	6350000～6354999
	GL_{70}	6355000～6359999
	GQ_{70}、GQ_{70H}、GN_{70}、GN_{70H}	6600000～6699999
毒品车(W)	W_{5SK}、W_{6S}	8000000～8009999
汽车运输车(J)	JSQ_5、JSQ_6、JSQ_7	7300000～7549999
粮食车(L)	L_{17K}	8060000～8064999
	L_{18}	8100000～8104999
	L_{70}	8105000～8109999

三、特种用途车

特种用途车是具有特殊用途的车辆。

1. 试验车：供科学技术试验研究使用的车辆，车内设有试验仪器设备。

2. 发电车：设有动力机械驱动的发电设备的车辆。有单节的，也有由发电车、机修车及发电人员生活用车等合编成的电站式车列，可称为电站车组，能作为铁路线上流动的发电站，供缺电处所用电。

3. 检衡车：用于鉴定轨道平衡性能的车辆，设有砝码或同时设有操作机器。

4. 除雪车：供扫除铁路上积雪之用。车上装有专门的扫雪装置，一般由机车推动前进。

5. 救援车：供列车发生颠覆或脱轨事故时，排除线路障碍物及修复线路故障使用的车辆。一般编成救援列车，包括起重吊车、修复线路工具车、材料车、救援人员的食宿车等。

6. 维修车：供检查和维修铁路线路设备的车辆。车内设有必要的维修检查装备。

7. 轨道检查车：用于检测轨道的几何状态和平顺状况，以便评价轨道几何状态的特种车辆。另外，货车还有按装载质量（50 t、60 t、75 t、90 t、350 t 等多种）、车辆轴数（四轴车、六轴车、多轴车）、制作材料（全钢车、耐候钢、不锈钢、铝合金等新型材料的车辆）等分类方法。

四、车辆构造及标记

（一）车辆的构造

铁路车辆种类繁多，但其构造基本相同，一般由车体、车内设备、走行装置、车钩缓冲装置、制动装置五个基本部分组成。

1. 车体

车体是供旅客乘坐或装载货物的部分。车体结构形式因各种车辆用途不同，差别较大，一般由车底架、侧墙、端墙、地板、车顶等部分组成。

2. 车内设备

客车车内设备是为了旅客旅行的舒适、方便所提供的必要设备。如给水设备、空调取暖设备、车电设备、坐卧设备等。

货车车内设备是为了货物装卸方便、运载安全和特殊要求安装的设备。一般货车车内设备要比客车少得多。如冷藏车有升、降温设备，罐车有装、卸油设备和安全装置，自卸车有手动、液压或风动卸车设备等。

3. 走行装置

走行装置是支承车体并担负走行任务使车辆顺利通过曲线的部分。我国车辆的走行装置多数由两台相同并独立的二轴转向架组成。

我国货车转向架主要有交叉支撑式 K1、K2、K6 和摆动式 K4、K5 型转向架，广泛应用的为 K2、K6 型转向架，如图 1-3-5 所示。

（a）结构示意图

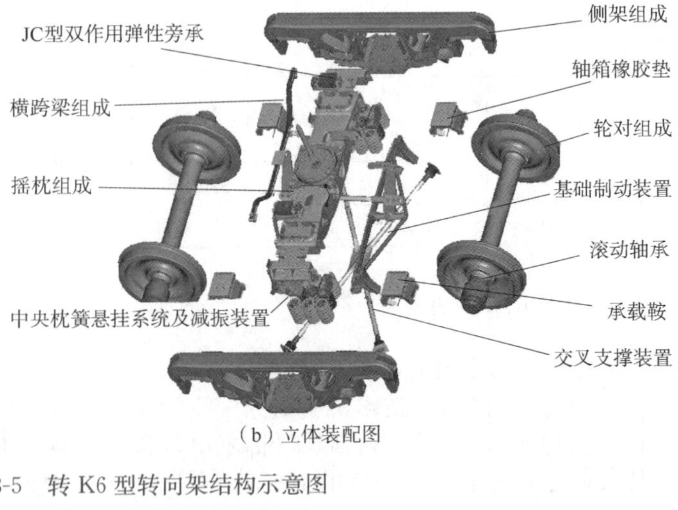

（b）立体装配图

图 1-3-5　转 K6 型转向架结构示意图

货车转向架由摇枕、侧架、弹簧减振装置、轴箱装置和轮对组成。其中轮对是两轮一轴组合的总称，是车辆高速、安全运行的重要部件。

我国客车车轮的标准直径为 915 mm，货车为 840 mm。车辆车轮均采用辗钢整体车轮和铸钢整体车轮。

4. 车钩缓冲装置

车钩缓冲装置由车钩、缓冲器、钩尾框、从板等零部件组成。在钩尾框内依次装有前从板、缓冲器和后从板（货车无后从板），借助钩尾销把车钩和钩尾框连成一个整体，从而使车辆具有连挂、牵引和缓冲三种功能。

（1）车钩

①车钩分为钩头、钩身、钩尾三部分。钩尾用钩尾销连接钩尾框。钩头部分装有钩舌、钩舌销、钩锁铁、钩舌推铁、钩提销等配件。17 型车钩钩头配件，如图 1-3-6 所示。

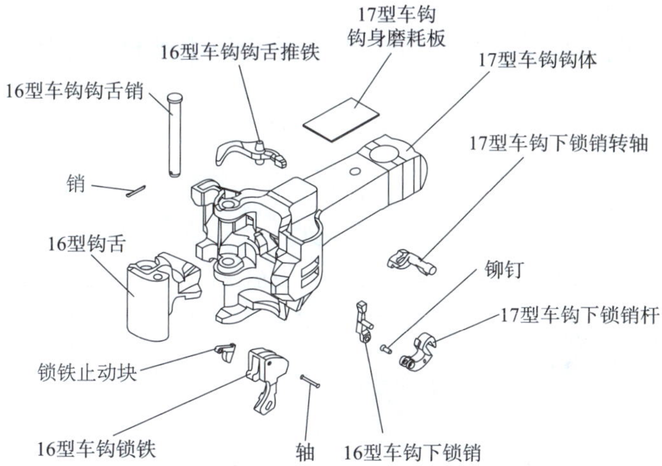

图 1-3-6　17 型车钩钩头配件

通过这些配件的相互作用，使车钩具有锁闭、开锁、全开三个作用位置，以完成车辆连挂、分离的作用。

锁闭位置：两车钩互相连挂在一起时的位置。此时钩舌的尾部被落下的钩锁铁挡住，钩舌不能绕钩舌销向外转动。

开锁位置：车辆准备相互分离的位置。此时钩锁铁被提起，尾部支承在钩舌推铁上，只要有一个车钩处在开锁位置，拉动车辆，这个车钩的钩舌就能绕钩舌销向外转动，使车辆分离。

全开位置：准备车辆间连挂的位置。此时钩舌已全部向外张开，要连挂的两车钩只要其中一个在全开位置，与另一车钩碰撞后，钩舌即被推入，钩锁铁落下形成锁闭位置。

②车钩中心线高度。

车钩中心线高度指车钩中心线至轨面的垂直距离。这是保证各车辆之间和车辆与机车之间能够正常连挂运用的最重要尺寸。车钩中心水平线距钢轨顶面高度为 815～890 mm。

(2)缓冲器

缓冲器的作用是缓冲列车纵向冲动、吸收冲击能量、传递纵向载荷,提高列车运行的平稳性和安全性。

5. 制动装置

车辆上能够产生制动力实现制动作用的装置称为车辆制动装置。列车上各车辆制动装置与机车制动装置能根据需要使列车减速或迅速停车,确保行车安全。同时制动装置是列车安全正点运行的重要保证,也是高速、重载列车开行的先决条件。

我国车辆上的制动装置一般由空气制动机或快速列车配装电空制动机、基础制动装置、人力制动机三部分组成。

(1)空气制动机

空气制动机又叫做自动制动机,是利用压缩空气来产生并控制制动力的设备。车辆空气制动机所需压缩空气是由机车总风缸供给的。列车中每个车辆的制动、缓解作用,由机车司机操纵制动阀来实现。

每一车辆的空气制动机主要包括制动风管、分配阀或控制阀、副风缸、制动缸、折角塞门、截断塞门等,如图 1-3-7 所示。

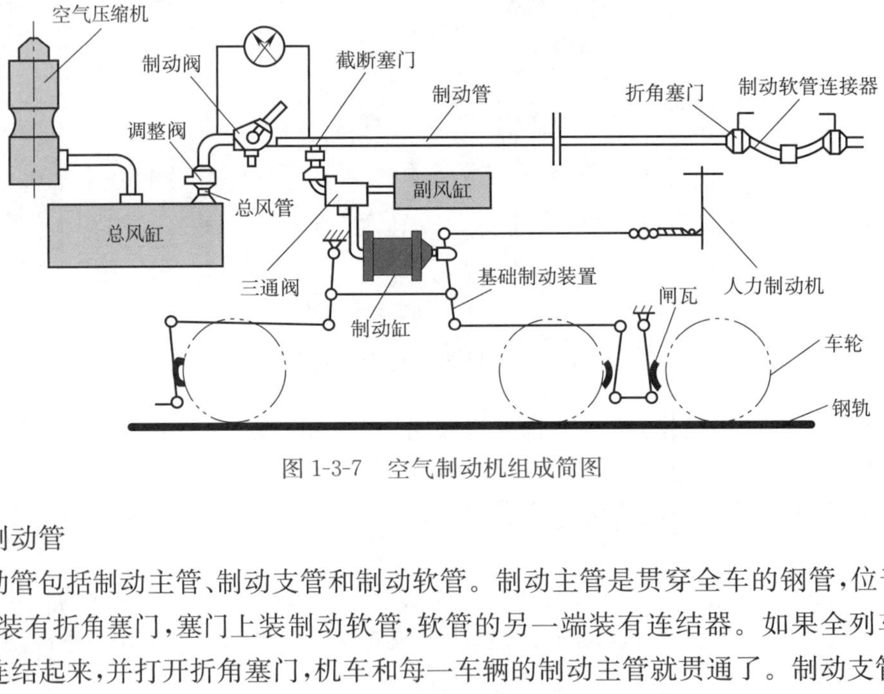

图 1-3-7 空气制动机组成简图

①制动管

制动管包括制动主管、制动支管和制动软管。制动主管是贯穿全车的钢管,位于车底架下,两端装有折角塞门,塞门上装制动软管,软管的另一端装有连结器。如果全列车的制动软管都连结起来,并打开折角塞门,机车和每一车辆的制动主管就贯通了。制动支管用 T 型接头连接于制动主管。制动支管上装有截断塞门,当该车空气制动机不能使用或装有特殊货物时关闭,这样的车辆称为关门车。

②分配阀或控制阀

它与制动支管、副风缸、制动缸、压力风缸或加速缓解风缸连通。制动主管的空气压力变化能使分配阀或控制阀内的部件移动,来控制压缩空气通路,使车辆产生制动或缓解作用。

③副风缸

它是车辆上储存压缩空气的容器。在分配阀或控制阀控制下,缓解时能从制动主管补充压缩空气;制动时则向制动缸供给压缩空气。由人拉动副风缸上的缓解阀,排出压缩空气,能使车辆缓解。

④制动缸

它由缸体、活塞及活塞杆、缓解弹簧等组成。

在分配阀或控制阀控制下,压缩空气进入制动缸推动活塞带动基础制动装置,使闸瓦闸片压紧车轮踏面或制动盘,从而产生制动作用;当分配阀或控制阀排出制动缸内压缩空气,制动缸在缓解弹簧的作用下,恢复缓解位,基础制动装置在制动梁和闸瓦托吊(盘形制动的夹钳结构)的自重作用下,使闸瓦离开车轮而实现缓解作用。

空气制动除以上主要部件外,还有装于制动支管上的集尘器,安装在每辆客车和特种车车内的紧急制动阀和压力表。

(2)电空制动机

我国目前使用在快速旅客列车上的电空制动机为F8型电空制动机和104型电空制动机。

电空制动机是以压力空气作为原动力,利用电控系统电信号通过电磁阀来操纵的制动机。

(3)基础制动装置

基础制动装置是指从制动缸活塞推杆到闸瓦之间所使用的一系列杠杆、拉杆、制动梁、吊杆等各种零部件所组成的机械装置。基础制动装置的型式,按设置在每个车轮上的闸瓦块数及其作用方式,可分为单闸瓦式、双闸瓦式、多闸瓦式和盘形制动基础制动装置等。其中多闸瓦式应用较少。

①单闸瓦式

单闸瓦式基础制动装置,简称单闸瓦式,也称为单侧制动,即只在车轮一侧设有一块闸瓦的制动方式。我国目前绝大多数货车都采用这种形式。

②双闸瓦式

双闸瓦式基础制动装置,简称双闸瓦式,也称为双侧制动,即在车轮两侧各设一块闸瓦的制动方式。目前一般客车和特种货车的基础制动装置大多采用这种型式。

③盘形制动

盘形制动装置是指制动时用闸片压紧制动盘而产生制动作用的制动方式。盘形制动的基础制动装置有两种类型:制动盘安装在车轴上的叫轴盘式,制动盘安装在车轮上的叫轮盘式。

(4)人力制动机

人力制动机是指装在车辆制动装置上,以人力作为产生制动力原动力的部分,它是用手转动的手轮、手把或用脚踩脚踏板,以代替压缩空气作用于制动缸活塞推力带动基础制动装置动作,使闸瓦压紧车轮,产生制动作用的一种装置。但其产生的制动力比空气制动时的制动力要小得多,制动过程也很缓慢,因此,只有在不能使用空气制动机的情况下才使用人力制动机。

在调车作业时使用人力制动机调整车速或停车，保证作业安全；当列车或车辆停放在有坡度的线路上时，用人力制动机制动，防止列车或车辆溜走；在车站和专用线上施行人力制动作用可防止车辆意外移动。

（二）车辆的方位

铁路车辆在前后、左右方向是一个接近对称的结构，在对称轴上或在对称的部位上有许多结构相同或相近的零、部件。设置车辆方位就像数学上给定坐标系一样，便于在设计、制造、检修、运用中确定同类型零、部件在车辆中的位置。

1. 车辆方向的确定

车辆的方位一般以制动缸活塞杆推出的方向为第一位，相反的方向为第二位，并在车上规定的部位涂刷方位标志。对有多个制动缸的情况则以人力制动安装的位置为第一位，如按上述方法确定方位仍有困难则以出厂时涂打的标记为准。如客车转向架使用盘形制动装置时制动缸数较多，则以人力制动端为第一位。一些长大货车使用转向架群，人力制动装置也可能有数个，则可以出厂时涂打的标记为准。

2. 零部件位置的确定

车辆的车轴、车轮、轴箱、车钩、转向架、车底架上的各梁和其他部件的位置确定，如果是纵向排列的，是由一位端起顺次数到二位端止。如果位置是左右对称的，则人站立在一位车端，面向二位端，从一位端起，从左至右顺次数到二位端止，如图 1-3-8 所示。

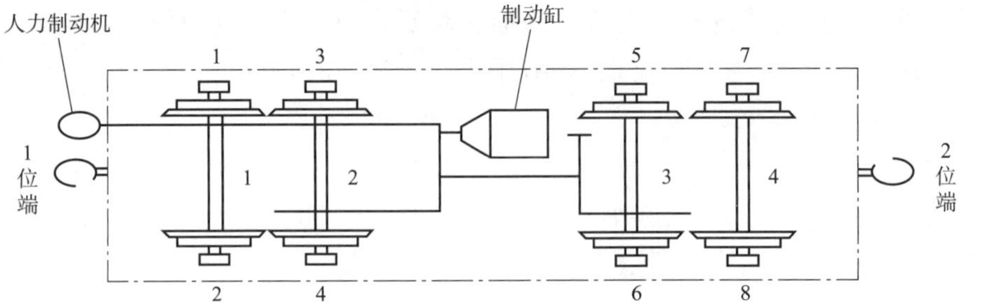

图 1-3-8　车辆方位示意图

3. 列车中车辆前、后、左、右的确定

编挂在列车中的车辆，其前、后、左、右的确定方法是按照列车运行方向来规定的。其前进的一端称为前部，相反的那一端称为后部，面向前部站立而定出其左右。其连挂的车辆，由机车后的第一辆车、第二辆车等分别称为机车后部 1 位、2 位车辆等。

（三）车辆的标记

为便于对客、货车辆的运用和管理，在车辆指定部位涂打的用于标明车辆配属、车种、车型、用途、编号、主要参数、方向、位置等的文（数）字和代号称为车辆标记。车辆标记分为共同标记和特殊标记，也可分为运用标记、产权标记和检修标记三类。

1. 共同标记

（1）路徽：凡是国铁集团所属车辆，均应涂打路徽标记（路徽的含义是“人民铁路”）。在货车上还应按规定安装带路徽的产权标牌。

(2)制造厂名及日期标牌：制造商铭牌是铸铝标牌，产权牌为铸铁标牌，安装于侧梁的一端。

(3)车型车号：涂打于车辆两侧，为实现全路车辆计算机动态管理，国铁集团对每一车辆进行了统一编码。车型车号指车辆型号及号码。型号又分为基本型号和辅助型号。基本型号代表车辆种类，用汉语拼音字母表示。

(4)自重(t)：车辆的自身质量。

(5)载重(t)：车辆允许的最大载重量，客车还要标明载客定员。

(6)容积(m^3)：车辆内部的空间容积。有的车辆标注"长×宽×高"，平车标注"长×宽"，罐车要标明容量计算表号码。

(7)换长：车辆全长(m)除以 11m 所得之值，取小数点后一位。

(8)车辆定位标记：车辆的方向定位称呼是以制动缸活塞杆推出的方向为第一位，相反的方向为第二位。在第一位车端还装有人力制动机。

(9)配属标记：对固定配属的车辆，涂打所属铁路局集团公司和车辆段的简称。如"京局京段"，表示中国铁路北京局集团有限公司北京车辆段的配属车。

(10)检修标记：厂修、段修、辅修及临修的标记。标记右端为近期段修、厂修年月及施修单位，左端为下次段修、厂修施修年月。横线上部为段修标记，下部为厂修标记。由厂修、段修标记可反映出厂修和段修的周期。客车的厂修、段修标记涂打在两外端墙板右下角；货车的厂修、段修标记涂打在车体两侧墙左下角。

2. 特殊标记

(1)㊅人：具有车窗和车顶烟囱的棚车及 P_{64}、P_{65} 型系列棚车，在车体两侧性能标记的下方涂打"人"字标记，说明此棚车可以代用客车运输旅客。

(2)关：货车活动墙板及其他活动部分翻下超过车辆限界者，必须关闭完好后才准运行，应在每扇门内侧及侧梁中部涂打"关"字标记。

(3)㊕：可以装运坦克及特殊货物的车辆应涂打"㊕"字标记，涂打在车体两侧性能标记的下方。

(4)驼峰标记：禁止通过机械化驼峰的车辆应涂打"禁止上驼峰"标记，涂打在车体两侧性能标记的下方。如长大货物车，压缩气体或液化气体的罐车，自翻车、底开门式车，无自动制动机的车辆。

(5)MC：符合参加国际联运技术条件的货车应涂打联运标记。

(6)卷：凡装有牵引钩的货车，必须在 1、4 位牵引钩上方涂打"卷"字标记。

(7)白色横线：在车体两侧墙中央涂以宽 200 mm 的白色横线，表示救援列车的车辆。

(8)环形色带：装运危险货物的罐车，在罐体两侧纵向中部应涂刷一条宽 300 mm 表示货物主要特性的水平环形色带，红色表示易燃性，绿色表示氧化性，黄色表示毒性，黑色表示腐蚀性。

车辆标记是加强铁路管理，保证运输安全，提高运输效率的重要措施，必须认真执行。

复习思考题

1. 机车按牵引方式分为哪几类？
2. 车钩有哪几种位置？
3. 货车车种分为哪些？
4. 人力制动机有哪些作用？
5. 车辆的特殊标记有哪些？

第二篇 专业知识

第一章　接发列车

接发列车是车站行车工作的基本内容，不间断地接发列车，严格按列车运行图行车，是车站的基本任务之一，也是列车运行安全正点的重要保证。为保证车站接发列车的安全，必须按规定的程序办理。通过本章节学习使作业人员能够正确掌握接发列车作业标准，严格执行《铁路接发列车作业》标准规定，做到安全、迅速、准确的接发列车。

第一节　列车的概念

一、列车的定义

列车是指编成的车列并挂有机车及规定的列车标志。列车应按《技规》、列车编组计划和列车运行图规定的编挂条件、车组、重量或长度编组。

动车组列车为自走行固定编组列车。单机、大型养路机械及重型轨道车，虽未完全具备列车条件，亦应按列车办理。

二、列车运行的规定

列车运行，原则上以开往北京方向为上行，反之为下行。全国各线的列车运行方向，以国铁集团的规定为准，但枢纽地区的列车运行方向，由铁路局集团公司规定。在双线区间，列车应按左侧单方向运行。仅限于整理列车运行时，方可使列车反方向运行，但旅客列车仅在正方向区间的线路封锁施工、发生自然灾害或因事故中断行车等特殊情况下，经铁路局集团公司调度所值班主任准许，方可反方向运行。

三、列车车次编排的规定

列车须按规定编定车次，上行列车编为双数，下行列车编为单数。

发车站在办理发车前，应向接车站通报列车车次，以使接车站做好接车准备。为区别列车的种类、性质和运行方向，对每一列车必须编定车次，在同一列车运行径路中有不同的运行方向时，为便于掌握，在与整个方向不符的个别区间，准许不改变车次，仍使用原车次。

列车车次编排如下：

(一)旅客列车

1. 高速动车组旅客列车	G1～G9998　“G”读“高”
其中：直通	G1～G4998(G4001～G4998 为临客预留)
管内	G5001～G9998(G9001～G9998 为临客预留)
2. 城际动车组旅客列车	C1～C9998　“C”读“城”(C9001～C9998 为临客预留)
3. 动车组旅客列车	D1～D9998　“D”读“动”

其中:直通　D1～D4998(D4001～D4998 为临客预留)
　　管内　D5001～D9998(D9001～D9998 为临客预留)
4. 直达特快旅客列车(160 km/h)　Z1～Z9998　"Z"读"直"
其中:直通　Z1～Z4998(Z4001～Z4998 为临客预留)
　　管内　Z5001～Z9998(Z9001～Z9998 为临客预留)
5. 特快旅客列车(140 km/h)　T1～T9998　"T"读"特"
其中:直通　T1～T3998(T3001～T3998 为临客预留)
　　管内　T4001～T9998(T4001～T4998 为临客预留)
6. 快速旅客列车(120 km/h)　K1～K9998　"K"读"快"
其中:直通　K1～K4998(K4001～K4998 为临客预留)
　　管内　K5001～K9998(K5001～K6998 为临客预留)
7. 普通旅客列车(120 km/h)　1001～7598
(1)普通旅客快车　1001～5998
其中:直通　1001～3998(3001～3998 为临客预留)
　　管内　4001～5998
(2)普通旅客慢车　6001～7598
其中:直通　6001～6198
　　管内　6201～7598
8. 通勤列车　7601～8998
9. 临时旅客列车(100 km/h)　L1～L9998　"L"读"临"
其中:直通　L1～L6998
　　管内　L7001～L9998
10. 旅游列车(120 km/h)　Y1～Y998　"Y"读"游"
其中:直通　Y1～Y498
　　管内　Y501～Y998

(二)特快货物班列

特快货物班列(160 km/h)　X1～X198　"X"读音"行"

(三)货物列车

1. 快运货物列车
(1)快速货物班列(120 km/h)　X201～X398
(2)货物快运列车(120 km/h)　X2401～X2998　X401～X998
其中:直通　X2401～X2998

各铁路局集团公司的零散货物车辆,可挂入直达、直通、区段货物列车中。挂有装运跨局零散货物快运车辆的列车,在基本车次前加字母"X"。如:X2802 次。

(3)中欧、中亚集装箱班列,铁水联运班列　X8001～X9998
中欧、中亚集装箱班列(120 km/h)　X8001～X8998
中亚集装箱(普通货车标尺)　X9001～X9500
水铁联运班列(普通货车标尺)　X9501～X9998

(4)普快货物班列(普通货车标尺)	80001～81998
2. 煤炭直达列车	82001～84998
3. 石油直达列车	85001～85998
4. 始发直达列车	86001～86998
5. 空车直达列车	87001～87998
6. 技术直达列车	10001～19998
7. 直通货物列车	20001～29998
8. 区段货物列车	30001～39998
9. 摘挂列车	40001～44998
10. 小运转列车	45001～49998
11. 重载货物列车(根据实际运输组织模式，由铁路局集团公司制定具体车次分段)	71001～77998
12. 自备车列车	60001～69998
13. 超限货物列车	70001～70998
14. 保温列车	78001～78998

(四)单机和路用列车

1. 单机	
客车单机	50001～50998
货车单机	51001～51998
小运转单机	52001～52998
2. 补机	53001～54998
3. 动车组检测、确认列车	“DJ”读“动检”
(1)动车组检测列车	DJ1～DJ8998
300 km/h 检测列车	DJ1～DJ998
其中:直通	DJ1～DJ400
管内	DJ401～DJ998(范围比照管内快运货物列车)
250 km/h 检测列车	DJ1001～DJ1998
其中:直通	DJ1001～DJ1400
管内	DJ1401～DJ1998(范围按管内快运货物列车数字前加 1)
(2)动车组确认列车	DJ5001～DJ8998
其中:直通	DJ5001～DJ6998
管内	DJ7001～DJ8998(范围按管内快运货物列车数字前加 7、8)
4. 试运转列车	55001～55998
普通客、货列车	55001～55300
300 km/h 以上动车组	G55301～G55500
250 km/h 动车组	D55501～D55998
5. 轻油动车、轨道车	56001～56998
6. 路用列车	57001～57998
7. 救援列车	58101～58998

8. 回送客车底列车	“00”均为数字
有火回送动车组车底	001～00100
无火回送动车组车底	00101～00298
无火回送普速客车底	00301～00498
回送图定客车底	图定车次前冠以数字 0”
因故折返旅客列车	原车次前冠以“F”读“返”

第二节　列车的分类和运行等级顺序

一、列车的分类

随着铁路运输事业的发展，为满足旅客和货物运输的不同需要，列车按运输性质主要分为以下五种：

1. 旅客列车：为运送旅客开行的列车。根据旅客列车的车底及运行速度或旅行速度等，可分为动车组、特快、快速、普通旅客列车。

2. 特快货物班列：是指使用行李车或邮政车等客车车辆，根据需要编组，整列装载行李、包裹和邮件等的列车。

3. 军用列车：为运送军队和军用物资开行的列车。

4. 货物列车：为运送货物和排送空货车开行的列车，分为快速货物班列、快运、重载、直达、直通、冷藏、自备车、区段、摘挂、超限及小运转列车等。

(1)快速货物班列：使用专用货车(如 P_{65} 等)运送行包等的列车。

(2)快运货物列车：采用运行速度 120 km/h 的专用车辆，以高附加值货物为重要运输对象的快速列车。

(3)重载列车：在装车站或技术站(组合站)组织，由单机或多级牵引，满足重载条件的列车，按组织形式分为整列式重载列车、组合式重载列车和单元式重载列车。

(4)直达列车：在装(卸)站或技术站编组，通过一个及其以上编组站不进行改编作业的列车，或整列在同一车站装(卸)车，到达同一车站装(卸)车，途中不通过编组站的列车。

(5)直通列车：在技术站编组，通过一个及其以上区段站不进行改编作业的列车。

(6)冷藏列车：利用机械冷藏车专门运送鲜活、易腐等需要保持特定温度的货物的列车。

(7)自备车列车：使用自备车辆开行的直达列车。

(8)区段列车：在技术站编组，到达相邻技术站，在区段内不进行摘挂作业的列车。

(9)摘挂列车：在技术站编组，在相邻区段内的中间站进行摘挂作业的列车，只在指定的几个中间站进行摘挂作业的列车为重点摘挂列车。

(10)超限列车：挂有装载超限货物的车辆并冠以超限列车车次的列车。

(11)小运转列车：在技术站和邻接区段规定范围内的几个车站间开行的列车为区段小运转列车；在枢纽内各站间开行的列车为枢纽小运转列车。二者统称为小运转列车。

5. 路用列车：不以营业为目的，专为完成铁路本身任务而开行的列车。如试验列车，运送铁路器材、路料的列车，因施工、检修需要开行的轨道车、接触网作业车、大型养路机械车组等。

除上述五种列车以外，还有为执行任务而开行的特殊用途列车，如专运、救援列车等。

二、列车运行等级顺序

列车运行等级顺序原则上按速度等级从高到低排序，同速度等级的列车原则上按以下等级顺序：

1. 动车组列车：为固定编组，运行速度和行车要求比其他列车高。

2. 特快旅客列车：一般运行于大城市之间，停站少且旅行速度快，最高运行时速达到160 km。

3. 特快货物班列：使用最高允许时速达到160 km的机车和行邮车底，按特快旅客列车运行标尺运行。

4. 快速旅客列车：一般运行于大中城市之间，停站较少且旅行速度较快，最高运行时速为120 km至160 km。

5. 普通旅客列车：一般运行于城乡之间，停站较多，方便各地群众乘降，最高运行时速不超过120 km。

6. 军用列车：根据调度命令和相关要求掌握。

7. 货物列车：运送铁路承运的各类货物。

8. 路用列车：运送铁路内部使用的各类物资。

由于自然灾害、设备故障或铁路交通事故等原因，须开往事故现场救援、抢修、抢救的列车，包括救援列车和除雪机等，应优先办理，不受列车等级的限制。

由于特殊目的开行的列车，如专列或其他列车等，因其性质及任务不同，缓急程度不同，应根据具体情况在指定开行时确定其等级。

特快货物班列按运输性质分类次于旅客列车，但因其使用最高允许时速160 km的机车和行邮车底、按特快旅客列车运行标尺运行，因此在列车运行等级顺序中次于动车组和特快旅客列车而高于其他列车。

第三节　行车调度指挥

一、行车指挥原则

铁路行车工作具有点多、线长、面广且多工种协同动作的特点，运输、机务、车辆、工务、电务、供电、信息、房建等部门要发扬协作精神，主动配合，紧密联系，协同动作，组织均衡生产，不断提高效率，挖掘运输潜力，完成和超额完成铁路运输任务。只有坚持高度集中、统一领导的原则，才能把各部门集成为统一的整体，使各项工作环环相扣，紧密衔接，保证运输生产安全、迅速、准确、协调地进行。因此，铁路行车组织工作，必须贯彻安全生产的方针，坚持高度集中、统一领导的原则。

行车工作必须坚持集中领导、统一指挥、逐级负责的原则。铁路局集团公司与铁路局集团公司间由国铁集团，局管内各区段间由铁路局集团公司，一个调度区段内由本区段列车调度员统一指挥。

车站由车站值班员，线路所由线路所的车站值班员统一指挥。凡划分车场的车站，各车场由该车场的车站值班员统一指挥；车场间接发列车进路互有关联的行车事项，由指定的车站值班员统一指挥。

列车和单机由司机负责指挥。列车或单机在车站时，所有乘务人员应按车站值班员的指挥进行工作。

在调度集中区段，调度集中控制车站有关行车工作由该区段列车调度员直接指挥；但转为车站控制时，由车站值班员指挥。

凡与行车组织有关的日常生产活动都必须在运输调度的统一组织指挥下进行，有关行车人员必须执行列车调度员命令，服从调度指挥。

二、行车调度命令

(一)行车调度命令项目

行车调度命令是指行车调度处理日常行车工作中有关问题，以及在非正常行车情况下组织指挥有关部门、单位和人员办理行车工作、指示作业方法和安全注意事项等，带有约束性的以书面形式下达的指令。

国铁集团、铁路局集团公司调度应正确、及时发布调度命令，下级调度以及行车有关人员必须坚决执行。

列车调度员是一个调度区段行车的统一指挥者，指挥列车运行的命令(运行揭示调度命令除外)和口头指示，只能由列车调度员发布。列车调度员在发布命令之前，应详细了解现场情况，并听取有关人员意见。

遇下列情况，须发布调度命令，见表 2-1-1。

表 2-1-1 行车调度命令项目

顺序	命令项目	受令者	
		司机	车站值班员
1	封锁、开通区间		○
2	向封锁区间开行救援列车、路用列车	○	○
3	临时变更或恢复原行车闭塞法	○	○
4	双线反方向行车、由双线改为单线或恢复双线行车	○	○
5	变更列车径路	○	○
6	发出在区间内停车或由区间返回的列车	○	○
7	开往区间内岔线的列车	○	○
8	发出临时由区间内返回后部补机的列车	○	○
9	列车需临时降弓运行	○	○
10	因行车设备故障、灾害或施工，以及列车中挂有限速的机车车辆等，需要使列车临时限速运行(纳入运行揭示调度命令或本务机车、动车组自身设备原因限速时除外)	○	○
11	动车组列车空调失效需打开部分车门限速运行	○	○
12	车站使用故障按钮、总辅助按钮		○

续上表

顺序	命令项目	受令者	
		司机	车站值班员
13	超长列车或列车挂有装载超限货物的车辆	○	○
14	单机附挂车辆	○	○
15	半自动闭塞区间，超长列车头部越过出站信号机（未压上出站方面的轨道电路）发车	○	○
16	在非到发线上接发列车	○	○
17	调度日（班）计划以外，临时加开或停运列车（单机除外）	○	○
18	双线区间在区间内进行跨线装卸作业时，对开入其邻线的列车	○	○
19	双线区间在区间内有除雪机、起重机工作时，对开入其邻线的列车	○	○
20	双线区间在区间内发生冲突、脱轨、火灾、爆炸事故，对开入其邻线的列车	○	○
21	列尾装置故障（丢失）的货物列车继续运行	○	○
22	改按天气恶劣难以辨认信号的办法行车或恢复正常行车	○	○
23	动车组列车转入或退出隔离模式（被救援时除外）	○	○
24	动车组列车在列控车载设备控车和列车运行监控装置控车之间人工转换	○	○
25	临时利用本务机车调车作业	○	○
26	利用天窗施工、维修作业		○
27	施工、维修作业较指定时间延迟结束		○
28	运行揭示调度命令与实际限速、行车方式或设备不符时	○	○
29	正线、到发线接触网停电或送电（接触网倒闸、跳闸后试送电、向中性区送电或弓网故障排查除外）		○
30	正线、到发线接触网停电后准许登顶作业	○	○
31	双管供风旅客列车运行途中改为单管供风	○	○
32	列车调度员认为有必要记录的上述以外的命令	有关人员	

注：1. 划○者为受令人员。
2. 天窗维修作业在指定的时间内完成并销记后，列车调度员不再发布维修作业结束恢复行车的调度命令。
3. 动车组列车改按列车运行监控装置方式运行需将列控车载设备隔离时，列车调度员仅发布改按列车运行监控装置方式行车的调度命令。
4. 因调车作业动车组控车模式转换，不发布调度命令。自动站间闭塞法行车转为半自动闭塞法行车及转回的调度命令，可不发给司机。

上述调度命令如涉及其他单位和人员时，应同时发给。

列车调度员向司机发布调度命令时，应在列车进入关系区间（车站）前向司机发布或指定车站向司机交付，如来不及时应使列车停车进行发布或交付。

对于需向司机发布的调度命令，列车调度员可使用调度命令无线传送系统或按规定使用语音记录装置良好的列车无线调度通信设备向司机发布。由车站交付的调度命令，车站值班员可使用调度命令无线传送系统或按规定使用语音记录装置良好的列车无线调度通信设备向司机转达。

对跨局的列车，接车铁路局集团公司列车调度员可委托发车铁路局集团公司列车调度员发布调度命令。更换机车或变更限速条件时，应由有关铁路局集团公司列车调度员重新发给相关调度命令。途中乘务人员换班时，应将调度命令内容交接清楚。

使用计算机、传真机、调度命令无线传送系统发布调度命令时，命令接受人员确认无误后应及时反馈回执。使用电话发收调度命令时，应填记调度命令登记簿，指定受令人员中一人复诵，并记明发收人员姓名及时刻。

(二)交付调度命令的要求

1. 具备调度命令无线传送系统的，列车调度员(车站值班员)应使用调度命令无线传送系统向值乘司机发布(转达)调度命令。

2. 语音记录装置良好条件下，符合使用列车无线调度通信设备发布、转达调度命令内容的，列车调度员(车站值班员)可使用列车无线调度通信设备向列车司机发布(转达)调度命令。

3. 不具备上述条件时，本区段有停车站，列车调度员指定车站值班员在列车进入关系地点前的停车站交付调度命令；本区段无停车站或来不及时，在列车进入关系地点前的车站停车交付调度命令。

4. 交付和核对限速调度命令的要求。

(1)限速调度命令，须在列车进入限速地点前发布(转达)完毕，如来不及时，必须在列车进入限速地点前的车站停车转达调度命令。

(2)具备使用调度命令无线传送系统或提前在停车站交付调度命令条件的，须传送(交付)书面调度命令。

(3)不具备使用调度命令无线传送系统或提前在停车站传送(交付)书面调度命令，需使用列车无线调度通信设备发布(转达)调度命令时，列车调度员除发给限速地点关系站外，还应发给转达调度命令车站，转达调度命令车站应在列车于本站通过(开车)前转达完毕。

限速地点关系站(简称关系站)：限速地点在区间内，关系站为区间的两端站；限速地点在车站站内或站内跨区间，关系站为限速地点车站和相邻车站。

①站内限速(C 站站内限速，关系站为 B、C、D 站，图 2-1-1 运行方向 A 站或其后方站转达，B 站核对)

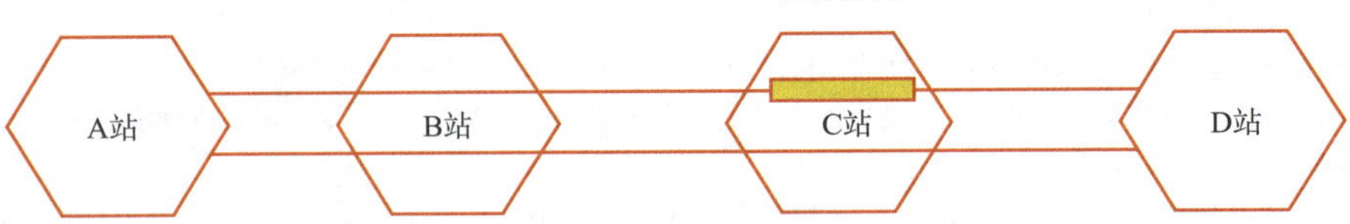

图 2-1-1　站内限速

②区间限速(B 至 C 站区间限速，关系站为 B、C 站，图 2-1-2 运行方向 A 站或其后方站转达，B 站核对)

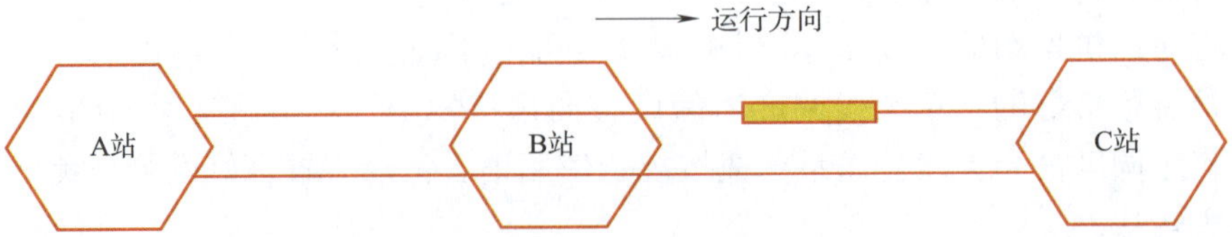

图 2-1-2　区间限速

③站内跨区间限速(C 站及 C 至 D 站区间限速,关系站为 B、C、D 站,图 2-1-3 运行方向 A 站或其后方站转达,B 站核对)

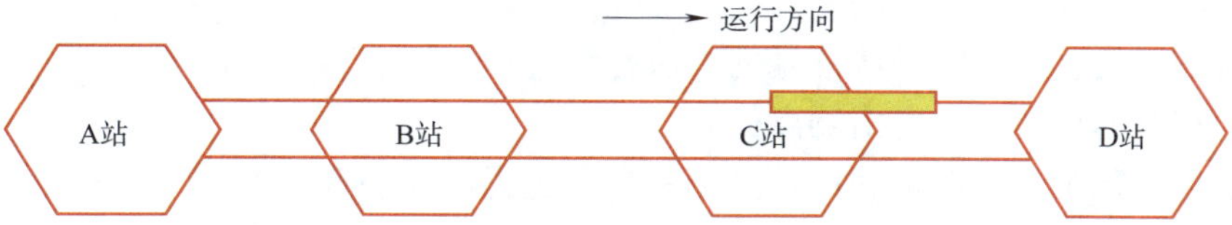

图 2-1-3　站内跨区间

④一站两区间(C 站及 B 至 C、C 至 D 站区间限速,关系站为 B、C、D 站,图 2-1-4 运行方向 A 站或其后方站转达,B 站核对)

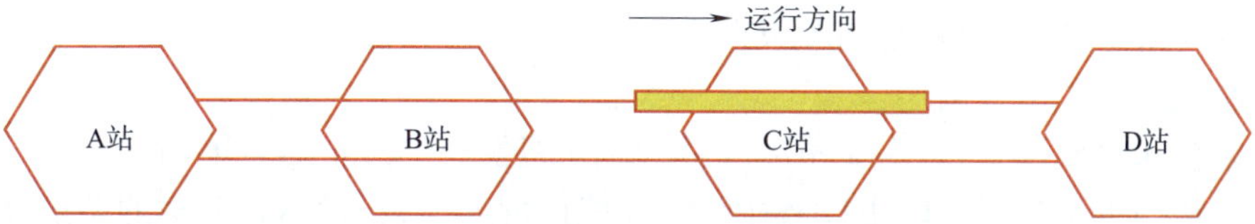

图 2-1-4　一站两区间

(4)对限速调度命令,列车进入限速地点前的关系站在列车通过(开车)前,须逐列与司机核对限速内容。装备区域联锁设备区段、调度集中区段、装备列控设备区段,有关核对要求由铁路局集团公司规定。

(5)核对不一致时,司机应在进入限速地点前的车站停车并向车站值班员报告,车站值班员立即向列车调度员报告,列车调度员核实后,发布(交付)正确的限速调度命令。

(6)对跨局(调度台)的列车,接车铁路局集团公司(调度台)列车调度员可委托发车铁路局集团公司(调度台)列车调度员发布调度命令。接车铁路局集团公司(调度台)应将需转发的调度命令号码和内容发给邻局(调度台),邻局(调度台)在时间允许情况下,不得拒绝委托,并将受令情况向接车铁路局集团公司(调度台)列车调度员通报。发布行车调度命令,涉及邻局管辖的分界站,本局列车调度员可发令至分界站,同时抄送邻局列车调度台。

发布行车调度命令时,涉及限速内容应一并下达(司机已有限速调度命令除外)。

5. 可使用语音记录装置良好的列车无线调度通信设备向司机发布、转达的调度命令。

(1)临时变更(改按电话闭塞法行车除外)或恢复原行车闭塞法。

(2)设有双线双向闭塞设备且作用良好的区间,双线反方向行车。

(3)变更列车径路。

(4)列车需临时降弓运行。

(5)有计划封锁施工开通后,指定 1、2、3……列限速。

(6)临时限速。

(7)动车组列车空调失效需打开部分车门限速运行。

(8)超长列车。

(9)单机附挂车辆。

(10)半自动闭塞区间,超长列车头部越过出站信号机(未压上出站方面的轨道电路)发车。

(11)在非到发线上接发列车。

(12)日(班)计划以外临时加开或停运列车。

(13)双线区间内进行跨线装卸作业，区间有除雪机、起重机工作，区间内发生冲突、脱轨、火灾、爆炸事故，对开入其邻线的列车。

(14)列尾装置故障(丢失)的货物列车继续运行。

(15)改按天气恶劣难以辨认信号的办法行车。

(16)动车组列车转入或退出隔离模式。

(17)动车组列车在列控车载设备控车和列车运行监控装置(LKJ)控车之间人工转换。

(18)临时利用本务机车调车作业。

(19)正线、到发线接触网停电后准许登顶作业。

(20)双管供风旅客列车运行途中改为单管供风。

(21)运行揭示调度命令与实际限速、行车方式或设备不符时。

(22)调度集中区段，由列车调度员办理接、发列车，作为行车凭证的调度命令。

(23)使用引导手信号接车。

(24)遇特殊情况，向已进入关系区间的列车司机发布(交付)的调度命令。

(25)铁路局集团公司规定可以利用列车无线调度通信设备发布、转达的调度命令。

6. 遇下列情况，列车调度员亦不发布调度命令：

(1)使用绿色许可证或半自动闭塞发车进路通知书发出列车时。

(2)自动闭塞区间一架通过信号机故障。

(3)旅客列车在技术停车站(不办理客运、通勤业务和技术作业)临时变更通过。

(4)使用引导信号接车(使用引导手信号除外)。

(5)站内采用调车方式救援。

(6)已发布运行揭示调度命令的变更旅客列车固定走行径路。

(7)接发动车组列车变更固定股道。

(8)区间内机车信号、列车运行监控装置(LKJ)、轨道车运行控制设备(GYK)发生故障，运行至前方站。

(9)列车退行。

(10)自轮运转特种设备自走行时因自身设备原因限速。

(11)旅客列车发生制动故障关门，依据"旅客列车制动关门限速证明书"限速；货物列车编入关门车数超过现车总辆数的6%，依据"制动效能证明书"限速。

(12)列车机车、车辆在区间因抱闸，经司机(车辆检车人员)检查后，需要限速运行至前方站时。

(13)调度集中系统(CTC)控制模式或操作方式转换。

第四节　相对方向同时接车和同方向同时发接列车

一、禁止办理相对方向同时接车和同方向同时发接列车的情形

1. 在车站接发车工作中，经常遇到相对方向同时接车或同方向同时发接列车的情况，如图2-1-5、图2-1-6所示。

在相对方向列车同时接车，接车线末端没有隔开设备时，如果接入列车越过警冲标或冒

进出发信号，就可能与另一列车发生冲突；在同方向同时发接列车，接车线末端没有隔开设备时，如果接入列车越过警冲标或冒进出发信号，也可能与发出的列车发生冲突。

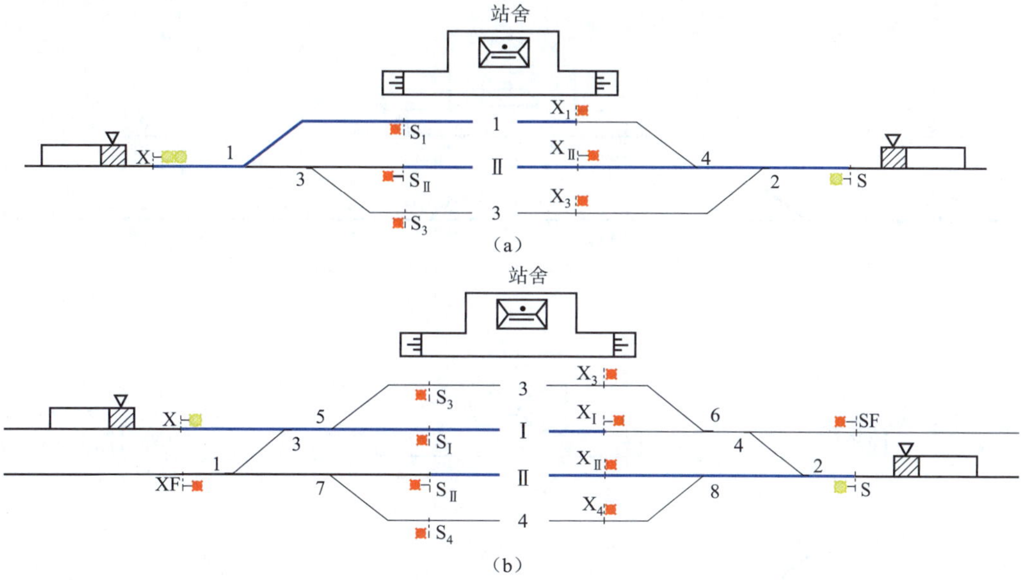

图 2-1-5 相对方向同时接车

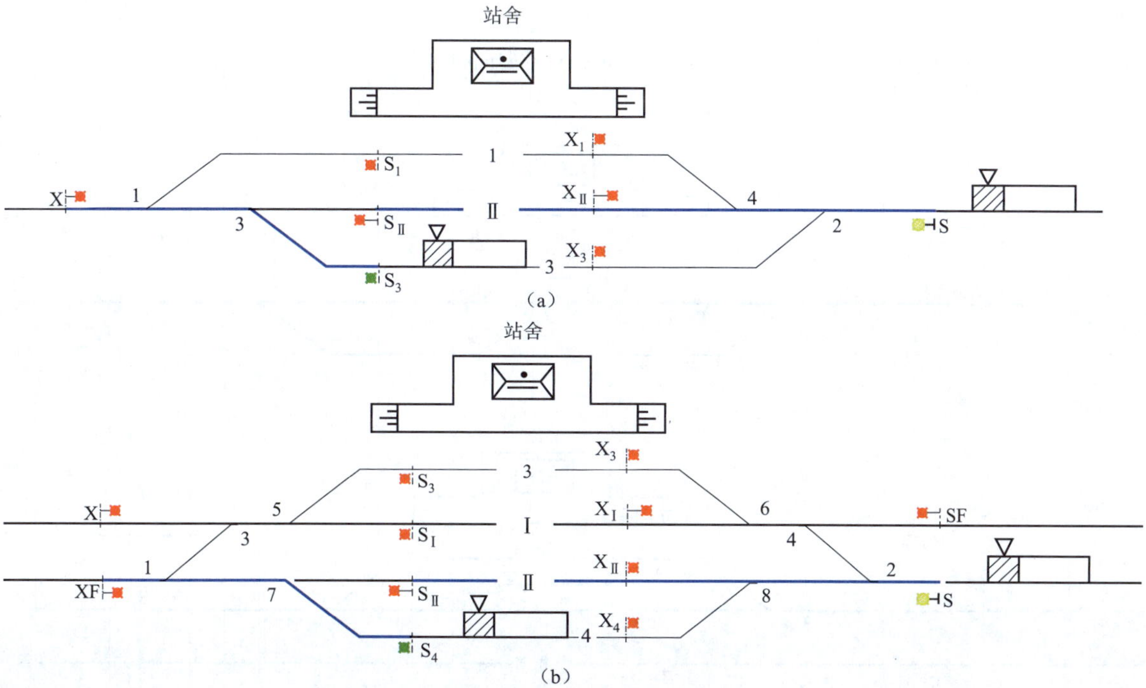

图 2-1-6 同方向同时发接列车

为保证车站接发列车作业的安全，须根据进站方向的坡度、接车线末端有无隔开设备及列车的性质，确定车站能否办理相对方向同时接车或同方向同时发接列车。车站应将不能办理相对方向同时接车和同方向同时发接列车的情况纳入《站细》。

2. 下列情况，禁止办理相对方向同时接车和同方向同时发接列车，如图 2-1-7、图 2-1-8 所示。

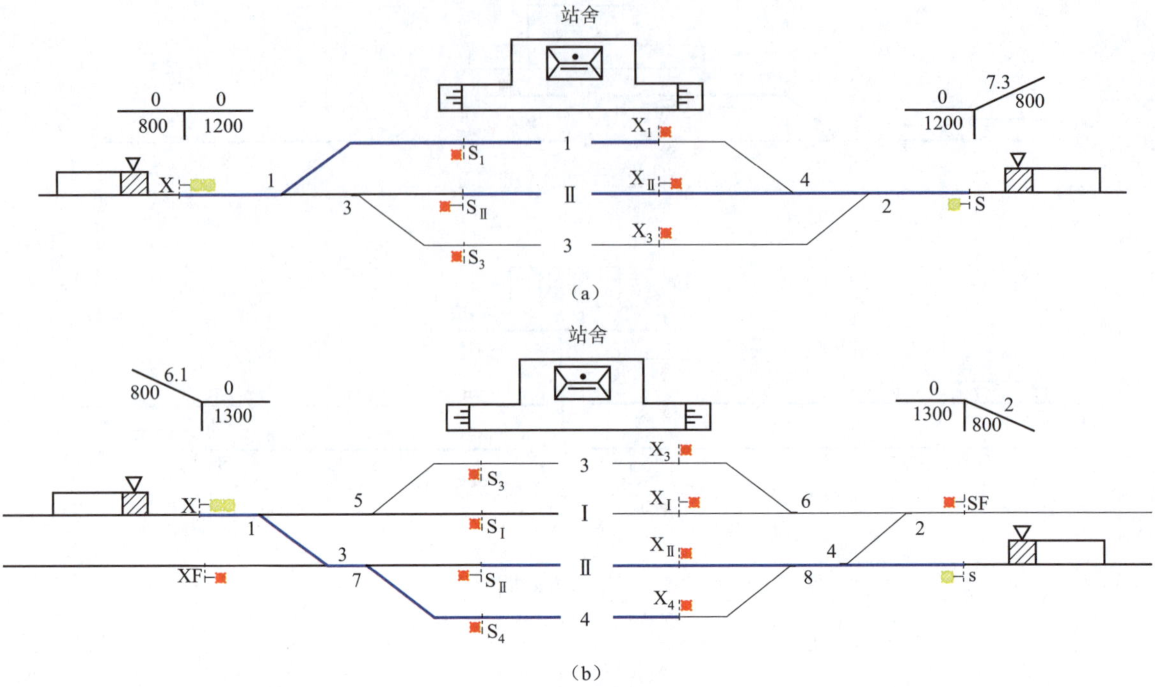

图 2-1-7　禁止相对方向同时接车

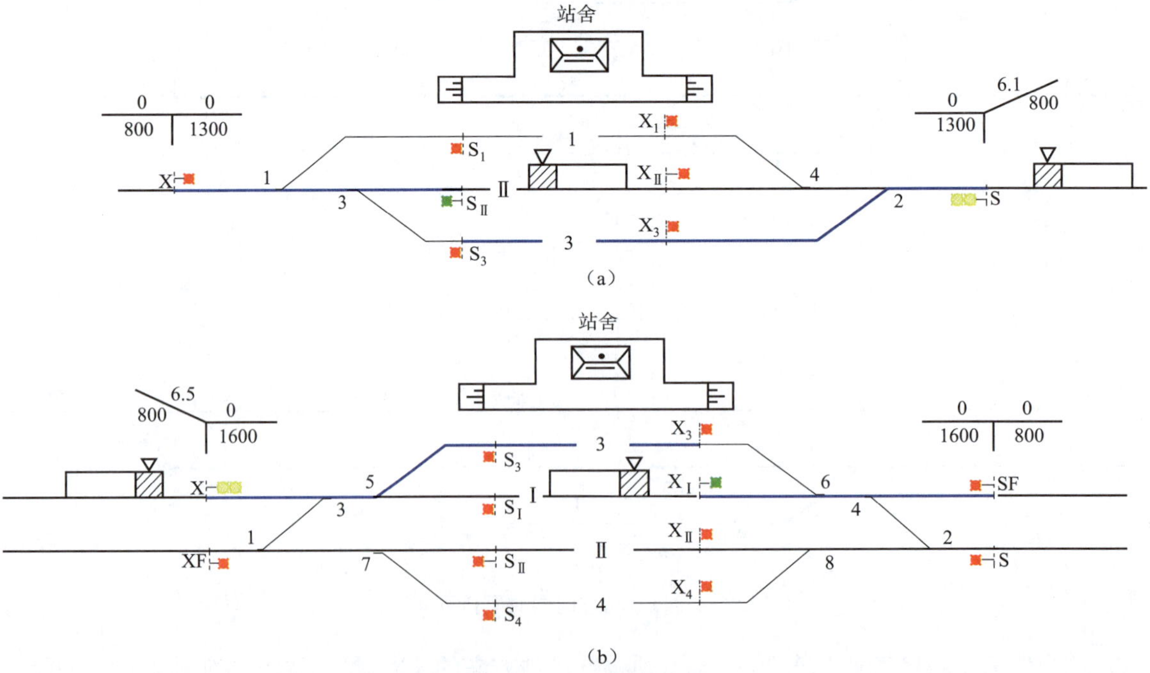

图 2-1-8　禁止同方向同时发接列车

(1)进站信号机外制动距离内，进站方向为超过6‰的下坡道，而接车线末端无隔开设备时，禁止办理。

列车在超过6‰的下坡道上运行时，列车制动的难度加大，如司机不能正确施行制动，一旦越过接车线末端警冲标或冒进出发信号，而该线末端未设隔开设备，就可能与另一端进、出站的列车发生冲突。因此规定进站信号机外制动距离内有超过6‰的下坡道，接车线末端又无隔开设备，禁止办理相对方向同时接车和同方向同时发接列车。

列车紧急制动距离是指列车由开始使用紧急制动(操纵自动制动阀到非常位)至完全停止的距离。在任何坡道上，列车紧急制动距离见表2-1-2的规定，因此在下坡道上制动能力不足时，有必要根据相应的制动限速表限定列车运行速度。

表2-1-2　列车紧急制动距离限值

列车类型	最高运行速度(km/h)	紧急制动距离限值(m)
旅客列车(动车组列车除外)	120	800
	140	1 100
	160	1 400
特快货物班列	160	1 400
快速货物班列	120	1 100
货物列车(货车轴重<25 t，快速货物班列除外)	90	800
	120	1 400
货物列车(货车轴重≥25 t)	100	1 400

(2)在接、发旅客列车的同时，接入列车运行监控装置或轨道车运行控制设备发生故障的列车、制动力部分切除的动车组列车而接车线末端无隔开设备，禁止办理。

(3)相对方向不能同时接车时，应先接不适于在站外停车的列车、停车后起动困难的列车或后面有续行列车的列车。

(4)当超长列车尾部停在警冲标外方，接入相对方向的列车时，在进站信号机外制动距离内进站方向为超过6‰的下坡道，而接车线末端无隔开设备，须使列车在站外停车后，再接入站内。

(5)两端为单线区间的车站，办理相对方向同时接车时，禁止两列车同时办理通过。

(6)两端均为站外停车起动困难的车站，相对方向同时接车和同方向同时发接列车时应比照接车线末端与对方接发车进路有隔开设备办理。

(7)引导接车时，仍应按相对方向同时接车和同方向同时发接列车的规定办理。

(8)设有车场的车站，办理相对方向同时接车和同方向同时发接列车时，应按每个车场分别确定。

(9)列车压岔，如不符合相对方向同时接车和同方向同时发接列车条件时，应使开来的列车在站外停车后，再开放信号机接入站内。

二、相对方向同时接车和同方向同时发接列车的其他要求

1. 接发列车作业时机。

(1)遇两列车不能同时接发时，原则上应先接后发；如到达列车必须进入待发列车所占

线路时，则需先发后接。

(2)相对方向不能同时接车时，须待先接入的列车进入接车线警冲标内方(超长列车除外)并停妥后，方准接入另一列车。

(3)同方向不能同时发接列车时，待出发列车出站(场)或接入的列车进入接车线停妥后，方准接入或发出另一列车。

2. 非调度集中区段防止货物列车破坏旅客列车进路安全风险卡控措施。

(1)在接发旅客列车的同时，能进入旅客列车进路而接车线末端无隔开设备的线路禁止接入未挂有列尾装置(含列尾装置故障，下同)的货物列车。

(2)在接入未挂有列尾装置的货物列车且接车线末端与旅客列车进路无隔开设备时，货物列车进入接车线未停妥前，相对方向禁止接入旅客列车，同方向禁止发出旅客列车。

上述两点中的货物列车仅指快速货物班列、快运、重载、直达、直通、冷藏、自备车、区段、摘挂、超限及小运转列车等。

3. 调度集中区段，在接、发旅客列车的同时，接入列车运行监控装置或轨道车运行控制设备发生故障的列车、制动力部分切除的动车组列车而接车线末端无隔开设备时，应人工干预，禁止通过 CTC 自动触发进路。

第五节　特殊列车开行

一、开行超长列车

(一)超长列车的概念

列车应按《技规》、列车编组计划和列车运行图规定的编挂条件、车组、重量或长度编组。列车长度应根据运行区段内各站到发线的有效长，并须预留 30 m 的附加制动距离确定。凡列车计长超过列车运行图规定的换算长度时，为超长列车，但各站在接发列车时，应根据到发线有效长度确定是否按超长列车办理；列车的长度超过车站到发线的有效长，不能在车站正常进行会让等作业时，须按超长列车办理。

(二)命令核对

1. 编组超长列车须取得列车调度员的同意，跨局运行时，还应事先征得邻局同意，列车调度员按规定发布调度命令。

2. 半自动闭塞区间，超长列车头部越过出站信号机(未压上出站方面的轨道电路)发车，列车调度员按规定发布调度命令。

(三)注意事项

1. 遇接发超长列车时，应通知接车站。

2. 原则上不准编制跨局的超长列车计划；必须时，应征得邻局的同意。

3. 自动闭塞、自动站间闭塞区段，遇超长列车头部越过出站信号机而未压上出站方面的轨道电路发车时，行车凭证为出站信号机显示的允许运行的信号。司机应主动与车站联系，得到信号开放正确的通知后，再按规定开车。

4. 自动闭塞区段、自动站间闭塞区段、半自动闭塞区段，超长列车头部越过发车进路信号机而未压上轨道绝缘节发车时,行车凭证为发车进路信号机显示的允许运行的信号。

5. 半自动闭塞区段,遇超长列车头部越过出站信号机而未压上出站方面的轨道电路发车时,行车凭证为出站信号机显示的允许运行的信号,并发给司机调度命令。

二、开行超限列车

(一)超限列车的概念

货物装车后,车辆停留在水平直线上,货物的任何部位超出机车车辆限界基本轮廓者或车辆行经半径为 300 m 的曲线时,货物的计算宽度超出机车车辆限界基本轮廓者,均为超限货物。

装载超限货物的车辆为超限车。

挂有超限货物车辆的列车为超限列车。

(二)超限货物的分类

根据货物超限部位所在的高度,超限货物分为三种类型:上部超限、中部超限和下部超限。

1. 上部超限:自轨面起高度超过 3 600 mm,任何部位超限者。
2. 中部超限:自轨面起高度超过 1 250 mm 至 3 600 mm 之间,任何部位超限者。
3. 下部超限:自轨面起高度在 150 mm 至 1 250 mm 之间,任何部位超限者。

(三)超限货物的等级

根据货物的超限程度,超限货物分为三个等级:一级超限、二级超限和超级超限。

1. 一级超限:自轨面起高度在 1 250 mm 以上超限但未超出一级超限限界者。
2. 二级超限:超出一级超限限界而未超出二级超限限界者,以及自轨面起高度在 150 mm至未满 230 mm 间超限但未超出二级超限限界者。
3. 超级超限:超出二级超限限界者,以及自轨面起高度在 230 mm 至 1 250 mm 间超限者。

(四)超限列车会让办法

1. 挂有超限车的列车运行在双线、多线或并行单线的直线地段与邻线列车会车条件见表 2-1-3。

表 2-1-3 直线地段挂有超限车的列车与邻线列车会车条件表

邻线列车运行速度(v)	两运行列车之间的最小距离	运行速度
$v\leqslant$120 km/h	大于 350 mm	不 限 速
	300 mm 至 350 mm 之间	不得超过 30 km/h
	小于 300 mm	禁止会车
120 km/h$<v\leqslant$160 km/h	大于 450 mm	不 限 速
	400 mm 至 450 mm 之间	不得超过 30 km/h
	小于 400 mm	禁止会车
$v>$160 km/h		禁止会车
注意事项	1. 线路允许速度超过 160 km/h 的区间,与超限货物列车办理区间交会时,动车组列车运行速度按超过 160 km/h 掌握。 2. 曲线地段与邻线列车会车,必须根据规定相应加宽	

2. 中部超限列车与其他列车会让时，两邻线（包括警冲标处）中心线应具备的距离见表 2-1-4。

表 2-1-4　中部超限列车与其他列车会让条件表

<table>
<tr><th colspan="3">中部超限列车与其他列车会让时，两邻线（包括警冲标处）中心线应具备的距离</th><th>会让条件</th></tr>
<tr><td>超限列车的计算宽度</td><td>邻线列车的中部宽度（按1 800 mm计算，如两列车均是中部超限列车时，应按超限货物计算宽度计算）</td><td>再加上列车最大速度等级规定的安全数</td><td rowspan="2">凡两邻线中心线间距离（包括警冲标处）达到上述列车最大速度等级规定的三数之和时，列车会让不受限制</td></tr>
<tr><td>龙门架等超限施工车辆的中部宽度</td><td>加邻线列车中部宽度（特准按1 700 mm计算，如邻线系中部超限列车时，应按超限列车的计算宽度计算）</td><td>加上列车最大速度等级规定的安全数</td></tr>
<tr><td colspan="3">两邻线中心线距离达到列车最大速度等级规定的三数之和，而警冲标不足时</td><td>应使超限车停于两邻线中心线间距离达到列车最大速度等级规定的三数之和的地点，方准列车会让</td></tr>
<tr><td>注意事项</td><td colspan="3">凡两邻线中心线间距离不足上述列车最大速度等级规定的三数之和时，应根据计算确定运行条件，限速 30 km/h 运行或办理隔线会让。办理隔线会让时，双线、两线或多线区间有关邻线应停止行车</td></tr>
</table>

3. 超限列车的运行经路中，超限车辆的任何部位与建筑物或设备之间的距离在200 mm及其以下的限速情况见表 2-1-5。

表 2-1-5　超限列车与建筑物或设备距离及限速条件表

超限车辆的任何部位与建筑物或设备之间的距离（L）	限 速 值
$151 \leqslant L \leqslant 200$ mm	不得超过 25 km/h
$100 \leqslant L < 151$ mm	不得超过 15 km/h
不足 100 mm	原则上不得办理

（五）其他要求

1. 单机挂车时，不准挂装载爆炸品、超限货物的车辆。

2. 挂有超限货物的车辆的列车，应接入规定线路。

3. 超限超重货物车辆的挂运，必须纳入日（班）计划，根据超限超重货物运输确认电报和超限超重车辆挂运通知单确定的运行条件，由列车调度员发布调度命令。

4. 挂有装载超限超重货物、剧毒品货物车辆和运行条件限制机车车辆的列车跨局运行时，应向邻局重点预报。

5. 列车中挂有装载超限货物的车辆的调度命令，禁止使用列车无线调度通信设备向司机发布、转达。

6. 遇接发超限列车时，应重点通知接车站。

三、开行轻型车辆

(一)轻型车辆的概念

轻型车辆是指由随乘人员能随时撤出线路外的轻型轨道车及其他非机动轻型车辆。

(二)轻型车辆的开行

轻型车辆仅限昼间封锁施工维修作业时使用,不按列车办理;在夜间或遇降雾、暴风雨雪时,仅限于消除线路故障或执行特殊任务时使用,但应按列车办理,此时轻型车辆必须有照明及停车信号装置。轻型轨道车过岔速度不得超过 15 km/h,区间运行最高速度不得超过 45 km/h,并不得与重型轨道车连挂运行。轻型轨道车连挂拖车时,不得推进运行。

(三)轻型车辆行车凭证

轻型车辆按列车办理时,列车车次规定为轻 1～轻 98。列车占用区间的行车凭证为路票或封锁区间的调度命令。

(四)轻型车辆使用书

使用轻型车辆时,须取得车站值班员对使用时间的承认,填发轻型车辆使用书(在区间用电话联系时,双方分别填写),并须保证在承认使用时间内将其撤出线路以外。轻型车辆使用书格式,如图 2-1-9 所示。

轻型车辆使用书

使用日期	车种	使用区间	上下行别	起讫时间	使用目的	负责人	承认号码	承认站 车站值班员
月 日		自 站 公里 至 站 公里		自 时 分 至 时 分				
注意事项								

(规格 88 mm×125 mm)

图 2-1-9 轻型车辆使用书

轻型车辆使用书是使用轻型车辆的依据。当轻型车辆在区间占用线路前,为取得车站值班员的承认,允许在区间进行电话联系,双方分别填写轻型车辆使用书,并复诵核对,互对姓名,以备查考。若车站值班员承认时间已到,而轻型车辆未到达目的地时,不论是否有列车驶来,都应将轻型车辆撤出线路外,如还需继续使用时,必须重新取得车站值班员的承认,重新进行登记。

车站值班员在承认前,须与列车调度员及邻站车站值班员联系,根据列车运行情况确定使用时间,在承认时间内,不得将列车提前开入区间。

四、开行路用列车

1. 在非封锁区间开行路用列车时，按该区间的行车闭塞法行车。

2. 向封锁区间开行路用列车。

(1)向封锁区间开行路用列车时，通知值班干部到场把关。

(2)车站值班员接收调度命令并与助理值班员(内勤)核对正确，助理值班员(内勤)在信号操作终端(占线板)上对应区间进路口揭挂“封锁区间”安全帽或表示牌[设备按钮有加锁(封)功能时，可使用加锁(封)按钮代替揭挂表示牌]。

(3)确认进路空闲及进路正确后，与助理值班员(外勤)核对调度命令正确并加盖行车专用章后，通知助理值班员(外勤)交付司机调度命令发车。

3. 行车凭证。

向封锁区间开行路用列车，行车凭证为调度命令，发给行车凭证的根据为施工方案的确定或施工负责人的请求。调度命令内容中应有列车车次、停车地点和到达车站时间等有关事项。需由区间返回时，调度命令中应指明往返车次，需限速运行时在命令中一并注明。

向施工封锁区间开行路用列车，原则上每端只准进入一列，如超过时，其安全措施及运行办法由铁路局集团公司规定。

4. 相关要求。

因抢修需要，向封锁区间开行路用列车，抢修负责人应派人在停车地点显示停车信号，并按下列规定办理：

(1)抢修单位应指派驻站联络人员在封锁区间的一端或两端站，负责与车站值班员及抢修负责人联系抢修进度及列车进入封锁区间运行情况。

一端站开行两列及以上路用列车时，第一列路用列车在到达指定地点停车并按规定设置防护后，抢修负责人方可通知驻站联络人员转告车站值班员开行同方向第二列路用列车进入封锁区间。

(2)两列及以上路用列车返回同一站时，抢修负责人在得到车站值班员同意后，方可指挥路用列车返回至进站信号机，按进站信号机显示要求运行。车站值班员须确认返回路用列车至本站间空闲后，方可同意接车。

(3)两列及以上路用列车在封锁区间内作业时，相互必须保持 30 m 及以上安全距离。

(4)如列车两端均挂有机车时，应向两端机车司机交付进入区间的调度命令。往返运行时，由运行前端的机车担当本务机车。

(5)路用列车车次编排：57001～57998。

五、开行救援列车

(一)救援列车的概念

救援列车是为事故救援、抢修抢救而开行的列车，包括专用救援列车、单机、重型轨道车等。车次编排：58101～58998。

救援列车担负着事故救援的紧急任务，为保证在需要时能及时出动，必须停放在固定的线路上。该线路不得停放其他机车车辆，并将两端道岔置于其他机车车辆不能进入该线的位置并加锁。集中操纵的道岔，应在控制台上将道岔开通邻线，并将道岔单独锁闭。

(二)救援列车的出动办法

1. 救援列车的出动由调度所机车调度员直接向救援列车发布救援出动的调度命令，遇折角运行、转线作业及其他特殊情况时，可安排两台机车分别连挂于救援列车的两端，同时通知机务段机车调度员，组织救援列车在 30 min 内开出。

2. 机务段至车站的调车工作由调车机车或本务机车担当，机车与第一辆车车钩的摘挂、软管摘结及列车的简略试验由机务段负责。

3. 救援列车移至车站后，机车与救援列车第一辆车的车钩摘挂、软管摘结由机车乘务员负责。一端挂有机车时，开车前的简略试验由车站负责；两端均挂有机车时，开车前的简略试验由机车乘务员负责。

4. 开行救援列车应使用内燃机车牵引，以吊起的制动软管代替列车尾部标志。尾部挂有机车时，以机车尾灯为列车标志。

5. 列车出发前，由始发站指派 1 名行车胜任人员随救援列车出发，负责做好救援列车运行途中的有关行车事项。

6. 救援列车进入事故现场的编组方案，由救援列车负责人在到达相关车站后，将救援列车调车计划联系单提交车站值班员，调车作业由相关车站负责。

7. 救援列车开行根据调度命令按分路不良规定办理行车。

8. 电气化区段发生事故需出动救援列车时，向事故区间发出救援列车前，接触网必须先停电。

(三)作业要点

1. 车站值班员接到司机或工务、电务、供电等人员的救援请求后，应立即报告列车调度员。需封锁区间派出救援列车时，列车调度员应向有关车站发布命令封锁区间，并派出救援列车。

2. 在事故调查组人员到达前，站长或胜任人员应随乘发往事故地点的第一列救援列车(分部运行时挂取遗留车辆的机车除外)到事故现场，负责指挥列车有关工作。

3. 请求救援的司机按规定采取防溜、防护措施后报告车站值班员，车站值班员接到请求救援的司机已采取防溜、防护措施的报告后，方可向封锁区间开行救援列车。

4. 向封锁区间发出救援列车时，不办理行车闭塞手续，以列车调度员的命令，作为进入封锁区间的许可。

当列车调度电话不通时，应由接到救援请求的车站值班员根据救援请求办理，救援列车以车站值班员的命令，作为进入封锁区间的许可。

5. 救援列车的出发或返回，均应通知列车调度员及对方站。如事故现场设有临时线路所时，车站值班员应于发车前，商得线路所值班员的同意。

6. 采用机车救援动车组时，应进行制动试验。具备升弓取电条件时，允许动车组升弓取电。

(四)一切电话中断时开行救援列车

1. 在一切电话中断时向封锁区间发出抢修列车，行车凭证为车站值班员的命令。发给行车凭证的根据为抢修救援的请求并确认道岔位置正确及进路空闲。封锁、开通都要以书面通知封锁区间的相邻车站(应写明抢修项目、时间、地点等,并加盖站名印或行车专用章以及名章或签名)。

2. 在一切电话中断时间内,如因列车在区间内发生事故或线路发生故障,造成行车中断时,必须立即组织抢救和抢修。接到请求的车站值班员,不必与邻站协商,立即封锁区间。同时将封锁区间障碍地点及是否开行救援列车等事项,以书面(应加盖站名印及车站值班员签名或盖章)通知封锁区间的相邻站。如开行救援列车时,以车站值班员的书面命令(用调度命令用纸)作为进入封锁区间的凭证。

抢修或抢救工作完了,应及时开通封锁区间。此时,由接到开通封锁区间请求的车站值班员,立即以书面通知封锁区间的相邻站。

(五)请求救援的列车防护要求

列车在区间被迫停车后,根据下列规定放置响墩防护:

1. 已请求救援时,从救援列车开来方面(不明时,从列车前后两方面),距离列车不小于300 m处防护。

2. 一切电话中断后发出的列车(持有红色许可证通知书1的列车除外),应于停车后,立即从列车后方按线路最大速度等级规定的列车紧急制动距离位置处防护。

3. 对于邻线上妨碍行车地点,应从两方面按线路最大速度等级规定的列车紧急制动距离位置处防护,如确知列车开来方向时,仅对来车方面防护。

4. 列车分部运行,机车进入区间挂取遗留车辆时,应从车列前方距离不小于300 m处防护。

防护人员设置的响墩待停车原因消除后可不撤除(运行动车组列车的区段除外)。

(六)救援列车推进运行

救援列车在区间推进运行时,应遵守下列规定:

1. 列车推进运行前,应指派胜任人员携带手信号旗(灯)、列车无线调度通信设备和简易紧急制动阀登乘列车前端协助司机作业。

2. 占用区间行车凭证交给司机,并按规定发车。列车推进运行时,胜任人员应站在列车前端注视运行前方,保持与司机的联系,必要时使用简易紧急制动阀或列车无线调度通信设备通知司机,使列车停车。

3. 列车推进运行进站前,胜任人员应确认准许进站的信号。列车进站后,胜任人员应按调车方式显示手信号指挥列车进入站内停车。必要时,车站应派人依式中转。

4. 当天气恶劣瞭望困难时,除救援列车外,禁止列车推进运行。

六、补机的使用要求

补机原则上挂于本务机车的前位或次位,以便于彼此联系、配合,防止发生挤坏车辆或断钩事故。如补机挂于列车头部,所属补机也应该执行本务机车的职务。这样有利于司机瞭望和操纵列车,对列车平稳运行,防止事故均有好处。在特殊区段或补机需途中返回时,经铁路局集团公司批准,可将补机挂于列车后部,但应接通软管,加强相互间的联系与配合,做到同步操作以及列车平稳运行，保证列车安全。对需要途中返回的补机（包括越过一个区间），可不连结软管，以避免区间停车摘管造成列车起动困难或降低通过能力，此项行车办法和安全措施由铁路局集团公司规定。

一切电话中断时，由于邻站无法掌握补机返回发车站的时间，邻站发出待发列车时，禁止发出挂有须由区间返回的后部补机的列车。

第六节 车机联控作业

一、车机联控的基本要求

（一）车机联控设备

车机联控使用的设备包括：纳入列车无线调度通信系统的调度所列车调度通信设备、车站列车调度通信设备、车载无线通信设备（机车、动车组、自轮运转特种设备）、无线对讲设备、GSM-R 手持终端、语音记录装置等。

上线运行的机车、动车组、自轮运转特种设备等应装设车载无线通信设备，机车（动车组、自轮运转特种设备）司机、车辆乘务员及参与车机联控的有关人员应配备列车无线调度通信（便携）设备。

（二）车机联控定义

车机联控是车务、机务等行车有关人员使用列车无线调度通信设备，按规定联络，提示行车安全信息、确认行车要求的互控方式。

车机联控作业过程中作业人员分为呼叫人、被呼叫人以及复诵人。

呼叫人：在车机联控作业中首先进行呼叫的一方。

被呼叫人：在车机联控作业中被呼叫后进行应答的一方。

复诵人：在车机联控作业中被呼叫或回应（应答）后进行重复应答的一方。

（三）车机联控作业用语要求

执行车机联控时，应使用普通话，做到用语准确、吐字清晰。遇数字“0”“1”“2”“7”可读“dòng（洞）”“yāo（幺）”“liǎng（两）”“guǎi（拐）”，但车次首位为“0”或车次首位及第二位均为“0”时，应发“零”音。旅客列车车次中的“G”“C”“D”“Z”“T”“K”“L”“Y”“F”分别读“高”“城”“动”“直”“特”“快”“临”“游”“返”，动车组列车以外的旅客列车在车次前冠以“客车”。“DJ”“X”分别读“动检”“行（读 xíng）”。其他车次用语由企业规定。

二、车机联控作业要求

（一）接　车

1. 正常接车

正常接车的呼叫时机和联控用语应符合表 2-1-6 的规定。

表 2-1-6 正常接车的呼叫时机和联控用语

呼叫时机	联控用语		
	作业人	列车司机	车站值班员
自动闭塞区段，列车接近第一接近通过信号机或规定的呼叫点；半自动闭塞区段（自动站间闭塞、双线反方向行车时），列车在规定的呼叫点	呼叫人	××（站）××（次）接近	—
	被呼叫人	—	××（次）××（站）×道通过［停车］
	复诵人	××（次）×道通过［停车］，司机明白	—
一端有两个及以上运行方向的车站（车场、线路所），列车通过时应在联控用语后增加“去××方向”能够接收列车进路预告信息时不联控			

2. 通过列车变为停车

通过列车变为停车的呼叫时机和联控用语应符合表 2-1-7 的规定。

表 2-1-7 通过列车变为停车的呼叫时机和联控用语

呼叫时机	联控用语		
	作业人	车站值班员	列车司机
列车接近前	呼叫人	××（次）××（站）×道停车	—
	被呼叫人	—	××（次）×道停车，司机明白

3. 原规定为通过的旅客列车由正线变更为到发线接车

原规定为通过的旅客列车由正线变更为到发线接车的呼叫时机和联控用语应符合表 2-1-8的规定。

表 2-1-8 原规定为通过的旅客列车由正线变更为到发线接车的呼叫时机和联控用语

呼叫时机	联控用语		
	作业人	车站值班员	列车司机
列车接近前	呼叫人	××（次）××（站）变更×道通过［停车］	—
	被呼叫人	—	××（次）××（站）变更×道通过［停车］，司机明白
一端有两个及以上运行方向的车站（车场、线路所），列车通过时应在联控用语后增加“去××方向”			

4. 列车直进侧出（固定径路除外）

列车直进侧出的呼叫时机和联控用语应符合表 2-1-9 的规定。

表 2-1-9　列车直进侧出的呼叫时机和联控用语

呼叫时机	联控用语		
	作 业 人	车站值班员	列车司机
列车接近前	呼 叫 人	××(次)××(站)×道通过，直进侧出	—
	被呼叫人	—	××(次)×道通过，直进侧出，司机明白
一端有两个及以上运行方向的车站(车场、线路所)，应在联控用语后增加“去××方向” 未应用列车运行监控装置的区段，应在联控用语后增加“限速××公里”(“限速××公里”的取值，不超过列车出站进路上辙叉号数最小的道岔侧向运行允许速度值，具体数值由企业明确)			

5. 列车通过，出站反方向行车

列车通过，出站反方向行车的呼叫时机和联控用语应符合表 2-1-10 的规定。

表 2-1-10　列车通过，出站反方向行车的呼叫时机和联控用语

呼叫时机	联控用语		
	作 业 人	车站值班员	列车司机
列车接近前	呼 叫 人	××(次)××(站)×道通过，反方向运行	—
	被呼叫人	—	××(次)×道通过，反方向运行，司机明白
侧向出站时，应在联控用语后增加“侧向出站，限速××公里”(“限速××公里”的取值，不超过列车出站进路上辙叉号数最小的道岔侧向运行允许速度值，具体数值由企业明确) 一端有两个及以上运行方向的车站(车场、线路所)，应在联控用语后增加“去××方向”			

6. 列车临时机外停车

列车临时机外停车的呼叫时机和联控用语应符合表 2-1-11 的规定。

表 2-1-11　列车临时机外停车的呼叫时机和联控用语

呼叫时机	联控用语		
	作 业 人	车站值班员	列车司机
列车接近前	呼 叫 人	××(次)××(站)机外停车	—
	被呼叫人	—	××(次)××(站)机外停车，司机明白

7. 呼叫机外停车后接车

呼叫机外停车后接车的呼叫时机和联控用语应符合表 2-1-12 的规定。

表 2-1-12 呼叫机外停车后接车的呼叫时机和联控用语

呼叫时机	联控用语		
	作业人	车站值班员	列车司机
已呼叫司机机外停车，信号开放后	呼叫人	××(次)进站[接车进路]信号好(了)，×道通过[停车]	—
	被呼叫人	—	××(次)进站[接车进路]信号好(了)，×道通过[停车]，司机明白
一端有两个及以上运行方向的车站(车场、线路所)，列车通过时应在联控用语后增加“去××方向”			

8. 车站引导接车

车站引导接车的呼叫时机和联控用语应符合表 2-1-13 的规定。

表 2-1-13 车站引导接车的呼叫时机和联控用语

呼叫时机	联控用语		
	作业人	车站值班员	列车司机
列车接近前	呼叫人	××(次)××(站)引导接车，×道停车[通过]，注意引导信号	—
	被呼叫人	—	××(次)××(站)引导接车，×道停车[通过]，司机明白
一端有两个及以上运行方向的车站(车场、线路所)，列车通过时应在联控用语后增加“去××方向” 若用手信号引导列车进站，“注意引导信号”应为“注意引导手信号”			

(二)发　车

1. 发车进路一次排通时发车

发车进路一次排通时发车的呼叫时机和联控用语应符合表 2-1-14 的规定。

表 2-1-14 发车进路一次排通时发车的呼叫时机和联控用语

呼叫时机	联控用语		
	作业人	车站值班员	列车司机
出站信号开放后，或发车进路及出站信号均开放后	呼叫人	××(次)×道出站[发车进路]信号好(了)	—
	被呼叫人	—	××(次)×道出站[发车进路]信号好(了)，司机明白
一端有两个及以上运行方向的车站(车场、线路所)，应在联控用语后增加“去××方向”			

2. 分段排列发车进路时发车

分段排列发车进路时发车的呼叫时机和联控用语应符合表 2-1-15 的规定。

表 2-1-15　分段排列发车进路时发车的呼叫时机和联控用语

呼叫时机	联控用语		
	作业人	车站值班员	列车司机
发车进路信号开放后，前方进路或出站信号关闭	呼叫人	××(次)×道发车进路信号好(了)，前方出站[×进路]信号机关闭	—
	被呼叫人	—	××(次)×道发车进路信号好(了)，前方出站[×进路]信号机关闭，司机明白
一端有两个及以上运行方向的车站(车场、线路所)，应在区分运行方向的信号机开放后，在"××(次)×道发车进路信号好(了)"联控用语后增加"去××方向"			

3. 分段排列发车进路时，发车后，后续进路办理好

分段排列发车进路时，发车后，后续进路办理好的呼叫时机和联控用语应符合表 2-1-16 的规定。

表 2-1-16　分段排列发车进路时，发车后，后续进路办理好的呼叫时机和联控用语

呼叫时机	联控用语		
	作业人	车站值班员	列车司机
当前出站信号开放后	呼叫人	××(次)出站信号好(了)	—
	被呼叫人	—	××(次)出站信号好(了)，司机明白
当前进路信号开放、前方出站(进路)信号关闭	呼叫人	××(次)×进路信号好(了)，前方出站[×进路]信号机关闭	—
	被呼叫人	—	××(次)×进路信号好(了)，前方出站[×进路]信号机关闭，司机明白
当前进路信号及后续进路、出站信号均开放后	呼叫人	××(次)×进路信号好(了)，前方出站信号机已开放	—
	被呼叫人	—	××(次)×进路信号好(了)，前方出站信号机已开放，司机明白
一端有两个及以上运行方向的车站(车场、线路所)，应在区分运行方向的信号机开放后，在"××(次)出站信号好(了)"或"××(次)×进路信号好(了)"联控用语后增加"去××方向"			

(三)列车经过限速地段

1. 已纳入运行揭示的临时限速

已纳入运行揭示的临时限速的呼叫时机和联控用语应符合表 2-1-17 的规定。

表 2-1-17　已纳入运行揭示的临时限速的呼叫时机和联控用语

<table>
<tr><th rowspan="2">呼叫时机</th><th colspan="3">联控用语</th></tr>
<tr><th>作 业 人</th><th>车站值班员</th><th>列车司机</th></tr>
<tr><td rowspan="2">列车接近前</td><td>呼 叫 人</td><td>××(次) ××(站) ×道通过[停车],站内限速××公里[区间××公里××米限速××公里]</td><td>—</td></tr>
<tr><td>被呼叫人</td><td>—</td><td>××(次) ××(站)×道通过[停车],站内限速××公里[区间××公里××米限速××公里],司机明白</td></tr>
<tr><td colspan="4">“区间××公里××米”是指列车运行方向限速起始点。区间有多处限速时,分别联控
站内、区间均有限速(不含站内跨区间),联控用语为“站内限速××公里,区间××公里××米限速××公里”。如站内同时有多处不同速度值限速地段时,按低值联控
遇有站内跨区间连续限速时,按照限速区段起止里程联控:“××公里××米至××公里××米限速××公里”。站内跨区间包括区间跨站内、区间跨站内再跨区间、站内跨区间再跨站内
发车作业时比照执行</td></tr>
</table>

2. 未纳入运行揭示的临时限速

未纳入运行揭示的临时限速的呼叫时机和联控用语应符合表 2-1-18 的规定。

表 2-1-18　未纳入运行揭示的临时限速的呼叫时机和联控用语

<table>
<tr><th rowspan="2">呼叫时机</th><th colspan="3">联控用语</th></tr>
<tr><th>作 业 人</th><th>车站值班员</th><th>列车司机</th></tr>
<tr><td rowspan="2">限速地点站,列车接近或发车时</td><td>呼 叫 人</td><td>××(次),××号命令,××公里××米至××公里××米限速××公里</td><td>—</td></tr>
<tr><td>被呼叫人</td><td>—</td><td>××号命令,××公里××米至××公里××米限速××公里,××(次)司机明白</td></tr>
<tr><td colspan="4">列车进入限速地点前的关系站在列车通过(开车)前,应与司机核对限速内容时,在“××号命令”前增加“××(站)核对”用语</td></tr>
</table>

(四)列车被迫停车

1. 列车被迫停车,列车司机呼叫车站

列车被迫停车,列车司机呼叫车站的呼叫时机和联控用语应符合表 2-1-19 的规定。

表 2-1-19 列车被迫停车，列车司机呼叫车站的呼叫时机和联控用语

呼叫时机	联控用语		
	作业人	车站值班员	列车司机
列车在区间被迫停车	呼叫人	××(站)××(次)在××公里(处)被迫停车	—
	被呼叫人	—	××(次)在××公里(处)被迫停车，××(站)明白
在××公里后应说明被迫停车原因 列车被迫停车后可能妨碍邻线时应在被迫停车后增加“可能侵入邻线”			

2. 列车被迫停车，车站立即呼叫追踪列车

列车被迫停车，车站立即呼叫追踪列车的呼叫时机和联控用语应符合表 2-1-20 的规定。

表 2-1-20 列车被迫停车，车站立即呼叫追踪列车的呼叫时机和联控用语

呼叫时机	联控用语		
	作业人	车站值班员	追踪列车司机
车站接到列车在区间被迫停车的通知	呼叫人	××(次)在××公里(处)被迫停车，××(次)注意运行	—
	被呼叫人	—	××(次)在××公里(处)被迫停车，注意运行，××(次)司机明白

3. 列车可能妨碍邻线，车站立即呼叫邻线列车

列车可能妨碍邻线，车站立即呼叫邻线列车的呼叫时机和联控用语应符合表 2-1-21 的规定。

表 2-1-21 列车可能妨碍邻线，车站立即呼叫邻线列车的呼叫时机和联控用语

呼叫时机	联控用语		
	作业人	车站值班员	邻线列车司机
车站接到列车可能妨碍邻线的通知	呼叫人	××(次)立即停车，××(次)在××公里(处)侵限	—
	被呼叫人	—	××(次)立即停车，司机明白

(五)线路发生险情

线路发生险情的呼叫时机和联控用语应符合表 2-1-22 的规定。

表 2-1-22 线路发生险情的呼叫时机和联控用语

<table>
<tr><th rowspan="2">呼叫时机</th><th colspan="3">联控用语</th></tr>
<tr><th>作 业 人</th><th>巡守人员</th><th>列车司机</th></tr>
<tr><td rowspan="2">线路发生险情</td><td>呼 叫 人</td><td>××线××公里(处)线路发生险情,上[下]行接近列车立即停车</td><td>—</td></tr>
<tr><td>被呼叫人</td><td>—</td><td>立即停车,××(次)司机明白</td></tr>
<tr><td colspan="4">如知道车次时呼叫××(次)
若上下行都发生险情,上[下]应为“上、下”</td></tr>
</table>

(六)列车通过晃车地段,司机呼叫车站

列车通过晃车地段,司机呼叫车站的呼叫时机和联控用语应符合表 2-1-23 的规定。

表 2-1-23 列车通过晃车地段,司机呼叫车站的呼叫时机和联控用语

<table>
<tr><th rowspan="2">呼叫时机</th><th colspan="3">联控用语</th></tr>
<tr><th>作 业 人</th><th>列车司机</th><th>车站值班员</th></tr>
<tr><td rowspan="2">列车通过晃车地段</td><td>呼 叫 人</td><td>××(站),××(次)××公里××米晃车</td><td>—</td></tr>
<tr><td>被呼叫人</td><td>—</td><td>××公里××米晃车,××(站)明白</td></tr>
</table>

复习思考题

1. 列车按运行等级顺序如何排序?
2. 限速调度命令与司机核对不一致时如何处理?
3. 哪些情况禁止办理相对方向同时接车和同方向同时发接列车?
4. 向封锁区间开行救援列车的行车凭证是什么?包含哪些内容?
5. 未纳入运行揭示的临时限速联控用语是什么?

第二章　货车列尾装置

本章主要内容是介绍货车列尾装置的使用方法，货车列尾装置具有标识列车尾部标志、风压检查、辅助排风制动、电池欠压报警等作用，并有主管风压不正常自动报警、“一对一”关系建立和识别、数据记录、下载等功能。通过学习使行车人员能够正确摘挂货车列尾装置，货车列尾装置发生故障时采用正确的方法处置。

第一节　货车列尾装置的工作原理及使用方法

一、列尾装置的作用

1. 货物列车尾部安全防护装置(简称“货车列尾装置”)是保证货物列车运行安全的重要行车设备。货车列尾装置正常使用时，机车乘务员负责按规定对列车的完整性进行检查。列车出发前、进站前、进入长大下坡道前、停车站出站后、贯通试验前后以及其他必要情况下，机车乘务员应查询列车尾部风压。机车乘务员发现列车制动力明显不足或尾部风压非正常下降时，应及时采取制动停车措施，并操控司机控制设备控制货车列尾装置排风使列车停车，再报告列车调度员或就近站车站值班员，按规定检查处理。

2. 当列车中的车辆折角塞门被关闭，主管不通风时，司机可直接操纵列尾装置强行排风，使列车制动停车。

3. 货车列尾装置作为列车尾部标志时，接发列车人员通过列尾装置确认列车完整。

二、货车列尾装置的工作原理

1. 货车列尾装置由列尾主机(含电池)和司机控制设备两部分组成，如图 2-2-1 和图 2-2-2 所示。货车列尾装置与机车车载无线通信设备(包括无线列调机车电台、机车综合无线通信设备或专用列尾机车电台)进行通信，实现货车列尾装置各项操控功能。

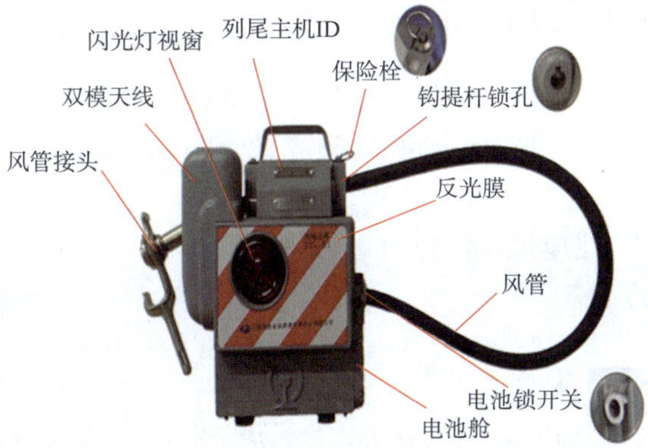

图 2-2-1　列尾主机

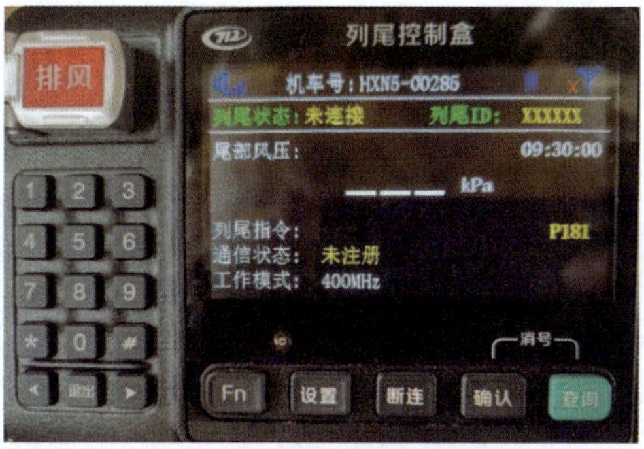

图 2-2-2　司机列尾控制盒

2. 列尾主机兼作列车尾部标志，昼间以红白相间反光漆面板为醒目标记，夜间以自控红色闪光显示，如图 2-2-3 所示。

图 2-2-3　列尾主机兼作列车尾部标志

3. 列尾主机主要内部部件。

列尾主机主要有主控板、闪光板、双联阀、信道机、天线、GPRS 模块，各部件之间是通过支架、电源接触板以及排线等方式进行机械与电气上的连接，由电池组进行供电，如图 2-2-4 所示。

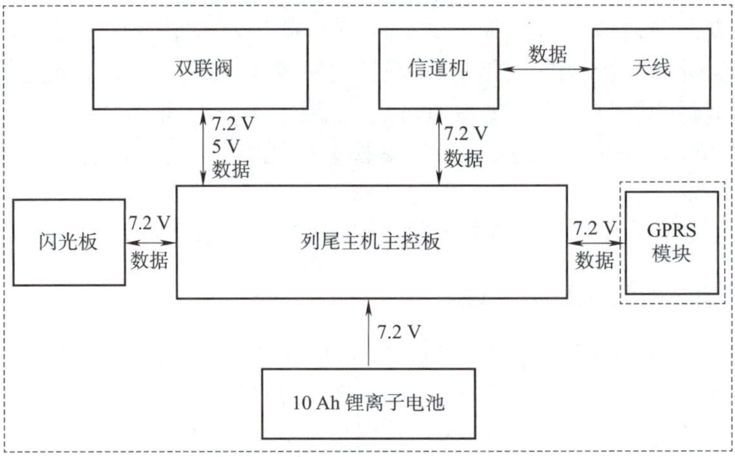

图 2-2-4　列尾主机工作原理框图

(1)主控板：主机的核心部分，处理各种信息。

(2)闪光板：带程序控制的闪光装置，昼间不亮，夜间自动开启闪光，数码视窗显示主机的各种信息。

(3)双联阀：反馈给主控板风压信息，接收主控板排风信息后进行排风动作。

(4)信道机：具备发送和接收无线电信号的设备。

(5)天线：辐射与接收电磁波。

(6)GPRS 模块：通过 GSM 网络传送主机的相关信息。

4. 列尾主机使用前(在折返点未设检测装置的除外)，车务部门应按规定进行检测，合格后方可投入使用；其中列尾主机原则上超过 48 h 未使用的，使用前须重新进行检测。

三、列尾装置的运用

1. 因半自动闭塞区间没有列车占用检查设备，半自动闭塞区段货物列车须挂列尾装置。其他区段应根据线路实际情况确定货物列车是否挂列尾装置。自动闭塞、自动站间闭塞区段不挂列尾装置时，如其中有个别区间为半自动闭塞时，为统一行车组织方式，货物列车在该区间可不挂列尾装置，但应有其他确认列车完整到达车站的手段。

2. 货物列车列尾装置尾部主机的安装与摘解，由车务人员负责。列尾装置尾部主机安装好后，对有列检作业的列车，因列检需进行列车自动制动机的试验等作业，尾部软管不能立即与列尾装置尾部主机连结，为提高作业效率，减少列尾装置作业人员的等待时间，尾部主机软管的连结，有列检作业的列车，由列检人员负责。对无列检作业的列车，尾部主机软管的连结，则由车务人员负责。

3. 使用货车列尾装置的列车，最后一位车辆自动制动机作用应良好。列尾主机安装在车钩上时，列车最后一辆不得编挂不能挂列尾主机的客车和未关闭端板的平车；列尾主机安装在提钩杆时，列车最后一辆尾端提钩杆应良好适合安装。特殊情况，不能安装列尾主机时，应及时报告列车调度员，重新调整编组或申请调度命令按无列尾方式运行。

4. 正常情况下，未挂列尾装置或列尾装置故障的货物列车在中心操作方式车站停车不得超过 20 min。对停车超过 20 min 的列车，按规定由车站负责列车自动制动机的简略试验时，由车务应急值守人员负责。

四、摘挂作业

(一)安装货物列车列尾装置主机

1. 根据车站值班员安装列尾装置主机的通知，将机车号码及其他信息填记于作业簿册或在列尾作业系统录入，并将机车号码置入列尾主机内，确认无误。

2. 列尾装置主机应安装在列车尾部车钩或提钩杆上。安装在提钩杆上时，将列尾钥匙插入列尾主机钩提杆锁孔，顺时针旋转 90°后，扳开钩提杆锁卡扣，拉起保险栓，将钩提杆锁卡扣扣于提钩杆上，并向前推送，使上挂锁卡扣回位，松开保险栓，将列尾钥匙逆时针旋转 90°，拔出列尾钥匙，安装完成(遇下提式车钩时应将主机软管在提钩杆上缠绕 1～3 圈)，如图 2-2-5 所示。

图 2-2-5 列尾装置主机安装示意图

3. 在本务机车连挂车列后，应通知本次列车机车乘务员，其用语为："×道，××××机车，列尾主机××××号已挂好，请检查风压。"机车乘务员按压风压查询键查询，听到"××

××机车，风压×××kpa”的反馈语音并核对列尾主机号码无误后，回示：“××××机车，风压检查完毕。”机车乘务员按压风压查询键查询列车风压时，按压时间应不少于 2 s，间隔时间不少于 30 s，以保证操作指令发送和信道语音反馈的正常。

4. 注意事项：

(1)钥匙在安装完成后才能拔出。

(2)安装完成后，观察保险栓是否卡住提钩杆，以免造成假锁。

(3)观察软管位置是否超限，避免软管与地面物体发生剐蹭，造成软管损坏。

(4)列尾主机安装完成后方可将列尾主机软管与列车软管进行连接，打开折角塞门。

(二)摘解货物列车列尾装置主机

1. 接到车站值班员摘解货物列车列尾装置主机的通知，立即前往现场做到人等车。作业中应严格执行人身安全作业标准。确认列车停稳后，先关闭折角塞门，再将主机软管与列车软管分离。

2. 摘解安装在钩提杆上的列尾主机时，将列尾钥匙插入钩提杆锁孔，顺时针旋转 90°，拉起保险栓，将列尾主机向斜上方拉起，钩提杆锁卡扣自动弹开，摘取完成后拔出列尾钥匙。

3. 摘下列尾主机，并检查列尾主机的外观是否良好，5 min 内切断电源。

4. 列尾电池充(放)电，有列尾作业员的车站由列尾作业员负责；无列尾作业员的车站由助理值班员(外勤)或指定人员负责。

第二节　货车列尾装置故障处理

一、设列尾整备(作业)点的车站列车查询不到尾部风压

1. 列尾作业员在列车尾端安装列尾主机后，遇机车乘务员反映查询不到列车尾部风压时，列尾作业员应采取更换列尾主机再进行试验或利用机车号确认仪到机车上会同机车乘务员进行查询。

2. 如机车号确认仪能够查询到列车尾部风压，而司机控制设备无法查询到列车尾部风压时，车站值班员应报告列车调度员：司机控制设备无法与列尾主机建立“一对一”关系，列尾主机设备正常，尾部最后一辆车号为“×××”。

3. 如机车号确认仪和司机控制设备均无法查询到列车尾部风压时，车站值班员应报告列车调度员：“一对一”关系无法建立，货车列尾装置无法正常使用，尾部最后一辆车号为“×××”。

4. 列车调度员得到车站值班员“一对一”关系无法建立的报告后，应发布货物列车无列尾装置运行的调度命令。

二、未设列尾整备(作业)点的车站列车查询不到尾部风压

1. 列车在车站出发前机车乘务员查询不到列车尾部风压时，应立即报告车站值班员“列车尾部风压查询不到”。车站值班员得到司机报告后应指派助理值班员(外勤)或指定人员到列车尾部确认列尾主机安装正常。此时，由助理值班员(外勤)或指定人员协助司机进行列车自动制动机简略试验后，如再次查询不到列车尾部风压，由车站报告列车调度员，列车调度员应发布货车列尾装置故障列车继续运行的调度命令。列车调度员发布的货物列车按无列尾装置运行或列尾装置故障货物列车继续运行的调度命令，准许使用语音记录装置

良好的列车无线调度通信设备向司机发布、转达。

2. 机车乘务员在开车后应继续进行查询，并将查询情况报告前方站。如运行至前方站仍无法查询到列车尾部风压时，应报告前方站“列车尾部风压仍查询不到，货车列尾装置无法使用。”

三、列车在中间站始发（保留列车恢复运行）和保留（终到）时的作业办法

1. 列车在中间站始发（保留列车恢复运行）时，有关列尾整备点应将检测合格并装好电池（不接电）的列尾主机交本务机车乘务员带往始发站，助理值班员（外勤）领取列尾主机钥匙后，到本务机车乘务员处领取列尾主机，接通电源，由机车乘务员通过司机控制设备对列尾主机进行置号，当场建立“一对一”关系并不得再切断电源。若电源断电后，需重新接通电源并建立“一对一”关系。助理值班员（外勤）应按规定安装、连结软管、打开折角塞门，并与机车乘务员联系检查风压正常后，由司机负责简略试验。

2. 列车在中间站保留（终到）时，车站值班员应指派助理值班员（外勤）领取列尾主机钥匙，摘下列尾主机，断开电源，妥善保管，做好继续使用的准备工作，或按规定回送指定车站。暂时无法回送时，车站应指定人员通知配属单位。

四、挂有列尾装置的货物列车简略试验

1. 无调车甩挂作业的列车在车站停车超过 20 min 需要进行简略试验时，由司机直接通过货车列尾装置进行。

2. 安装列尾主机端的车辆，遇调车连挂作业时，助理值班员（外勤）应先摘下列尾主机，摘下的列尾主机不准断开电源。作业完毕后，助理值班员（外勤）应重新安装好列尾主机，确认“一对一”关系建立良好，并与机车乘务员联系检查风压正常后，由司机负责简略试验。

五、列尾主机灭灯时的处置

助理值班员（外勤）接车时，夜间遇到列尾主机仅因红色闪光灯灭灯时，列车不停车处理，由发现站将情况报告列车调度员并与前方站办理接发列车时一并通知，沿途各站要加强确认。

六、发现货物列车列尾主机丢失、异状（含司机查询不到风压）的处理

1. 货物列车列尾装置主机丢失的处置措施。

货物列车列尾装置主机丢失后，车站值班员应及时报告列车调度员并通知发车站车站值班员，列车调度员安排列车在前方站停车处理。发车站车站值班员应通知后续首列司机注意运行。

（1）列尾主机丢失的列车停车后，车站值班员应立即指派人员确认尾部车号，并与司机核对列车编组顺序表尾部车号。

（2）半自动闭塞区间，未确认尾部车号一致前，车站值班员严禁开通区间。

（3）列车需继续运行时，如不具备重新安装列尾装置主机条件，由列车调度员发布调度命令准许，车站补吊尾部车辆软管作为列车尾部标志。

2. 列尾主机异状（包括查询不到风压）的处置措施。

（1）车站在接发列车时，发现列尾主机有脱落可能危及行车安全时，应立即呼叫司机停车并报告列车调度员。由车站指派人员处理，如主机不能正常安装锁闭时，应将其取回。列车需继续运行时，由列车调度员发布调度命令准许，车站补吊尾部车辆软管作为列车尾部标志。

(2)列尾装置故障列尾信息查询不到时,列车调度员安排列车在前方站停车处理。停车处理后仍查询不到的列车,除列尾主机发生排风阀故障影响列车制动主管风压、列尾主机异状有脱落危险及其他危及行车安全时,不得关闭列尾主机与车辆制动软管的折角塞门,列尾主机不断电,此时列尾主机仅作为列车尾部标志,司机凭调度命令按列尾装置故障运行。运行中,司机应适时查询列车尾部风压,当列尾查询功能恢复时,应及时报告列车调度员(车站值班员)请求取消前发列尾装置故障调度命令。

3. 列车运行途中列尾装置主机发生临时故障(仅查询不到风压除外),虽暂时不能修复但仍可作为列车尾部标志时,准许列车按照调度命令继续运行。

4. 列车调度员发布命令准许列车按无列尾装置运行或按列尾装置故障运行时,车站在发车前应对列车自动制动机进行简略试验,列车运行前方各站要加强对列车尾部标志的确认。

5. 货物列车的列尾装置故障(丢失)时,机车乘务员不能准确掌握列车完整等情况,为使车站接发列车人员引起注意,认真监视列车运行,确认列车完整,采取以调度命令的形式告知沿途各站。

6. 未挂列尾装置或列尾装置故障的列车在半自动闭塞区间临时停车时,进站前司机应主动用列车无线调度通信设备通知车站。通知不上时,列车不准全列进站。车站值班员应提前通知接车人员到列车尾部核对尾部标志,确认无误后,方可开通区间。

七、列车在区间发生列尾装置故障的处置

挂有列尾装置的列车在区间停车时,开车前必须查询尾部风压,试验列车制动主管贯通,确认列车完整。

查询不到尾部风压或尾部风压异常时,司机应指派机车乘务组人员携带手持电台到列车尾部进行检查确认,具备开车条件后方可开车。因列尾装置故障不能消除,影响继续运行时,关闭尾部车辆折角塞门,进行简略试验,确认列车制动主管贯通后,继续运行,同时报告就近车站值班员,由车站值班员转报列车调度员,并按列车调度员的指示运行。

【事故案例】铁路交通一般 D15 类耽误列车事故

1. 事故概况:××年×月×日×时××分,××铁路局集团公司××线 31505 次××站因下行编发场作业人员在安装列尾主机时将机车号 23206046 错误输入为 23206064,导致发车进路信号开放后,机车列尾控制盒与列尾主机无法建立“一对一”关系,影响本列晚点 34 min,构成铁路交通一般 D15 类耽误列车事故。

2. 原因分析:一是作业人员错误输入机车号,导致机车列尾控制盒与列尾装置无法建立“一对一”关系。二是下行编发场助理值班员(外勤)对于 4 道 31505 次列尾装置未建立“一对一”关系的情况未及时报告车站值班员。

复习思考题

1. 货车列尾装置有哪些作用?
2. 货车列尾主机灭灯时如何处置?
3. 发现货物列车列尾主机异状(含司机查询不到风压)如何处理?
4. 未挂列尾装置的列车在半自动闭塞区间临时停车时如何办理接车?
5. 货物列车列尾装置主机丢失时如何处置?

第三章 非正常接发列车

本章主要介绍行车设备故障不能正常使用时办理接发列车作业，信号、联锁、闭塞设备故障时非正常接发列车和列车退行、无空闲线路接车等应急处置内容，由于设备功能发生变化，行车方式也会改变。通过学习，掌握非正常接发列车作业关键，在车站值班员的指挥下完成非正常接发列车作业，与车站值班员做好互控，确保应急处置的安全有序。

第一节 电话闭塞法

一、基本闭塞与电话闭塞的区别

车站均须装设基本闭塞设备。基本闭塞设备是控制一个区间（或闭塞分区）同一时间内，只准许一个列车运行的设备。通过调度所、相邻车站、线路所、闭塞分区的设备或人为控制，使列车与列车相互间保持一定间隔，以保证列车安全运行的行车方法，称为行车闭塞法。

我国铁路采用的行车基本闭塞法有自动闭塞、自动站间闭塞、半自动闭塞三种。其中：自动闭塞以闭塞分区作为列车间隔；自动站间闭塞、半自动闭塞都是以站间（所间）区间作为列车间隔；其列车运行间隔均属于空间间隔法。

电话闭塞法是在基本闭塞法不能使用的条件下，主要靠人工检查确认和联系制度来保证实现列车运行空间间隔的代用闭塞法，由两端站（线路所）值班员以电话记录办理闭塞的一种方法。因为电话闭塞法缺少设备上的保证，靠作业制度来确保列车安全，安全风险较高，所以使用电话闭塞法行车时，要严格按有关电话闭塞法接发列车规定的程序、制度办理行车作业。

电话闭塞法不论单线或双线，均按站间区间办理。在停用基本闭塞法改按电话闭塞法或恢复基本闭塞法行车时，均须根据列车调度员的命令并确认区间空闲后方准采用。

遇列车调度电话不通时，闭塞法的变更或恢复，应由该区间两端站的车站值班员确认区间空闲后，直接以电话记录办理，并通知司机列车调度电话不通，按电话闭塞法行车。

二、电话闭塞法的使用场景

1. 基本闭塞设备发生故障导致基本闭塞法不能使用、自动闭塞区间内两架及其以上通过信号机故障或灯光熄灭时。

(1)自动闭塞设备发生故障导致基本闭塞法不能使用，列车不能按自动闭塞方式行车时，应停止使用改按电话闭塞法行车。

自动闭塞区间两架及其以上通过信号机发生故障或灯光熄灭，会造成列车在区间一再停车，降低了列车运行速度，改按电话闭塞法行车，列车无须在区间内停车。

(2)半自动闭塞设备故障，如：出站信号机内方轨道电路故障、出站信号机故障或灯光熄灭，由于不能形成半自动闭塞控制条件或不能开放出站信号机作为列车占用区间的行车凭证，应停止使用改按电话闭塞法行车。

(3)自动站间闭塞设备故障，导致自动站间闭塞、半自动闭塞法均不能使用时，如不能开放出站信号机作为列车占用区间的行车凭证，应停止使用改按电话闭塞法行车。

2. 无双向闭塞设备的双线区间反方向发车或改按单线行车时。

无双向闭塞设备的双线区间反方向发车时，由于反方向无闭塞设备，要改用电话闭塞法行车。无双向闭塞设备的双线区间改按单线行车时，正方向闭塞设备可以使用，但反方向行车时无闭塞设备保证安全，办理上容易引发错误，要停止使用基本闭塞法改按电话闭塞法行车。

3. 发出由区间返回的列车，或发出挂有由区间返回后部补机的列车时。

发出由区间返回的列车时，在其返回前，车站无法从设备上控制不再向该区间放行列车，应停止基本闭塞法改按电话闭塞法行车。发出挂有由区间返回后部补机的列车，车站无法从设备上控制在列车到达前方站后、补机返回前不再向该区间放行列车，应停止基本闭塞法，改按电话闭塞法行车。

4. 自动站间闭塞、半自动闭塞区间，由未设出站信号机的线路上发车，或超长列车头部越过出站信号机并压上出站方面轨道电路发车时。

由未设出站信号机的线路上发车，或超长列车头部越过出站信号机并压上出站方向轨道电路发车时，无法取得占用区间的行车凭证，须改按电话闭塞法行车。

5. 在夜间或遇降雾、暴风雨雪，为消除线路故障或执行特殊任务，开行轻型车辆时。

轻型车辆装有绝缘车轴，不能通过轨道电路确定其位置，仅限昼间封锁施工作业时使用，此时不按列车办理。在夜间或遇降雾、暴风雨雪等天气不良瞭望条件不好的情况下，为消除线路故障或执行特殊任务须使用轻型车辆时，应按列车办理，此时应停止基本闭塞法，改按电话闭塞法行车。

6. 自动站间闭塞设备故障，半自动闭塞设备良好时，可根据调度命令改按半自动闭塞法行车。

部分自动站间闭塞是在半自动闭塞的基础上，增加了计轴设备自动检查区间空闲，实现自动站间闭塞。仅计轴设备故障停用，半自动闭塞设备仍作用良好时，可根据列车调度员的命令，使用半自动闭塞法组织列车运行。

7. 自动闭塞区间遇下列情况之一时，应停止使用基本闭塞法，改用电话闭塞法行车：

(1)仅设一架通过信号机的区间，通过信号机发生故障时。

(2)未设通过信号机的区间，当出站信号机(线路所通过信号机)和监督器均发生故障时。

上述情况须经电务部门检查确认，在电务部门停用基本闭塞的登记后方可改用电话闭塞法行车。

8. 使用自动站间闭塞法、半自动闭塞法行车，遇出站信号机、线路所通过信号机不能开放发出列车时，在得到电务部门停用信号的登记后(遇轨道电路非列车占用红光带、道岔失去表示时还应得到工务部门线路设备正常使用的销记)，改用电话闭塞法。

9. 使用半自动闭塞法行车，遇下列情况之一时，在得到电务部门停用基本闭塞的登记后(遇轨道电路非列车占用红光带、道岔失去表示时还应得到工务部门线路设备正常使用的销记)，改用电话闭塞法。

(1)未办闭塞而闭塞表示灯亮灯。

(2)办理闭塞时，闭塞表示灯不能按正常显示(闭塞表示灯灭灯而能开放出站信号机时除外)。

(3)未按正常手续办理闭塞，即能开放出站信号机。

第二节 引导接车

一、应使用引导办法接车的情况

1. 进站、接车进路信号机发生故障或因联锁失效不能开放使用时。
2. 向进站、接车进路信号机联锁范围以外的线路上接车时。
3. 双线区段接入反方向开来的列车而无进站信号机时。

二、引导信号接车

进站、接车进路信号机不能使用，设有引导信号时应开放引导信号接车，当引导信号不能开放或无进站信号机时，应派引导人员显示引导手信号接车。

(一)正常开放引导信号

如进站(进路)信号机发生故障或轨道电路故障而不能开放时，应采用正常引导方法开放引导信号。

1. 确认道岔位置正确及进路空闲。
2. 开放引导信号，确认进路光带及引导信号开放正确。
3. 列车进入股道后，解锁进路。
4. 引导信号开放后又需关闭时，使用总人解按钮，使引导信号关闭。

(二)引导总锁闭开放引导信号

1. 当道岔失去表示或向非到发线接车时，应采用总锁闭引导方法开放引导信号。
2. 确认道岔位置正确及进路空闲，敌对进路未办理、敌对信号机未开放。
3. 使用引导总锁闭接车前，确认该咽喉区段无平行进路，如有平行进路，应在按下(点击)引导总锁闭按钮前，先办理好平行进路。
4. 按下(点击)引导总锁闭按钮，此时道岔实行全咽喉锁闭，但无白光带表示，再按下(点击)引导信号按钮，引导信号开放。接车进路上有中岔时，到发线的中岔如不能用该咽喉区段的引导总锁闭进行锁闭时，应进行单独锁闭。
5. 确认列车完全进入股道后，将引导总锁闭按钮复原，咽喉区道岔即行解锁。
6. 引导信号开放后又需关闭时，复原引导总锁闭按钮，使引导信号关闭，咽喉区道岔解锁。

(三)引导手信号接车

1. 引导手信号用于在进站(进路)信号机不能使用且引导信号不能开放或无进站信号机时，人工引导列车进站(场)。

2. 引导人员接车时，为了便于司机确认，引导人员应在引导员接车地点标处（未设的，引导人员应在进站信号机、进路信号机或站界标外方），显示引导手信号接车。

3. 使用引导手信号接车前，应向司机传达凭引导手信号运行的调度命令。

三、注意事项

1. 引导接车时，仍须执行相对方向同时接车和同方向同时发接列车的限制条件，办理接车前，检查确认有关道岔隔开位置正确。

2. 车站值班员指示引导人员引导接车后，不准变更接车顺序和接车进路。

3. 双线反方向未设进站信号机的车站，列车应按引导人员显示的引导手信号进站，夜间需使列车在站外停车时，应在站界标处向列车显示停车手信号，以便司机识别。

4. 引导接车时，列车以不超过 20 km/h 速度进站，并做好随时停车的准备。

第三节　列车退行与分部运行

一、列车退行

（一）列车在区间不得已情况下必须退行时，应执行的要求

1. 退行时，车辆乘务员或随车机械师（无车辆乘务员或随车机械师时为指派的胜任人员）应在列车尾部，注视运行前方（不显示信号），发现危及行车或人身安全情况时，应立即使用紧急制动阀（紧急制动装置）或使用列车无线调度通信设备通知司机，使列车停车。

2. 列车退行速度不得超过 15 km/h，以便发现危及行车或人身安全的情况能随时停车。

3. 退行列车未得到后方站（线路所）车站值班员的准许，不得越过后方车站（线路所）最外方预告标或预告信号机（双线区间为邻线预告标或特设的预告标），以防止与越出站界或跟踪出站调车的机车车辆发生冲突。列车退行到该处停车后，应立即向车站值班员报告，得到后方站（线路所）车站值班员准许后，方可凭进站信号机显示的允许运行的信号进站。如事先已取得列车调度员或后方站车站值班员准许，可不在预告信号机外停车，凭进站信号机的进行显示或引导信号直接进站。

4. 车站值班员接到退行报告后，除立即向列车调度员报告外，还应根据车站线路占用情况，准备进路，开放进站信号机或用引导办法，将列车接入站内。

（二）不准退行的情况

1. 按自动闭塞法运行时（列车调度员或后方站车站值班员确认该列车至后方站间无列车，并准许时除外）。

自动闭塞区段，列车是以出站和通过色灯信号机显示的允许运行的信号作为进入闭塞分区的行车凭证，在区间实行追踪运行，列车退行有与后方开来的追踪列车发生冲突的危险。列车只有在列车调度员或后方站车站值班员确认至后方站间无追踪列车，并准许后方可退行。

2. 在降雾、暴风雨雪及其他不良条件下，司机难以辨认信号，直接危及行车安全，列车不准退行。

3. 一切电话中断后发出除持有红色许可证通知书之1以外的列车，由于车站将发出续行列车，而续行列车是按时间间隔发出的，如果列车退行，就有可能与后面的续行列车发生冲突，不准退行。

4. 列车尾部尚未越过发车站最外方预告标或接近信号机、预告信号机停车时（双线区间为邻线预告标或特设的预告标），在未得到车站值班员（列车调度员）的同意之前。

5. 如后方站向该区间办理出站调车作业时，在调车作业结束前不得准许列车后退。

（三）退行要求

货物列车不得已必须退行至站内时，由列车调度员布置车站指派胜任人员携带列车无线调度通信设备和简易紧急制动阀赶赴列车尾部，在退行方向前端车辆安装简易紧急制动阀，经简略试验和放风试验，具备退行条件后，登车负责瞭望，通知司机退行。

列车需退行至站内，进站前，车辆乘务员或随车机械师（无车辆乘务员或随车机械师时为指派的胜任人员）应确认准许进站的信号，并通知司机。列车进站后，应指挥列车进入站内停车。

在自动闭塞区间，经后方站车站值班员准许退行的列车，退行一个或多个闭塞分区停车后，再起动向前进方向运行时，仍可凭通过信号机显示的信号运行，但后方站车站值班员必须得到列车到达前方站的电话记录号码并报告列车调度员后，方可发出列车。

动车组列车在区间被迫停车后须返回后方站时，车站值班员确认动车组列车至后方站间已空闲后，经列车调度员同意，通知司机返回。司机根据车站值班员的通知，在动车组列车运行方向（折返）前端操作，运行速度不得超过 40 km/h，按进站信号机显示进站。

二、货物列车后退闯坡（闯分相）

站内停车起动困难的车站，允许列车退入后方区间闯坡（闯分相）时，应按下列要求办理：

1. 接到司机退入后方区间闯坡（闯分相）的请求，通知值班干部到场把关。

2. 通过行车日志及各种表示牌确认本站至后方站区间空闲。

3. 向列车调度员申请封锁区间的调度命令。

4. 车站值班员接收封锁区间的调度命令，助理值班员（内勤）在信号操作终端（占线板）上对应区间进路口揭挂“封锁区间”安全帽或表示牌[设备按钮有加锁（封）功能时，可使用加锁（封）按钮代替揭挂表示牌]。

5. 准备进路：开放调车信号准备进路。调车信号不能准备（锁闭）的道岔，单操道岔（含防护道岔），准备好进路并单独锁闭。

6. 确认进路空闲及进路正确后，车站值班员与助理值班员（外勤）核对调度命令正确并加盖行车专用章后，通知助理值班员（外勤）交付司机调度命令发车。

7. 司机凭调度命令和车站的发车信号向后方区间退行。车站应按列车退行的要求指派胜任人员在列车尾部协助司机退行。

8. 列车退至后方区间适当地点[电力机车退行需越过接触网电分相闯坡（闯分相）时，后退及前进均应避免造成电力机车带电过分相]停车后，司机应使用列车无线调度通信设备通知列车尾部指派的人员。

9. 指派的人员简易紧急制动阀撤除可以开车后通知司机，司机即可起动列车。

10. 车站应按站内通过的列车办理(列车未全部退入后方区间时,进站信号机可不开放)。

11. 利用站内进行后退闯坡(闯分相)时:

(1)以调车方式指挥列车后退,车站指派人员在列车尾部指挥列车退行。

(2)退行前必须明确退行距离并严格控制退行速度,退至规定地点后由车站按规定发车。

三、分部运行

(一)作业要求

列车在区间内发生断钩、制动主管破裂、脱轨、坡停等被迫停车,必须分部运行时,应按下列要求办理:

1. 司机应立即将被迫停车的原因及需要分部运行的要求报告前方站或列车调度员。

2. 组织和指挥有关人员做好遗留车辆的防溜工作,并按规定做好防护。

3. 遗留车辆派人看守并记明遗留车辆辆数和停留位置。

4. 牵引前部车辆开往前方站时,在自动闭塞区间,在运行中仍应按信号机的显示运行。在半自动闭塞区间或按电话闭塞法行车时,分部运行的前部车列运行至接车站进站信号机前,即使该信号机已开放,也必须在机外停车(司机已报告前方站或列车调度员为分部运行时可直接进站),防止车站值班员在区间还有遗留车辆的情况下,错误开通区间。

5. 机车牵引的前部车辆整列进入车站后,车站值班员将情况报告列车调度员,列车调度员发布调度命令封锁区间。

6. 救援列车到达或返回车站,车站值班员确认遗留车辆全部取回、区间空闲后,向列车调度员报告。列车调度员发布调度命令开通区间。

(二)遗留车辆的防护、防溜分工及办法

分部运行前,司机须使列车保持制动保压状态,采取好防溜措施后(拧紧两端车辆的人力制动机,当区间停留线路的坡度超过2.5‰时,还应在下坡方向端放置防溜铁鞋),方准提开车钩。

如遗留车辆停留时间超过1h,遗留车辆看守人员还应拧紧足够数量的人力制动机(拧紧人力制动机与停留车辆数量比例不少于1∶4)。

电气化区段不能使用人力制动机时,应使用人力制动机紧固器或防溜铁鞋进行防溜。单班单司机值乘的货物列车由列车调度员指派车站胜任人员协助做好遗留车辆的防溜、防护工作。

(三)挂取遗留车辆的注意事项

列车必须分部运行时,车站值班员(列车调度员)应将机车进入区间挂取遗留车辆的方向通知请求救援的司机,司机应按规定设置防护。

遗留车辆挂妥并进行自动制动机简略试验后,方准撤除防溜措施。列车分部运行,机车进入区间挂取遗留车辆时,因其已知停留车地点,能提前减速及停车,故在车列前方不小于300 m处放置响墩防护。

(四)所间区间分部运行的组织

1. 列车在所间区间分部运行时,司机应报告前方线路所的车站值班员。在半自动闭塞区间或按电话闭塞法行车时,该列车必须在线路所通过(进站)信号机外停车(在区间内已与线路所车站值班员联系时除外),将情况通知线路所车站值班员后,再凭线路所通过(进站、出站、进路)信号机显示的允许运行的信号继续运行至前方站。在自动闭塞、自动站间闭塞区段,司机可按线路所通过信号机显示的允许运行的信号直接进入线路所停车报告(在区间内已与线路所车站值班员联系时除外)。

2. 列车调度员接到报告后,应根据具体情况确定对后部遗留车辆的救援办法,发布封锁相关区间的调度命令。需越过线路所进行救援时,列车调度员在得到线路所车站值班员将道岔开通于救援列车运行线路的位置并单独锁闭后,发布调度命令合并封锁所间区间,准许救援列车司机凭调度命令越过关闭的线路所通过信号机。封锁开通前,线路所原单独锁闭的道岔禁止扳动。

(五)不准分部运行的情况

1. 经采取措施可整列运行时:如发生坡停后,派救援机车以双机牵引或后部补推的方式运行至车站,或在区间因车辆故障停车后,可由车辆乘务人员对车辆进行临修后继续运行等。

2. 遗留车辆未采取防护、防溜措施时,可能造成停留车辆溜逸等,酿成事故。

3. 遗留车辆无人看守时,由于路外闲杂人员的破坏,可能撤除遗留车辆的防护、防溜措施,或损坏车辆、货物。

4. 司机与两端站及列车调度员均无法取得联系,不能分部运行。此时,联系方式不仅限于列车无线调度通信设备。

5. 遗留车辆停留在超过 6‰坡度的线路上时,即使采取防溜措施,但也存在车辆溜逸的风险,因此也不能分部运行。该处超过 6‰坡度是指遗留车辆所在线路的实际坡度。

四、列车在区间内发生车钩分离时的处理

1. 列车在区间内发生车钩分离被迫停车时,司机指派胜任人员检查分离处所、车钩破损等情况,在得到车辆状态的汇报后向两端站车站值班员(列车调度员)报告列车分离情况、停车位置等事项。列车发生分离后的后部车辆按规定做好防溜、防护工作。

2. 列车在区间运行中发生分离,应确认分离车辆的车钩状态,符合连挂条件时,应与分离车辆连挂妥当并进行自动制动机简略试验后,继续运行到前方站停车处理。

3. 列车区间分离后,遇下列情况,本列不准再行连挂,必须请求救援,救援方向有限制条件的,司机请求救援时应讲明救援方向。

(1)车辆连接装置严重破损,不能连挂时。

(2)分离后的车辆(车列)停留在坡度超过 6‰的线路上向下坡道方向挂车时。

4. 列车在区间内车钩破损分离时,如钩舌损坏,可用列车前后端的钩舌更换,避免分部运行。必须分部运行时,分割位置规定如下:

(1)后钩破损时,应自分离处分割。

(2)前钩破损时,由后方站派机车救援。

5. 车辆的破损品,应带往前方列检作业场。如使用机车钩舌时,列车到达有列检作业场的车站后,由列检作业场负责装配。

第四节 特殊情况接发列车

一、站内无空闲线路接车

车站无空闲线路,是指车站正线、到发线及符合接车条件的线路,均有车占用(包括因施工、故障封锁的线路)。

(一)接车原因

由于发生事故、自然灾害或组织不当等原因,造成车站正线、到发线及符合接车条件的线路,均有车占用(包括因各种原因被封锁的线路),而列车又因各种原因不能自行开车,车站必须要疏通线路,保证安全和不间断地接发列车,在这种情况下,不能按常规接入一般列车,如图 2-3-1 所示。

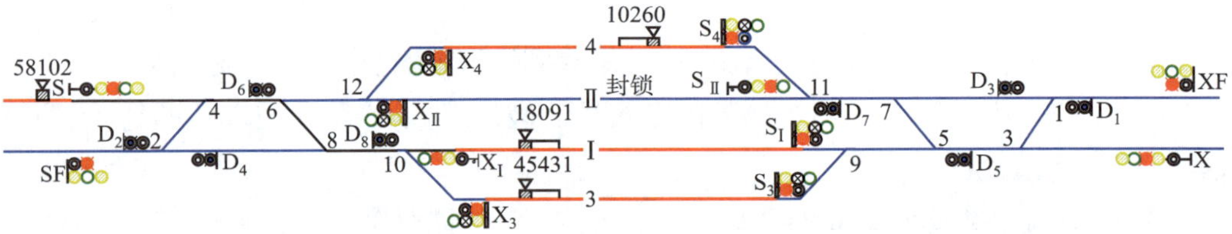

图 2-3-1 车站线路占用(封锁)

(二)接车限制

在站内无空闲线路的特殊情况下,只准许接入为排除故障、事故救援、疏解车辆等所需要的救援列车、不挂车的单机及重型轨道车,禁止接入其他列车。

上述列车均应在进站信号机外停车,不能开放进站信号机(包括引导信号)接车。接车人员将接车线路、接车线内停留车位置、本列车预定停车地点及其他有关注意事项通知司机,待司机明了后登乘机车(推进时为前部车辆),以调车手信号旗(灯)将列车领入站内,昼间展开的绿色信号旗,夜间以绿色灯光将列车领入站内。

(三)作业要点

1. 准备进路:开放调车信号准备进路。调车信号不能准备(锁闭)的道岔,单操道岔(含防护道岔),准备好进路并单独锁闭,确认接车进路正确。

2. 确认接车线路内停留车位置报告车站值班员,通知接车线路内列车、机车、自轮运转特种设备司机,禁止移动,防止与接入的列车发生冲突(遇夜间照明不足、迷雾天气或地形地物影响,接车人员确认停留车位置困难时,应派人在停留车地点显示停留车位置的手信号)。

二、非到发线接发列车

(一)接车作业

1. 接车原因

由于发生事故、自然灾害或组织不当等原因,造成车站正线、到发线,均有车占用(包括因各种原因被封锁的线路),必须在非到发线上办理接发列车。

2. 作业要点

(1)列车调度员发布"准许×次列车接入×站非到发线×道"的调度命令。

(2)确认条件具备后,按规定使用引导总锁闭开放引导信号办理接车。

(3)半自动闭塞区段进站信号机办理引导接车时不能正常开通区间,接车站在列车到达后与发车站双方共同确认区间空闲,由使用站向列车调度员请求使用故障按钮的调度命令,使用故障按钮办理闭塞机复原。

(二)发车作业

1. 自动闭塞区间

(1)列车调度员发布:"准许×次列车在×站非到发线×道发车"的调度命令。

(2)确认进路准备妥当,具备发车条件后,使用绿色许可证发车。

2. 半自动闭塞、自动站间闭塞区间

(1)列车调度员发布:"自接令时(×次列车到×站)起,×站至×站间×行线停用基本闭塞法,改用电话闭塞法行车,准许×次列车在×站非到发线×道发车,本列到 X 站后恢复基本闭塞法行车"的调度命令。

(2)确认进路准备妥当,具备发车条件后,使用路票发车。

复习思考题

1. 遇列车调度电话不通时,闭塞法的变更或恢复,如何办理?
2. 自动闭塞区间遇哪些情况,应停止使用基本闭塞法,改用电话闭塞法行车?
3. 遇哪些情况,车站须使用引导信号或派引导人员接车?
4. 哪些情况不准分部运行?
5. 在站内无空闲线路的特殊情况下,只准许接入哪些列车?

第四章　调 车 工 作

本章主要内容是介绍调车有关规定及调车知识、调车作业的基本要求。通过学习，使参加调车作业人员掌握调车作业计划编制和执行调车作业标准，提高调车作业水平，发挥调车工作在车站作业中的作用，实现列车编组计划、列车运行图的要求，加速车辆周转，优质良好地完成运输生产任务，保证车站安全正点接发车。

第一节　基本要求

一、调车工作的概念

除列车在车站到达、出发、通过及在区间内运行外，凡机车车辆进行一切有目的的移动（包括在站内或区间）统称为调车。如列车编组、解体、摘挂、取送、转场、转线、车辆的取送、机车出入段、自轮运转特种设备在车站的作业等。

二、调车工作的分类

1. 调车工作按技术设备分为：平面调车和驼峰调车两大类。

2. 调车工作按作业目的不同分为：

(1)解体调车：将到达的车列，按车辆（组）去向、车种或其他要求，分解到指定的线路内。

(2)编组调车：按列车种类、用途和运输性质，根据《技规》、列车编组计划和列车运行图规定的编挂条件、车组、重量或长度编组，将车辆或车组选编成车列。

(3)摘挂调车：对列车进行补轴、减轴、车辆换挂以及列车在中间站进行摘挂车辆的调车。

(4)取送调车：向货场、装卸地点和车辆检修地点送车或取回车辆。

(5)其他调车：不属于上述目的的调车，如车列、车组或车辆的转场、转线，站场内的整理以及机车出入段等。

三、调车作业的一般要求

1. 车站的调车工作，应按车站的技术作业过程及调车作业计划进行。参加调车作业的人员应做到：

(1)及时编组、解体列车、取送客货作业和检修的车辆等。

(2)充分运用调车机车及一切技术设备，采用先进工作方法，用最少的时间完成调车任务。一是要合理地运用调车机车及一切技术设备，采用先进工作方法，周密计划，合理安排，尽可能组织平行作业，充分挖掘设备潜力，压缩各种非生产时间，提高调车效率，最大限度地发挥调车机车和技术设备的效能；二是要车站各工种间密切配合、协同动作，不断提高劳动生产率。

(3)调车工作是在动态中进行的,作业组织复杂,影响因素诸多,必须认真执行规章制度和作业标准,保证调车有关人员的人身安全及行车安全。

2. 调车工作九固定制度:固定作业区域、线路使用、调车机车、人员、班次、交接班时间、交接班地点、工具数量及其存放地点。

作固定替换用的调车机车及小运转机车,应符合调车机车的条件(有前后头灯、扶手把、防滑脚踏板、无线调车灯显设备接口等)。

开行重载组合列车的铁路局集团公司应根据线路、车站情况,明确重载列车组合、分解(拆解)站及股道。

四、调车速度及安全距离

调车作业时,车辆的自动制动机多数情况下不加入机车操纵的制动系统,车列的减速和停车都要靠机车本身的制动力;又因调车机车在作业中经常牵出和推进作业交替进行,调车人员在作业时发现超速危及安全时,必须立即显示停车信号(发出指令)。因此调车作业要准确掌握速度及安全距离,并遵守下列规定:

1. 在空线上牵引运行时,不应超过 40 km/h;推进运行时,不应超过 30 km/h。

2. 下列情况调车速度不应超过 15 km/h:

(1)调动乘坐旅客或装载爆炸品、气体类危险货物、超限货物的车辆不应超过 15 km/h。

(2)不在司机一侧作业且采用手信号调车时,推进调车的速度不得超过 15 km/h。机车乘务组应严格执行呼唤应答制度。

(3)密接式车钩和集中供电车列使用中间体过渡车钩进行调车时,可不连结软管,一次调车连挂客车不得超过 4 辆,运行速度不得超过 15 km/h;中间体过渡车钩的拆装由车辆部门负责。

(4)在空线上牵引或推进运行,动车组后端操作时,不应超过 15 km/h。

3. 瞭望距离不足 100 m 时,应适当降低调车速度,在空线上牵引运行时不准超过 15 km/h,推进运行时不准超过 10 km/h。

4. 距停留车位置十、五、三车时,速度分别不应超过 17 km/h、12 km/h、7 km/h,接近被连挂的车辆时,不应超过 5 km/h。

5. 调动专运、公务及特种用途车辆的不得超过 10 km/h。

6. 机械冷藏车组需要通过驼峰时,由调车机车送到停放地点,过峰速度不得超过 7 km/h。

7. 下列情况调车速度不准超过 5 km/h:

(1)接近被连挂的车辆时,不准超过 5 km/h。

(2)客车外部洗刷作业通过洗车机的速度不得超过 5 km/h。

(3)调动中间加挂游车的跨装车组通过 9 号及其以下道岔时不得推送调车;遇设备条件不容许或尽头线必须推送时,推进速度不得超过 5 km/h。

(4)在同一线路内连续连挂作业时,如车组间隔距离不大于十车,可以不超过 5 km/h 的速度不停车连续连挂(超过 2.5‰下坡道的线路除外)。

(5)尽头线调车,遇特殊情况须进入距线路终端(挡车器)10 m 以内或挂取距线路终端

(挡车器)不足 10 m 的车辆时,必须在距线路终端(挡车器)或停留车 10 m 处一度停车,通知司机,速度不超过 5 km/h。

8. 下列情况调车速度不准超过 3 km/h:

(1)旅客列车因特殊原因必须在中途站摘挂时,车站须指派干部现场重点监控,进行摘挂作业时,必须连结全部软管,在距停留车 10 m 处一度停车,并以不超过 3 km/h 的速度进行连挂。

(2)曲线挂车时,必须在连挂前一度停车,调整好钩位,以不超过 3 km/h 的速度进行连挂。

(3)大型养路机械无动力编入列车时,其编挂由负责调车的机车担当。此时连挂前须一度停车,再以不超过 3 km/h 速度进行连挂。

(4)手推调车,须取得调车领导人的同意,人力制动机作用必须良好,有胜任人员负责制动。手推调车速度不得超过 3 km/h。

(5)机车或者机车带有其他车辆接近、连挂标有 GW 的车辆,或者机车带有 GW 车辆与其他车辆连挂时,必须在距离停留车十车处一度停车,接近被连挂车辆时,以不超过 3 km/h 的速度连挂。

9. 推进运行经过无人看守道口前,应显示指示司机鸣笛的信号,适当控制速度。

10. 经过道岔侧向运行的速度由工务部门根据道岔具体条件规定,并纳入《站细》。

11. 调车安全距离要求:

(1)在尽头线上调车时,距线路终端应有 10 m 的安全距离;遇特殊情况,必须近于 10 m 时,要严格控制速度。

(2)电力机车、动车组在有接触网终点的线路上调车时,应控制速度,距接触网终点标应有 10 m 的安全距离;遇特殊情况,必须近于 10 m 时,要严格控制速度。

(3)遇天气不良等非正常情况,应适当降低速度(在 100 m 看不见调车手信号,平面调车,不准溜放调车,并以遇到阻碍能随时停车的速度进行作业)。

(4)其他需要限制调车速度及安全距离的,在《站细》中明确。

五、手信号显示的规定

(一)显　　示

手信号的显示要位置适当,正确及时,横平竖直,灯正圈圆,角度准确,段落清晰。

(二)持旗作业

1. 在显示手信号时,凡昼间持有手信号旗的人员,应将信号旗拢起,左手持红旗,右手持绿旗(扳道员右手持黄旗),不持信号旗的人员徒手按规定方式显示信号。

2. 调车指挥人登乘机车车辆,一手抓把手,一手显示展开的绿色信号旗时,应将拢起的红色信号旗置于绿色信号旗对向司机方向的前面,以便能随时展开红色信号旗。

(三)调车手信号的显示方式

1. 停车信号

停车信号显示应符合图 2-4-1 的规定。

昼间——展开的红色信号旗;夜间——红色灯光。

（a）昼间停车信号　　（b）夜间停车信号

图 2-4-1　停车信号

2. 减速信号

减速信号显示应符合图 2-4-2 的规定。

昼间——展开的绿色信号旗下压数次；夜间——绿色灯光下压数次。

（a）昼间减速信号　　（b）夜间减速信号

图 2-4-2　减速信号

3. 指挥机车向显示人方向来的信号

指挥机车向显示人方向来的信号显示应符合图 2-4-3 的规定。

昼间——展开的绿色信号旗在下部左右摇动；夜间——绿色灯光在下部左右摇动。

4. 指挥机车向显示人方向稍行移动的信号

指挥机车向显示人方向稍行移动的信号显示应符合图 2-4-4 的规定。

昼间——拢起的红色信号旗直立平举，再用展开的绿色信号旗左右小动；夜间——绿色灯光下压数次后，再左右小动。

5. 指挥机车向显示人反方向去的信号

指挥机车向显示人反方向去的信号显示应符合图 2-4-5 的规定。

昼间——展开的绿色信号旗上下摇动；夜间——绿色灯光上下摇动。

（a）昼间指挥机车向显示人方向来的信号　（b）夜间指挥机车向显示人方向来的信号

图 2-4-3　指挥机车向显示人方向来的信号

（a）昼间指挥机车向显示人方向稍行移动的信号　（b）夜间指挥机车向显示人方向稍行移动的信号

图 2-4-4　指挥机车向显示人方向稍行移动的信号

（a）昼间指挥机车向显示人反方向去的信号　（b）夜间指挥机车向显示人反方向去的信号

图 2-4-5　指挥机车向显示人反方向去的信号

6. 指挥机车向显示人反方向稍行移动的信号

指挥机车向显示人反方向稍行移动的信号显示应符合图 2-4-6 的规定。

昼间——拢起的红色信号旗直立平举，再用展开的绿色旗上下小动；夜间——绿色灯光上下小动。

（a）昼间指挥机车向显示人反方向稍行移动的信号　　（b）夜间指挥机车向显示人反方向稍行移动的信号

图 2-4-6　指挥机车向显示人反方向稍行移动的信号

对显示上述第 2、3、4、5、6 项中转信号时，昼间可用单臂，夜间可用白色灯光依式中转。

7. 道岔开通信号

(1)道岔开通信号表示进路道岔准备妥当，显示应符合图 2-4-7 的规定。

昼间——拢起的黄色信号旗高举头上左右摇动；夜间——白色灯光高举头上。

（a）昼间道岔开通信号　　（b）夜间道岔开通信号

图 2-4-7　道岔开通信号

(2)机车出入段进路道岔准备妥当后，道岔开通信号显示应符合图 2-4-8 的规定。

昼间——展开的黄色信号旗高举头上左右摇动；夜间——黄色灯光高举头上左右摇动。

（a）昼间机车出入段进路道岔准备妥当后的道岔开通信号　　（b）夜间机车出入段进路道岔准备妥当后的道岔开通信号

图 2-4-8　机车出入段进路道岔准备妥当后的道岔开通信号

8. 股道号码信号:表示要道或回示股道开通号码

(1)一道:昼间——两臂左右平伸;夜间——白色灯光左右摇动,显示应符合图 2-4-9 的规定。

(a)昼间一道号码信号　　(b)夜间一道号码信号

图 2-4-9　一道号码信号

(2)二道:昼间——右臂向上直伸,左臂下垂;夜间——白色灯光左右摇动后,从左下方向右上方高举,显示应符合图 2-4-10 的规定。

(a)昼间二道号码信号　　(b)夜间二道号码信号

图 2-4-10　二道号码信号

(3)三道:昼间——两臂向上直伸;夜间——白色灯光上下摇动,显示应符合图 2-4-11 的规定。

(4)四道:昼间——右臂向右上方,左臂向左下方各斜伸 45°角;夜间——白色灯光高举头上左右小动,显示应符合图 2-4-12 的规定。

(5)五道:昼间——两臂交叉于头上;夜间——白色灯光作圆形转动,显示应符合图 2-4-13 的规定。

(6)六道:昼间——左臂向左下方,右臂向右下方各斜伸 45°角;夜间——白色灯光作圆形转动后,再左右摇动,显示应符合图 2-4-14 的规定。

（a）昼间三道号码信号

（b）夜间三道号码信号

图 2-4-11 三道号码信号

（a）昼间四道号码信号

（b）夜间四道号码信号

图 2-4-12 四道号码信号

（a）昼间五道号码信号

（b）夜间五道号码信号

图 2-4-13 五道号码信号

（a）昼间六道号码信号　　（b）夜间六道号码信号

图 2-4-14　六道号码信号

（7）七道：昼间——右臂向上直伸，左臂向左平伸；夜间——白色灯光作圆形转动后，左右摇动，然后再从左下方向右上方高举，显示应符合图 2-4-15 的规定。

（a）昼间七道号码信号　　（b）夜间七道号码信号

图 2-4-15　七道号码信号

（8）八道：昼间——右臂向右平伸，左臂下垂；夜间——白色灯光作圆形转动后，再上下摇动，显示应符合图 2-4-16 的规定。

（a）昼间八道号码信号　　（b）夜间八道号码信号

图 2-4-16　八道号码信号

(9)九道:昼间——右臂向右平伸,左臂向右下斜45°角;夜间——白色灯光作圆形转动后,再高举头上左右小动,显示应符合图2-4-17的规定。

(a)昼间九道号码信号　(b)夜间九道号码信号

图2-4-17　九道号码信号

(10)十道:昼间——左臂向左上方,右臂向右上方各斜伸45°角;夜间——白色灯光左右摇动后,再上下摇动作成十字形,显示应符合图2-4-18的规定。

(a)昼间十道号码信号　(b)夜间十道号码信号

图2-4-18　十道号码信号

十一至十九道,应先显示十道股道号码,再显示所要股道号码的个位数信号。

二十道及以上的股道号码,各站根据需要自行规定,由《站细》规定。

9. 连结信号

连结信号表示连挂作业,其显示应符合图2-4-19的规定。

昼间——两臂高举头上,使拢起的手信号旗杆成水平末端相接;夜间——红、绿色灯光(无绿色灯光的人员,用白色灯光)交互显示数次。

10. 溜放信号

溜放信号表示溜放作业,其显示应符合图2-4-20的规定。

昼间——拢起的手信号旗两臂高举头上交叉后,急向左右摇动数次;夜间——红色灯光作圆形转动。

（a）昼间连结信号　（b）夜间连结信号

图 2-4-19　连结信号

（a）昼间溜放信号　（b）夜间溜放信号

图 2-4-20　溜放信号

11. 停留车位置信号

停留车位置信号表示车辆停留地点，其显示应符合图 2-4-21 的规定。

夜间——白色灯光左右小摇动。

图 2-4-21　停留车位置信号

12. 十、五、三车距离信号

十、五、三车距离信号表示推进车辆的前端距被连挂车辆的距离，其显示应符合图 2-4-22的规定。

昼间——展开的绿色信号旗单臂平伸；夜间——绿色灯光。在距离停留车十车（约 110 m）时连续下压三次，五车（约 55 m）时连续下压两次，三车（约 33 m）时下压一次。

（a）昼间十、五、三车距离信号

（b）夜间十、五、三车距离信号

图 2-4-22　十、五、三车距离信号

13. 取消信号

取消信号表示通知将前发信号取消，其显示应符合图 2-4-23 的规定。

昼间——拢起的手信号旗，两臂于前下方交叉后，急向左右摇动数次；夜间——红色灯光作圆形转动后，上下摇动。

（a）昼间取消信号

（b）夜间取消信号

图 2-4-23　取消信号

14. 要求再度显示信号

要求再度显示信号表示前发信号不明，要求重新显示，其显示应符合图 2-4-24 的规定。

昼间——拢起的手信号旗右臂向右方上下摇动；夜间——红色灯光上下摇动。

15. 告知显示错误的信号

告知显示错误的信号表示告知对方信号显示错误，其显示应符合图 2-4-25 的规定。

昼间——拢起的手信号旗两臂左右平伸同时上下摇动数次；夜间——红色灯光左右摇动。

（a）昼间要求再度显示信号　（b）夜间要求再度显示信号

图 2-4-24　要求再度显示信号

（a）昼间告知显示错误的信号　（b）夜间告知显示错误的信号

图 2-4-25　告知显示错误的信号

六、无线调车灯显设备

无线调车灯显设备的应用，实现了“调车作业不使用灯旗指挥”的目标，在调车作业中，消除了确认信号困难、联系不彻底等安全隐患，提高了调车效率。每套无线调车灯显设备都有自己固定的频点，同一调车组人员所使用的每部电台均有相应的编码，当某一连结员发出紧急停车指令后，只有该连结员发出解锁指令才能解锁，其他任何人的指令均不可能使其解锁。另外，当调车长按压电台指令键后，发生调车长电台故障或电力不足等情况，造成不能发出指令时，机车控制器可测出上述故障，同时自动发出“故障停车”的指令。

（一）基本规定

1. 平面调车作业时，“起动信号”只有在指挥单机或机车牵引车辆起动运行时使用，使用前调车指挥人必须通话辅助说明作业方式。

2.“推进信号”只有在机车车辆向空线或向不进行连挂的有车线推送时使用,调车人员根据作业计划或确定停车位置后,仍必须呼叫和显示“十、五、三、一车”距离信号指挥作业,使用前调车指挥人必须通话辅助说明作业方式。

推送连挂前,调车人员必须向司机预告停留车位置。车列前端调车人员确认停留车位置后,应掌握适当提前量呼叫“十、五、三、一车”距离信号,调车指挥人在听到距离信号的呼叫后,应及时向司机显示灯显信号。作业中,作业人员应严格掌握通话联系时机,严禁在连挂、推送过程中插话或按下通话按钮,以防干扰(危及安全时除外)。

3. 带车作业时,原则上应有连结员跟车作业,推送车辆时,车列前部应有人进行瞭望,及时呼叫信号。因作业需要,允许调车指挥人在机车带车不超过 5 辆时直接显示灯显信号指挥作业。机车带车超过 5 辆时,应指派连结员在车列前端瞭望和呼叫。

4. 连挂车辆的 10 车距离为 110 m、5 车距离为 55 m、3 车距离为 33 m、1 车距离为 11 m。在连挂作业中,当推送车列与被挂车辆的距离不足 10 车时,显示“五车”信号;不足 5 车时,显示“三车”信号;不足 3 车时,呼叫实际距离、显示“连结”信号。

5. 按规定可用口头方式布置、变更的调车作业计划,允许使用电台通话向有关人员布置,但必须在停车状态下传达,并听取复诵。

6. 调车作业中,调车组人员必须携带口笛并根据实际需要携带信号灯(旗)等调车工具。

7. 司机应认真确认信号(指令),对调车人员显示的信号(指令)应电台语音回示,严格按信号显示(作业指令)的要求进行操作。凡电台信号(指令)不清、机控器发出“故障停车”语音报警时应立即停车。没有信号(指令)、计划不明,严禁动车。

8. 调车指挥人显示距离信号后未得到司机电台语音回示、车列前端调车人员呼叫距离信号后未听到机控器语音回示时,均应立即采取停车措施。司机与调车人员及有关人员信号(指令)的回示方式按铁路局集团公司有关规定执行。

9. 由调车组人员负责扳动的道岔,在扳道(检查确认)后,调车人员间、调车人员与司机间均使用无线电台要道还道,司机凭调车指挥人“×道开通”的通知和“起动信号”越过该道岔。

10. 调车人员在作业中对停留车辆采取(撤除)防溜措施后应据实向调车指挥人汇报。

11.“紧急停车”及“解锁”信号的使用规定。

(1)连结员发出的红灯为“紧急停车”信号。正常作业需停车时,由调车人员向调车指挥人呼叫停车,调车指挥人向司机显示停车信号。当调车人员遇到危及行车及人身安全等紧急情况时,应直接显示“紧急停车”信号。

(2)连结员进车档或车下作业(摘结软管、调整钩位、处理钩销、设置或撤除防溜铁鞋和人力制动机紧固器等)前,应向调车指挥人报告,得到同意后显示“紧急停车”信号,作业完毕后向调车指挥人报告并显示“解锁”信号。

12. 无线调车灯显信号的显示方式如图 2-4-26 所示。

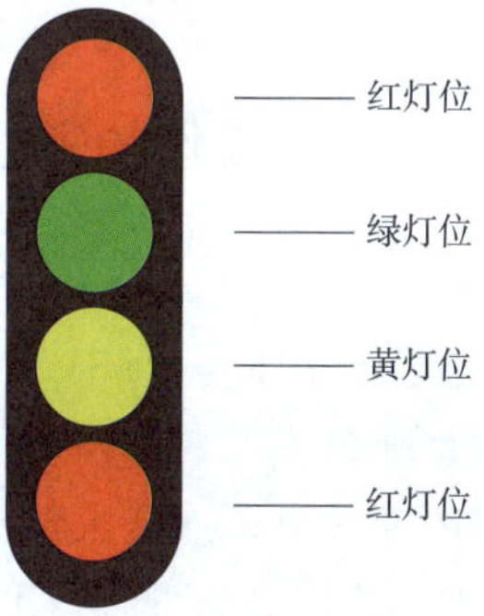

图 2-4-26 无线调车灯显信号的显示方式

(二)无线调车灯显使用要求

1. 无线调车灯显设备使用时,应对通话和色灯显示试验良好后方可使用,并使用规定频率,其显示方式须符合有关要求。

2. 使用机车进行调车作业时,应采用无线调车灯显设备,无线调车灯显设备应与列车运行监控装置配合使用。

3. 调车人员应正确及时发出信号指令和用语,做到用语标准、吐字清晰(作业用语由铁路局集团公司规定)。无线调车灯显设备正常使用时停用手信号,对灯显以外的作业指令采用通话方式;无线调车灯显设备发生故障时,应停止调车作业,重新布置安全事项后,由调车长通知调车领导人、机车乘务组、调车人员,改用调车手信号作业。如调车组人员间电台通话功能良好时,作业中仍可使用电台相互联系,但调车长应改用手信号方式指挥司机。

4. 使用无线调车灯显设备指挥调车作业时,应执行单一指挥的原则,指挥机车的调车指令和用语,只能由调车长发出。

5. 使用无线调车灯显设备调车作业时,不准许发出与调车作业无关的用语,严格执行调车联控制度;其他无关人员不准许使用;不准许私自变更频率;调车长不准许向连结员放权使用;调车作业人员不到位,不准许指挥动车或作业;不准许简化调车作业程序。

6. 调车作业中,需进入车档或车下进行摘结软管、调整钩位等作业前,连结员应使用无线调车灯显设备及时向调车长汇报,得到同意后按下紧急停车按钮,方可进行作业。当发现危及人身和行车安全时,调车人员应及时发出停车信号(紧急停车指令)或用语,司机接收到停车信号(紧急停车指令)或用语后应立即停车。

作业完毕或于紧急停车原因消除后,发出紧急停车指令的人员应及时向调车长汇报并“解锁”。

7. 未安装无线调车灯显设备机车控制器的机车,担当调车作业时可使用便携机车控制器。作业开始前由调车指挥人将便携机车控制器送上机车,安置在适当位置与列车运行监控装置连接,并试验良好后方可作业;作业完了后由调车指挥人取回。

在作业中变更机车运行方向需要移动、重新连接机车控制器时,由机车乘务员将便携机车控制器移至需要位置,并负责连接。

第二节　正常调车作业

一、调车工作的领导和指挥

(一)统一领导

在同一时间内对于一个车站或一个调车场(区)的调车工作,只能由一人负责领导,所有车站的调车工作,都应根据调车领导人的命令、计划办理;所有调车组人员、扳道(信号集中操纵)人员、机车乘务人员等与调车工作有关的人员,必须认真执行调车领导人的命令、指示和工作计划,安全、迅速、准确、协调地完成调车作业任务。

1. 设有车站调度员、调车区长的车站,车站及各调车场(区)互相间关联的工作,由车站调度员统一领导;各调车场(区)内的调车工作,由负责该场(区)的调车区长领导。

2. 设有车站调度员未设调车区长的车站，调车工作由车站调度员领导，作业计划由其直接布置。设有调车区长未设车站调度员的车站，调车工作由调车区长领导。

3. 未设车站调度员和调车区长的车站，一般为中间站，调车作业量较小，调车工作由车站值班员领导。

4. 动车段(所)的调车工作由动车所调度统一领导。

(二)单一指挥

单一指挥就是对每台担当调车作业的机车在同一时间内只准由调车指挥人一人指挥。所有调车有关人员(调车组、扳道组、机车乘务组)都必须按调车指挥人的指挥进行作业。保证调车作业有关人员行动一致、密切配合，在保证安全的基础上提高效率，更好地完成调车任务。

调车作业由调车长单一指挥。利用本务机车进行调车作业时，可由车站值班员或助理值班员担任指挥工作。遇有特殊情况，可由经鉴定、考试合格取得调车长资格的胜任人员代替。

二、计划及准备

(一)调车作业计划的编制、传达、变更

1. 编制要求

(1)调车作业计划是保证实现阶段计划的调车作业具体行动计划。调车作业计划由调车领导人(车站调度员、调车区长或车站值班员)负责编制，按规定向有关人员下达。车站值班员担任调车领导人时，书面调车作业计划可由助理值班员或调车长编制，但须经车站值班员审核签名后，方可交付。

(2)调车作业计划的编制，应根据阶段计划和现车分布状况、到达列车编组确报、驼峰(牵出线)利用情况及调车场线路固定用途和存车情况、各装卸点作业进度及调车机车工作动态等实际情况，按照《站细》及有关规定进行编制。

(3)编制调车作业通知单或调车作业示意图时，必须正确填写，字迹清楚。使用计算机编制调车作业通知单时，其内容应符合调车作业通知单格式的规定。

2. 编制计划

(1)调车领导人应正确及时地编制、布置调车作业计划。布置调车作业计划，应使用调车作业通知单。中间站利用本务机车调车，应使用有示意图的调车作业通知单(示意图可另附)。

(2)中间站利用本务机车调车时，调车领导人在填写调车作业示意图前，须派人检查线路和停留车位置，并根据检查人的汇报，在示意图标注停留车辆数、位置。

(3)自轮运转特种设备调整编组顺序、摘挂车辆作业时，使用调车作业通知单。调车作业应由配属单位调车人员负责，按车站调车领导人布置的调车作业计划进行作业，并按规定做好停留车辆防溜工作，车站不得利用自轮运转特种设备协助车站进行调车作业。

(4)旅客列车甩挂作业，调车领导人编制调车作业计划时，须认真核对调度命令、甩挂车车号及位置，并在调车作业通知单内注明甩挂车车号。

(5)利用本务机车将两车列连挂编组为重载单元列车或将重载单元列车拆解为两车列

时，可不使用调车作业通知单，使用列车无线调度通信设备通知司机作业计划。遇列车无线调度通信设备故障时，应使用调车作业通知单。

(6)铁路局集团公司规定比照区段站办理的中间站调车作业时，可使用调车作业通知单；其他中间站利用驻站调车机车(含调小机车)调车作业时，可使用调车作业通知单。

(7)列车在到达线路内拉道口、对货位、直接后部摘车、本务机车(包括重联机车、补机)摘挂及转线、企业自备机车进入站内交接线整列取送作业、自轮运转特种设备转线时，可使用列车无线调度通信设备布置作业计划(不再编制书面计划)，司机必须复诵。

(8)书面调车作业计划的符号规定如下：

[＋]——挂车；[－]——摘车；[→]——单组溜放；[O]——转头；[)]——连续溜放；[⇸]——多组溜放；[∧]——驼峰解散；[≠]——穿越正线；[G×]——三角×；其他作业符号由车站自行规定，列入《站细》。

(9)编制调车作业通知单(示意图)时，遇越出站界、跟踪出站、压岔(绝缘节)、站台侧作业、无电区进入有电区等情况下的调车作业，对应钩序的“记事”栏内应分别注明“出”“跟”“岔”“台”“电”等字样(单机作业时，可不注明“台”“电”字样；调动客车时，可不注明“电”字样)。当同一钩“记事”栏出现多种记事事项时，应以逗号隔开。穿越正线即“≠”符号应标注在涉及穿越正线调车的两钩调车作业钩序的第一钩“记事”栏位置。

(10)电气化区段，使用电力机车调车应注明“电力”字样；对接触网无电的线路，在该钩相应的附记栏中注明“无电”字样。

(11)调车作业计划应包括如下内容：

①编号、日期、起止时间、编制人姓名、车次、机车号码。

②作业项目：编组、解体、摘挂、站整。

③顺序：作业钩序。

④股道：应进入的股道。

⑤作业方法：推送、溜放。

⑥辆数：摘、挂车数。

⑦注意事项：作业中应注意的事项，包括关门车、禁溜、限速、禁止过峰等。

(12)遇有小于 40 km/h 的限速(线路允许速度除外)地段时，调车领导人编制调车作业通知单(示意图)时，应在调车作业通知单(示意图)“注意事项”栏注明限速地段、限速时间、限速值。使用列车无线调度通信设备或口头方式而布置调车作业计划时一并将限速地段、限速时间、限速值通知司机，并听取复诵。

3. 接受计划

(1)参与调车作业人员接到调车作业计划后，须认真核对，了解作业方法和作业内容，防止传错、抄错、看错或误认，在填写或抄改调车作业通知单的过程中，也应认真核对，这是安全、迅速地进行调车工作的前提。

(2)作业中，在每钩调车作业计划完成后，应立即抹销(信号操纵人员应根据信号操作终端显示随时掌握机车车辆动态，按照规定的操作程序准备进路和监督作业，并在调车作业计划上逐钩抹销，防止错办误办)。

(3)调车作业通知单，如图 2-4-27 所示；带有示意图的调车作业通知单，如图 2-4-28 所示。

调车作业通知单

第　　号　　　　　　　　　　　　　　　　年　　月　　日

第____次车 ____号机车					编组、摘挂。 解体、站整。
顺序	股道	作业方法	辆数	代号	记事
1					
2					
3					
4					
5					
6					
7					

计划由　时　分至　时　分完成作业　编制人

—15—10— —50×5—

注意事项：

—7—10—8—10—8—15—

注：不用的字抹销。

此单分二种，甲式30格，乙式50格

图 2-4-27　调车作业通知单

—10— —70— —10—10— —10×5—

年　月　日　　　　__________站调车作业示意图　　　　编制人________

停留车位置示意图：

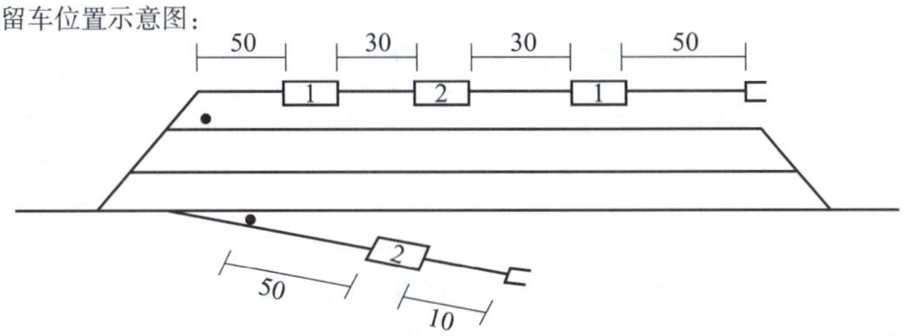

第　　次车进　　道计划由　　时　　分至　　时　　分完成

顺序	股道	作业方法	辆数	记事	顺序	股道	作业方法	辆数	记事
1					11				
2					12				
3					13				
4					14				
5					15				
6					16				
7					17				
8					18				
9					19				
10					20				

注意事项：

-5—10—10—10—25—5—10—10—10—25—

注1：示意图上应详细说明：

①停留车组相互间的距离

②停留车距警冲标或车挡的距离

③辆数（方框表示车组，框内数字表示辆数）

注2：对停留车组较多，注明中间各组距离有困难时，可仅注明停留车距警冲标或车挡的距离

注3：岔线可不填写停留车位置示意图

注4：此单为20格。

图 2-4-28　带有示意图的调车作业通知单

4. 布置计划

(1)调车领导人与调车指挥人应亲自交接(连续作业时可由连结员接取)计划，并布置作业要求和注意事项。

(2)一批作业不超过三钩可用口头方式布置(普速铁路中间站利用本务机车调车及高速铁路车站进行有车辆摘挂的调车除外),有关人员应复诵。

(3)调车作业使用书面计划时,参加作业的人员必须人手一份。

5. 传达计划

(1)调车指挥人向司机和调车作业有关人员交付调车作业通知单(示意图)时,双方不必钩钩复诵。

(2)调车指挥人应亲自向司机交递调车作业通知单,传达作业方法及注意事项。调车指挥人向调车组人员传达计划时(连续作业、向其他有关人员传达计划有困难时,可指派连结员进行),应明确分工,布置重点注意事项,并及时听取复诵。

(3)中间站下达、传达扳道员、道口员的调车作业计划,可先口头布置三钩,在第一钩作业时,由调车指挥人或其指定人员带交书面计划。

(4)使用无线调车灯显设备的车站,亦按上述规定布置调车作业计划。使用无线通信设备传达调车作业计划时,必须有录音功能。

(5)本务机车(包括重联机车、补机)摘挂及转线作业,车站值班员使用列车无线调度通信设备布置作业计划时,应讲清机车号码或车次、股道及作业内容,并听取司机复诵。作业计划不清,司机不准动车,并及时追问。

(6)编组(区段)站,列车成组摘挂或临时甩车,需本务机车作业时,由车站值班员通知助理值班员(外勤)联系、指挥调车作业并按规定联系进路(使用无线调车灯显设备指挥作业时,同时将无线调车灯显设备便携机车控制器送上机车并安置在适当位置)。

6. 变更计划

(1)由于调车作业涉及的环节多且现场情况多变,变更调车作业计划在所难免,但是及时了解和准确掌握实际情况,增强预见性,做到不变更或少变更计划,是对调车领导人的一项重要要求。变更调车作业计划,会打乱调车长已经布置的作业方案,而且常常因为传达不彻底,造成调车人员预想不够,失去协调,以至发生错漏,破坏工作秩序,引发混乱,甚至酿成事故。因此,遇变更计划,必须把住传达彻底这一关。

(2)口头方式变更:一批作业(指一张调车作业通知单)不超过三钩或变更计划不超过三钩时,可用口头方式布置(中间站利用本务机车调车除外),有关人员必须复诵。变更股道时,必须停车传达。仅变更作业方法或辆数时,不受口头传达三钩的限制,但调车指挥人必须向有关人员传达清楚,有关人员必须复诵。

驼峰解散车辆,只变更钩数、辆数、股道时,可不通知司机,但调车机车变更为下峰作业或向禁溜线送车前,须通知司机。

(3)中间站利用本务机车调车时,变更计划须用书面布置。

(4)调车指挥人变更调车作业计划,必须取得调车领导人的同意。变更正线、到发线上的调车作业计划时,还应事先取得车站值班员的同意。变更调车线、货物线上的调车作业计划时,须取得调车领导人的同意;变更其他线上的调车作业计划时,变更后应及时报告调车领导人。调车领导人变更计划时,必须布置调车指挥人,并按规定传达。

(5)变更调车作业计划钩数的计算。

①增加一钩算一钩;

②减少一钩算一钩,连续减少算一钩;

③有增有减，算增不算减，不在原处要分算；

④变更同一股道算一钩(同一股道的变更一张计划只准变一次)。

三、作业准备

做好调车作业前的准备工作，搞好安全预想，才能顺利地进行调车作业，安全迅速地完成调车工作任务。在填写或抄收、传收调车计划的过程中，也要认真核对，防止传错、抄错。调车作业前主要做好下列准备工作。

(一)排风摘管、检查线路

排风是在车列进行调车作业前，打开车列一端车辆的折角塞门，放出车辆制动主管内的压缩空气的过程，要缓缓扳动折角塞门，以防放风过快损坏车辆和造成其他人身伤害；拉风是在车列进行调车作业前，拉动每个车辆的拉风杆，排放制动缸余风，使自动制动机缓解的过程，做到风排净、不漏排、不抱闸，排(拉)风作业在车列调车前完成。

摘制动软管或接制动软管是指将机车车辆间两个制动软管的连接器摘开或接上的作业过程，应根据调车作业计划或车号员的开口通知单(或粉笔标记)正确摘管。

确认进路、检查线路、道岔(集中联锁区除外)和停留车位置等工作，都是确保调车作业安全的重要环节。在集中区调车时，要确认进路上所有调车信号机都处于开放状态。

在轨道电路分路不良区段进行调车作业时，调车组人员(司机)还应在确认调车车列(机车)到达指定地点后通知准备进路人员，准备进路人员方可解锁道岔排列进路，防止因轨道电路分路不良造成道岔中途转换，危及调车安全。

牵出或推进车列时，要检查车下有无铁鞋、止轮器，人力制动机是否松开，防止因拉鞋、轧止轮器或抱闸造成事故。对摘下需要采取防溜措施的车辆，要检查是否按规定采取了防溜措施。

(二)人力制动机选闸、试闸

人力制动机制动时，要事先做好选闸和试闸工作。在选闸和试闸中，一般要做到使用人力制动机制动时，应提前检查闸链、闸杆、闸盘、闸台等是否完好。根据“六选、六不选”的原则(选标不选杂、选前不选后、选重不选空、选大不选小、选双不选单、选高不选低)选好闸位，使用折叠式人力制动机，应事先做好准备和“一闸两试”(停车试和走行试)等方法。这样，才能保证溜放的车组有足够的制动力，防止选闸不当制动力不够或未试闸等，致使人力制动机制动力不强或不制动造成事故。

(三)无线调车灯显设备试验

无线调车灯显设备作为指挥调车作业的关键设备，调车作业过程中必须时刻保持良好的状态，因此作业开始前必须进行试验，主要包括调车组人员间的试验和调车长与司机间的试验，以防作业过程中发生故障，影响调车作业的正常进行。

如利用本务机车进行调车作业时，每次作业前均需对无线调车灯显设备试验良好。

(四)安全带使用

为了保证调车作业人员的人身安全，使用人力制动机制动(防溜)的人员，必须按规定挂好安全带。

1. 安全带使用前，应检查有无裂纹，安全挂钩开口是否灵活，连结带有无折断现象。发现有任何不正常的现象时，应停止使用，立即更换。安全带应扎于衣服的外面，安全挂钩在不使用时，须装入钩套内。

2. 登上人力制动机踏板台（低于车钩下平面的人力制动机踏板台除外）时，必须将安全挂钩挂在闸盘与闸杆固定杆之间的闸杆上，无闸杆的挂在闸盘边的扶手上。

3. 长距离调动车辆时，为减轻体力，可利用挂钩挂于车体侧面把手上，但手仍须抓住把手。

4. 禁止在平车、集装箱车、砂石车、罐车、无闸台或折叠式人力制动机的车辆上使用安全带作业。禁止将安全挂钩挂于车辆闸盘上、篷布绳索上或其他未规定的处所。

（五）选用防溜器具

为满足调车作业过程中溜放车组制动和机车车辆停留后防溜需要，作业前应准备足够、良好的制动铁鞋和防溜器具。

铁鞋无论用于制动还是防溜，都应该良好，必须认真检查，不合格的铁鞋禁止使用，并应及时更换。

铁鞋具有下列不良情况之一者，禁止使用：

1. 支座有裂纹；
2. 没有挡板或挡板损坏；
3. 底板扭曲；
4. 鞋尖与轨面不密贴；
5. 鞋尖破损、压扁或弯曲；
6. 鞋尖宽度超过轨面宽度；
7. 支座或底板的焊接破裂或铆钉松动；
8. 底板边缘损坏、磨耗过甚或弯曲；
9. 铁鞋尺寸与轨型不符；
10. 铁鞋底板有冰雪、油渍或盐碱等润滑物质。

发现不合格的铁鞋，当时不能更换的，应放在线路中间或集中放置在一处，不得与合格的铁鞋混在一起，以免用错造成事故。

四、调车作业的技术要求

（一）调车人员作业位置

1. 调车作业时，司机原则上应在牵引车列方向的机车前端左侧操纵台操纵机车。特殊情况下司机不能在固定位置作业时，由机务段和车站协商，车站纳入《站细》。

2. 调车指挥人在指挥调车作业时，应选择既能看见调车进路和停留车辆，又能使司机看见其显示信号的位置。遇天气恶劣或地处曲线推进车列瞭望困难时，调车指挥人可指派连结员或胜任人员在前方瞭望或中转信号。

3. 调车人员原则上应与司机同侧作业。因人身安全或瞭望困难原因，不能在司机一侧作业时，须事先向司机及有关人员传达清楚（固定不在司机一侧作业并列入《站细》的除外）。

（二）调车作业人数

调车作业是一项复杂的工作，涉及进路、信号的确认，停留车及线路的检查，防溜措施的采取与撤除及机车车辆的移动等，一个人很难完成上述工作，同时为保证调车作业安全和人身安全，更好地完成调车任务，参加作业的调车组人员必须达到 2 人及以上时，方准进行调车作业。

(三)调车作业信号显示

1. 调车作业时，调车人员必须正确及时地显示信号；机车乘务人员要认真确认信号并回示。调车指挥人确认具备动车条件后，方准向机车显示起动信号。遇天气恶劣或地处曲线推进车列瞭望困难，调车指挥人可指派连结员或胜任人员在前方瞭望或中转信号。

2. 推进车辆连挂时，向司机显示距离停留车“十、五、三、一车”的距离信号(手信号调车时一车距离信号按“一道”股道号码信号显示)。司机应根据调车指挥人显示的距离信号及带车辆数等情况按规定掌握好调车速度。夜间进行连续连挂作业，当调车指挥人确认停留车位置有困难时，对最先连挂的车组及最后不准连续连挂的车组，应指派人员显示停留车位置信号。没有显示距离信号，不准挂车，没有司机回示，应立即显示停车信号。

推送车辆时，要先试拉。车列前部应有人瞭望，及时显示信号。

当调车指挥人确认停留车位置有困难时，应派人显示停留车位置信号。

3. 旅客列车、通勤列车以及折角(返)列车的机车，在车站转向挂头作业，可比照出入段本务机车挂头办理，不派调车指挥人显示起动信号和连挂车辆的有关信号。

4. 单机连挂车辆时，可不显示停留车距离信号，但调车指挥人应负责调整钩位，并显示连结、稍行移动、停车等信号。

5. 禁止使用列车无线调度通信设备指挥调车作业。

(四)调车进路准备、确认

1. 准备调车进路

(1)助理值班员(内勤)根据调车作业计划或车站值班员指示，正确排列进路，开放信号。

(2)单机走行时确认机车动态，正确排列进路，开放信号。

(3)操纵信号时，应执行“一看、二按(点击)、三确认、四显示(呼唤)”制度，确认进路开通正确。

2. 调车进路的确认

(1)根据作业中司机和调车指挥人所处的位置和所具备的瞭望条件，单机运行或牵引车辆运行时，前方进路的确认由司机负责；推进车辆运行时，前方进路的确认由调车指挥人负责。在推进车辆运行中，调车指挥人应站在既易于确认前方进路，又能使司机看见其显示信号的位置。如两者不能兼顾时，调车指挥人应站在能使司机看见其显示信号的位置，车列前部再指派其他调车人员确认进路，并及时向调车指挥人显示信号或使用无线调车灯显设备发出指令。

(2)没有看到调车指挥人的起动信号，不准动车(但单机返岔子或机车出入段时，可根据扳道员显示的道岔开通信号或调车信号机显示的允许运行的信号动车)。无扳道员和调车信号机时，调车指挥人确认道岔开通正确(如为集中操纵的道岔，还须与操纵人员联系)后，向司机显示起动信号。

3. 掌握调车作业进度

确认调车机车、车列(车辆)进出摘挂车、转线股道，报告车站值班员，严格执行“逐钩抹销”制度。

4. 变更、取消调车进路

调车信号开放后不得任意变更。必须变更时，车站值班员[助理值班员(内勤)]应在通知调车指挥人和司机并确认停车后，方可关闭信号机，联控用语见表 2-4-1。

表 2-4-1 变更、取消调车进路用语

情 景	呼叫人	被呼叫人
调车信号开放后取消调车进路前	车站值班员、助理值班员(内勤)：0 号[×调、××号机车、×× 次到达机(出发机)、××次、×× 轨道车]，准备取消×道调车进路	调车指挥人(司机)：准备取消×道调车进路，0 号[×调、××号机车、××次到达机(出发机)、××次司机、××轨道车]明白
接到取消调车进路的通知并停止调车作业后[调车车列(机车、动车组、自轮运转特种设备)停妥后]	调车指挥人(司机)：××站[场]，同意取消×道调车进路	车站值班员、助理值班员(内勤)：同意取消×道调车进路，××站[场]明白

(五)调车作业连结软管要求

1. 在一般情况下调车作业时，车列或车辆的减速和停车都是靠机车本身的制动力，不需连结软管，但在不利的地形和特殊情况下，为加强车列的制动能力，以便遇到特殊情况可以随时保证按要求减速或停车，应连结软管。

2. 密接式车钩调车时，使用中间体过渡车钩进行调车时，可不连结软管，一次调车连挂客车不得超过四辆，运行速度不得超过 15 km/h。

3. 下列情况必须全部接通软管：

(1)经由 6‰以上的坡道时(驼峰、驼峰迂回线、禁溜线、牵出线除外)。

(2)调动乘有人员(押运人除外)的车辆(推峰除外)、5 辆及其以上空客车(简易客车除外)以及向旅客列车进行摘挂作业时。

(3)跟踪出站调车或以推进方式越出站界调车时。

(4)调动专运、公务及特种用途车辆时。

(5)遇天气恶劣，在 100 m 看不见调车手信号或在驼峰上看不见峰下分歧道岔时，在较长的岔线上取送车时。

4. 其他情况调车作业连结软管的规定

(1)转场或向岔线取送车辆，经由超过 2.5‰坡度的线路(驼峰、驼峰迂回线、禁溜线、牵出线除外)时，应按下列规定连结软管：

①经由 2.6‰至 4‰的坡道时，应连结不少于车列的三分之一软管。

②经由 4.1‰至 6‰的坡道时，应连结不少于车列的二分之一软管。

执行上述规定确有困难及带车 11 辆及其以上的转场调车连结软管的数量由车站与机务段共同商定办法，列入《站细》。

(2)以解散作业为目的的牵出不连结软管，此时，应严格控制速度，具体控制速度由车站与机务段商定后，在《站细》中明确。

(3)其他情况是否需要连结软管及连结软管的数量在《站细》内规定。

5. 调动注有 GW 的车辆时，接软管的车数与所牵车数的比例不少于 1∶5。

(六)车辆连挂限制

1. 连挂车辆时，要先检查防溜措施后再连挂，挂好后方可撤除全部防溜措施，防止因先撤除防溜措施或防溜措施不起作用，在机车连挂过程中因坡道或机车车辆的冲撞等造成车辆溜逸。

2. 客车与货车有人力制动机的一端连挂时，可能损坏客车风挡或货车闸台（平车、平集共用车的人力制动机处于非工作状态时除外），客车与平车、平集共用车以外的货车连挂时，不得与货车有人力制动机端连挂；客车与平车、平集共用车人力制动机端连挂时，平车、平集共用车的人力制动机不得使用，处于非工作状态。

3. 旅客未上下车完毕，除本务机车、补机摘挂作业外，不得进行旅客列车（车底）的连挂作业。

（七）车辆连挂时的钩位调整及试拉

1. 车辆连挂时的钩位调整

连挂车辆前，要调整好钩位。特别是在曲线上挂车时，应将两钩头向曲线内侧扳动，使两车钩纵中心线相接近。调整钩位时，必须要在停车状态下进行，并以停车信号防护。连挂车辆时，要降低速度，并做好防溜逸的准备。

2. 车辆试拉

为了检查车辆的连挂状态，凡列车编成转线或列车进行摘挂作业后，以及推进车辆运行前，都要进行试拉，以检查车钩连挂状态，防止车钩没有挂好，导致推进中车辆溜走。在同一线路内，连续连挂车辆时，可不停车连挂，但要确认连挂状态，车组间距超过十车以上时，必须试拉。

一批作业过程中牵出后折返推进时，不需进行试拉。被连挂车辆距警冲标较近时，须采取相应安全措施。

调车作业中不准以顿钩代替试拉。连续连挂最后一组（辆）车后、推送车辆前、连续连挂作业中连挂车组间隔超过 10 车时、编组列车及列车摘挂的最后一钩作业完了时必须试拉。

当在同一线路上连续连挂作业时，根据连挂距离，可不每钩都进行试拉，但要认真检查，采取防溜措施，避免车辆溜出警冲标，甚至发生更严重后果。

有关调车作业中进行试拉的作业办法，各站可结合具体情况在《站细》中规定。

（八）车辆摘挂

1. 摘车是指在机车车辆间进行摘管、提钩使机车车辆分离的作业过程。摘车时要严格执行“一关前、二关后、三摘风管、四提钩”程序进行作业，即先关闭靠机车方面的折角塞门，后关闭靠列车尾部的折角塞门，然后摘开风管，再提开车钩。

2. 挂车是指使机车车辆连挂在一起的作业过程。挂车前要先调整钩位，挂车后要确认车钩的连挂状态。在列车中连挂车辆时，还要边接制动软管，开放折角塞门，检查列车主管通风情况。

3. 列车中车辆的连挂，由调车作业人员负责。软管的连结，有列检作业的始发列车由列检人员负责；无列检作业的，由调车作业人员负责。

动车组采用机车调车作业时，随车机械师或动车段（所）胜任人员负责过渡车钩和专用风管的安装与拆卸、电气连接线的连结与摘解并打开车门，调车人员负责车钩连结与摘解、软管摘结。

动车组无动力回送或被救援时，过渡车钩、专用风管的安装与拆卸由随车机械师负责，司机配合。

第三节　正线、到发线及本务机车调车作业

一、接发旅客列车时对调车作业的限制

(一)限制条件

1. 在正线、到发线上调车时，要经过车站值班员的准许。在接发列车时，应按《站细》规定的时间，停止影响列车进路的调车作业，再排列接发车进路，开放信号，严禁抢钩作业。

2. 在接发旅客列车时，为防止其他调车作业中的机车车辆因溜逸、冒进信号等进入接发列车进路，与正在进出站的旅客列车发生冲突，在接发旅客列车时，与接发列车进路没有隔开设备或脱轨器的线路，不准向能进入接发列车进路的方向调车。

3. 本务机车在停留线路内摘挂、列车拉道口等作业机车车辆移动范围小、目的明确，允许接发旅客列车时，在与接发列车进路没有隔开设备或脱轨器的线路，进行本务机车摘挂、列车拉道口作业，但须严格控制速度，只能在本线路内进行。

(二)限制调车作业的时机

接车——自进站(进路)信号机开放时起，至列车整列停妥为止；

发车——自出站(进路)信号机开放时起(无出站信号机或出站信号机发生故障时，为发车进路准备妥当时起)至列车整列出站为止；

通过——自进站(进路)信号机开放时起，至列车整列出站为止。

(三)停止影响列车进路的调车作业联控用语

停止影响列车进路的调车作业联控用语，见表 2-4-2。

表 2-4-2　停止影响列车进路的调车作业联控用语

情　景	呼叫人	被呼叫人
办理列车进路前	车站值班员、助理值班员(内勤)：0 号[或×调、××号机车、×× 次到达机(出发机)、××次、×× 轨道车]，(停车或连挂后)，停止×道调车作业	调车指挥人(司机)：停止×道调车作业，0 号[×调、××号机车、××次到达机(出发 机)、××次司机、××轨道车]明白
调车车列(机 车、动车组、自轮运转特 种设备)停妥后	调车指挥人(司机)：××站[场]，×道调车作业已停止	车站值班员、助理值班员(内勤)：×道调车作业已停止，××站 [场]明白

(四)进路的范围

1. 进路的概念

进路是指在站内、岔线、段管线，列车、机车(自轮运转特种设备)或车列由一个地点运行(移动)到另一个地点，所经由(或为此准备)的一段线路。进路包括列车进路和调车进路。

在车站，为列车进站、出站所准备的进路，称为列车进路；为调车作业准备的进路称为调车进路。

列车、调车进路的始端都应设有一架信号机进行防护，以保证作业时的安全。信号机外方即信号机前方，是信号机机构正面所对的方向。信号机内方即信号机后方，是信号机机构背面所对的方向。信号机的内方则为所其防护的进路。

2. 调车进路

调车进路指由调车车列或单机运行方向的前端起至本运行方向目的地(指定地点)或防护设备间的一段线路。D_2-S_{II}信号机间、D_1-4G 车辆间为调车进路，如图 2-4-29 所示。

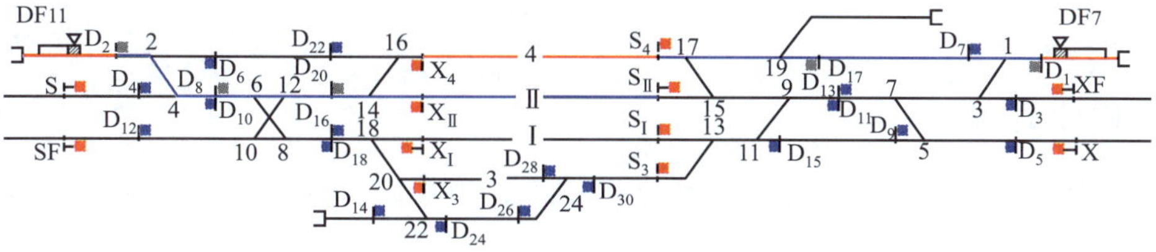

图 2-4-29　调车进路

3. 列车进路

(1)接车进路指由进站信号机起至接车线末端计算该线有效长的警冲标或出站信号机(若有延续进路，为至延续进路末端)止的一段线路，S-S_{II}信号机间为 25036 次列车接车进路，如图 2-4-30 所示。

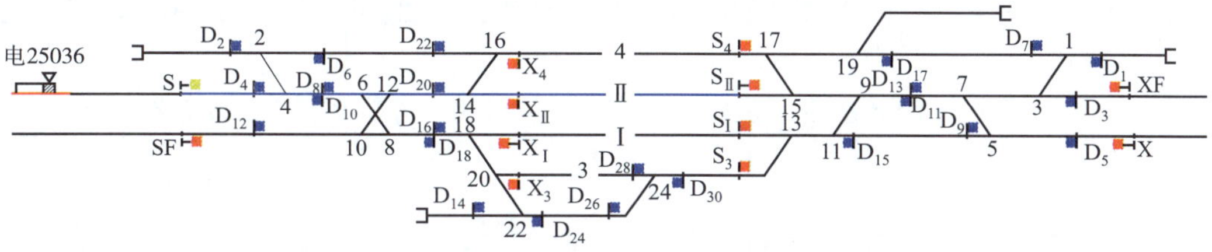

图 2-4-30　接车进路

(2)发车进路指由列车前端(有中岔时为列车后端)至相对进站信号机或站界标止的一段线路，电力 26338 次前端—XF 为发车进路，33111 次后端—SF 为发车进路(24 号道岔为中岔)，如图 2-4-31 所示。

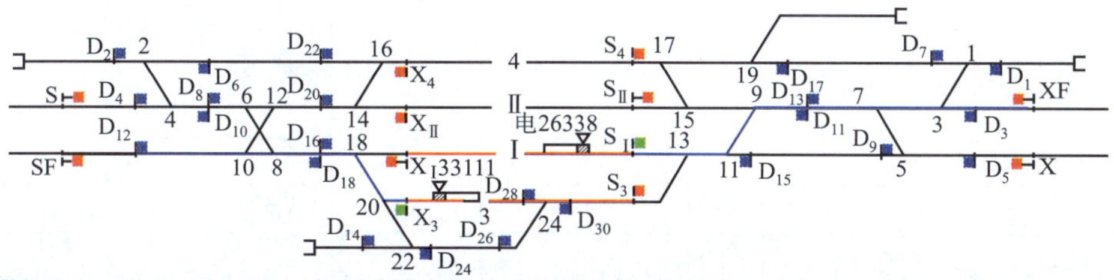

图 2-4-31　发车进路

(3)通过进路为该列车通过线的两端进站信号机或站界标间的一段线路，S-XF 信号机间为客车 K68 次列车通过进路，如图 2-4-32 所示。

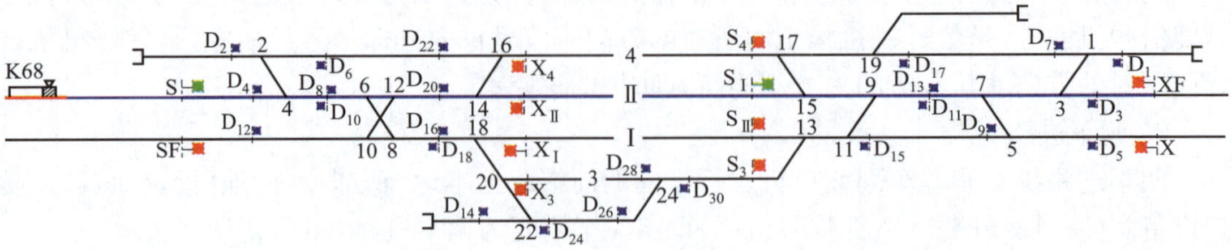

图 2-4-32　通过进路

二、作业要求

1. 接发旅客列车时，调车作业与旅客列车进路能起隔开作用的道岔必须开通至隔开位置。

2. 接发旅客列车时，与接发列车进路没有隔开设备或脱轨器的线路，不准向能进入接发列车进路的方向调车。本务机车在停留线路内摘挂、列车拉道口时除外。但在出站（进路）信号机显示红色灯光、调车信号机关闭或扳道员在调车作业的线路末端警冲标内方以停车手信号防护后，下列情况准许调车（自轮运转特种设备除外）：

(1)为列检进行技术检查，到达本务机车在本线路内向前移动时。

(2)在符合相对方向同时接车的条件下，列车尾部未进入警冲标停车，向前移动时。

(3)本务机车按图 2-4-33、图 2-4-34 情况向本列车连挂时，准许挂头（办理旅客列车通过时禁止办理）。

①接车时：接客车 K68 次进 4 道停车，Ⅱ道 25026 次本务机车挂头，如图 2-4-33 所示。

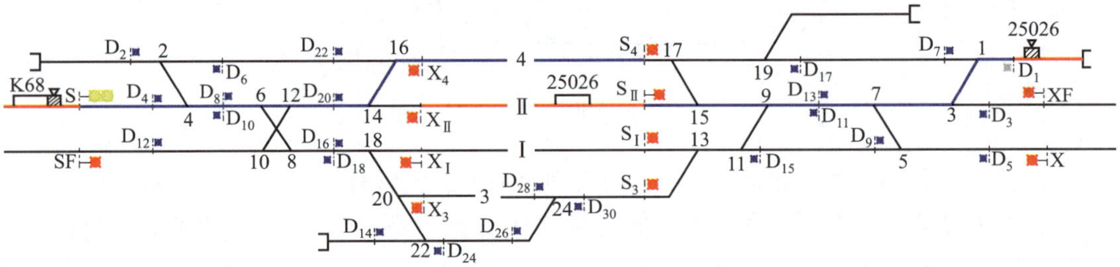

图 2-4-33　旅客列车接车时本务机车向本列车挂头

②发车时：客车 K33 次 4 道发车，3 道 25026 次本务机车挂头，如图 2-4-34 所示。

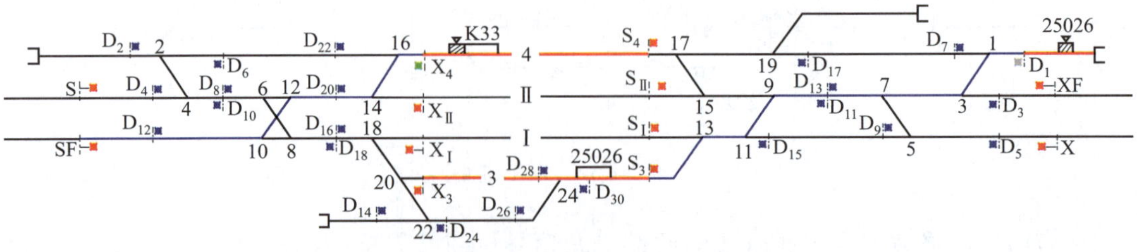

图 2-4-34　旅客列车发车时本务机车向本列车挂头

（4）铁路局集团公司规定为机车换挂作业繁忙的车站，接发旅客列车时，准许本务机车向能进入接发列车进路的方向进入股道转线（办理旅客列车通过时禁止办理），车站值班员应预告司机并听取司机复诵正确，执行安全措施，助理值班员（内勤）根据车站值班员命令开放调车信号作业。

三、本务机车调车作业

临时利用本务机车调车作业时，由于本务机车乘务人员对调车作业和部分车站设备不十分熟悉，与车站调车人员配合生疏，同时对机车交路接续产生影响，因而临时利用本务机车调动车辆时，列车调度员按规定向司机、车站发布调度命令，并执行以下规定：

1. 利用本务机车进行调车作业时，可由车站值班员或助理值班员担任指挥工作。车站值班员担任调车领导人时，书面调车作业计划可由助理值班员或调车长编制，但须经车站值班员审核签名后，方可交付。

2. 中间站利用本务机车调车（正常情况下不得利用单班单司机值乘列车的本务机车进行调车作业，特殊情况下必须利用本务机车调车时牵出作业，调车指挥人应协助司机进行瞭望），不论作业计划或变更计划钩数多少，均使用附有示意图的“调车作业通知单”。调车领导人在填写调车作业示意图前，须派人检查线路和停留车位置，并根据检查人的汇报，在示意图标注停留车辆数、位置。连挂车组距警冲标不足 50 m 或 30 m 时调车作业示意图内必须标明。

3. 货物列车本务机车在车站进行调车作业时，无论单机或带有车辆，与本列的车辆连挂，车钩的摘挂和软管摘结工作，均由调车作业人员负责。

4. 由本务机车、小运转机车（含调度机车）担当调车作业时可使用便携式无线调车灯显设备机控器，作业开始前无线调车灯显设备的机控器临时与运行监控装置连接，作业完了由调车人员取回，每次作业前均需对无线调车灯显设备试验良好。

5. 利用本务机车调车作业时，不得进行溜放。

第四节　货物线、段管线、岔线调车作业

一、作业联系

车站与专用线、段管线所属部门应签订取送车协议，明确各自的管理职责，加强专用线、段管线的管理，进入岔线、段管线、货物线调车作业时的联系办法，由车站和相关单位商定后纳入《站细》。

二、调车作业前检查的规定

1. 岔线、段管线、货物线调车作业前，应事先检查线路有无障碍，两旁堆放的货物是否影响安全，检修机具、装卸机具是否侵入限界，并通知装卸工作人员停止作业，撤除防护。不能事先检查时，入线前，必须停车检查。

2. 走行线不办理货物装卸作业时，调车作业可不预先派人检查，但应加强瞭望，瞭望条件困难时须适当控制速度。

利用走行线办理装卸作业时，应在货区两端设立货区牌。调车作业越过货区牌前，必须停车检查。其他安全措施在《站细》中明确。

3. 进入岔线、段管线大门(界标)前，必须停车检查。但事先已派人检查和大门确认已敞开挂牢后，根据检查人员的汇报可不停车。

4. 调车作业由岔线、段管线返回停车后起动困难的车站时，不停车进入站内的办法，在《站细》内规定。

5. 由车站担当调车任务的岔线、段管线内有两台及其以上调车机(包括企业自备机车)作业时，车站应对每台机车的作业范围、联系方法和防护措施在《站细》内规定。

6. 岔线、段管线内调车限制的机型和速度应纳入《站细》。

7. 其他事项。

(1)段管线内配有调车机车(动力)时，调车工作由该段自行负责。未配有调车机车(动力)时，取送车作业由车站负责，具体办法由站、段商定并列入《站细》。

(2)出入段机车附挂车辆时，按调车作业办理。

(3)去货物线、专用线、段管线上摘挂车辆时，应先检查停留车是否采取了防溜措施。牵出或推进车列时，要检查车下有无铁鞋、止轮器，人力制动机是否松开，防止因拉鞋、轧止轮器或抱闸造成事故。对摘下需要采取防溜措施的车辆，要检查是否按规定采取了防溜措施。

(4)去货物线、专用线调车时，遇现场的实际情况与原计划不符时，准许调车指挥人根据实际情况，自行变更或制定作业计划，但使用无线调车灯显设备能够与调车领导人取得联系时，须取得其同意；同时中间站利用本务机车调车时，也可以采用改写调车作业通知单的方式向司机传达，但作业完了后，必须及时向调车领导人汇报计划变更和车辆停留情况。

第五节 调动乘坐旅客车辆

一、旅客列车中途摘挂车辆

1. 车站值班员[助理值班员(内勤)]应事先通知客运(值班)员需进行甩挂作业的列车车次、辆数、股道、位置及注意事项等。

车站客运人员及时将有关事项转告列车长。

2. 中途站加挂客车时，由客列检将调度命令转交车辆乘务员，无客列检作业时由车站值班员指派人员转交车辆乘务员。

3. 旅客列车摘挂车辆，原则上应在始发、终到站进行。因特殊原因必须在中途站摘挂时，车站须指派干部现场重点监控，进行摘挂作业时，必须连结全部软管，在距停留车 10 m 处一度停车，并以不超过 3 km/h 的速度进行连挂。

4. 旅客列车在途中摘挂车辆时，车辆的摘挂和软管摘结，由调车作业人员负责，密封风挡和电气连接线的连结与摘解由车辆乘务员负责，其他由列检作业人员负责，无列检作业人员时，由车辆乘务员负责，必要时打开车门，以便于调车作业。装有密接式车钩的客车车辆摘挂时，过渡车钩的安装与拆卸由列检人员负责，无列检人员时由车辆乘务员负责。

列车机车与动车组过渡车钩的连结与摘解、软管摘结、电气连接线的连结与摘解，由随车机械师负责。

5. 空调旅客列车在解编调车作业前，应通知车辆段派人摘解车端电气连接线。

6. 对装有密封风挡的客车进行甩挂作业前，必须通知车辆部门；由车辆人员负责风挡的摘解和渡板的处理，处理完毕后，通知调车人员，方可进行甩挂作业。

7. 调动乘坐旅客的车辆及整列空客车底时均须全部接通软管，并充风至定压。

二、动车组以外的旅客列车终到时调车

1. 终到旅客列车客运作业完毕后，列车长应立即组织列车员按规定锁闭车门(便于调车人员作业的两端车门除外)，确认车门关闭后在列车中部与车站客运(值班)员办理签认手续。

2. 客运(值班)员与列车长办理签认手续后，应再次确认旅客乘降、行包邮政装卸作业完毕，确认完毕后应通知客运综控室(广播室)，由客运综控室(广播室)通知车站值班员[助理值班员(内勤)]，用语为："运转，××次客运作业完毕，客运×××(姓名)"。车站值班员[助理值班员(内勤)]接到通知后应复诵："××次客运作业完毕，运转明白"。

3. 车站值班员[助理值班员(内勤)]接到客运综控室(广播室)客运作业完毕的通知后，应及时通知调车指挥人："×号，×次客运作业完毕"，调车指挥人应复诵："×次客运作业完毕，×号明白"。

4. 调车指挥人接到车站值班员[助理值班员(内勤)]客运作业完毕的通知后，应指派调车人员确认车底车门关闭，站台无侵限物并具备连挂条件后，方准按规定进行作业。

三、密接式车钩和集中供电车列调车作业

1. 集中供电车列的调车作业，其车辆的摘挂和软管的摘结由调车作业人员负责；其他由列检人员负责，无列检作业的由车辆乘务员负责。

2. 密接式车钩调车时，应通知列检人员(车辆乘务员)到场并打开车门，以便于调车作业。

摘车时，调车人员应确认软管及电气控制连线等装置均已摘开，并将车钩扳手扳开且固定后，方可扳动车钩、摘开车辆(装有密接式车钩的客车车辆摘挂时，过渡车钩的安装与拆卸由列检人员负责，无列检人员时由车辆乘务员负责)。

3. 使用中间体过渡车钩进行调车时，可不连结软管，一次调车连挂客车不得超过四辆，运行速度不得超过 15 km/h；中间体过渡车钩的拆装由车辆部门负责。

第六节 越区转场调车

一、调车区的划分

在调车作业繁忙、配线较多的车站，配有两台及以上调车机车时，为了合理有效地使用每台调车机车能力，应根据车站(车场)布局特点、调车作业性质、车流特点和车站配线等情况，划分每台调车机车相对固定的作业区域，简称调车区。

(一)横向划区

在调车场中部或指定地点，特设分界标或利用固定建筑物作为调车区的分界线，左右两

端各为一个调车区，两调车区之间应有不少于 30 m 的安全距离，并须设有界标。当区界标处停有压界车时，应以压界车为界。每个调车区作业时，不得侵入安全区，如需要越区作业时，须取得对方的同意。

(二)纵向划区

按调车机分别固定作业线路，以线路警冲标或分界道岔为界，每个调车区分配几条线路，规定一定的工作任务，固定一台调车机车，这样便于各台调车机车平行作业。如某站调车场有 16 股道，根据作业情况，可将 16 股道划分为两个或以上调车区。遇有交叉作业时，按越区作业办理。

(三)越区和转场调车

越区作业，是指调车机车或带有车辆越出本调车机车固定的作业区域，进入其他调车区作业；转场作业，是指调车机车或带有车辆由一个车场去另一个车场的作业。越区既可能在同一车场也可能在不同车场间进行，转场既可能在同一调车区内也可能在不同调车区内进行。越区或转场调车，不仅关系到调车区和车场之间作业的安排，而且有时还要经过许多线路和道岔，跨越正线和其他车场，如果没有做好联系和防护，不但要影响调车效率，而且会危及行车安全。在越区或转场作业时，两区(场)调车领导人或车场值班员之间必须事先做好联系，停止相抵触的作业，确认线路，准备好进路，并做好防护。没有做好联系和防护，不准越区或转场作业。

1. 越区(转场)前，调车领导人须先将越区(转场)的时间、地点、辆数及有关事项，与进入(经由)区(场)的调车领导人联系，取得同意后，向本区(场)的有关人员布置。进入(经由)区(场)的调车领导人，在同意邻区(场)越区(转场)后，应及时向本区(场)有关人员布置。

2. 助理值班员(内勤)应按本区(场)调车领导人的布置，停止相抵触的作业，并准备好进路。

3. 越出区(场)的助理值班员(内勤)，在接到进入区(场)的助理值班员(内勤)进路已准备妥当的通知后，方可通知本区(场)调车长指挥机车越区(转场)(单机进入场间联络线等待时除外)。

4. 划区(场)的车站，不论有无固定信号设备，应根据车站具体情况制订越区(转场)作业的联系和防护办法，列入《站细》。

二、集中区调车与非集中区调车

(一)集中区调车

1. 调车有关人员要时刻注意调车信号的显示状态，信号开放后因某种原因不能及时动车时，应主动与信号操纵人员联系。

2. 未设调车信号机或调车信号机故障停用，以及调车作业压岔、压轨道(侵限)绝缘节等原因，调车信号机不能开放时，调车指挥人应在得到进路准备妥当的通知后通知司机。司机凭进路准备妥当的通知动车。遇调车信号机不能开放时，通知调车指挥人(司机)进路准备妥当时一并告知不能开放调车信号机号码。

3. 执行“问路式”或“指路式”调车时，应按进路、出路分段执行联控。

(二)非集中区调车

1. 单机或机车牵引运行时,由司机要道;推进时,由负责确认进路的调车人员要道。未得到扳道人员的股道号码和道岔开通信号,不准越过警冲标(对向道岔为尖轨尖端)。

2. 要道还道时,一律出×道要×道,进×道要×道,调车进路上有两名及其以上扳道员时,应实行“人工联锁”,由靠近机车或车列的扳道员依次由近而远地要道,由远而近地还道,你扳我看,顺序复检,得到进路开通的联系信号(股道号码与“好了”信号)后,方可向司机或调车人员显示股道号码和道岔开通信号。

3. 有几个进路或出路的要道还道以及分段要道还道办法,由各站规定,列入《站细》。

4. 无扳道员管理的道岔,由调车组中指定的人员扳道和要道还道。在道岔加锁不需扳动的情况下,司机可凭调车指挥人的通知和起动信号越过道岔,但此种情况应在《站细》内明确规定。

5. 遇机车车辆压上道岔或越过警冲标时,动车前,均应执行要道还道制度。

6. 调车进路需经过集中区和非集中区时,应分段要道还道、确认信号,具体办法在《站细》内规定。

第七节 机车车辆的停留和防溜

一、机车车辆停留

停留车辆系指车辆摘开机车后即为停留,分整列停留、分组停留、一批调车作业中临时停留三种情况。

1. 机车车辆必须停在警冲标内方。调车作业中,车辆临时停在警冲标外方时,一批作业完了后,应立即送入警冲标内方。因特殊情况需在警冲标外方进行装卸作业时,须经车站值班员、调车区长准许,在不影响列车到发及调车作业的情况下方可进行,装卸完了后,应立即送入警冲标内方。

2. 安全线及避难线上、机车固定走行线上,禁止停留机车车辆。

安全线、避难线的设置目的是防止列车和机车车辆冲突,在安全线、避难线上停留机车车辆,不仅失去了它的作用,反而增加了冲突的机会。机车固定走行线是机车出入段的专用通路,在该线上停留机车车辆,将影响机车入段整备和出段挂头,严重时会造成列车出发晚点。

3. 在超过 6‰坡度的线路上,不得无动力停留机车车辆。

4. 正线上不应停留车辆(尽头式车站除外)。到发线上停留车辆时,须经车站值班员准许,在中间站并须取得列车调度员的准许方可占用,该线路的两端道岔应扳向不能进入的位置并加锁(装有轨道电路除外)。

5. 在正线、到发线以及与正线、到发线接轨而无平行进路或隔开设备的其他线路上调车,停留车辆原则上应停于距警冲标 50 m 以上,在其他线原则上应停于距警冲标 30 m 以上。推进调车时,被连挂车组距警冲标不足 50 m 或 30 m 时,连挂前必须一度停车,并应将道岔开通调车的线路。

6. 牵出线、走行线、渡线、道岔联动区及轨道衡上也不得停留车辆。必须停留时,由《站细》规定。尽头线停留机车车辆时,原则上应与车挡保持 10 m 以上距离。

7. 特殊车辆在线路上停留时的安全措施。

(1)装载爆炸品、气体类危险货物的车辆,必须停留在固定线路上,两端道岔应扳向不能进入该线的位置并加锁,以防其他车辆进入。

(2)救援列车担负着事故救援的紧急任务,为保证需要时能及时出动,必须停留在固定的线路上,两端道岔应扳向不能进入该线的位置并加锁。

(3)临时停留公务车线路上的道岔应扳向不能进入该线的位置并加锁。

(4)存放大型养路机械的股道(编组站除外),禁止存放其他车辆及办理其他车辆的调车作业(配合大型养路机械施工作业的车辆除外);编组站需在存放大型养路机械的股道上存放其他车辆及办理其他车辆的调车作业时,不准溜放,并重点布置,除配合大型养路机械施工作业的车辆调车作业外,其他机车车辆距停留的大型养路机械应有 10 m 的安全距离。

(5)需在待发列车后部存放机车、车辆或自轮运转特种设备时(包括在列车尾部摘下的车辆),对有列检作业的列车,应距列车 30 m 及其以上。无列检作业时,可少于 30 m。如不足 10 m 时,应在发车前派人监护或提钩。

(6)集中操纵的道岔需要加锁时可在控制台上进行单独锁闭。

二、防溜的设置及撤除

1. 防溜原则

防溜的设置及撤除原则上执行谁设置、谁撤除的原则,具体人员在《站细》中规定。

2. 防溜设置

(1)编组站、区段站在到发线、调车线以外的线路上停留车辆,不进行调车作业时,应连挂在一起,并须拧紧两端车辆的人力制动机,或以铁鞋(止轮器、防溜枕木等)牢靠固定。因装卸车对货位等情况,不能连挂在一起时,应分组做好防溜措施。

中间站停留车辆,无论停留的线路是否有坡道,均应连挂在一起,拧紧两端车辆的人力制动机,并以铁鞋(止轮器、防溜枕木等)牢靠固定。因装卸车对货位等情况,不能连挂在一起时,应分组做好防溜措施。一批调车作业中临时停留的车辆,须拧紧两端车辆的人力制动机或以铁鞋(止轮器)止轮。

使用到发线停车防溜器、停车防溜顶等防溜设备的线路,具体防溜办法由铁路局集团公司规定。

编组站和区段站的到发线、调车线是否需要防溜以及作业量较大中间站、特殊车辆执行上述规定有困难时,由铁路局集团公司规定。

C_{80E} 型车辆(车组)单独停留,以及与其他车辆连挂共同停留时,是否需增设防溜措施,由铁路局集团公司根据线路坡度等因素确定。

(2)电气化区段,部分车辆不能采用人力制动机防溜时,应使用人力制动机紧固器防溜,使用的条件和办法比照人力制动机防溜办理。

(3)人力制动机故障或不能使用人力制动机紧固器的车辆遇特殊情况必须单独停留时,两端应使用防溜铁鞋一种防溜措施进行防溜。停留车组遇两端第一位车辆不能使用人力制动机时,在连挂成组的前提下,可顺延使用下一车辆人力制动机;其中,执行一种防溜措施的车站,应在第一位车辆端加设防溜铁鞋(木止轮器)。

(4)车站应及时掌握天气变化情况,遇大风天气(指气象预报 8 级及以上风力、铁路局集团公司通知或大风天气的实际为准)时，执行一种防溜措施的车站和线路以及一批调车作业中临时停留的车辆，须采取两种防溜措施；编组(区段)站及比照区段站办理的中间站，整列停放的客车底允许在一条钢轨上车列一端车辆两个台车架的最外车轮两侧相对方向各放置一对木止轮器(铁鞋)进行防溜。

遇大风天气，有关单位应每 4 h 组织对停留车辆的防溜措施进行一次检查并做好记录。

(5)在超过 2.5‰坡度的线路上停留车辆应采取安全的防溜措施；仅采用人力制动机防溜时，应拧紧足够数量的人力制动机(拧紧人力制动机与停留车辆数量比例应不少于1∶4)。

(6)中间站(不含比照区段站办理的中间站)保留列车到达后，车站除对停留车列采取两端两种防溜措施外，每端还应顺延拧紧一辆人力制动机，遇保留列车停留线路与正线及旅客列车进路无隔开设备或平行进路时，还应在无隔开设备及平行进路端增设防溜枕木防溜；比照区段站办理的中间站，保留列车到达后应按《站细》规定采取防溜措施，遇保留列车停留线路与正线及旅客列车进路无隔开设备或平行进路时，还应在无隔开设备及平行进路端增设防溜枕木防溜。

到达列车，列车进站停车后，司机应使车列处于制动保压状态，车站应按规定及时(不超过 20 min)对车列或停留的车辆采取防溜措施。在车站折角(返)、换挂机车以及终到后进行调车作业的列车，机车立即(不超过 20 min)挂头时，车列自动制动机处于制动保压状态下，对该车列可不采取其他防溜措施；车站折角(返)、换挂机车超过 20 min 挂头时，允许在车列一端采取一种防溜措施，终到后进行调车作业的列车超过 20 min 挂头时仍按规定采取防溜措施。

(7)客车(不含宿营车)存放地点应相对固定，具体存放的车站(处所)由铁路局集团公司确定后公布。

中间站(比照区段站办理的中间站除外)停放的客车，应拧紧两端车辆的人力制动机，并采取两端放置木止轮器(铁鞋)牢靠固定；编组(区段)站及比照区段站办理的中间站停放的客车，采取两端放置木止轮器(铁鞋)的防溜措施，整列停放的客车底允许在车列一端台车架最外车轮两侧相对方向各放置木止轮器(铁鞋)进行防溜。

需设置、撤除客车人力制动机时，客车随车人员应配合打开车门。

中间站站长(副站长)或指派胜任人员每 4h 对防溜情况进行一次检查并做好记录。各站具体防溜规定应在《站细》中明确。

3. 防溜相关要求

(1)车辆的防溜措施，均须确认止轮牢固可靠。设置人力制动机(紧固器)前，应排尽该车制动缸余风，并确认车辆缓解和闸链完好。

(2)因车辆进行技术检查或故障处理，列检(维修)人员在撤除车站采取的防溜措施时，技术检查或故障处理完毕，应及时恢复原防溜措施。

(3)尽头式车站正线上停留车辆的防溜执行到发线防溜规定。

(4)正线、到发线以及与正线、到发线接轨而无平行进路或隔开设备的其他线路上使用木止轮器防溜时，宜与人力制动机共同使用(一批调车作业中临时防溜允许使用的除外)，停留车辆的防溜应以人力制动机为主。

4. 防溜报告

正线、到发线设置、撤除防溜措施后，防溜设撤人员应及时向车站值班员报告(一批调车作业中临时停放的车辆除外)，由其他岗位向车站值班员转告时，应在《站细》中明确。

5. 防溜撤除

(1)出发机车挂车前,车站值班员可提前通知作业人员出务。出发列车机车挂妥后,司机应通知车站值班员,车站值班员布置作业人员撤除防溜措施。车站值班员未得到防溜撤除的报告,不得开放出发信号。

(2)调车作业摘车时,必须停妥,按规定采取好防溜措施,方可摘开车钩;挂车时,没有连挂妥当,不得撤除防溜措施。摘车前无法采取防溜措施或挂妥后无法撤除防溜措施的线路,具体作业办法由铁路局集团公司规定。

(3)执行两种防溜措施的车站和线路,调车人员在现场监护的情况下,连挂前可撤除一种防溜措施(防溜铁鞋或木止轮器)。其中,电气化区段摘车前,应先设置防溜铁鞋(木止轮器),待机车车辆提开车钩与停留车辆分离后再设置人力制动机紧固器;连挂前,应先撤除防溜铁鞋(木止轮器),连挂后再撤除人力制动机紧固器。

6. 其他防溜要求

(1)重型轨道车、大型养路机械等自轮运转特种设备的防溜作业,由司机(副司机)负责;动车前,司机须确认防溜撤除后,方可动车。重型轨道车、大型养路机械等自轮运转特种设备在车站停机等待时,防溜措施按停留车辆的要求办理。

(2)托运回送机车在车站停留时,由车站负责防溜。

(3)动车组由调车机车调移至车站停留时,动车组的防溜工作由车站调车人员负责,使用动车组上配备的专用止轮器防溜。

三、防溜方法

1. 铁鞋,如图 2-4-35 所示。

(1)使用铁鞋防溜时,鞋尖应紧贴车轮踏面,牢靠固定,如图 2-4-36 所示。

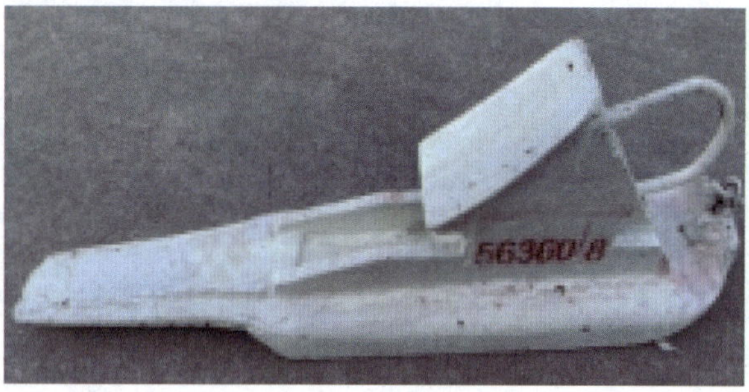

图 2-4-35　铁鞋

图 2-4-36　铁鞋防溜

(2)向钢轨上安放防溜铁鞋时,应利用铁鞋手把或后部立板,严禁手持铁鞋挡板。

(3)设置防溜铁鞋防溜时,要尽量避免紧靠车轮作业,应先将铁鞋安放在钢轨上后再调整位置;撤除防溜铁鞋时,应利用铁鞋防溜索取出后再用钥匙开启防溜铁鞋锁爪取下。

(4)有关岗点室内应设置标有"铁鞋号码"的专用箱柜或木架,防溜铁鞋原则上应存放在室内岗点,按对应号码放置,并落实保管人。由于作业原因,确实需要在作业站场内存放防溜铁鞋时,应在固定地点设置固定铁箱并加锁,防止被盗。在占线板(簿)、"防溜交接簿"上实行防溜铁鞋标号时,只需标注"铁鞋号码"(即铁鞋编号的末两位数字),用后归位。

2. 木止轮器，如图 2-4-37 所示。

图 2-4-37　木止轮器

使用木止轮器防溜时，应站立于线路外侧，持木止轮器把手侧身安放；撤除时，侧身握住木止轮器把手取出。禁止使用无把手木止轮器。止轮木应紧贴车轮踏面，牢靠固定。

3. 防溜枕木，如图 2-4-38 所示。

图 2-4-38　防溜枕木

使用防溜枕木防溜时，应在距停留车辆不大于 5 m 处放置，将防溜枕木斜放在停留车辆的两条钢轨上（与钢轨呈 30°角），使防溜枕木的斜口卡进钢轨，确认钢轨头部完全入槽后，固定加锁。防溜枕木不使用时，应置于开通位置（顺向线路），并加锁固定[保留列车应按规定采取防溜措施，遇保留列车停留线路与正线及旅客列车进路无隔开设备或平行进路时，应在无隔开设备及平行进路端增设防溜枕木防溜。岔线、段管线停留车辆的防溜原则上按中间站的要求执行，与车站正线、到发线衔接且衔接端未设隔开设备或防溜脱轨器的岔线停留车辆时，除按规定采取防溜措施外，还应在衔接端设置防溜枕木。防溜枕木应设置在岔线衔接最外方道岔内方距警冲标不少于 10 m 处（岔线设有大门时，应置于大门内方），但不得设于共用走行线上，并固定加锁]。

4. 人力制动机紧固器，如图 2-4-39 所示。

电气化区段使用人力制动机紧固器前，必须检查固定座、拉杆、方头螺帽、手摇把是否良好。使用时，必须检查制动杆是否完好，拉紧制动杆，按规定扣好固定座，将拉杆朝下勾住链条成直线，用手摇把套住方头螺帽将制动机上紧。撤除后，必须确认车辆缓解状态，检查人力制动机拉杆与拉杆托架滚轴是否"卡滞"。禁止采用放风制动安装人力制动机紧固器，如图 2-4-40 所示。

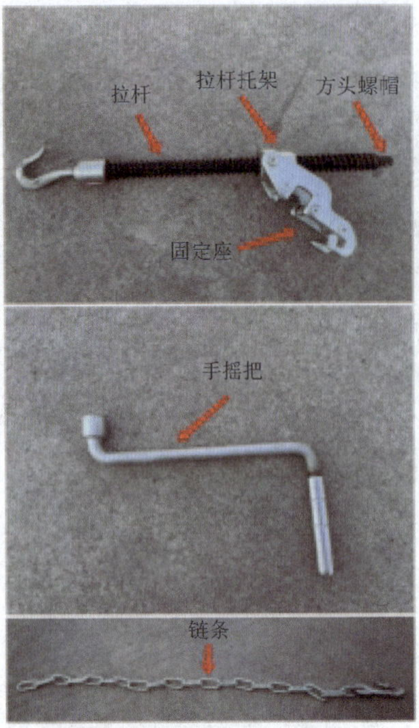

图 2-4-39 人力制动机紧固器

图 2-4-40 人力制动机紧固器防溜

5. 人力制动机

人力制动机制动是利用人力转动车辆上的手制动轮或扳动手制动把，通过制动装置的杠杆作用，使闸瓦与车轮踏面摩擦而产生制动力，阻止车轮滚动，从而起到制动车辆的目的。

(1)使用闸杆式(固定)人力制动机防溜时，必须“一看、二调、三拧、四蹬”，即一看闸链有无开口，闸盘、闸杆是否弯曲变形，制动拉杆等部件是否良好；二调整闸链，使闸链呈上升螺旋状态；三拧手闸时，先把“制动锤”放在止松位置(使掣舌卡在掣轮齿上，防止逆转)，再顺时针旋转闸盘，拧紧人力制动机，同时要注意手感是否有弹力；四蹬闸链是否绷紧，并确认制动机状态良好。使用闸杆式(折叠)人力制动机防溜时，须在停车状态竖起闸杆，确认方套落下，月牙板关好，插销插上后方可按闸杆式(固定)人力制动机使用，如图 2-4-41 所示。

(a) 闸杆式（折叠）人力制动机 (b) 闸杆式（固定）人力制动机

图 2-4-41 人力制动机

撤除时，应将“制动锤”翻转至掣轮上沿（使掣舌依靠自身重力离开掣轮），松开闸链至全开位置；下车后，检查闸链、拉杆无卡滞，确认制动活塞在完全缓解状态下闸链松弛，防止制动活塞缓解时带动制动拉杆，闸链再次绷紧，如图 2-4-42 所示。

（a）制动状态（闸链绷紧）　（b）缓解状态（闸链松弛）

图 2-4-42　人力制动机闸链状态示意图

（2）使用掣轮式人力制动机防溜时，必须“一看、二拧、三蹬”，即一看闸链有无开口，制动拉杆等部件是否良好；二拧手闸时，先将制动手柄（旋钮）处于保压（制动）位，顺时针方向拧紧手轮，同时要注意手感是否有弹力；三蹬闸链是否绷紧，并确认制动机状态良好，如图 2-4-43 所示。撤除时，可逆时针用力转动手轮，车辆自动缓解，再将制动手柄（制动旋钮）扳（转）至缓解位或将制动手柄（制动旋钮）扳（转）至缓解位，车辆自动缓解，再逆时针转动手轮；下车后，检查闸链、拉杆无卡滞，确认制动活塞在完全缓解状态下闸链保持松弛。严禁使用阶段缓解的方式松开手闸。

（3）使用脚踏式人力制动机防溜时，必须“一看、二踩、三蹬”，即一看脚踏式制动机是否上锁，闸链有无开口，制动拉杆等部件是否良好；二踩踏脚闸时，先将制动柄向左翻转至制动位，连续、踩紧制动脚踏，同时要注意是否有弹力；三蹬闸链是否崩紧，并确认制动机状态良好。撤除时，应将制动柄向右翻转至缓解位，车辆自动缓解；下车后，检查闸链、拉杆无卡滞，确认制动活塞在完全缓解状态下闸链保持松弛，如图 2-4-44 所示。

图 2-4-43　掣轮式人力制动机

图 2-4-44　脚踏式人力制动机

（4）使用蜗轮蜗杆式人力制动机防溜时，先打开封签及卡扣，拉出手柄，再按人力制动机“制动”标识指示方向（顺时针方向）旋转人力制动机手柄，转至感觉“阻力较大、难以旋转”时停止。检查钢丝绳和曲柄，确认钢丝绳绷紧、曲柄头部上翘。撤除时，应按人力制动机“制动”标识指示相反方向（逆时针方向）旋转人力制动机手柄，旋转至无张紧力，推回操作手柄，打开车门探身检查人力制动机锥形链轮无制动链缠绕，链轮与墙板间无制动链卡滞、堆积。检查制动链，确认制动链松弛、自然垂落；检查钢丝绳和曲柄，确认钢丝绳松弛、曲柄头部下垂，如图 2-4-45 所示。

图 2-4-45　蜗轮蜗杆式人力制动机

四、防溜揭示

车站行车室应设置防溜揭示板（簿），由《站细》规定的作业人员负责揭示。具备电子揭示功能的车站可在设备上揭示。

（一）防溜器具揭示符号规定

1. 人力制动机——⊗；

2. 铁鞋（止轮器）——；

3. 人力制动机紧固器——$1 或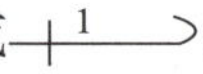；

4. 停车器——‖；

5. 防溜枕木——。

注：符号中数字根据实际使用的器具编号填记。

（二）防溜措施图示说明

1. 停留车辆采取两端两种防溜措施图示

（1）单组停留时：

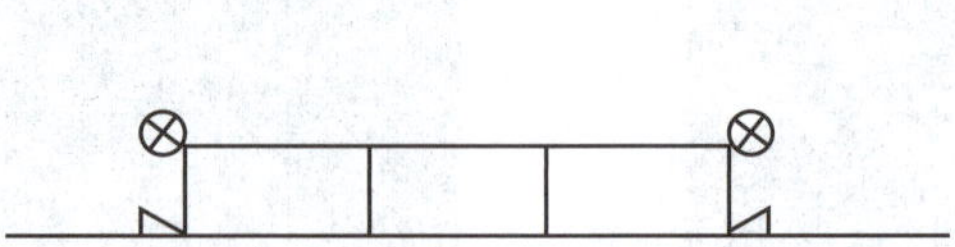

（2）分组停留时：

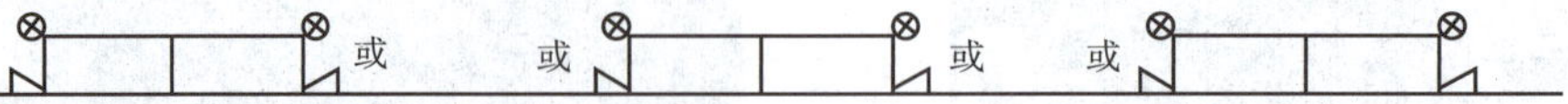

2. 调车作业中临时停留车辆的防溜图示

（1）单组停留时：

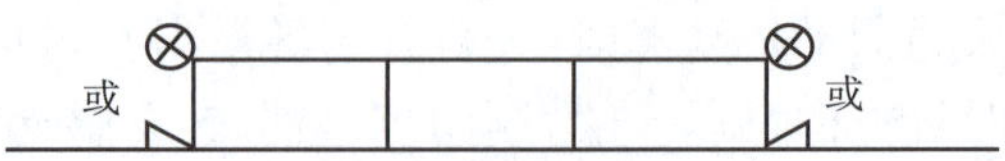

(2)分组停留时：

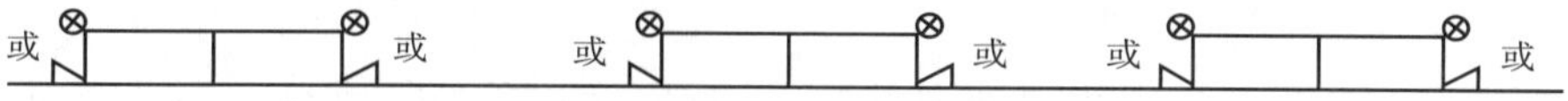

3. 超过 2.5‰坡度的线路上停留车辆防溜措施图示

(1)仅采用人力制动机防溜时：拧紧人力制动机与停留车辆数量比例为 1∶4。

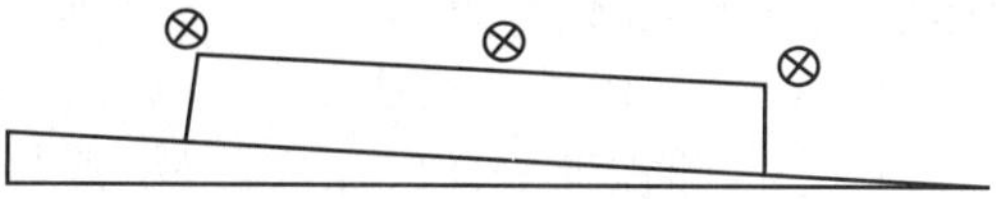

(2)两种防溜措施的车站和线路临时停留车辆时：

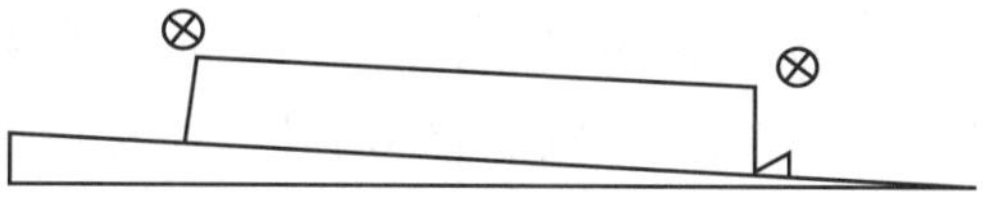

4. 客车防溜措施图示

(1)客车在指定存放客车底的中间站(比照区段站办理的中间站除外)停放时：

拧紧两端车辆的人力制动机，并采取两端放置木止轮器(铁鞋)牢靠固定。

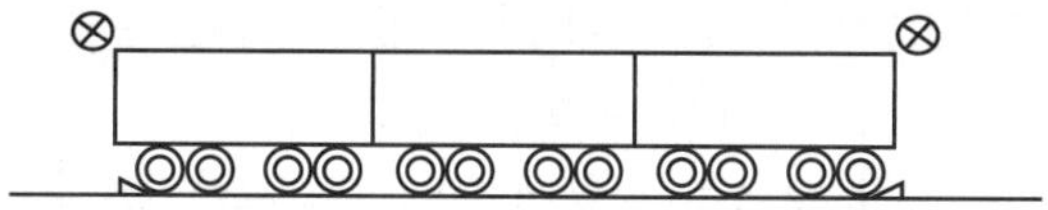

(2)客车在指定存放客车底的编组(区段)站及比照区段站办理的中间站停放时：采取两端放置木止轮器(铁鞋)的防溜措施。

(3)中间站一批调车作业中临时停留车辆时：拧紧两端车辆的人力制动机或以防溜铁鞋(木止轮器)止轮。

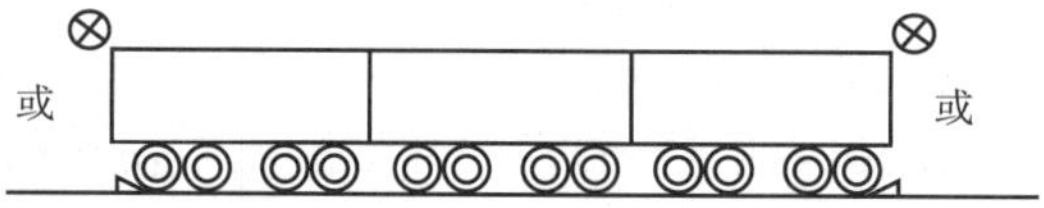

(4)编组(区段)站及比照区段站办理的中间站整列停放的客车底时：允许在车列一端台车架最外车轮两侧相对方向各放置木止轮器(铁鞋)进行防溜。

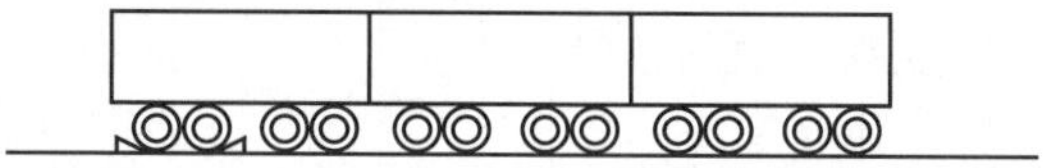

5. 人力制动机故障或不能使用人力制动机紧固器情况下车辆防溜图示

(1)遇特殊情况必须单独停留时：两端使用防溜铁鞋一种防溜措施。

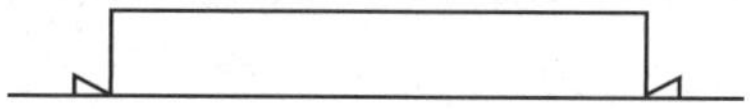

(2)执行一种防溜措施车站成组停留时：

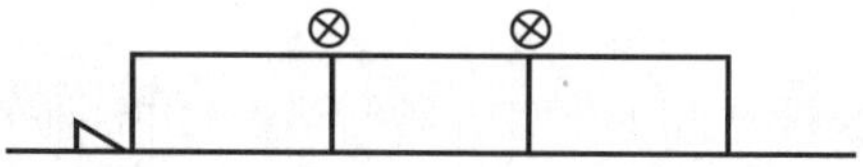

五、防溜器具的保管

1. 人力制动机紧固器、防溜铁鞋、木止轮器原则上应存放在岗点室内，有关作业岗点应设置专用箱柜或木架，按照“五号管理”(编号、标号、对号、销号、交号)要求实行定置管理，并落实保管人。由于作业原因,确实需要在作业站场内存放的,应在固定地点设置固定铁箱并加锁,防止被盗。

(1)编号:防溜器具应放置规定地点并统一编号。如有损坏不得使用,应及时更换并重新编号。

防溜铁鞋编号为6位阿拉伯数字,并在铁鞋两侧的立板中心位置水平由左往右依次编写,编号规则为"单位代号+车站(车场)代号+铁鞋号码",编号办法在《站细》中规定。铁鞋颜色按"白底红字"的原则进行上色,即铁鞋表面应涂成白色,铁鞋编号字体颜色为红色,发现铁鞋表面严重脱漆、编号不清等情况应及时补色。有关岗点室内应设置标有"铁鞋号码"的专用箱柜或木架,防溜铁鞋原则上应存放在室内岗点,按对应号码放置,并落实保管人。由于作业原因,确实需要在作业站场内存放防溜铁鞋时,应在固定地点设置固定铁箱并加锁,防止被盗。在占线板(簿)、"防溜交接簿"上实行防溜铁鞋标号时,只需标注"铁鞋号码"(即铁鞋编号的末两位数字)。如发现防溜铁鞋遗失,应立即查明原因,同时向驻站派出所报案。未查明遗失原因时,不得随意编号补充。

(2)标号:一批作业完毕,作业人员应及时将防溜器具使用情况按线别在揭示板(簿)上标注。

(3)对号:作业人员应将揭示板(簿)上标记的防溜器具的种类、编号与现场实际使用的防溜器具进行核对,发现不符应及时纠正。

(4)销号:防溜器具撤除后,应及时收回归位,并注销揭示板(簿)上防溜器具的编号及标记。

(5)交号:作业人员交班前、接班后应按《站细》规定进行检查,交接班时应认真核对揭示板(簿)注明的标识和数量,发现错误,及时纠正。

2. 应经常检查人力制动机紧固器转动部位是否锈蚀、防溜铁鞋锁具开闭是否灵活,必要时应根据情况适当注油,保持润滑。

3. 作业人员发现人力制动机紧固器、防溜铁鞋不能正常使用时,应及时汇报,由使用单位及时更新。

【事故案例】

(一)制动机紧固器未撤除开车事故

1. 事故概况

××年×月×日×时×分,33008次列车××站×道起动后,接发车人员××听到列车尾部有异响,发现该次列车人力制动机紧固器未撤,立即汇报车站值班员,此时,列车头部已越过出站信号机。车站值班员立即将有关情况报告列车调度员安排列车在前方站停车处理,33008次在××站14时00分到,14时09分开。

2. 原因分析

(1)车站值班员××在办理×33008次始发列车前,没有通知调车人员撤除防溜。

(2)车站值班员(计划)××作业中途离岗如厕,未向车站值班员交代有关防溜措施撤除等作业情况。

(3)助理值班员(内勤)××在没有得到车站值班员布置进路的指示、没有确认防溜措施是否撤除,也没有向车站值班员请示是否办理进路的情况下,擅自开放×33008次出站信号。

(二)调车溜逸事故

1. 事故概况

××年×月×日×时×分，××铁路局集团公司××车务段管内××站41098次(编组22辆)进4道调车作业(计划:4带3,6+1,4+全部开车)。作业中19辆停留车发生溜逸进入区间，与30010次货物列车在××站—××站间津浦线上行K970+320处发生正面冲突，造成30010次机后2、3、4位车辆脱轨，溜逸车列第8、9位(南京方向)颠覆，中断上行正线行车3 h 33 min，构成责任其他列车冲突大事故。

2. 原因分析

(1)停留车采取防溜措施不到位。助理值班员(外勤)××，过去曾参加零星调车作业，作业技能较差。拧闸后，在调整掣轮制止销止锤时，出现闸盘回转，但没有再拧紧，导致存放4道内的19辆车防溜措施不起作用，压钩提钩前部3辆牵出前移后，未对停留车进行确认，造成车辆溜逸，是造成事故的主要原因。

(2)站长把关监控流于形式(站长擅自联系列车停在处于2‰的下坡道上的中岔前；既未对停留车防溜重点进行交代，又未到现场关键部位进行监控；当车辆发生溜逸、挤坏道岔造成信号关闭时还与车站值班员同样误以为是道岔故障，没有意识到车辆已溜入区间，采取应急措施)。

(3)调车作业的随意性大，未执行作业前预想预防(邻站接近时才临时联系调度所挂车，准备不充分)。

第八节　特殊情况下调车作业

一、越出站界调车

由于车站未设牵出线或牵出线被其他调车作业占用，在调动较长车列时，需越过进站信号机或站界标占用区间进行调车，称为越出站界调车，如图2-4-46所示。

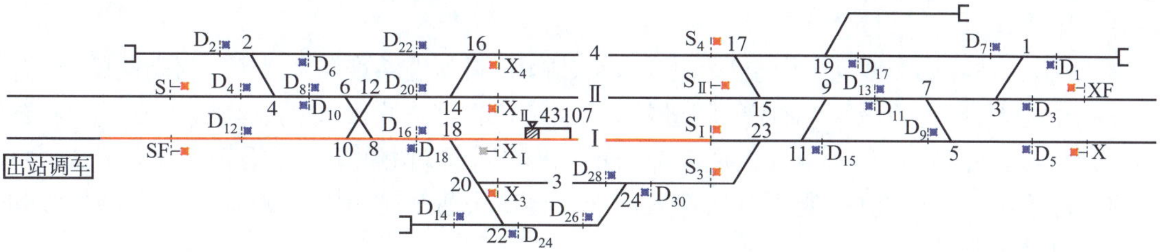

图2-4-46　越出站界调车

1. 双线区间正方向越出站界调车。

(1)当区间为自动闭塞时，必须从监督器上确认第一个闭塞分区空闲，车站值班员口头准许并通知司机，方可出站调车。

(2)当区间为半自动闭塞时，必须区间空闲，车站值班员口头准许并通知司机，即可出站调车。

上述双线两种情况，因发车权属于正方向办理越出站界调车的车站，对方站不能发车，所以可不与对方站办理占用区间闭塞手续，只要区间(自动闭塞为第一个闭塞分区)空闲，车站值班员口头准许并通知司机即可。

2. 双线区间反方向越出站界调车。

双线区间反方向越出站界调车时，因正常情况下占用区间的权限不属于本站，同时列车运行情况由列车调度员掌握，必须取得占用区间的权限，即停止基本闭塞法改用电话闭塞法(得到列车调度员发布的停止基本闭塞法改用电话闭塞法的调度命令)，确认区间空闲后，由车站值班员与邻站办理电话闭塞手续，发给司机出站调车通知书，方可出站调车。

3. 单线区间越出站界调车。

(1)当区间为自动闭塞时，闭塞系统必须在发车位置，由办理越出站界调车的车站控制发车权，只要第一个闭塞分区空闲，经车站值班员口头准许并通知司机，即可出站调车。

(2)当区间为半自动闭塞时，区间必须空闲，得到停止基本闭塞法改用电话闭塞法的调度命令，与邻站办理电话闭塞手续取得占用区间的权限，并发给司机出站调车通知书，方可出站调车。

4. 无论单线或双线，在区间已改为电话闭塞法行车的情况下，越出站界调车时须经列车调度员口头准许，在确认区间空闲，与邻站办理闭塞手续取得占用区间的权限，发给司机出站调车通知书后，方可出站调车。

5. 出站调车通知书的填写。

出站调车通知书应由车站值班员填发交给司机。如机车距车站行车室较远，可由车站值班员指定的助理值班员、调车指挥人(扳道员)按照车站值班员的指示填写，确认无误后交给司机。填写“出站/跟踪调车通知书”时，应划去“跟踪”两字。助理值班员、调车指挥人填写调车通知书时，“车站值班(扳道)员”栏应填写“助理值班员(调车指挥人)×××”，并将“车站值班(扳道)员”字句抹销。

6. 注意事项。

(1)越出站界调车时，在有效时间内不受次数的限制。有效时间内通知书未收回时，不得办理区间开通手续。调车完毕后，应立即将返回时间通知邻站，并与邻站办理区间开通手续。一批作业尚未终了而回站等候放行列车时，应收回通知书，再作业时，须重新办理越出站界调车手续。

(2)越出站界调车时，为了防止错办，出站(跟踪)调车进路准备妥当后，两端站的车站值班员应在控制台(占线板)上对应区间进站口处上揭挂“出站调车”表示牌(安全帽)。调车完毕后，调车指挥人确认车列全部返回车站，向司机收回通知书并注销，报告车站值班员办理区间开通手续，车站(助理)值班员摘除表示牌。凭口头通知越出站界调车完了后，须立即向车站值班员汇报。

(3)越出站界调车时，不准将车辆停放在区间，不得越过区间第一架通过信号机；区间未设通过信号机时，不得越过相邻车站(线路所)的进站(通过)信号机。

(4)单线自动站间闭塞区间越出站界调车时，须有停止基本闭塞法的调度命令并发给司机出站调车通知书。

(5)调度集中区段，在车站调车操作方式下，正方向越出站界调车时，车站必须提前向列车调度员提出调车作业申请，经列车调度员同意后方可办理。

(6)跨进站信号机装卸路料时，可按越出站界调车办理。

二、跟踪出站调车

跟踪出站调车是指在列车由车站发出后，尚未到达前方站（线路所），间隔一定的距离或时间，即跟随前行列车，越出站界在规定距离内进行的调车作业，如图 2-4-47 所示。

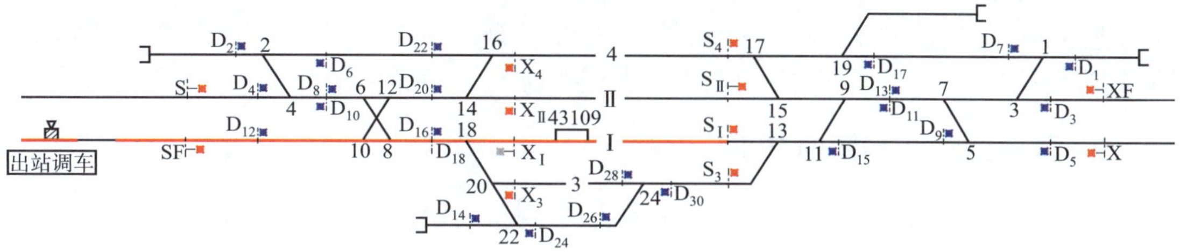

图 2-4-47　跟踪出站调车

1. 跟踪出站调车的限制

跟踪出站调车，只准许在单线区间及双线正方向线路上办理，并按下列要求进行，以确保安全：

（1）为使跟踪出站调车不影响列车运行，在办理时须经列车调度员口头准许。

（2）为了更好地掌握区间占用情况，防止跟踪出站调车的机车车辆返回车站前，两站错误办理闭塞，办理跟踪出站调车时，须在取得邻站车站值班员的承认的电话记录号码后，方可填写跟踪调车通知书，组织跟踪出站调车。

（3）下列情况禁止跟踪出站调车：

①出站方向区间内有瞭望不利的地形或有长大上坡道时。因为出站方向区间内有瞭望不利的地形时，调车作业或由区间退回的列车瞭望困难，一旦出现问题，不能及时停车，容易发生冲突等事故；因为区间有长大上坡道时，一旦前发列车制动失效，即有溜回的可能时，如再跟踪出站调车，就可能发生冲突。

②前发列车需由区间返回或挂有区间返回的后部补机时。以防止返回的列车或补机与正在跟踪出站调车的机车车辆发生冲突。

③一切电话中断，禁止跟踪调车。这是因为电话中断后行车联络办法比较复杂，不易保证安全。

④降雾、暴风雨雪时。因瞭望困难，作业不便，禁止跟踪出站调车。

⑤动车组调车作业。

⑥单线自动站间闭塞、双线自动闭塞区间。

⑦前行列车为特运、旅客、军运列车。

⑧无预告标，无预告、接近信号机或集中联锁车站第一离去表示灯因故不能显示时。

2. 跟踪调车通知书填写

发给司机的跟踪调车通知书，填写时应划去“出站”两字。助理值班员、调车指挥人填写跟踪调车通知书时，“车站值班（扳道）员”栏应填写“助理值班员（调车指挥人）×××”，并将“车站值班（扳道）员”字句抹销。

3. 注意事项

（1）为保证跟踪出站调车的车列与前行列车保持一定距离，只有前发列车尾部越过预告、接近信号机或靠近车站的第一个预告标后，方可跟踪出站调车。如受地形地物影响，看不见预告信号机或站界标，确认前发列车位置有困难时，应按《站细》规定的间隔时间进行。

(2)跟踪出站调车的机车、车辆最远不得越出站界500 m。

(3)跟踪出站调车，禁止办理推进作业。

(4)出站(跟踪)调车进路准备妥当后，两端站的车站值班员应在控制台(占线板)上对应区间进站口处上揭挂“出站调车”表示牌(安全帽)。调车完毕后，调车指挥人须向司机收回通知书，并及时注销，报告车站值班员办理区间开通手续，摘除表示牌。

三、同一线路两端同时作业

1. 在纵向划区及未划区的线路上，禁止同时在同一线路上进行对向作业。如必须办理时，应按下列规定制订联系办法，列入《站细》。

(1)在空线上，禁止在同一线路上相对方向同时推进(含单机运行)或溜放，或一端推进(含单机运行)一端溜放。

(2)在有车线上，禁止在同一线路上相对方向同时与同一车组连挂。

2. 同一调车作业区内有两台及其以上机车同时作业时，必须加强联控，车站值班员应主动与调车指挥人、司机联系确定放行顺序，放行顺序发生变化时必须联系彻底，原则上应先放行运行前方无调车信号机阻挡的机车，机车车辆未越过调车信号机，车站不得办理与该调车信号机防护进路有关的其他调车进路。

3. 遇天气恶劣，在100 m看不见调车手信号或在驼峰上看不见峰下分歧道岔时，除按有关规定执行外，在纵向划区、横向划区或不划区的线路上，都不准两台机车在同一线路上进行调车作业。

四、企业自备机车站内调车作业

1. 企业自备机车进入站内交接线整列取送作业，可使用列车无线调度通信设备布置作业计划(不再编制书面计划)，司机必须复诵。

2. 国铁接轨站接发列车时，与接发列车进路没有隔开设备或脱轨器的线路，不准向能进入接发列车进路的方向接入非国铁控股合资公司、地方铁路、专用铁路及铁路专用线方向由企业自备机车(担当国铁线路牵引任务的机车除外)的列车和调车车列(含单机)。

3. 非国铁控股合资公司、地方铁路、专用铁路及铁路专用线的机车在国铁接轨站调车作业，应在《站细》规定的作业区域内进行。特殊情况下，确需在站内其他线路上作业时，应经车站值班干部同意，并通知司机有关注意事项。

非国铁控股合资公司、地方铁路、专用铁路及铁路专用线的机车在国铁接轨站调车作业时，原则上不得穿越、占用正线。确需穿越、占用正线作业时，应在协议中明确安全措施并纳入《站细》。

4. 除担当本列取送作业和在交接场(线)内与正线、到发线有隔开设备时的调车作业外，原则上不使用非国铁控股合资公司、地方铁路、专用铁路及铁路专用线的机车担当国铁车站的其他调车作业。确需使用的，须经铁路局集团公司批准，作业中应由国铁车站调车人员负责指挥和调车作业，无论作业钩数多少均需使用调车作业通知单，在中间站应使用有示意图的调车作业通知单(示意图可另附)，并应使用无线调车灯显设备。

5. 企业自备机车以调车方式进出国铁接轨站时原则上牵引运行，且必须接通全部制动软管，并按规定进行简略试验。衔接段管线、岔线、货物线的车站，应配备具有摄像（拍照）功能的设备。在以上区域调车作业时，调车人员入线前检查，需对所调动的车组首、尾部车辆车号进行拍摄（拍照）；防溜设置完毕后，应对防溜设置的车辆车号及防溜情况进行拍摄（拍照）。中间站停留保留列车时，车站应采用作业记录仪等装置对保留列车防溜措施进行拍照或摄录、留存，拍照或摄录内容包括防溜车辆的车号和防溜措施，并确认照片或录像显示的防溜措施无误后，在 4 h 内将照片上传并汇报本单位安全生产指挥中心。

五、原路返回调车作业进路准备和联控

1. 调车作业中，由于带车较多或原停留车距警冲标较近等原因，经常造成车列压在道岔区段上就进行折返。这时在折返的进路上，有的道岔已经解锁或本来就在解锁状态（长轨道电路区段个别道岔仍处锁闭状态），这些没有信号防护的道岔，给调车作业安全带来了极大的隐患。

2. 集中联锁的车站，遇调车作业压岔、压轨道（侵限）绝缘节等导致调车信号机不能开放时，应严格执行“一锁闭、二复核、三通知”制度。

(1)车站值班员、助理值班员（内勤）应通过信号操作终端确认压岔、压绝缘状态，遇控制台无法确认时，应询问调车人员（司机）机车车辆压岔位置。准备调车进路时，能使用调车进路锁闭的道岔必须用调车进路锁闭，无法用调车进路锁闭的道岔必须单独锁闭，并接通光带确认进路开通正确（无法接通光带的车站通过道岔定反位确认）。

(2)设有助理值班员（内勤）的车站在调车进路准备妥当后，助理值班员（内勤）应通知车站值班员复核调车进路开通位置正确；未设有助理值班员（内勤）的车站在调车进路准备妥当后，车站值班员应通知把关人员或胜任人员复核调车进路开通位置正确；车站值班员[助理值班员（内勤）]在得到复核人员复检调车进路开通位置正确的报告后，方可通知调车人员（司机）。

(3)调车指挥人得到车站值班员[助理值班员（内勤）]调车进路准备妥当的通知后，方可通知司机进行作业。调车指挥人还要确认没有信号防护道岔的位置正确和前方调车信号的显示后，才准向司机显示起动信号。没有信号操作人员的通知，严禁随意动车。

3. 未设信号机防护的道岔区段可采用反排调车进路的方法准备锁闭进路，即排出相反方向的调车进路，能通过光带监视进路，但车列沿着进路通过后，必须用人工解锁的方法解锁进路。如图 2-4-48 所示，机车进 4 道挂车 10 辆返回。

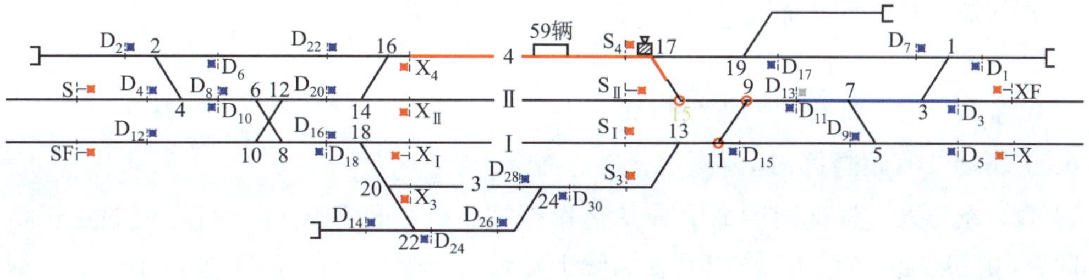

图 2-4-48 压岔折返调车

4. 联控：压岔折返调车进路准备妥当后通知司机，见表 2-4-3。

表 2-4-3 压岔折返调车进路准备妥当后通知司机

情　景	呼叫人	被呼叫人
压岔折返调车进路准备妥当后	车站值班员、助理值班员(内勤)：0号[×调、××号机车、××次司机、××轨道车]，×道调车进路好	调车指挥人(司机)：×道调车进路好，0号[×调、××号机车、××次司机、××轨道车]明白

六、分路不良区段调车作业联控

1. 了解事项：调车进路上哪些地段为轨道电路分路不良区段。

2. 作业要点：

(1)办理调车进路前，须确认与进路有关的所有分路不良区段空闲。

(2)调车信号开放后，将分路不良区段的道岔单独锁闭。

(3)调车作业时，询问并得到调车人员或司机汇报机车车辆出清道岔轨道电路分路不良区段后，方可扳动道岔，开放信号。

3. 联控：分路不良区段调车，见表 2-4-4。

表 2-4-4 分路不良区段调车

情　景	呼叫人	被呼叫人
解除分路不良区段道岔单独锁闭前	车站值班员、助理值班员(内勤)：询问机车车辆动态：×号[×调、××号机车、××次到达机(出发机)、××次、××轨道车]，到达返岔地点[×道过标]后报告	调车指挥人(司机)：到达返岔地点[×道过标]后报告：×号[×调、××号机车、××次到达机(出发机)、××次、××轨道车]明白
到达返岔地点或×道过标后	调车指挥人(司机)：××站[场]，×号[×调、××号机车、××次到达机(出发机)、××次、××轨道车]已到达返岔地点[×道已过标]	车站值班员、助理值班员(内勤)：×号[×调、××号机车、××次到达机(出发机)、××次、××轨道车]已到达返岔地点[×道已过标]，××站[场]明白

七、调动特殊车辆作业

(一)调动专运、公务及特种用途车辆

1. 连挂专运、公务及特种用途车辆或带专运、公务及特种用途车辆在接近连挂车辆前必须一度停车，并通知车内人员注意。调车速度，不得超过 10 km/h，如图 2-4-49 所示。

2. 调动前必须全部接通软管并进行自动制动机简略试验。

3. 禁止溜放。

4. 由车站负责干部在现场组织指导。

(二) 调动装有超限货物车辆

1. 调车领导人应根据调度命令或货运单据规定的条件和经过线路附近的建筑物与设备的限界，相邻线路的线间距离以及在邻线上停留的超限车等情况，布置调车作业计划的同时布置注意事项，如图 2-4-50 所示。

2. 调移超限车时，超限车与邻线车辆之间的距离，不得小于 350 mm。

3. 超限车的任何超限部位与建筑物或设备之间的距离不得小于 100 mm。如小于 100 mm时，原则上不得办理调车作业。

图 2-4-49 公务车

图 2-4-50 超限货物车辆

(三)调动装载标有 △W 货物车辆

1. 调动装载 △W 货物车辆时，必须在调车指导(无调车指导的车站为业务熟练的干部)的监督下进行。作业前由调车区长或车站值班员通知监督人员。

2. 装载 △W 货物的车辆禁止溜放调车。向停留装载 △W 货物车辆的线路溜放其他车辆或推送车辆时，必须留有 10 m 以上的距离，严禁溜放连挂。

3. 机车或者机车带有其他车辆接近、连挂标有 △W 的车辆，或者机车带有 △W 车辆与其他车辆连挂时，必须在距离停留车十车处一度停车，接近被连挂车辆时，以不超过 3 km/h 的速度连挂。

4. 调动装载 △W 货物的车辆时，须连结不少于 1/5 车辆的软管。

(四)调动危险货物车辆

调车指挥人于作业前须将计划及注意事项通知司机，挂车前应派人检查防溜措施，并通知押运人员注意。挂车时严格掌握速度不得冲撞；在指定的线路上摘解上述车辆时，按《站细》规定做好防溜措施，牢靠固定。

车站与洗罐站、油库线等企业签订安全协议，规定调车机车作业区域及安全措施。

(五)装卸作业未完毕，需要调动车辆

需要调动正在进行装卸作业的车辆时，应事先联系监装卸作业的货运员，由监装卸作业的货运员通知装卸班组，停止装卸作业，并确认货车不偏载、货物无倒塌可能、车门车窗已关闭、人员机具全部撤出限界、防护信号已撤除后，方可同意作业。如有调动限制要求时，应事先通知调车领导人。

八、调车信号机故障情况下进路准备和联控

1. 了解事项：未设调车信号机或调车信号机故障停用及其他情况造成调车信号机不能使用。

2. 操作：单独操纵道岔到需要的位置，通过接通光带、道岔定反位灯光确认进路正确。将道岔单独锁闭，经车站值班员确认正确。

3. 联控：通知调车指挥人(司机)进路准备妥当时一并告知不能开放调车信号机号码，见表 2-4-5。

表 2-4-5　调车信号机不能开放时调车作业

情　　景	呼 叫 人	被呼叫人
调车进路准备妥当，调车信号机不能开放时调车作业	车站值班员、助理值班员（内勤）： 0 号[×调、××号机车、××次到达机（出发机）、××次、××轨道车]，×道调车进路好，×信号机不能开放可以越过	调车指挥人（司机）： ×道调车进路好，×信号机不能开放可以越过，0 号[×调、××号机车、××次到达机（出发机）、××次司机、××轨道车]明白

九、集中区局部联锁失效进路准备和联控

1. 条件：集中区局部联锁失效（道岔或轨道电路故障），工务销记设备正常，电务登记停用内容、影响范围、行车限制条件。

2. 操作：对未失去表示的道岔开放调车信号或反排调车信号准备进路，调车进路不能准备的道岔，单操道岔（含防护道岔）准备好进路并单独锁闭；联锁失效（含红光带区段需摇动）道岔，根据车站值班员命令现场摇动道岔到所需要的（直、曲股）位置，并按规定对道岔加锁、紧固并在信号操作终端上单独锁闭。

3. 报告：确认调车进路正确报告车站值班员。

4. 联控：调车进路准备妥当后，车站值班员、助理值班员（内勤）通知调车指挥人（司机）并听取复诵正确：0 号[×调、××号机车、××次到达机（出发机）、××次、××轨道车]，×道调车进路好，×信号机不能开放可以越过。

十、恶劣天气调车作业

遇天气恶劣，在 100 m 看不见调车手信号或在驼峰上看不见峰下分歧道岔时，除按有关规定执行外，应按下列规定进行调车作业：

1. 由车站值班站长（无值班站长的车站为调车领导人）根据调车指挥人、司机或调车区长的报告发布命令改按本办法进行调车作业。

2. 手信号调车作业中，使用听觉信号辅助。

3. 平面调车，不准溜放调车，并以遇到阻碍能随时停车的速度进行作业。

4. 调车信号机开放后，除遇有危及人身或行车安全情况外，禁止变更。

5. 不准以口头方式变更调车作业计划（自动化驼峰调车解散作业除外）。

6. 在纵向划区、横向划区或不划区的线路上，都不准两台机车在同一线路上进行调车作业。

7. 驼峰作业，峰上解散一钩以后，必须得到该车组已过分歧道岔，或同线隔钩车，须接到前行车组已入线停车的报告后，峰上方可继续提钩解散（自动化驼峰除外）。

8. 连挂车辆或在尽头线上作业，应距停留车辆或车挡不少于 30 m 处一度停车。

9. 在较长的岔线上取送车时，须接通全部软管，并在推进车列的前端配挂简易紧急制动阀。

10. 设有驼峰的车站和使用无线调车灯显设备的车站，应根据具体情况，制订保证安全的措施，列入《站细》。

十一、手推调车

手推调车是通过人力在短距离内移动车辆位置，一般不是由专业的调车人员进行，为保证手推调车作业的安全，应遵守下列限制：

调车领导人应全面掌握线路使用、设备特点和作业进度等情况，因此手推调车必须取得调车领导人的同意，人力制动机作用必须良好，有胜任人员负责制动。手推调车速度不得超过 3 km/h。下列情况，禁止手推调车：

1. 在正线、到发线及超过 2.5‰坡度的线路上(确需手推调车时，须经铁路局集团公司批准)。

2. 在停有动车组的线路上。

3. 遇暴风雨雪、浓雾或夜间无照明时。

4. 接发列车时，与接发列车进路没有隔开设备或脱轨器的线路，向能进入接发列车进路的方向。

5. 装有爆炸品、气体类危险货物、剧毒品、放射性物品的车辆和空客车、特种用途车、乘坐旅客的车辆。

6. 电气化区段，接触网未停电的线路上，对棚车、敞车类的车辆。

7. 注意事项：

(1)在同一线路上，距离不足 50 m 的两车组禁止同时移动(反向除外)。

(2)手推调车仅准许在本线内移动，停留车辆距警冲标不足 50 m 时不准手推调车。

(3)禁止在不同线路上向同一道岔方向手推调车。

(4)推车人员应在车辆两侧地面上推动车辆，禁止站在站台上推车，禁止在轨面高于地面 0.4 m 及以上的线路上推车。

(5)手推调车时，每批作业不得超过重车一辆或空车两辆，并应连挂在一起，前行车组未停妥之前，后行车组不得移动。

十二、电气化铁路调车作业

1. 调车作业人员在电气化区段对货物车列进行调车时，如发现篷布掀翻或绳索脱落，禁止随意掀翻复原或上抛绳索。发现接触网绝缘破损或断线，以及接触网上挂有线头、绳索等异物时，应立即通知车站值班员(车站调度员)封锁线路，禁止调车车列进入该线调车。

2. 调车作业中，途经侵入建筑接近限界的电化支柱前(侵入建筑接近限界的电化支柱在《站细》内公布)，作业人员应加强确认瞭望，不得探身过远，防止身体任何部位或信号旗等物与支柱发生碰撞受到伤害。

3. 登乘电力机车调车作业时，必须在机车停稳后上下车，严禁登上机车顶部。

4. 从无网区进入挂有接触网的区域前，调车人员必须在进入有电区域前，站立在安全的位置，调车长应与调车人员执行安全联控，得到调车人员站立位置安全的报告后方准作业。调车作业中不得在接近接触网支柱处动态上下车。

5. 利用电力机车推送车辆进入无网区或无电区进行调车作业时，要有足够数量的车辆作“隔离车”，并保证电力机车受电弓与接触网终点标或分段绝缘器之间保持 10 m 以上的安全距离。

6. 调车作业中严禁使用金属信号旗杆。

7. 在带电的接触网线路上进行调车时，作业人员身体各部位及所持信号和其他物体，必须与牵引供电设备高压带电部分保持 2 m 以上距离，与回流线、架空地线、保护线保持1 m 以上距离；严禁登上棚车、家畜车或机械冷藏车（在区间登上敞车）使用人力制动机及进行其他作业；在接触网导线距轨面高度小于 6 200 mm 的线路上，禁止登上敞车手闸台，在接触网导线距轨面高度为 6 200 mm 及其以上的线路上使用敞车人力制动机时，作业人员不准踏在高于人力制动机踏板的车帮上或货物上。对车体端墙上已涂打“接触网下操作注意安全”标记的棚车、敞车类车辆，准许使用下方人力制动机进行防溜。

8. 使用电力机车调车时，应注明“电力”字样，对接触网无电的线路，在该钩相应的附记栏中注明“无电”字样。

9. 当调车作业从无网区进入到挂有接触网的区域作业前，调车长应与调车人员执行安全联控，得到调车人员站立位置安全的报告后方准作业。

十三、调车联控

1. 经由股道转头时，应按进路、出路分段执行联控，出路联控应在进路准备妥当且调车车列（机车、动车组、自轮运转特种设备）进入股道后，车站值班员[助理值班员（内勤）]方可进行联控。

2. 三等及以下集中联锁的车站调车进路必须一次排列到发线、调车线、牵出线、机待线等股道，不准分段排列调车进路。二等及其以上集中联锁的车站调车进路原则上应一次排列，遇调车进路未排列到发线、调车线、牵出线、机待线等股道时，车站值班员[助理值班员（内勤）]应在排列进路前预告司机停车位置，并听取司机复诵后方可准备进路。

3.“问路式”调车作业办法。

（1）下列情况必须执行“问路式”调车作业：

①动车组、自轮运转特种设备在集中联锁区域每钩调车作业必须执行“问路式”调车规定。

②三等及其以下集中联锁的车站每钩调车作业必须执行“问路式”调车规定。

（2）执行“问路式”调车作业时，车站值班员[助理值班员（内勤）]未得到调车人员（牵引为调车长，推进为车列前端人员，其他为司机）[以下简称调车人员（司机）]的问路不得排列调车进路，调车进路未排列妥当不得通知。

（3）执行“问路式”调车的车站及动车组、自轮运转特种设备调车作业联控用语，见表 2-4-6。

表 2-4-6 “问路式”调车用语

情景	呼叫人	被呼叫人
具备动车条件时：请求进路	调车指挥人（司机）： ××站[场]，×号[×调、××号机车、××次到达机（出发机）、××次、××轨道车]，请求×道进路	车站值班员、助理值班员（内勤）： ×号[×调、××号机车、××次到达机（出发机）、××次、××轨道车]，请求×道进路，××站[场]明白

续上表

情　　景	呼 叫 人	被呼叫人
进路准备妥当后	车站值班员、助理值班员（内勤）：×号［×调、××号机车、××次到达机（出发机）、××次、××轨道车］，×道调车进路好	调车指挥人（司机）：×道调车进路好，×号［×调、××号机车、××次到达机（出发机）、××次司机、××轨道车］明白
转场作业时，越出场与进入场的进路均准备妥当后，可由越出场车站值班员［助理值班员（内勤）］将进路一次性通知调车人员（司机）。联控用语"×道调车进路好"改为"×（场）×道至×（场）×道调车进路好"		

（4）牵引调车按规定由调车指挥人"问路"时，调车指挥人须在得到车站值班员［助理值班员（内勤）］"×道调车进路准备好了"的通知后，提醒司机确认调车信号，并呼叫司机："确认调车信号"，司机应答："司机明白。"

（5）返岔作业时，机车车辆应运行至返岔地点停妥后，方准"问路"。

（6）车站值班员［助理值班员（内勤）］在得到问路的请求后，因接发列车等原因不能排列调车进路时，应及时应答并说明原因，待进路准备妥当后再通知调车人员（司机）。

4."指路式"调车作业办法（开通 CIPS/SAM 系统的车站除外）。

（1）二等及其以上集中联锁的车站，除动车组、自轮运转特种设备执行"问路式"调车规定外，其他情况每钩调车作业必须执行"指路式"调车的规定。

（2）执行"指路式"调车作业时，调车进路未准备妥当，车站值班员［助理值班员（内勤）］不得提前通知调车人员（司机），调车人员（司机）得到车站值班员［助理值班员（内勤）］调车进路准备妥当的通知后，应确认地面信号。

（3）执行"指路式"调车的车站调车作业联控用语，见表 2-4-7。

表 2-4-7 "指路式"调车用语

情　　景	呼 叫 人	被呼叫人
进路准备妥当后	车站值班员、助理值班员（内勤）：×号［×调、××号机车、××次到达机（出发机）、××次、××轨道车］，×道调车进路好	调车指挥人（司机）：×道调车进路好，×号［×调、××号机车、××次到达机（出发机）、××次司机、××轨道车］明白

5."问路式""指路式"调车作业安全卡控措施。

（1）电力机车调车作业执行联控时，调车人员（司机）、车站值班员［助理值班员（内勤）］应在规定用语前冠以"电力"字样。

（2）调车指挥人站立在不能让机车乘务组看见其显示信号的位置指挥调车作业（遥控指挥）时，司机不得动车。

（3）车站办理占用正线调车，且进路末端开通至进站信号机（站界标）时，应在原规定用语后增加"注意站界"。

（4）执行"问路式"调车作业，因无线电台故障、干扰或其他原因造成联系不上，车站值班员［助理值班员（内勤）］反呼叫调车人员（司机）三次无人应答时，车站可先行排列进路开放信号，调车人员（司机）应凭信号显示动车；执行"指路式"调车作业，调车信号开放后，因无线电台故障、干扰或其他原因造成联系不上，车站值班员［助理值班员（内勤）］应呼叫调车人员（司机）三次，调车人员（司机）应凭信号显示动车。

【事故案例】

(一)铁路交通一般 D3 类:调车挤岔事故

1. 事故概况

××年×月×日×时×分××车务段××站 48001 次进行调车作业(6 道+14,4 道-1,6 道+42 编成)作业至第二钩 4 道西端牵出时将 14 号道岔挤坏,13 时 55 分 14 号道岔恢复使用,构成铁路交通一般 D3 类调车挤岔事故。

2. 原因分析

调车列第一钩作业完毕后,在 4 道待避 2 趟列车,值班员办理第二钩 4 道-1 牵出计划时错误排列了 6 道西端上行线调车进路,向司机指路:"48001 次司机 6 道西端对上行线调车信号好",司机在未确认 4 道调车信号显示是否正确的情况下盲目复诵并由 4 道牵出。

(二)铁路交通一般 D10 类:错撤防溜耽误列车事故

1. 事故概况

××年×月×日×时×分,××铁路局集团公司 82908 次××站 5 道始发后,在 6 道进行作业的××车辆段检车员发现 82908 次列车尾部 1 位车辆人力制动机紧固器未撤除抱闸运行,将列车喊停在区间,构成铁路交通一般 D10 类事故。

2. 原因分析

车站在撤除 5 道始发的 82908 次尾部编号为 4 号的人力制动机紧固器时,错将 4 道停留车列编号为 6 号的人力制动机紧固器撤除;车站值班员在接到"5 道西端紧固器已撤除,编号 6 号"的通知后,没有与占线板上标记的紧固器编号进行核对,就盲目复诵应答"车站明白",并擦除占线板上揭示的防溜措施,造成列车尾部车辆带人力制动机紧固器开车。

(三)铁路交通一般 D10 类:未认真核对编组信息耽误列车事故

1. 事故概况

××年×月×日×时×分,45059 次列车在××铁路局集团公司××线××站调车作业漏摘 9 辆车,运行至牵引定数为 1 000 t 的××站至××站间 K93+105m 处坡停,构成铁路交通一般 D10 类耽误列车事故。

2. 原因分析

一是夜班车站值班员编制跨班调车作业计划,交班时未将列车调度员布置的 45059 次甩车重点事项和车站现车情况传达清楚,接班车站值班员不掌握调车作业目的。二是助理值班员担当调车长,未认真核对计划,未重点布置确认挂车车号;连结员作业至第三钩时,误认为是 D2+21 挂全,未核对所挂末端车辆的车号,也未核对现车辆数。

复习思考题

1. 调车作业计划应包括哪些内容?
2. 调动专运、公务及特种用途车辆执行什么规定?
3. 调车作业速度应遵守哪些规定?
4. 特殊车辆在线路上停留时应执行哪些安全措施?
5. 到发线设置、撤除防溜措施后执行哪些报告制度?
6. 接发旅客列车对调车作业有哪些限制?

第三篇　相 关 知 识

第一章　电气化铁路知识

本章是关于电气化铁路知识，主要包括电气化铁路设备构成及其行车组织和调车作业规定。通过本章学习，作业人员能够了解电气化铁路设备操作规程及其相关规定，正确使用电气化铁路设备，确保电气化铁路行车组织、调车作业安全平稳。

第一节　电气化铁路设备

一、电气化铁路概述

电气化铁路是指以电能为牵引动力的一种现代化交通运输工具，它由电力机车（或动车组）和牵引供电系统两大部分组成。由于它的牵引动力是电能，故又称电力牵引。它与蒸汽、内燃牵引方式最大的不同在于，电力机车（或动车组）本身不带动力，而是由外部供给电能。专门给电力机车（或动车组）供给电能的装置称作牵引供电系统。

二、牵引供电系统

将电能从电力系统传送给电力机车的电力装置是电气化铁路的供电系统，又称牵引供电系统，主要由牵引变电所和接触网两大部分组成。牵引变电所将电力系统经输电线路的电压从 110 kV（或 220 kV）降到 25 kV，经馈电线将电能送至接触网；接触网沿铁路上空架设，电力机车升弓后便可从其取得电能，用以牵引列车。牵引变电所所在地的接触网设有分相绝缘装置，两相邻牵引变电所之间设有分区亭，接触网在此也相应设有分相绝缘装置。牵引变电所至分区亭之间的接触网（含馈电线）称供电臂。

牵引供电回路是由牵引变电所—馈电线—接触网—电力机车—钢轨—回流连接—（牵引变电所）接地网组成的闭合回路，其中流通的电流称牵引电流，闭合或断开牵引供电回路会产生强烈的电弧，处理不当会造成严重的后果。通常将接触网、钢轨回路（包括大地）、馈电线和回流线统称为牵引网。

（一）牵引变电所

牵引变电所是一个统称，它由供电系统中的开闭所、分区所和自耦变压器等组成，其主要作用是将电力系统输送来的三相高压电变换成适合铁路使用的单相电能。牵引变电所内主要设备有牵引变压器、高压断路器、隔离开关、电流互感器、电压互感器以及避雷器等电气设备。为保证电气设备正常运行，确保系统安全可靠供电，牵引变电所内还装有各种控制、监视、保护、信号显示和计量装置等。

我国铁路采用的是工频单相 27.5 kV 交流制，而电力系统是一个三相交流系统电压标准不同不能直接使用，需要经过变换电压等级和由三相变换成单相才能使用。电力机车在运行中产生的负序和高次谐波也会对国家电力系统造成多种不良影响，需要通过牵引变电所来解决。

1. 开闭所

开闭所一般设置在枢纽客运站、枢纽编组站、电力机务段、动车所等需要实现分束、分段供电的场所。开闭所不设置牵引变电器，不能进行电压变换，仅通过开关设备增加馈电线数量。如果开闭所在供电臂末端，通常将其与分区所合建。

2. 分区所

电气化铁路上下行接触网在供电臂末端通过分区所并联起来，以提高供电臂末端接触网的电压水平，均衡了上下行供电臂的电流，降低电能损失，在重载和线路有较大坡道的情况下效果更为明显；在牵引变电所故障退出情况下，通过分区所可由相邻牵引变电所实行越区供电。

3. 自耦变压器所(AT 所)

AT 供电方式下，每隔一定距离设置 AT 所，AT 所的自耦变压器跨接在牵引网的接触网、正馈线和钢轨间，组成 AT 牵引网的供电网络。AT 所的自耦变压器按 1∶1设置。

(二)接 触 网

接触网是在铁路沿线上空架设的一条特殊形式的输电线路，包括接车悬挂、支撑定位装置、支柱及基础三部分组成。主要作用是为了保证正在运行中的动车组受电弓良好接触，将电能有效持续地传送到动车组上，实现列车安全运行的要求。

三、接触网的分类和组成

电气化铁路接触网包括架空柔性悬挂和刚性悬挂接触网两类。我国电气化铁路普遍采用架空柔性接触网。架空柔性接触网的主要结构设施有：支柱与基础、支撑装置、定位装置、接触悬挂、附加悬挂。

(一)支柱与基础

支柱用以承受接触悬挂、支持和定位装置的全部负荷，并将接触悬挂固定在规定的位置和高度上。支柱按材质分为预应力钢筋混凝土支柱和钢支柱两大类。预应力钢筋混凝土支柱有矩形横腹杆式和环形圆柱，如图 3-1-1 所示。

图 3-1-1　预应力钢筋混凝土支柱

(二)支持装置

支持装置是将接触悬挂的负载传递给支柱的固定装置。支持装置安装方式主要有水平拉杆加斜腕臂结构、平腕臂加斜腕臂结构、整体腕臂结构安装形式,如图 3-1-2 所示。

(a) 水平拉杆加斜腕臂　(b) 平腕臂加斜腕臂　(c) 整体腕臂

图 3-1-2　支持装置

(三)定位装置

定位装置将接触线定位在要求的空间范围内。根据现场设备的定位方式要求不同具体有正定位(图 3-1-3)、反定位(图 3-1-4)、软定位(图 3-1-5)、组合定位形式(图 3-1-6)等。

图 3-1-3　正定位

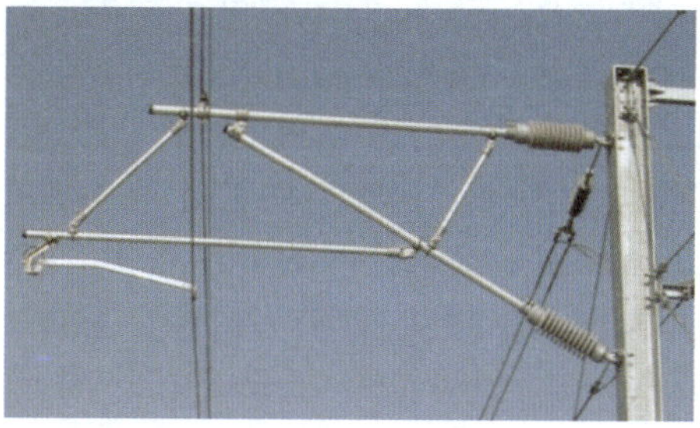

图 3-1-4　反定位

图 3-1-5　软定位

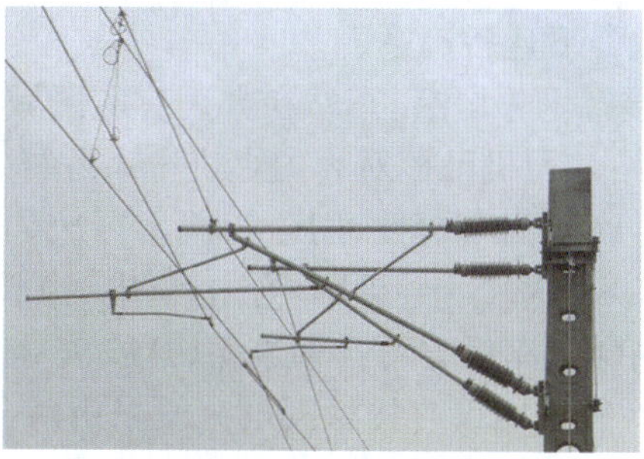

图 3-1-6　组合定位

(四)接触悬挂

接触悬挂由接触线、承力索和吊弦及连接零部件组成。我国电气化铁路接触悬挂主要采用简单链型悬挂和弹性链型悬挂。简单链型悬挂装配形式主要在普速铁路接触网中运用,弹性链型悬挂装配形式主要在高速铁路接触网中运用。

第二节 电气化铁路行车组织

一、防止电力机车、动车组进入停电区、无网区的要求

(一)停电区域明示化的措施

1. TDCS/CTC 系统具备设置供电臂、无网区标识的区段,必须使用该功能设置停电、无网区标识。

2. 接触网站内或区间停电施工前,由车站值班员根据列车调度员发布的停电命令,在"接触网供电示意图"(计算机联锁车站为"占线板")上用红笔勾画出停电区域,施工结束后抹销。助理值班员(内勤)[未设时为助理值班员(外勤),未设助理值班员(外勤)以及助理值班员(外勤)与车站值班员固定不处于同一室时为车站盯控人员]对勾画内容进行核对。供电部门负责对登记站勾画内容进行确认。

3. 接触网故障停电时,车站值班员应根据列车调度员发布的停电命令,在"接触网供电示意图"(计算机联锁车站为"占线板")上用红笔勾画出停电区域,接触网恢复供电后抹销。助理值班员(内勤)[未设时为助理值班员(外勤),未设助理值班员(外勤)以及助理值班员(外勤)与车站值班员固定不处于同一室时为车站盯控人员]对勾画内容进行核对。

(二)防止电力机车、动车组进入停电区、无网区的控制措施

1. 对衔接未挂网线路的有关道岔(衔接安全线、牵出线、机待线、推峰线、综合维修工区的道岔以及挂网正线与未挂网正线衔接的道岔除外)须开通有接触网的线路并单独锁闭,执行困难时可对相关信号机钮封,防止电力机车进入无接触网线路。挂网线路与未挂网线路的分界处应在控制台未挂网的分界点相应位置贴上标识进行明示(安全线除外)。

2. 车站值班员接到列车调度员下达的接触网停电命令后,应根据"车站接触网停电道岔锁闭、信号机钮封一览表"立即将行车限制卡中的关联道岔开通非停电区域单独锁闭,不能通过关联道岔隔开时应将能进入停电区域的信号机按钮进行钮封,并在控制台停电区域的按钮(计算机联锁车站为占线板停电区域适当位置)揭挂"停电"表示牌,接触网恢复供电的调度命令下达后摘下。

3. 接触网停电后,车站在办理有电区域开往停电区域的接发列车(轨道车除外)和本务机车(车站与司机已核对为内燃机车后除外)调车前,车站值班员[助理值班员(内勤)]须与司机核对确认机车属性,用语为:"××次(××号机车)通报机车属性",司机接到通知后应回复:"××次(××号机车)为内燃(电力)机车",车站值班员[助理值班员(内勤)]得到司机回复为内燃机车后方可排列进路、开放信号。

4. 在股道内设有接触网电分段采用两个供电臂供电的线路上,涉及该线路的任一供电臂有计划停电时,股道上均不准停留电力机车。遇特殊情况供电单元临时停电时,车站值班员应通知股道内的电力机车司机禁止移动。相关车站应将上述情况在《站细》中明确。

5. 电力、内燃机车共同担当列车的区段,接发电力机车牵引列车的列车、车机联控时,在原车次用语前,必须增加"电力"用语。

(三)接触网停电时的接发列车限制和安全措施

1. 当区间接触网停电时,不得向该停电区域发出电力机车及其牵引的列车或动车组,

同时按规定揭挂停电表示牌。

2. 当车站正线、到发线接触网停电时，不得向该线接入电力机车及其牵引的列车或动车组，同时按规定揭挂停电表示牌。

3. 当区间有电而站内停电时，在条件容许的情况下需使列车降弓滑行进站或通过时，列车调度员应发布调度命令。供电人员按相关规定设置或显示降、升弓信号。

4. 当接触网一个供电臂检修和处理故障时，有关站严禁开通上下行之间的渡线和有可能造成该供电臂带电的道岔以及分场分束供电的不同场区之间的联络线放行电力机车、动车组。

复习思考题

1. 什么是牵引供电系统？
2. 接触网的分类和组成有哪些？
3. 防止电力机车、动车组进入停电区、无网区的控制措施有哪些？
4. 接触网停电后行车人员应做到哪些？

第二章　车站技术作业

本章从编组列车的一般要求、列车中机车车辆的连挂及隔离限制、班计划及阶段计划的编制等方面系统阐述了车站技术作业有关内容。通过本章学习，能有效帮助助理值班员了解编组列车有关规定和车站工作计划组成与实施。

第一节　编组列车有关规定

一、编组列车的一般要求

列车应按《技规》、列车编组计划和列车运行图规定的编挂条件、车组、重量或长度编组。

列车重量应根据机车牵引力、区段内线路状况及其设备条件确定。编组超重列车时，编组站、区段站应商得机务段调度员同意，在中间站应得到司机的同意，并均须经列车调度员准许。

列车长度应根据运行区段内各站到发线的有效长，并须预留 30 m 的附加制动距离确定。超长列车运行办法，由铁路局集团公司规定。

动车组以外的旅客列车按列车编组表编组，机车后第一位编挂一辆未搭乘旅客的车辆作为隔离车。行李车、邮政车、发电车等非乘坐旅客的车辆应分别挂于机车后第一位和列车尾部，起隔离作用；在装设集中联锁的区段，并设有列车运行监控装置时，旅客列车可不挂隔离车。如隔离车在途中发生故障摘下时，可无隔离车继续运行。局管内旅客列车经铁路局长批准，可不隔离。

军用列车的编组，按有关规定办理。

动车组为固定编组。单组动车组运用状态下不得解编，两组短编组同型动车组可重联运行。救援等特殊情况下，两组不同型号的动车组可重联运行。

动车组禁止加挂各型机车车辆（无动力调车时的调车机车、救援机车、无动力回送时的本务机车及回送过渡车除外）；动车组禁止编入其他列车。

超过检修期限的动车组禁止上线运行（经车辆部门鉴定的回送动车组除外）。

二、列车中机车的编挂

（一）机车的编挂

工作机车应挂于列车头部，正向运行（牵引小运转、路用、救援列车的机车除外）；无转向设备的，可逆向运行。

双机或多机牵引时，本务机车的职务由第一位机车担当。

补机原则上应挂于本务机车的前位或次位，在特殊区段或需途中返回时，经铁路局集团公司批准，可挂于列车后部，如后部补机不接软管时，由铁路局集团公司规定保证安全办法。

回送机车，应挂于本务机车次位，挂有重联机车时为重联机车次位。20‰及以上坡道的区段，禁止办理机车专列回送。

回送铁路救援起重机，应挂于列车后部。

（二）列车中机车车辆的连挂

动车组以外的列车中相互连挂的车钩中心水平线的高度差，不得超过 75 mm。

列车机车与第一辆车的连挂，由机车乘务员负责。单班单司机值乘的由列检人员负责；无列检作业的列车，由车辆乘务员负责；无车辆乘务员的列车，由车站人员负责。

列车机车与第一辆车的车钩摘解、软管摘结，由列检人员负责。无列检作业的列车，车钩、软管摘解由机车乘务员（单班单司机值乘的由车辆乘务员）负责，软管连结由车辆乘务员负责；无车辆乘务员的列车，由机车乘务员（单班单司机值乘的由车站人员）负责。

列车机车与第一辆车电气连接线的连结与摘解由客列检作业人员负责，无客列检作业人员时，由车辆乘务员负责。

货物列车本务机车在车站调车作业时，无论单机或挂有车辆，与本列的车辆摘挂和软管摘结，均由调车作业人员负责。

旅客列车在途中摘挂车辆时，车辆的摘挂和软管摘结，由调车作业人员负责，密封风挡和电气连接线的连结与摘解由车辆乘务员负责，其他由列检作业人员负责，无列检作业人员时，由车辆乘务员负责，必要时打开车门，以便于调车作业。装有密接式车钩的客车车辆摘挂时，过渡车钩的安装与拆卸由列检人员负责，无列检人员时由车辆乘务员负责。

列车机车与动车组过渡车钩的连结与摘解、软管摘结、电气连接线的连结与摘解，由随车机械师负责。

两列动车组重联或解编时，由动车组机械师负责引导，司机确认。动车组重联时，被控动车组应退出占用，主控动车组使用调车模式与被控动车组连接。解编操作时，主控动车组转换为调车模式后，必须一次移动 5 m 以上方可停车。

三、列车中车辆的编挂

（一）禁止编入列车的车辆

为了保证行车安全，在编组列车时，对其所挂的车辆，在技术条件上必须满足安全运行的要求。下列机车车辆禁止编入列车：

1. 插有扣修、倒装色票的及车体倾斜超过规定限度的。

插有扣修、倒装色票的车辆多系故障车辆，经检车人员确定，车辆技术状态不良、定检到期或过期需要扣修或重车因技术状态不良需倒装后进行摘车修理。

2. 曾经发生冲突、脱轨、火灾、爆炸或曾编入发生特别重大、重大、较大事故列车内以及在自然灾害中损坏，未经检查确认可以运行的。

3. 装载货物超出机车车辆限界，无挂运命令的。

4. 装载跨装货物（跨及两平车的汽车除外）的平车，无跨装特殊装置的。

为使跨装货物的车辆能灵活地通过曲线，必须在车辆与货物之间使用特殊装置—货物转向架。同时，为了防止因车钩弹簧压缩、伸张而造成货物的蹿动，在货物跨装的车辆与车辆之间，还必须使用车钩缓冲停止器（特殊情况除外）。如无跨装特殊装置，通过小半径曲线或坡道地段则可能产生移动，甚至发生脱轨或颠覆。

5. 平车及敞车装载货物违反装载和加固技术条件的。

6. 未关闭侧开门、底开门以及平车未关闭端、侧板的(有特殊规定者除外)。

7. 由于装载的货物需停止自动制动机的作用，而未停止的。

根据装载货物性质(如易燃、易爆等)要求关闭自动制动机。是考虑在列车制动时防止闸瓦与车轮踏面摩擦发热，产生高温或发出火星，有可能引燃或引爆，所以必须停止自动制动机作用。

8. 企业自备机车、车辆、自轮运转特种设备和城市轨道车辆、进出口机车车辆过轨时，未经铁路机车车辆人员检查确认的。

9. 缺少车门的(检修回送车除外)。

10. 超过定期检修期限的客车车辆(经车辆部门鉴定的回送客车除外)禁止编入旅客列车。

(二)旅客列车中编挂货车

1. 旅客列车、回送客车底不准编挂货车，编入的客车车辆最高运行速度等级必须符合该列车规定的速度要求。

2. 旅客列车中，与机车相连接的客车端门及编挂在列车尾部的客车后端门须加锁。动车组列车驾驶室与旅客乘坐席间的门须锁闭。

3. 客车编入货物列车回送时，客车编挂辆数不得超过 20 辆，应挂于列车中部或后部。

4. 装有密接式车钩的客车原则上应附挂旅客列车回送。需附挂货物列车回送时，不得超过 10 辆，其后编挂的其他车辆不得超过 1 辆。

5. 机械冷藏车组应尽量挂于货物列车中部或后部。

机械冷藏车组有各种机械设备和管道，发生冲动时易损坏，应尽量挂于货物列车中部或后部。

6. 军用及其他对编挂位置有特殊要求的客车按有关规定办理。

(三)关门车的编挂

1. 货物列车中因装载的货物规定需停止制动作用的车辆，自动制动机临时发生故障的车辆，准许关闭截断塞门(简称关门车)。

关门车的确认办法：截断塞门安装在制动支管上，检查时确认截断塞门手把位置，与制动支管垂直 90°时即为关门车，无手把时确认阀心开通线位置，与支管垂直时为关门车，与支管平行时不是关门车。

2. 编入列车的关门车数不超过现车总辆数的 6%(尾数不足一辆按四舍五入计算)时，可不计算每百吨列车重量的换算闸瓦压力，不填发制动效能证明书；超过 6%时，按《技规》规定计算闸瓦压力，并填发制动效能证明书交与司机。

3. 关门车不得挂于机车后部三辆车之内；在列车中连续连挂不得超过两辆；列车最后一辆不得为关门车；列车最后第二、三辆不得连续关门。

4. 旅客列车、特快货物班列不准编挂关门车。在运行途中(包括在站折返)如遇自动制动机临时故障，在停车时间内不能修复时，准许关闭一辆，但列车最后一辆不得为关门车，120 km/h 速度等级及编组小于 8 辆的 140 km/h、160 km/h 速度等级列车按规定关门时需限速运行，车辆乘务员须向司机递交限速证明书。

5. 动车组以外的旅客列车、特快货物班列发生因“制动关门车”需要限速运行时，车辆乘务员须向机车司机递交“旅客列车制动关门限速证明书”。列车中途更换机车时，车辆乘务员应重新填写并向司机递交“旅客列车制动关门限速证明书”；更换机车乘务组时，机车乘务组双方交接“旅客列车制动关门限速证明书”。

6. 动车组以外的旅客列车、特快货物班列在区间遇自动制动机故障不能修复时，准许按关门车处理，关门车位置不受限制，辆数不得超过 5 辆。列车中关门车辆数超过一辆但不超过列车辆数的 50%时，列车限速 60 km/h；关门车辆数超过列车辆数的 50%时，列车限速 45 km/h。

7. 以客车底编组的列车、特快货物班列，编挂关门车的辆数和位置按旅客列车办理；以货车编组或客货车混合编组的列车、快速货物班列，编挂关门车的辆数和位置按货物列车办理。

(四)单机挂车

单机(包括单机挂车)指因运输需要，需要发往区间时，由于其编组内容较一般列车简单，因而部分条件可以简化，不必完全具备列车条件，即没有车列或部分列车标志，但其他运行条件，仍须符合《技规》的规定。并在办理闭塞、接发列车手续和要求上，在服从调度指挥及发生事故处理等方面，均应按照列车运行的规定办理。

1. 单机挂车车辆编挂要求

(1)不准挂装载爆炸品、超限货物的车辆。

(2)禁止挂乘有人员(押运人员除外)的车辆。

(3)不能编入因装载的货物规定需停止制动作用的车辆，自动制动机临时发生故障的车辆(简称关门车)。

(4)附挂空客车时，不得超过 5 辆(客车、货车混挂时，按 1 辆客车折 2 辆货车计算)。

(5)单机挂车可按小运转列车进行隔离。

(6)挂车辆数不得超过 10 辆，挂风动石碴车组时，准挂 11 辆。

2. 注意事项

(1)发车前列检(无列检时由车站发车人员)按规定进行制动试验。

(2)连挂前按规定彻底检查货物装载状态，并将编组顺序表和货运单据交与司机。

(3)区间被迫停车后的防护工作由机车乘务组负责，开车前应确认附挂辆数和制动主管贯通状态是否良好。

(4)列车中车辆间制动软管的连结，无列检作业的列车(含小运转列车和单机挂车)，由车站人员负责。

(5)单机挂车时因所挂车辆较少，且开行单机车次，因此可不挂列尾装置，须吊起尾部车辆软管，车站接发列车时，应确认完整到达，并于发车后通知邻站，以确保运行安全。

(6)单机挂车时，列车调度员须发布命令并布置有关站及司机。跨局时，并须取得邻局调度所的同意。调度命令内容：“准许________次列车在站挂车辆到________站，尾部车辆车号________”。

四、编组隔离限制

(一)列车编组隔离的规定

1. 装有蜜蜂的车辆，与标有“”的农药车不得编入同一列车。如因车流不足，分别挂

运有困难时，在本次列车运行全程内中途不发生列车折角转向的条件下，可编挂在同一列车，但应将蜜蜂车挂在标有“△丰”的农药车的前部，并隔离 4 辆以上。蜜蜂车和生石灰车编在同一列车内时应隔离 2 辆以上，并将蜜蜂车挂在生石灰车的前部。

2. 军用列车中车辆的编组隔离，按军运有关规定办理。

3. 小运转列车和调车作业时，机车与装载△1至△9货物的车辆可不隔离；装载△4、△5、△7、△8货物的车辆，编入小运转列车或调车时相互隔离 1 辆；装载△3货物的车辆与装载△7、△8货物的车辆不得编入同一小运转列车或在同一调车车列进行调车作业。

4. 挂入供港澳的快运货物列车中的外贸出口家畜车应与牵引的机车隔离 4 辆。

(二)三角标记的含义

凡在货运单据、车牌、列车编组顺序表或调车作业通知单(示意图)中填记的下列三角标记，其含义为：

1. △K——表示装载易腐货物需要加快办理作业的车辆。

2. △A——表示由公安人员押运的装载重要物资的车辆。

3. △W——表示属“特种运输”中装载特种装备、特种材料、精密仪器和尖端保密产品的车辆。

4. △丰——表示按规定须与装载蜜蜂的车辆进行隔离的农药车。

5. △B——表示装载有较高保价运输金额货物的车辆。

6. △9——表示装有禽畜、鱼苗等活动物的车辆。

(三)装载危险、易燃等货物的车辆编入列车的隔离限制

装载危险、易燃等货物的车辆编入列车的隔离限制，按《铁路车辆编组隔离表》执行，见表 3-2-1。

表 3-2-1 铁路车辆编组隔离表

货物种类(品名编号)		隔离标记 ＼ 最少隔离辆数 ＼ 隔离对象	距牵引的内燃、电力机车，推进运行或后部补机及使用火炉的车辆	距乘坐旅客的车辆	距装载雷管及导爆索(11001，11002，11007，11008)的车辆△7	距装载除雷管及导爆索以外爆炸品的车辆△8	距装载易燃普通货物的敞车、平车	距装载高出车帮易窜动货物的车辆	备注
气体(含空罐车)	易燃气体 非易燃无毒气体 毒性气体	△1	4	4	4	4	2	2	运输气体类危险货物重、空罐车时，每列编挂不得超过 3 组。每组间的隔离车不得少于 10 辆

续上表

最少隔离辆数 / 隔离对象 / 隔离标记 / 货物种类（品名编号）		距牵引的内燃、电力机车，推进运行或后部补机及使用火炉的车辆	距乘坐旅客的车辆	距装载雷管及导爆索（11001，11002，11007，11008）的车辆△7	距装载除雷管及导爆索以外爆炸品的车辆△8	距装载易燃普通货物的敞车、平车	距装载高出车帮易窜动货物的车辆	备注
一级易燃液体 一级易燃固体 一级易于自燃的物质 一级氧化性物质 有机过氧化物 一级毒性物质（剧毒品） 一级酸性腐蚀性物质 一级碱性腐蚀性物质 一级其他腐蚀性物质	△2	2	3	3	4	2		运输原油时，与机车及使用火炉的车辆可不隔离。 运输硝酸铵时，与机车及使用火炉的车辆隔离不少于4辆
放射性物质（物品）（矿石、矿砂除外）	△3	2	4	×	×	2	1	×标记表示不能编入同一列车
七〇七 一级	△4	4	4	4	4	4	2	一级与二级编入同一列车时，相互隔离2辆以上，停放车站时相互隔离10 m以上，严禁明火靠近
七〇七 二级	△5	4	4	4	4	4	2	
敞车、平车装载的易燃普通货物及敞车装载的散装硫磺	△6	2	2	2	2			装载未涂防火剂的腐朽木材的车辆，运行在规定的区段和季节须与牵引机车隔离10辆，如隔离有困难时，各铁路局集团公司与邻局协商规定隔离办法
爆炸品 雷管及导爆索（11001，11002，11007，11008）	△7	4	4		4	2	2	
爆炸品 除雷管及导爆索以外的爆炸品	△8	4	4	4		2	2	

注：1. 小运转列车及调车隔离规定，由铁路局集团公司自行制定。

2. 有△丰标记的车辆与装载蜜蜂的车辆运输时按有关规定办理。

3. 空罐车可不隔离（气体类危险货物除外）。

第二节　车站工作计划

一、车站作业计划的概念

车站作业计划是车站为保证完成铁路局集团公司日(班)计划,实现列车运行图、货物列车编组计划、月度货物运输计划和运输生产经营计划的行动计划。车站必须根据铁路局集团公司调度所下达的日(班)计划,正确地编制车站作业计划,并在铁路局集团公司调度的指挥下组织实现。车站作业计划由车站班计划、阶段计划、调车作业计划组成。

二、班 计 划

(一)班计划的内容

班计划是车站完成1个班运输生产经营任务的作业组织计划。内容主要包括:

1. 列车到达计划:各方向到达的列车车次(多车场车站应分场别)、时分、机型、机车号、编组内容(去向别重车数、车种别空车数、到达本站重车数)。

2. 列车出发计划:发往各方向的列车车次(多车场车站应分场别)、时分、机车交路及型号、机车号、编组内容(去向别重车数、车种别空车数)、车流来源,有运输、编挂限制条件需凭调度命令挂运的车辆及货物。

3. 卸车计划:全站卸车数、主要卸车点大宗货物卸车数、卸后空车用途。

4. 装车计划:全站装车数、主要装车点大宗货物品类、车种、去向别的装车数、配空来源、挂运车次。货物班列及直达、成组装车各主要装车点品类、车种、去向别的装车数、配空车车种来源、挂运车次。

5. 客车底取送、摘挂、调转的车次、时间、车种、辆数。

6. 班任务主要包括:

货车出入总数,阶段运用车计划,货车平均中转时间,货车一次货物作业平均停留时间。

全站及各场别的到、发列数,编、解列数,无调直通列数。

各货场和专用线别的装、卸车数。

检修车扣修及取送车计划,站、段、厂修竣车数,货车备用及解除计划。

7. 厂、矿、港交接站和国境站货车交接次数、时间、车种、辆数。

8. 施工、维修计划。

9. 其他临时重点任务。

(二)班计划编制应掌握的资料

1. 全18:00(6:00)的现在车数。

2. 到达列车占用线别,待解车次、时间、编组内容。

3. 待发列车占用线别,出发作业准备情况。

4. 第一个阶段计划内到达列车预确报。

5. 装卸车(包括直达、成组)待装卸、取送、挂运车数、去向,预计18:00(6:00)装卸车数、挂运车次、空车用途,货位装卸作业,车辆洗刷、倒装,列尾装置现存量及使用情况。

6. 场间待交换车数，预计 18:00(6:00)的交换车数。

7. 货车扣修及修竣计划。

8. 预计各方向机车台数、型号、交路计划。

9. 调车机预计整备时间，分类线运用情况。

10. 施工维修计划、其他临时重点任务及调度命令、指示。

三、阶段计划

阶段计划是保证实现班计划的行动计划，是车站班计划分阶段的具体安排，阶段计划由车站调度员负责编制，一般情况下一个班分成 3～4 个阶段，一个阶段分为 4～3 个小时。

（一）阶段计划的内容

1. 各方向到达列车车次、时分、机车型号、机车号、进入场别、占用线别、编组内容、解体顺序和起止时分。

2. 发往各方向的列车车次、时分、机车交路及型号、机车号、编组内容、车流来源、占用发车场别、线别、编组作业起止时分。

3. 各货场及专用线别的卸车数、品名、收货人、送车时间、卸空时间、空车用途。

4. 各货场及专用线别的装车数、车种、品名、到站、空车来源、送入时间、装完时间、挂运车次。

5. 装载重点军用、超限超重、剧毒品等特种货物的车辆挂运车次、辆数、编挂及作业限制。

6. 中转列车成组甩挂车次、时间、辆数、去向。

7. 各场(区)及货场、专用线、段管线间的车辆(包括检修、洗刷、整理、倒装等车辆)的交换次数、取送地点、时间、辆数。

8. 客车底取送及摘挂的车次、时间、地点、车种、辆数。

9. 调车机运用和整备计划，驼峰解体、牵出线编组及取送作业的安排。

10. 各列检作业场的扣车及修竣计划。

11. 施工和维修计划。

（二）阶段计划的编制应掌握的资料

1. 列车到发和占线情况。

2. 现车分布状况。

3. 班计划规定该阶段内到发列车时分、编组内容。

4. 编组、解体、装车、卸车、取送和场间交换作业情况。

5. 到达列车预确报。

6. 调车场车分类线使用情况。

7. 调车机车运用和整备状况。

8. 机车交路及机班情况。

9. 车辆检修、扣车计划。

10. 施工和维修计划。

11. 特种车辆和装载货物有特殊需求的情况。

铁路局集团公司调度于阶段计划开始前 1 h，将下阶段的列车运行调整计划（包括到发列车车次、预到时分、编组内容、机车交路及型号、机车号）等有关情况通知车站值班站长（车站调度员）。

阶段计划中的到发线运用计划，由车站调度员和车站值班员共同负责确定，由车站值班员亲自掌握。车站调度员或车站值班员必须变更到发线使用计划时，应征得对方同意，车站调度员应在技术作业图表中作鲜明标记。

车站调度员和车站值班员在确定和变更列车到发线运用计划互相矛盾时，应由车站值班站长决定。旅客列车到发线应固定使用。变更旅客列车到发线时，应通知客运等有关部门。

车站调度员和车站值班员于阶段计划开始 30 min 前，将阶段计划和上级有关命令、指示、重点要求分别向有关工种人员布置下达。

四、调车作业计划

调车作业计划是保证实现阶段计划的调车作业具体行动计划。调车作业计划由调车领导人负责编制，按规定向有关人员下达。

调车作业计划的编制，应根据阶段计划和现车分布状况、到达列车编组确报、驼峰（牵出线）利用情况及调车场线路固定用途和存车情况、各装卸点作业进度及调车机车工作动态等实际情况，按照《站细》及有关规定进行编制。

车站有关人员在完成作业计划过程中，应遵守下列报告、联系制度。

（一）调车领导人（或掌握现车人员）

1. 接班后和每一阶段作业计划完成之后，及时向车站调度员报告现车情况。

2. 列车编组内容确定后或编组作业开始，通知车号人员做好列车编组核对和列车编组顺序表、列车编组通知单的编制工作。

3. 列车编成后，及时通知车站值班员做好发车前的准备工作。

4. 每一批调车作业计划完成后，向车站调度员（或通过信息系统）报告有关情况。

5. 下达取送车作业计划后，应通知货运调度员（货装值班员）转告有关作业点的货运员。

（二）车站值班员

1. 每次列车到发后，将到发时分、占用股道、机型、机车号通知车站调度员（车站调度员可利用信息手段获取时除外）。

2. 到达列车邻站报开后，及时通知车号人员、货运检查员、列检及有关人员。

3. 每一到达列车技术检查完了后，根据列检值班员的通知，及时告知车站调度员。

4. 出发列车编成后，及时通知列检值班员进行技术检查。

（三）货运调度员（货装值班员）

1. 接班后和每一阶段计划完了后，以及各货场和专用线每批车辆装卸作业完了之后，向车站调度员或调车区长报告作业进度和现车情况（去向别重车，车种别空车，车辆停留线别、顺序）。

2. 接到车站调度员或调车区长的取送车调车作业通知单后，及时通知有关装卸点的货运员。

(四)车号人员

1. 对出发列车应按规定正确编制列车编组顺序表，保证出发列车确报与实际列车编组内容完全相符。

2. 对到达列车应及时核对现车，发现现车与确报不符，及时向车站调度员或调车领导人报告。

复习思考题

1. 哪些机车车辆禁止编入列车？
2. 关门车的编挂有何规定？
3. 车站作业计划、班计划、调车作业计划作用是什么？

第三章　现在车管理及相关数据统计

本章主要是介绍助理值班员在办理票据交接、使用车站现在车系统及货运票据电子化后相关作业程序和作业技术要求。通过本章学习，使助理值班员熟练掌握电子运统 1 发送、站车交接及现车核对等作业要求。

第一节　接、发列车预确报及电子运统 1

一、接、发列车预确报

(一)列车预报

列车预报应根据装卸车计划、列车确报、列车运行计划、分界站接车计划、车站的现在车和有调车流、无调列车的到发车次接续以及本站作业车的编挂安排等进行。

1. 列车预报的内容：车次、编组内容(按前方作业站出发列车编组去向别、到达邻局为到站别的重车数、车种别空车数)、编组车数、列车总重、换长、到达本站时分，到达车站卸车的，应预报车种、车数。

2. 列车预报的时间、方法：车站与调度所间的列车预报在每日 17:30(5:30)前下达班计划时一并进行。

(二)列车确报

列车确报是车站间相互通报列车具体内容的信息资料。

1. 计算机确报系统，确报内容为列车编组顺序表规定的全部内容。

2. 列车确报的时限：对于出发列车，应于列车出发后 10 min 内发出列车确报；对摘挂列车和小运转列车，在保证车次、编组内容正确的前提下，可提前发出确报。

3. 转发确报的要求：转发确报时，应在确报报头的列车车次后增加径路识别符。

(三)确报编制系统故障时的确报传递办法

1. 计算机在使用过程中发生故障时，计算机操作人员应及时通知计算机房值班人员处理。

2. 遇信道故障时，机房值班人员应通知通信工区处理。

3. 因计算机设备不能编制和传输列车预确报时，应改按人工编制“运统 1”并以电话传递的方式向调度所和规定站传递列车确报。

4. 电话传递方式确报的主要内容为：列车车次、编组顺序、列车首尾第一辆车的车号、重车去向、空车去向、货物品名、每辆篷布张数及合计张数、三角代号、限速等特殊情况。

二、电子运统 1

电子运统 1 是编组顺序表和列车编组通知单电子化体现。

发送电子运统1是列车编组顺序表和列车编组通知单实现电子化传递作业的相关流程。

车站通过铁路客运编组统计信息系统(客编系统)、铁路车站综合管理信息系统(现车系统)发送电子运统1至国铁集团电子运统1信息平台。列车机车乘务员(不含动车组司机)通过铁路机车乘务员移动作业终端运统1-App(移动作业终端)接收签认电子运统1。电子运统1的交付由系统自动完成。

实施运统1电子化传递的列车,取消车站与机车乘务员间纸质运统1交接作业,有关作业按电子运统1信息进行。

(一)车站发送电子运统1作业

车站通过客编系统发送旅客列车(不含动车组列车)电子运统1,通过现车系统发送货物列车电子运统1。

特快货物班列、整列回送客车底列车、因故折返旅客列车、试运转旅客列车比照旅客列车作业办理;试运转货物列车比照货物列车作业办理;军用列车采用纸质运统1交递方式办理作业,车站不发送电子运统1,其他列车由铁路局集团公司规定。

1. 始发作业

车站在核对列车编组顺序表、车次无误后,应及时发送电子运统1,对货物列车还应确认电子运统1发送股道与实际相符。机车入线挂车前,车站应通知机车乘务员挂车股道、开行列车车次。

2. 摘挂作业

(1)旅客列车。车站根据有关摘挂车文电、调度命令等编制客运列车挂车通知单、摘挂作业后的电子运统1。在列车到达后,车站应及时核对、发送摘挂作业后的电子运统1,通知出发机车乘务员有摘挂作业,重新接收签认电子运统1。

(2)货物列车。摘挂作业后,车站按始发作业办理。

(3)换挂作业。货物列车本务机车换挂作业后,车站按始发作业办理,列车被救援到车站或站内救援后,需要由其他机车牵引接续运行时,比照换挂作业办理。

(4)换乘作业。车站接到货物列车机车乘务员无法使用二维码换乘交接功能接收签认电子运统1或到达机车乘务员非对口换乘作业的报告,应及时发送电子运统1。

3. 组合列车作业

车站发送组合列车电子运统1时,应包含全列、前半列、后半列电子运统1乙信息,并在出发列车编组信息界面中标注从控机车位置信息。

(二)电子运统1发送时机

车站应在列车编组顺序表核对无误、开行车次确定后,及时发送电子运统1,电子运统1超过6h未被机车乘务员签认时,车站应重新发送电子运统1。

(三)电子运统1变更

车站发送电子运统1后,在开车前需变更时,应确认机车乘务员签认状态。如机车乘务员已签认,车站在重新发送电子运统1后,应立即通知机车乘务员重新接收签认,并确认机车乘务员重新签认成功。货物列车运行途中,遇站内或区间车辆临时“关门”等原因需变更运统1时,车站应重新发送电子运统1,通知机车乘务员车站、股道及重新接收签认。

第二节 站车交接

一、动车组以外的旅客列车编组顺序表办理交接的规定

1. 在始发站由车站人员按列车编组顺序表核对现车，无误后，与司机办理交接。

2. 中途换挂机车时，到达司机与车站间、车站与出发司机间办理交接。仅更换机车乘务组时，机车乘务组之间办理交接。

3. 途中摘挂车辆时，车站负责修改列车编组顺序表。

4. 列车到达终到站后，司机与车站办理交接。

车站与司机的交接地点均为机车停留位置。

二、货物列车与列车乘务员进行站车交接的规定

检查列车中货物装载、加固状态；车辆篷布苫盖状态；施封及门、窗、盖、阀关闭情况；货车票据完整情况。发现异状，应及时处理。

1. 始发列车，车站人员应提前与机车乘务员办理运输票据交接，机车乘务员接收后，应按规定签收。运输票据途中因封签破损造成的票据丢失由机车乘务员负责。

2. 无调中转列车：有规定按“车、车”交接的车站，在规定时间按“车、车”交接，超出规定时间，运输票据及现车的交接仍按站、车交接手续办理。

3. 车站有关人员应提前出务，在列车到达前在预定的机车停留位置接车，并按规定与机车乘务员办理货运票据的交接签认手续。

运输途中发生运输票据丢失时，丢失单位或处理站应编制普通记录继运到站，并及时拍发电报向有关站查询，全列车运输票据丢失时，还应于当日上报，被查询站接电后，均应于48小时内复电或继续查询。

三、列车货物运输票据交接有关要求

1. 车站和机务段应配备“货物运输票据交接簿”(机车以司机手册代替)，填记内容应包括日期、时分、车次、接票人等项目。

2. 出发列车票据交接。票据实行包封交接，由始发站车站交票人员负责持封固的运输票据连同规定份数的编组单到列车本务机车旁与乘务员办理交接。机车乘务员确认票据封固良好在“货物运输票据交接簿”上签收，并负责将票据完整地交列车甩挂站、保留站和终到站。中途列车无技术作业机车乘务员更换时，相互间应进行运输票据的签字交接。

3. 到达列车票据交接。车站接票人员应在列车到达前在指定地点等待接取票据。机车乘务员应持票到地面与车站接票人员办理票据交接，严禁抛扔票据。确认票据完好后，车站接票人员在司机手册当日运行记录上签字。票据交接应在列车到达5分钟内进行。车站无人接票或不按规定进行票据交接签认时，机车乘务员按规定汇报，不得随意处置票据。

4. 凡发现票据封固不良，出发时由车号人员重新进行封固后再办理交接，到达时由车站编制普通记录证明现状后，由机车乘务员在普通记录上签认。

5. 列车始发站应将整列票据和一份编组单封入牛皮纸袋或用绳(不得用纸绳)按“井”

字形(或圆筒形)捆扎牢固,在纸袋封口或绳头栓结处粘贴"运输票据封签"(简称封签),并对所封票据的正确性负责。封签应逐项填写,不得涂改,并加盖车站专用章及带站名的经办人名章。

6. 票据由终到站、甩挂作业站启封并进行清点,核对启封时不得破坏封签。甩挂站启封后应按甩挂作业实际正确增减相应票据和更改列车编组顺序表,并按要求重新封固。

列车运行途中遇特殊情况(如车辆故障、发生货运事故)需要临时甩挂作业时,由车站编制普通记录证明原因后1份交机车乘务员,作票据启封凭证,并按上述规定启封处理。另1份普通记录连同整列运输票据重新按规定封固交接,遇跨局列车涉及邻局时,还须向邻局调度所通报。

7. 凡发现票据封固不良,出发时由车站更正后接收,到达时由车站编制普通记录证明现状后,由机车乘务员在普通记录上签认。

票据封固良好,启封站发现票据不符等情况,应编制普通记录,并在120 min内(以电报所受理时间为准,发电报通知封票站,甩挂站还应将编制的普通记录封入票据袋内带至列车终到站。到达交接时,发现整列票据丢失由机车乘务员在车站编制的普通记录上签认。

四、站车交接的问题处理

1. 在站车交接中,经常会遇到运输票据上的一些问题,因此车站交接人员要随身携带未盖章的"普通记录",以备在站车交接中遇到需要时可随时编制。

2. 凡在站车交接中发生以下情况时应在规定时间内向上一编组站、区段站、作业站拍发电报,就发生的问题和处理办法简要地进行通报,然后按规定在车站票据平台编制普通记录。

(1)中转作业时现车为空车有电子票据重车信息,现车为重车无票据信息时。

(2)现车路布块数和电子运单记载路布块数不一致或使用已报废的篷布。

3. 在办理货运检查交接作业时发现问题,按规定拍发的交接电报视为普通记录。

第三节　列车编组顺序表

一、列车编组顺序表的概念

列车编组顺序表(含确报)是记载列车组成情况,作为车站与司机间,铁路局集团公司间交接车辆的依据,是运输统计和财务清算的主要原始资料。有关人员必须按下列规定,准确、清楚地填记、报送。

(一)填记方法

1. 编号及二维码:编号由3位字母(列车出发站电报码)、6位数字(年月日,YYMMDD)和3位字符(当日出发列车的流水号,包含数字和26个小写英文字母)组成,二维码供自动识别编号信息。

2. 编组站名:填记列车始发站名。

列车在分界站或运行途中的编组站、区段站更换本表时,表头仍应填记原编组始发站名;

终到站:填记本次列车终到站名;

经由站:填记本次列车前方第一个编组(区段)站(含外铁路局集团公司)或终到站名;向其他运输企业移交时同时填记分界站名。

3. 年、月、日、时、分:按日历日填记列车计划发车时间,列车出发后,在现车系统中填记列车实际出发时间并更正原计划发车时间。

4. 列车车次:填记实际开行车次。

5. 自首尾:不用字抹销。

6. 制表者、检查者:签字(代号)或盖章。

7. 车种栏:填记货车基本记号及辅助记号。通过铁路主数据平台获取铁路货车技术管理信息系统(简称 HMIS 系统)的货车车种信息,无法获取或获取的车种与车体标记不一致时,按车体标记填记。

8. 罐车油种栏:根据罐车车体标记以简字填记。轻油:填"Q",粘油:填"L"。车体上的油种涂有代用字样时,按所代用的油种填记。

9. 车号栏:根据车体上的大号码填记。如发现双号码时,以车底架侧梁号码为准。

10. 自重及换长栏:根据《技规》中"机车重量及长度表"规定填记机车的自重及换长。通过铁路主数据平台获取 HMIS 系统的货车自重及换长信息,无法获取或获取的自重、换长与车体标记不一致时,按车体标记填记。无规定时在本栏填记车体标记的自重及换长。

11. 载重栏:根据货运票据记载的货物实际重量(无实际重量按计费重量)填记。一票多车只有合计载重吨数时,成组中的第一辆和最后一辆用"—"表示,中间用"+"表示。

对下列货车装载重量,按以下规定填记:

(1)重客车按客车车体外部标记载重填记。

(2)代客重车每辆按 10 t 填记。

(3)快速班列重车按《铁路快运货物班列预订服务与运输组织管理暂行办法》等有关规定填记。

(4)货车上装载的重集装箱按"货重+箱重"合计重量填记。

(5)空集装箱:按"集装箱技术参数表"规定的自重填记;40 英尺铁路运输发电箱重量填记 25 t。

(6)整车回送铁路篷布每张按 60 kg 计算。

(7)回送其他铁路货车用具(加固材料、军用备品等)按实际重量计算;整车回送无实际重量时,按货车标记载重的 1/3 计算。

(8)零散货物快运车辆,按车辆出发时的实际货物重量填记,即车辆到达时的载重加本站装车货物重量减本站卸车货物重量。

注:"零快"货物入 1.5 t 小型铁路集装箱运输时,按"货重+箱重"合计重量填记,箱重按 200 kg/箱统计;小型铁路集装箱整车回送时,依据"特殊货车及运送用具回送清单"填记箱重合计数。

(9)批量零散货物快运车辆按货物实际重量填记。

本栏按辆以吨为单位填记,吨以下四舍五入。

12. 到站栏:按货运票据填记重车的到达站名。其他有指定到站的车辆亦在此栏填记到达站名。

13. 货物名称栏：按货运票据记载的货物名称填记。对下列车辆按规定的字样填记：

（1）整装零担车填记“整零”。

（2）零散货物快运车辆，填记“零快”。

（3）运用空车填记“空”。

（4）非运用车填记非运用种别，如“检修”“代客”“路用”“租用”。

（5）企业自备空车、企业租用空车填记“自备”“租用”；军运货物运单填记军运号码。

（6）整车运送铁路集装箱时按实际状态填记[箱主、箱型、重（或空）、箱数]；汽车箱填记[汽、箱型、重（或空）、箱数]（其中：25 英尺归入 20 英尺填记）。

注：集装箱区分铁路箱和自备箱，其中铁路箱区分普通箱和特种箱，普通箱分为通用箱和敞顶箱。箱主按照集装箱分类分别填记“通”“特”“敞”“自”，箱型 20 英尺填记二、40 英尺填记四、45 英尺填记五，箱数使用阿拉伯数字填记，如“通二重 2”；40 英尺铁路运输发电箱填记“特四空 1”；小型铁路集装箱整车回送时，填记“零快”。

（7）批量零散货物快运车辆按货运票据记载的货物名称填记，使用 20 英尺、40 英尺铁路集装箱进行批量零散货物快运时，货物名称按集装箱规定填记。

（8）机械冷藏车中的机械车运用状态填记“空”。

（9）铁路局集团公司协商使用特货公司 JSQ 型货车运输自驾游小汽车期间，货物名称填记“零快”。

（10）货物特快、快速班列车辆货物名称填记“行快”。

（11）一车货物有数种品名时，按其中重量最多的货物品名填记；如只有一个重量时，按第一个品名填记，并在品名之后增填“等”。

14. 发站栏：重车按货运票据填记发站名，空车填记空车始发站名。

15. 篷布和小型箱栏：按货运票据和“特殊货车及运送用具回送清单”填记铁路篷布张数。1.5 t 小型铁路集装箱运输时填记箱数。

16. 票据号栏：整车运输的车辆，填记货物运单号码，一票多车时，每车均须填记货物运单号码。集装箱（含批量入箱）、零散快运运输的车辆，填记货车装载清单号码。凭特殊货车及运送用具回送清单运输的车辆，填记回送清单号码。凭货运记录运输的车辆，填记货运记录号码。

数据格式：货物运单为 char12，5 位字母＋7 位数字；装载（回送）为 char11，装载（回送）清单号码后 11 位的 4 位字母和 7 位数字；货运记录为 char11，货运记录号码后 11 位的 4 位字母和 7 位数字。

17. 收货人或卸线栏：按货物运单记载的收货人填记。

18. 车辆使用属性栏：

（1）车辆使用属性反映专业运输使用车辆情况（包括其所属和所用非所属车辆），其中集装箱、特货、行包和快运使用车辆属性分别填记“集”“特”“行”（代码分别为“01”“02”“03”）。

（2）集装箱专业运输所属车辆指国铁集装箱车（X）；特货公司所属车辆指国铁长大货物车（D）、冷藏车（B）、汽车运输车（J）；行包和快运专业运输所属车辆指国铁行李车（XL，邮政车 XU、UZ 比照行李车统计）、货物快运车辆（PB 和 P_{65}）。

（3）装运 1.5 t 小型铁路集装箱时，车辆使用属性填记“行”；使用 20 英尺、40 英尺铁路集装箱装运批量零散货物时，车辆使用属性填记“行”；在铁路局集团公司协商使用特货公司

JSQ 型货车运输自驾游小汽车期间，车辆使用属性填记“行”。

(4)专业运输租用车指为专业运输所用，而非其所属的国铁货车(包括特货公司租用的集装箱专业运输所属货车)。

①集装箱专业运输租用车：

使用非集装箱专业运输所属的国铁货车运送集装箱(不含特货公司汽车箱)、回送铁路篷布。

②特货公司租用车：

特货公司跨装货物运输中使用的非特货公司所属游车；特货公司汽车箱运输所使用的国铁货车。

③行包和快运专业运输租用车：

使用非行包和快运专业运输所属的国铁货车(特货公司所属车辆除外)装运行李、包裹和快运货物。铁路运输企业按“零快”方式运输自驾游小汽车所使用的特货公司 JSQ 型货车。

(5)铁路联合运输车辆标识在该栏反映，填记“联”(代码“07”)，铁路联合运输指两个及以上铁路运输企业共同完成铁路客货运输业务。

19. 记事栏：

除下列规定外，按铁路局集团公司规定填记：

(1)对装载危险、易燃普通货物的车辆，按《技规》的规定填记隔离记号(三角隔离标记填记为“G1”～“G8”)。

(2)对外国车辆填记国名；对企业自备车填记企业简称；对军方自备车填记“军方自备”。

(3)对联合运输途中发生倒装的车辆，倒装作业后填记原车种车号并注明“倒装”。

(4)1.5 t 小型铁路集装箱运输时，填记“小型箱”。

(5)批量零散快运货物车辆，填记“批快”。

(6)使用 20 英尺、40 英尺铁路集装箱进行批量零散货物快运时，填记“批快”。

(7)在铁路局集团公司协商使用特货公司 JSQ 型货车运输自驾游小汽车期间，记事栏填记“自驾车”。

(8)本站出发的不良货车，依据“不良货车通知单”，填记“不良货车”。

(9)铁路或自备敞顶集装箱运输时，标记“产权或配置铁路局集团公司标识＋敞顶箱”。35 t 集装箱(敞顶集装箱除外)运输时，标记“35T”。

(10)40 英尺铁路运输发电箱填记“发电箱”。

(11)密接式车钩的客车填记“密接”。

(12)剧毒品车辆，首位标记“D”符号。

(13)国际联运填记“国联单”；军事运输填记“纸质票”。

(二)“自编组站出发及在途中站摘挂后列车编组”各栏填记方法

1. 站名：编组始发列车填记始发站名。列车在分界站或运行途中的车站更换本表时，填记更换站名。

2. 客车：填记客车的辆数。

3. 货车：分别按合计、企业自备车、国铁货车和集、特、行六行填记。专业运输租用车除在各专业运输行表示外，并以负数在国铁货车、合计行分别列示。

列车编组顺序表(运统1)格式,见表3-3-1

表3-3-1 列车编组顺序表

(运统1)

No:

______站编组______站终到 经由站______年___月___日___时___分 ______次列车

自首尾(不用字抹销) 制表者: 检查者:

顺序	车种	罐车油种	车号	自重	换长	载重	到站	货物名称	发站	篷布和小型箱栏	票据号	发货人或卸线	车辆使用属性	记事

<table>
<tr><td colspan="17">自编组站出发及在途中站摘挂后列车编组</td></tr>
<tr><td rowspan="3">站名</td><td colspan="4">客车</td><td colspan="5">货车</td><td rowspan="3">其他</td><td rowspan="3">合计</td><td rowspan="3">自重</td><td rowspan="3">载重</td><td rowspan="3">总重</td><td rowspan="3">换长</td><td rowspan="3">铁路篷布合计</td></tr>
<tr><td rowspan="2">合计</td><td rowspan="2">担当局</td><td rowspan="2">其中行李车</td><td rowspan="2">担当局</td><td rowspan="2">重车</td><td rowspan="2">空车</td><td rowspan="2">非运用车</td><td rowspan="2">代客</td><td></td></tr>
<tr><td>P65</td></tr>
<tr><td>**—合计</td><td></td><td></td><td></td><td></td><td></td><td></td><td></td><td></td><td></td><td></td><td></td><td></td><td></td><td></td><td></td><td></td></tr>
<tr><td>—企</td><td></td><td></td><td></td><td></td><td></td><td></td><td></td><td></td><td></td><td></td><td></td><td></td><td></td><td></td><td></td><td></td></tr>
<tr><td>—国铁</td><td></td><td></td><td></td><td></td><td></td><td></td><td></td><td></td><td></td><td></td><td></td><td></td><td></td><td></td><td></td><td></td></tr>
<tr><td>—集</td><td></td><td></td><td></td><td></td><td></td><td></td><td></td><td></td><td></td><td></td><td></td><td></td><td></td><td></td><td></td><td></td></tr>
<tr><td>—特</td><td></td><td></td><td></td><td></td><td></td><td></td><td></td><td></td><td></td><td></td><td></td><td></td><td></td><td></td><td></td><td></td></tr>
<tr><td>—行</td><td></td><td></td><td></td><td></td><td></td><td></td><td></td><td></td><td></td><td></td><td></td><td></td><td></td><td></td><td></td><td></td></tr>
</table>

列车到达时间: 月 日 时 分 交接时间: 时 分 司机签章:

4. 各栏均结算合计行。表内主要关系为:

合计栏=客车合计栏+重车栏+空车栏+非运用车栏+其他栏;

各栏合计行=企业自备车行+国铁货车行。

(三)其他注意事项

1. 使用车站管理信息系统(或预确报系统)编制“运统1”的车站,必须坚持车辆使用属性(包括租用车)、票据号与货运票据信息进行人工核对。

2. 列车中有装载回送国铁检修车时,须另填本表一份,填记被装载车辆的车种、车号及辆数,并注明“第×××次列车运统1附件”,作为各车站(分界站)统计出入车数的依据[使用车站管理系统(或预确报系统)编制“运统1”的车站,应电话通知前方作业(分界)站]。

3. 车站对本表应分别按到、发列车逐日整理,装订成册,妥善保管。

4.“运统1甲”为“列车编组顺序表(运统1)”的确报形式,其内容应与“运统1”相同。

5.“运统1乙”为司机报单用“列车编组通知单”(表3-3-2),各栏分别按合计、集装箱运输、特货公司、行包和快运运输行列示。编号及二维码与“运统 1”一致。

表内关系：合计辆数栏＝客车辆数合计栏＋重车栏＋空车栏＋非运用车栏＋其他车辆栏。

列车编组通知单，见表 3-3-2。

表 3-3-2　列车编组通知单

（运统 1 乙）

No:

______车站　______年______月______日______时______分______次列车______机车

车站制表者：　　车站值班员：　　司机所在段：　　司机：

站　名	牵引重量(t)		客车辆数		货 车 辆 数				其他车辆	合计辆数	换长	记事
	总重	载重	合计	其中行李车	重车	空车	非运用车	其中代客				
＊＊(合计)												
—集												
—特												
—行												

二、核对现车

核对现车作业分为旅客列车及货物列车核对现车作业。

(一)旅客列车

1. 始发旅客列车车号作业程序和作业技术要求应符合表 3-3-3。

表 3-3-3　始发旅客列车车号作业程序和作业技术要求

作业程序		作业技术要求	事项要求
程序	项目		
一、编制顺序表	1. 编制顺序表	(1)核对有关文电、客调命令	—
		(2)根据旅客列车出发时刻，提前编制客运列车编组顺序表并进行检查	—
二、核对现车	2. 核对现车	(3)在规定时间内完成核对现车工作。核对内容：顺序、车种、车号、定员、自重、载重、换长	—
三、出发交接	3. 出发交接	(4)办理纸质客运列车编组顺序表传递时，将客运列车编组通知单传递到站车交接岗位。负责现场交接客运列车编组通知单时，在规定地点、时间内，将客运列车编组通知单交机车乘务员，办理交接签认	客运列车编组顺序表电子化传递时，在客运列车编组顺序表核对无误、开行车次确定后，应及时发送电子客运列车编组顺序表，并确认发送成功
四、发出确报	4. 发出确报	(5)按规定时限，发出始发旅客列车确报	—

2. 终到旅客列车车号作业程序和作业技术要求应符合表 3-3-4。

表 3-3-4　终到旅客列车车号作业程序和作业技术要求

作业程序		作业技术要求	事项要求
程序	项目		
到达作业	1. 准备作业	(1)根据通知，做好准备工作	—
	2. 接收单据	(2)按规定与机车乘务员办理交接，接收客运列车挂车通知单	无纸质客运列车挂车通知单时，无(2)项作业

3. 途中摘挂旅客列车车号作业程序和作业技术应符合表 3-3-5。

表 3-3-5　途中摘挂旅客列车车号作业程序和作业技术要求

作业程序		作业技术要求	事项要求
程序	项目		
一、准备作业	1. 准备作业	(1)核对有关摘挂车文电、客调命令	—
		(2)根据文电、客调命令，编制客运列车摘挂信息	—
二、核对现车	2. 核对现车	(3)根据调车领导人的通知到现场核对现车，确认摘下车辆正确	仅办理挂车作业时，无(3)项作业
		(4)挂车时，核对所挂车辆顺序、车种、车号、定员、自重、载重、换长	—
三、出发交接	3. 修改顺序表	(5)计算并修改客运列车编组顺序表	—
	4. 出发交接	(6)办理纸质客运列车编组顺序表传递时，将客运列车编组通知单、客运列车挂车通知单传递到站车交接岗位。负责现场交接时，在规定地点、时间内，将客运列车编组通知单、客运列车挂车通知单交机车乘务员，办理交接签认	客运列车编组顺序表电子化传递时，在客运列车编组顺序表核对无误、开行车次确定后，应及时发送电子客运列车编组顺序表，并确认发送成功
四、传递确报	5. 传递确报	(7)按规定时限，发出旅客列车确报	—

(二)货物列车

1. 到达货物列车车号作业程序和作业技术要求应符合表 3-3-6。

表 3-3-6　到达货物列车车号作业程序和作业技术要求

作业程序		作业技术要求	事项要求
程序	项目		
一、准备作业	1. 收取确报	(1)及时收取列车确报	—
		(2)及时将到达列车确报分送(或将有关内容通知)相关岗位	相关岗位能通过信息系统查询到列车确报时，无(2)项作业
	2. 掌握信息	(3)根据通知掌握货物列车到达时间、股道等信息，做好接收票据、核对现车等准备工作	—

续上表

作业程序		作业技术要求	事项要求
程序	项目		
二、到达作业	3. 接收票据	(4)办理纸质列车编组顺序表传递时，与机车乘务员办理列车编组顺序表签收手续	列车编组顺序表电子化传递时，无(4)项作业
		(5)有纸质票据时，与机车乘务员办理货运票据签收手续	无纸质票据时，无(5)项作业
	4. 核对现车及关门车	(6)依据列车编组顺序表，对到达列车逐辆核对现车，核对内容：顺序、车种、辅助记号、车号、罐车油种、篷布、特殊标记、非运用车别以及规定按车体标记计算的自重、换长，发现不符立即订正 依据列车编组顺序表，对到达列车逐辆核对关门车(规定由其他人员确认时除外)，发现不符立即订正	设有视频等设备的，可在室内依据列车确报核对，对关门车等事项必要时应到现场核对 不现场核对或现场作业有视频记录时，不涂打标记
		(7)在规定时间内核对完毕，并按规定涂打标记	
	5. 核对票据	(8)有纸质票据时，依据列车编组顺序表核对货运票据，核对内容：车种、车号、载重、到站、货物名称、收货人或卸线、篷布、车辆使用属性、特殊标记及运输限制条件等，发现不符立即订正	无纸质票据时，无(8)项作业
三、到后处理	6. 订正确报	(9)及时在现车系统中订正和处理	—
		(10)将列车确报(列车编组顺序表)的订正内容，及时报告调车领导人	—
	7. 传递票据	(11)有纸质票据时，及时完整地将货运票据传递到规定处所，并按规定办理交接签认	无纸质票据时，无(11)项作业

2. 始发货物列车车号作业程序和作业技术要求应符合表3-3-7。

表3-3-7 始发货物列车车号作业程序和作业技术要求

作业程序		作业技术要求	事项要求
程序	项目		
一、管理现车	1. 分放票据	(1)有纸质票据时，清点核对货运票据	无纸质票据时，无(1)(2)项作业
		(2)有纸质票据时，根据调车作业计划，及时按股道、顺序分放货运票据	
	2. 掌握信息	(3)根据装卸车、检修车、特殊货车及运送用具回送、不良货车等作业情况及时获取有关电子票据信息	未设现车系统的，做到现车记录板(簿或表)与现车一致
二、编制顺序表	3. 制表准备	(4)按调车领导人要求，预算出发列车总重、计长	—
		(5)有纸质票据时，根据调车作业计划整理票据顺序	无纸质票据时，无(5)项作业
		(6)检查确认列车编组是否符合规定，发现问题及时报告调车领导人	—
	4. 制表及复检	(7)根据有关规定，编制出发列车编组顺序表，做到项目齐全、字迹清晰、计算正确	—
		(8)在规定时间内完成列车编组顺序表的编制、复检，按规定分送(传递)相关岗位	—

续上表

作业程序		作业技术要求	事项要求
程序	项目		
三、检查交接	5. 核对现车及关门车	(9)依据出发列车编组顺序表核对出发车列,核对内容:顺序、车种、车号、罐车油种、篷布、特殊标记,做到列车编组顺序表与现车相符 依据出发列车编组顺序表核对出发车列的关门车(规定由其他人员确认时除外),做到列车编组顺序表与现车相符	设有视频等设备的,可在室内依据列车编组顺序表核对,对关门车等事项必要时应到现场核对 不现场核对或现场作业有视频记录时,不涂打标记
		(10)在规定时间内核对完毕,并按规定涂打标记	
		(11)发现问题及时汇报,通知有关人员处理	—
	6. 出发交接	(12)办理纸质列车编组顺序表传递时,将列车编组顺序表、列车编组通知单传递到站车交接岗位。负责现场交接时,在规定地点、时间内,将列车编组顺序表、列车编组通知单交机车乘务员,办理交接签认	列车编组顺序表电子化传递时,在列车编组顺序表核对无误、开行车次确定后,应及时发送电子列车编组顺序表,确认电子列车编组顺序表发送股道与实际相符,并确认发送成功
		(13)有纸质票据时,将货运票据传递到站车交接岗位。负责现场交接时,在规定地点、时间内,将货运票据交机车乘务员,办理交接签认	无纸质票据时,无(13)项作业
四、传递确报	7. 报告简报	(14)按规定时间,向车站值班员(车站调度员)报告列车编组辆数、总重、计长	车站值班员(车站调度员)处设有现车系统能自行查询时,可不报告
	8. 发出确报	(15)按规定时限,通过确报系统向有关处所发出列车确报。话传列车确报时,按规定时限和内容向调度所、指定车站进行确报	—
		(16)列车出发后修改现车有关资料	能够通过现车系统自动修改时,无(16)项作业

3. 无调中转货物列车车号作业程序和作业技术要求应符合表 3-3-8。

表 3-3-8 无调中转货物列车车号作业程序和作业技术要求

作业程序		作业技术要求	事项要求
程序	项目		
一、准备作业	1. 收取确报	(1)及时收取列车确报	—
		(2)及时将到达列车确报分送(传递)相关岗位	相关岗位能通过信息系统查询到列车确报时,无(2)项作业
	2. 掌握信息	(3)根据通知掌握货物列车到达时间、股道等信息,做好接收票据、核对现车等准备工作	仅办理机车乘务组换乘的无调中转列车,无(3)项作业
二、到达作业	3. 接收票据	(4)办理纸质列车编组顺序表传递时,与机车乘务员办理列车编组顺序表签收手续	列车编组顺序表电子化传递时,无(4)项作业 无纸质票据时,无(5)项作业 仅办理机车乘务组换乘的无调中转列车,无(4)(5)项作业
		(5)有纸质票据时,与机车乘务员办理货运票据签收手续	

续上表

作业程序		作业技术要求	事项要求
程序	项目		
二、到达作业	4. 核对现车及关门车	(6)核对列车车次、机后或尾部连续3辆车号	设有视频等设备的，可在室内依据列车确报核对，对关门车等事项必要时应到现场核对 不现场核对或现场作业有视频记录时，不涂打标记 仅办理机车乘务组换乘的无调中转列车，无(6)(7)(8)(9)项作业
		(7)折角列车核对出发方向机后3辆内关门车情况(规定由其他人员确认时除外)	
		(8)在规定时间内核对完毕，按规定涂打标记	
		(9)发现问题及时汇报，通知有关人员处理	
三、复制顺序表及交接	5. 复制顺序表	(10)办理纸质列车编组顺序表传递时，按规定份数复制列车编组顺序表	列车编组顺序表电子化传递时，无(10)项作业
	6. 出发交接	(11)办理纸质列车编组顺序表传递时，将列车编组顺序表、列车编组通知单传递到站车交接岗位。负责现场交接时，在规定地点、时间内，将列车编组顺序表、列车编组通知单交机车乘务员，办理交接签认	列车编组顺序表电子化传递时，在列车编组顺序表核对无误、开行车次确定后，应及时发送电子列车编组顺序表，确认电子列车编组顺序表发送股道与实际相符，并确认发送成功 无纸质票据时，无(12)项作业 仅办理机车乘务组换乘的无调中转列车，无(11)(12)项作业
		(12)有纸质票据时，将货运票据传递到站车交接岗位。负责现场交接时，在规定地点、时间内，将货运票据交机车乘务员，办理交接签认	
四、传递确报	7. 报告简报	(13)按规定时间，向车站值班员(车站调度员)报告列车编组辆数、总重、计长	车站值班员(车站调度员)处设有现车系统能自行查询时，可不报告
	8. 发出确报	(14)按规定时限，通过确报系统向有关处所发出列车确报。话传列车确报时，按规定时限和内容向调度所、指定车站进行确报	—
		(15)列车出发后修改现车有关资料	能够通过现车系统自动修改时，无(15)项作业

4. 途中摘挂货物列车车号作业程序和作业技术要求应符合表3-3-9。

表3-3-9 途中摘挂货物列车车号作业程序和作业技术要求

作业程序		作业技术要求	事项要求
程序	项目		
一、准备作业	1. 收取确报	(1)及时收取列车确报	—
		(2)及时将到达列车确报分送(传递)相关岗位	相关岗位能通过信息系统查询到列车确报时，无(2)项作业
		(3)本站挂车时，按调车领导人要求，预算出发列车总重、计长	—
	2. 掌握信息	(4)根据通知掌握货物列车到达时间、股道等信息，做好接收票据、核对现车、核对票据等准备工作	—

续上表

<table>
<tr><th colspan="2">作业程序</th><th rowspan="2">作业技术要求</th><th rowspan="2">事项要求</th></tr>
<tr><th>程序</th><th>项目</th></tr>
<tr><td rowspan="7">二、到达作业</td><td rowspan="2">3. 接收票据</td><td>(5)办理纸质列车编组顺序表传递时，与机车乘务员办理列车编组顺序表签收手续</td><td>列车编组顺序表电子化传递时，无(5)项作业</td></tr>
<tr><td>(6)有纸质票据时，与机车乘务员办理货运票据签收手续</td><td>无纸质票据时，无(6)项作业</td></tr>
<tr><td rowspan="2">4. 核对现车及关门车</td><td>(7)依据列车编组顺序表，逐辆核对在站摘下的车辆，核对内容：顺序、车种、辅助记号、车号、罐车油种、篷布、特殊标记、非运用车别以及规定按车体标记计算的自重、换长
依据列车编组顺序表，逐辆核对在站摘下车辆的关门车</td><td rowspan="2">设有视频等设备的，可在室内依据列车确报核对，对关门车等事项必要时应到现场核对</td></tr>
<tr><td>(8)依据列车编组顺序表检查其余车辆关门车位置和数量符合要求，首尾 3 辆变化时，应现场确认首尾关门车符合要求</td></tr>
<tr><td rowspan="2">5. 核对票据</td><td>(9)有纸质票据时，依据列车编组顺序表核对在本站摘下车辆的货运票据，核对内容：车种、车号、到站、货物名称、收货人或卸线、篷布、车辆使用属性、特殊标记及运输限制条件等。对原列上其余车辆，核对票据份数、“记事”栏代号及特殊标记</td><td rowspan="2">无纸质票据时，无(9)(10)项作业</td></tr>
<tr><td>(10)有纸质票据时，核对完毕报告调车领导人，修改现车有关资料</td></tr>
<tr style="display:none"><td></td><td></td><td></td></tr>
<tr><td rowspan="8">三、出发作业</td><td rowspan="2">6. 核对票据</td><td>(11)核对本站加挂车辆的货运票据</td><td rowspan="2">无挂车作业时，无(11)项作业
无纸质货运票据时，无(11)(12)项作业</td></tr>
<tr><td>(12)根据调车作业计划整理票据顺序</td></tr>
<tr><td rowspan="2">7. 编制顺序表</td><td>(13)按规定修改或重新编制列车编组顺序表(包括列车编组通知单)。做到项目齐全、字迹清晰、计算正确；并对全列关门车数量及位置、编组隔离限制进行核对，确认符合规定</td><td>—</td></tr>
<tr><td>(14)及时完成列车编组顺序表(包括列车编组通知单)的编制(修改)、检查，按规定分送(传递)相关岗位</td><td>—</td></tr>
<tr><td>8. 核对现车及关门车</td><td>(15)依据列车编组顺序表核对本站加挂的车辆，核对内容：顺序、车种、车号、罐车油种、篷布、特殊标记，做到列车编组顺序表与现车相符
依据列车编组顺序表核对本站加挂车辆的关门车，做到列车编组顺序表与现车相符</td><td>无挂车作业时，无(15)项作业</td></tr>
<tr><td rowspan="2">9. 出发交接</td><td>(16)办理纸质列车编组顺序表传递时，将列车编组顺序表、列车编组通知单传递到站车交接岗位。负责现场交接时，在规定地点、时间内，将列车编组顺序表、列车编组通知单交机车乘务员，办理交接签认</td><td>列车编组顺序表电子化传递时，在列车编组顺序表核对无误、开行车次确定后，应及时发送电子列车编组顺序表，确认电子列车编组顺序表发送股道与实际相符，并确认发送成功</td></tr>
<tr><td>(17)有纸质票据时，将货运票据传递到站车交接岗位。负责现场交接时，在规定地点、时间内，将货运票据交机车乘务员，办理交接签认</td><td>无纸质票据时，无(17)项作业</td></tr>
</table>

续上表

作业程序		作业技术要求	事项要求
程序	项目		
四、传递确报	10. 报告简报	(18)在规定时间,向车站值班员(车站调度员)报告列车编组辆数、总重、计长	车站值班员(车站调度员)处设有现车系统能自行查询时,可不报告
	11. 发出确报	(19)按规定时限,通过确报系统向有关处所发出列车确报。话传列车确报时,按规定时限和内容向调度所、指定车站进行确报	—
		(20)列车出发后修改现车有关资料	能够通过现车系统自动修改时,无(20)项作业

三、核对运输票据

1. 施行货运票据电子化,以电子货物运单、货车装载清单、特殊货车及运送用具回送清单、货运记录、普通记录、物品清单、不良货车通知单、车辆检修通知单、检修车回送单等货运票据替代纸质货运票据传递和交接。

2. 铁路货物运单是铁路货物运输合同或运输合同的组成部分,也是铁路收取货物运输费用的结算单据之一,系一整套票据,由带编号的 6 联和不带编号的需求联组成,可以按照需求分别打印各联。货物运送用统一样式的运单办理。

3. 封套填写:

(1)封套“运单号码”栏填写军运号码。

(2)乘载人员军用列车在“货物实际重量”栏填写列车总重量、换算长度。

(3)军用危险货物运输在“记事”栏填写组级代号、编组隔离标记。

(4)施封的棚车、冷藏车和罐车,注明“施封”字样。

(5)需要“禁止溜放”、“停止制动”或者装载“△W”装备物资的车辆,填注相应的“禁止溜放”“停止制动”“△W”警示标记。超限装备运输应填记超限等级。

四、车站现在车系统

(一)现车管理信息系统

1. 现车管理信息系统主要能实现列车预确报的收发,现车核对,确报的编辑和发送,空重转换,运非转换,股道间的调移,钩计划的编制、执行等功能。

2. 主要设备为主机 1 台,终端 2 台,打印机各 1 台。

(二)列车预确报系统

1. 列车预确报系统是 SMIS 的重要组成部分,是车站运输生产以及编制作业计划所依据的重要数据源,该系统准确及时地提供到达以及出发列车编组信息。

2. SMIS 车站系统整合了预确报系统的各项处理功能,利用铁路确报网和确报专用传输模式接收列车预确报信息,编制出发列车确报,并向前方站发报。

3. 作业人员可以利用列车预确报系统进行列车相关信息的查询、核对、修改、入库、发出预报,车站计划系统可以利用列车预确报系统合理组织指挥运输生产。

4. 具体操作流程如图 3-3-1 所示。

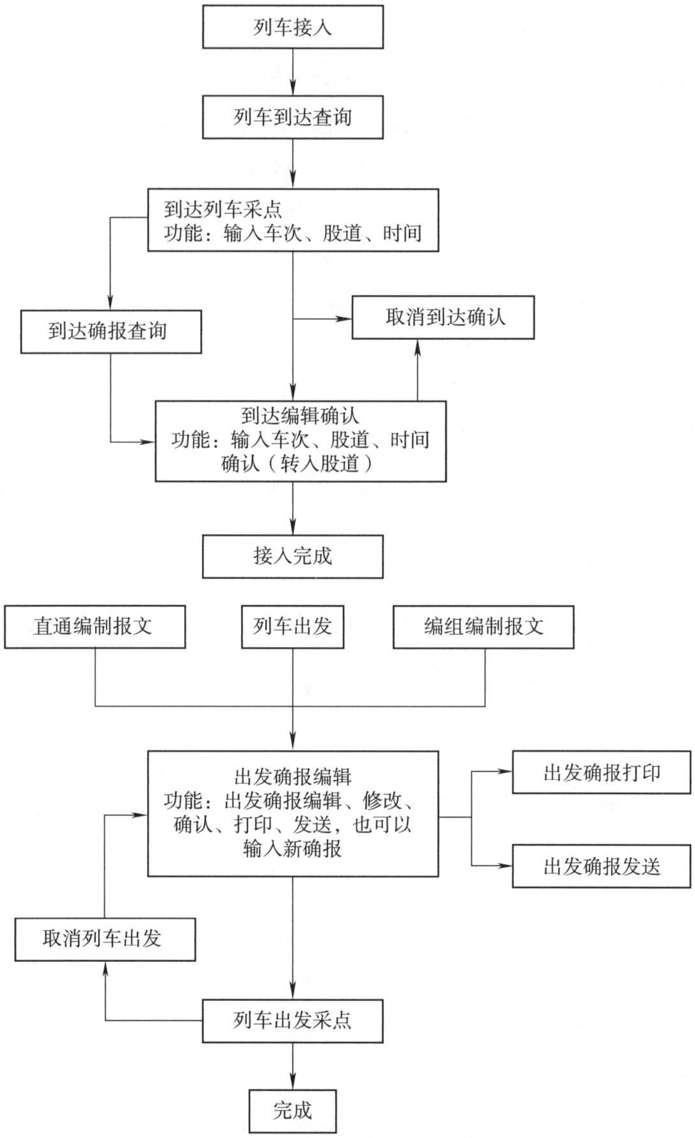

图 3-3-1 现在车系统操作流程

五、货车停留时间

货车停留时间按作业性质，分为货物作业停留时间和中转停留时间。中转车平均停留时间简称为“中时”，一次货物作业平均停留时间简称为“停时”，通常合称为“中停时”，是车站重要的效率指标。

(一)货物作业停留时间

货物作业停留时间为运用车在站线(包括区间，下同)、专用线(包括路产专用线，下同)及专用铁路内进行装卸、倒装作业所停留的时间。

货物作业停留时间作业过程：

1. 入线前停留时间：由货车到达时起至送到装卸地点时止，以及双重作业货车由卸车完了时起至送到另一装车地点时止的时间。

2. 站线作业停留时间：由货车送到装卸地点时起至装卸作业完了时止的时间。

3. 专用线作业停留时间：由货车送到装卸地点时起至装卸作业完了时止的时间。如规定以企业自备机车取送车辆时，以双方将货车送到规定地点的时分计算。

4. 出线后停留时间：由货车装卸作业完了时起至发出时止的时间。

(二)中转停留时间

中转停留时间为货车在车站进行解体、改编、中转技术作业及其他中转作业（包括变更到站、装载整理及洗刷消毒的货车，按规定进行洗罐的罐车除外）所停留的时间。计算中转停留时间的货车应为本站计算出入的货车。

计算中转停留时间的货车有两种：

1. 无调中转货车。

(1)在编组站或区段站原列到开的列车上的货车（摘走的车辆除外）。

(2)在编组站或区段站进行补、减轴调车作业的原中转列车上的货车（补、减轴的车辆除外）。

(3)停运列车上的货车。

(4)在中间站进行拆组或组合的长大重载列车上的货车。

2. 有调中转货车。

凡不符合上述无调中转作业条件的中转货车均按有调中转货车统计。

在中间站产生下列中转作业时必须统计中转停留时间（不论是否有中转停留时间指标计划）。

(1)停运列车上的货车；

(2)列车在中间站折返原方向所挂的不属于本站办理装卸作业的货车；

(3)不是本站装卸作业而摘下的货车。

(三)货车停留时间报表

货车停留时间报表（运报—4），见表 3-3-10。

表 3-3-10 货车停留时间报表

表　　号：运报—4(YB—4)
制表单位：中国国家铁路集团有限公司
批准机关：国家统计局
批准文号：国统制〔2016〕69 号
统一编号：05006

局名或月日	一次货物作业停留时间			中转车停留时间								
				无调中转			有调中转			合计		
	作业次数	车辆小时	一次平均	车数	车辆小时	一车平均	车数	车辆小时	一车平均	车数	车辆小时	一车平均
	1	2	3	4	5	6	7	8	9	10	11	12

续上表

货物作业车作业过程														
作业车数	车辆小时	一车平均	入线前停留时间			站线作业时间			专用线作业时间			出线后停留时间		
			车数	车辆小时	一车平均	车数	车辆小时	一车平均	车数	车辆小时	一车平均	车数	车辆小时	一车平均
13	14	15	16	17	18	19	20	21	22	23	24	25	26	27

编表单位：（盖章）　　编表人：　　单位领导：（签章）　　上报日期：　年　月　日

本报表中的各项平均停留时间计算方法：

1. 一次货物作业平均停留时间(3 栏)＝货物作业车辆小时(2 栏)÷货物作业次数(1 栏)；

2. 无调中转车平均停留时间(6 栏)＝无调车辆小时(5 栏)÷无调车数(4 栏)；

3. 有调中转车平均停留时间(9 栏)＝有调车辆小时(8 栏)÷有调车数(7 栏)；

4. 中转车平均停留时间(12 栏)＝中转车辆小时(11 栏)÷中转车数(10 栏)；

5. 货物作业车及其中作业过程的一车平均停留时间＝车辆小时÷车数。

六、列车出发、到达、通过时分的确定

1. 列车出发：以列车机车向前进方向起动，列车在站(场)界内不再停车为准。列车发出站界后，因故退回发站再次出发时，则以第一次出发时分为准。

注：场界系指一站多场的场间分界点，各车场在列车运行图内分别规定有列车发、到(或通过)时分。

2. 列车到达：以列车进入车站，停于指定到达线警冲标内方时分为准。列车超过实际到达线有效长度时，以第一次停车时分为准。列车在区间分部运行时，则以全部车辆到达前方站时分为准；如分部运行将车辆拉向两端车站时，以拉向前方站的最后一部分车辆到达时分为准。

3. 列车通过：以列车机车通过车站值班员室时分为准。

列车调度指挥系统(TDCS)、调度集中系统(CTC)等信息系统自动采集列车到发时分，亦须按上述规定执行。采用列车调度指挥系统自动采点统计时，以自动采点时分为准。

第四节　计算闸瓦压力

一、闸瓦压力计算

1. 了解事项：编入货物列车的关门车数超过现车总辆数 6%时，须计算闸瓦压力，并填写制动效能证明书交与司机。

(1)有列检的车站，由列检人员负责；无列检的车站，由车站人员负责。

(2)如每百吨列车重量闸瓦压力不足《技规》规定最低值时，车站应甩车处理。

2. 计算方法：

闸瓦压力的计算方法，每百吨列车重量的换算闸瓦压力为：

$$\text{每百吨列车重量的换算闸瓦压力}=\frac{\text{全列车总闸瓦压力(kN)}}{\text{列车总重量(自重＋载重)}}\times 100$$

二、制动效能证明书填写

制动效能证明书正面、反面分别如图 3-3-2、图 3-3-3 所示。

制动效能证明书(正面)　　　　**车统—45**

____年____月____日　　　　本证明书由检车员填写两份,一份交机车司机,一份自存。

________车辆段　________运用车间　________列检作业场　　检车员签名________　机车司机签名________

<table>
<tr><td>车次</td><td></td><td>机车型号及号码</td><td></td><td>牵引重量</td><td></td></tr>
<tr><td colspan="6">列车自动制动机状况</td></tr>
<tr><td colspan="2">列车编组总辆数</td><td></td><td colspan="2">无自动制动机辆数</td><td></td></tr>
<tr><td colspan="2">有效自动制动机辆数</td><td></td><td colspan="2">换算高磨合成闸瓦总闸瓦压力(kN)</td><td></td></tr>
<tr><td colspan="2">截断塞门关闭车辆数</td><td></td><td colspan="2">每百吨列车重量换算闸瓦压力(kN)</td><td></td></tr>
<tr><td colspan="2">列车主管压力(kPa)</td><td></td><td colspan="2">列车漏泄试验列车主管漏泄量(kPa/min)</td><td></td></tr>
<tr><td colspan="6">列车中途摘挂状况</td></tr>
<tr><td rowspan="2">站名或区间</td><td colspan="2">摘下</td><td colspan="2">挂上</td><td rowspan="2">签名</td></tr>
<tr><td>辆数</td><td>闸瓦压力(kN)</td><td>辆数</td><td>闸瓦压力(kN)</td></tr>
<tr><td></td><td></td><td></td><td></td><td></td><td></td></tr>
<tr><td></td><td></td><td></td><td></td><td></td><td></td></tr>
</table>

(规格:210mm×48.5mm)

图 3-3-2　制动效能证明书正面

车辆换算闸瓦压力表(背面)

种类	车型			每辆换算闸瓦压力(kN) 自动制动机列车主管压力 500 kPa	每辆换算闸瓦压力(kN) 自动制动机列车主管压力 600 kPa	辆数	闸瓦压力(kN)
客车	普通客车(120 km/h)	(踏面制动)			(350)		
客车	新型客车(盘形制动,120 km/h,140 km/h,160 km/h)	120 km/h	自重 41～45 t		137(412)		( )
客车	新型客车(盘形制动,120 km/h,140 km/h,160 km/h)	120 km/h	自重 46～50 t		147(441)		( )
客车	新型客车(盘形制动,120 km/h,140 km/h,160 km/h)	120 km/h	自重 51～55 t		159(477)		( )
客车	新型客车(盘形制动,120 km/h,140 km/h,160 km/h)	120 km/h	自重≥56 t		173(519)		( )
客车	新型客车(盘形制动,120 km/h,140 km/h,160 km/h)	双层			178(534)		( )
客车	新型客车(盘形制动,120 km/h,140 km/h,160 km/h)	140 km/h及160 km/h	自重 41～45 t		146(438)		( )
客车	新型客车(盘形制动,120 km/h,140 km/h,160 km/h)	140 km/h及160 km/h	自重 46～50 t		156(468)		( )
客车	新型客车(盘形制动,120 km/h,140 km/h,160 km/h)	140 km/h及160 km/h	自重 51～55 t		167(501)		( )
客车	新型客车(盘形制动,120 km/h,140 km/h,160 km/h)	140 km/h及160 km/h	自重≥56 t		176(528)		( )
特快货物班列中的车辆(盘形制动,160 km/h)					180(540)		( )
铁路货车	快速货物班列中的车辆(18 t 轴重)	重车位			140		
铁路货车	快速货物班列中的车辆(18 t 轴重)	空车位			55		
铁路货车	普通货车(21 t 轴重)	重车位		145	165		
铁路货车	普通货车(21 t 轴重)	空车位		60	70		
铁路货车	普通货车(23 t 轴重)	重车位		160	180		
铁路货车	普通货车(23 t 轴重)	空车位		65	75		
铁路货车	重载货车(25 t 轴重)	重车位		170	195		
铁路货车	重载货车(25 t 轴重)	空车位		70	80		
铁路货车	重载货车(27 t 轴重)	重车位		140(175)	160(195)		( )
铁路货车	重载货车(27 t 轴重)	空车位		65(80)	75(90)		( )
总计							( )

注:1. 按 H 高摩合成闸瓦计算,客车的括弧内为按铸铁闸瓦计算。铁路货车的括弧内为按 G 高摩合成闸瓦计算。
2. 空重车自动调整装置的空重位压力比为 1∶2.5;对装有空重车手动调整装置的车辆,当车辆总重(自重+载重)达到 40 t 时,按重车位调整。
3. 快速货物班列车辆和货车以外的其他车辆,在列车主管压力为 500 kPa 时的闸瓦压力,按 600 kPa 时的闸瓦压力的 1∶1.15 换算。

图 3-3-3　制动效能证明书反面

复习思考题

1. 何谓列车编组顺序表?
2. 货物列车核对作业分为哪几种?
3. 现车管理信息系统有哪些功能?
4. 货车停留时间分类有哪些?

第四章　铁路交通事故

本章重点对铁路交通事故等级、责任判定及相关的术语解释进行介绍。通过学习了解交通事故的报告流程，掌握铁路交通事故的等级、责任判定标准，提高按标作业、遵章守纪的责任意识。

第一节　事故等级

铁路机车车辆在运行过程中发生冲突、脱轨、火灾、爆炸等影响铁路正常行车的事故，包括影响铁路正常行车的相关作业过程中发生的事故；或者铁路机车车辆在运行过程中与行人、机动车、非机动车、牲畜及其他障碍物相撞的事故，均为铁路交通事故。

按发生事故的性质、损失及对铁路运输生产造成的影响，事故分为特别重大事故、重大事故、较大事故和一般事故四个等级。

一、特别重大事故

有下列情形之一的，为特别重大事故：

1. 造成 30 人以上死亡。
2. 造成 100 人以上重伤(包括急性工业中毒，下同)。
3. 造成 1 亿元以上直接经济损失。
4. 繁忙干线客运列车脱轨 18 辆以上并中断铁路行车 48 h 以上。
5. 繁忙干线货运列车脱轨 60 辆以上并中断铁路行车 48 h 以上。

二、重大事故

有下列情形之一的，为重大事故：

1. 造成 10 人以上 30 人以下死亡。
2. 造成 50 人以上 100 人以下重伤。
3. 造成 5 000 万元以上 1 亿元以下直接经济损失。
4. 客运列车脱轨 18 辆以上。
5. 货运列车脱轨 60 辆以上。
6. 客运列车脱轨 2 辆以上 18 辆以下，并中断繁忙干线铁路行车 24 h 以上或者中断其他线路铁路行车 48 h 以上。
7. 货运列车脱轨 6 辆以上 60 辆以下，并中断繁忙干线铁路行车 24 h 以上或者中断其他线路铁路行车 48 h 以上。

三、较大事故

有下列情形之一的,为较大事故:

1. 造成 3 人以上 10 人以下死亡。
2. 造成 10 人以上 50 人以下重伤。
3. 造成 1 000 万元以上 5 000 万元以下直接经济损失。
4. 客运列车脱轨 2 辆以上 18 辆以下。
5. 货运列车脱轨 6 辆以上 60 辆以下。
6. 中断繁忙干线铁路行车 6 h 以上。
7. 中断其他线路铁路行车 10 h 以上。

四、一般事故

一般事故分为:一般 A 类事故、一般 B 类事故、一般 C 类事故、一般 D 类事故。

(一)一般 A 类事故

有下列情形之一,未构成较大以上事故的,为一般 A 类事故:

A1. 造成 2 人死亡。

A2. 造成 5 人以上 10 人以下重伤。

A3. 造成 500 万元以上 1 000 万元以下直接经济损失。

A4. 列车及调车作业中发生冲突、脱轨、火灾、爆炸、相撞,造成下列后果之一的:

A4.1 繁忙干线双线之一线或单线行车中断 3 h 以上 6 h 以下,双线行车中断 2 h 以上 6 h以下。

A4.2 其他线路单线或双线之一线行车中断 6 h 以上 10 h 以下,双线行车中断 3 h 以上 10 h 以下。

A4.3 客运列车耽误本列 4 h 以上。

A4.4 客运列车脱轨 1 辆。

A4.5 客运列车中途摘车 2 辆以上。

A4.6 客车报废 1 辆或大破 2 辆以上。

A4.7 机车大破 1 台以上。

A4.8 动车组中破 1 辆以上。

A4.9 货运列车脱轨 4 辆以上 6 辆以下。

(二)一般 B 类事故

有下列情形之一,未构成一般 A 类以上事故的,为一般 B 类事故:

B1. 造成 1 人死亡。

B2. 造成 5 人以下重伤。

B3. 造成 100 万元以上 500 万元以下直接经济损失。

B4. 列车及调车作业中发生冲突、脱轨、火灾、爆炸、相撞,造成下列后果之一的:

B4.1 繁忙干线行车中断 1 h 以上。

B4.2 其他线路行车中断 2 h 以上。

B4.3 客运列车耽误本列 1 h 以上。

B4.4 客运列车中途摘车 1 辆。

B4.5 客车大破 1 辆。

B4.6 机车中破 1 台。

B4.7 货运列车脱轨 2 辆以上 4 辆以下。

(三)一般 C 类事故

有下列情形之一,未构成一般 B 类以上事故的,为一般 C 类事故:

C1. 列车冲突。

C2. 货运列车脱轨。

C3. 列车火灾。

C4. 列车爆炸。

C5. 列车相撞。

C6. 向占用区间发出列车。

C7. 向占用线接入列车。

C8. 未准备好进路接、发列车。

C9. 未办或错办闭塞发出列车。

C10. 列车冒进信号或越过警冲标。

C11. 机车车辆溜入区间或站内。

C12. 列车中机车车辆断轴,车轮崩裂,制动梁、下拉杆、交叉杆等部件脱落。

C13. 列车运行中碰撞轻型车辆、小车、施工机械、机具、防护栅栏等设备设施或路料、坍体、落石。

C14. 接触网接触线断线、倒杆或塌网。

C15. 关闭折角塞门发出列车或运行中关闭折角塞门。

C16. 列车运行中刮坏行车设备设施。

C17. 列车运行中设备设施、装载货物(包括行包、邮件)、装载加固材料(或装置)超限(含按超限货物办理超过电报批准尺寸的)或坠落。

C18. 装载超限货物的车辆按装载普通货物的车辆编入列车。

C19. 电力机车、动车组带电进入停电区。

C20. 错误向停电区段的接触网供电。

C21. 电化区段攀爬车顶耽误列车。

C22. 客运列车分离。

C23. 发生冲突、脱轨的机车车辆未按规定检查鉴定编入列车。

C24. 无调度命令施工,超范围施工,超范围维修作业。

C25. 漏发、错发、漏传、错传调度命令导致列车超速运行。

(四)一般 D 类事故

有下列情形之一,未构成一般 C 类以上事故的,为一般 D 类事故:

D1. 调车冲突。

D2. 调车脱轨。

D3. 挤道岔。

D4. 调车相撞。

D5. 错办或未及时办理信号致使列车停车。

D6. 错办行车凭证发车或耽误列车。

D7. 调车作业碰轧脱轨器、防护信号,或未撤防护信号动车。

D8. 货运列车分离。

D9. 施工、检修、清扫设备耽误列车。

D10. 作业人员违反劳动纪律、作业纪律耽误列车。

D11. 滥用紧急制动阀耽误列车。

D12. 擅自发车、开车、停车、错办通过或在区间乘降所错误通过。

D13. 列车拉铁鞋开车。

D14. 漏发、错发、漏传、错传调度命令耽误列车。

D15. 错误操纵、使用行车设备耽误列车。

D16. 使用轻型车辆、小车及施工机械耽误列车。

D17. 应安装列尾装置而未安装发出列车。

D18. 行包、邮件装卸作业耽误列车。

D19. 电力机车、动车组错误进入无接触网线路。

D20. 列车上工作人员往外抛掷物体造成人员伤害或设备损坏。

D21. 行车设备故障耽误本列客运列车 1 h 以上,或耽误本列货运列车 2 h 以上;固定设备故障延时影响正常行车 2 h 以上(仅指正线)。

第二节　事故报告及责任判定

一、事故报告

(一)事故报告人员

事故发生后,事故现场的铁路运输企业工作人员或者其他人员应当立即向邻近铁路车站、列车调度员、公安机关或者相关单位负责人报告。有关单位和人员接到报告后,应立即将事故情况向企业负责人和事故发生地安全监管办安全监察值班人员报告,安全监管办安全监察值班人员按规定向安全监管办负责人报告。

(二)事故报告的主要内容

1. 事故发生的时间、地点、区间(线名、公里、米)、线路条件、事故相关单位和人员。
2. 发生事故的列车种类、车次、机车型号、部位、牵引辆数、吨数、计长及运行速度。
3. 旅客人数,伤亡人数、性别、年龄以及救助情况,是否涉及境外人员伤亡。
4. 货物品名、装载情况,易燃、易爆等危险货物情况。
5. 机车车辆脱轨辆数、线路设备损坏程度等情况。
6. 对铁路行车的影响情况。
7. 事故原因的初步判断,事故发生后采取的措施及事故控制情况。

8. 应当立即报告的其他情况。

(三)铁路交通事故调查报告应包括的内容

1. 事故概况。
2. 事故造成的人员伤亡和直接经济损失。
3. 事故发生的原因和事故性质。
4. 事故责任的认定以及对事故责任者的处理建议。
5. 事故防范和整改措施建议。
6. 与事故有关的证明材料。

(四)铁路交通事故认定书

铁路交通事故认定书是事故赔偿、事故处理以及事故责任追究的依据,包括下列内容:

1. 事故发生的原因和事故性质。
2. 事故造成的人员伤亡和直接经济损失。
3. 事故责任的认定。
4. 对有关责任单位及人员的处理决定或建议。

二、事故责任判定

(一)事故责任分类

1. 事故分为责任事故和非责任事故。自然灾害原因导致的事故,因防范措施不到位,定责任事故。确属不可抗力原因导致的事故,定非责任事故。涉嫌人为破坏造成的事故,在公安机关确认前,定发生单位责任事故;经公安机关确认属人为破坏原因造成的,定发生单位非责任事故。

2. 事故责任分为全部责任、主要责任、重要责任、次要责任和同等责任。

(二)责任事故的判定

1. 铁路运输企业或相关单位发布的文电,违反法律法规、相关规章或铁路相关技术标准和作业标准等,直接导致事故发生的,定发文电单位责任。

2. 因设备管理不善造成的事故,定设备管理单位责任。

3. 机车车辆断轴造成事故,由于探测、监测工作人员违章违纪或设备不良、管理不善等原因造成漏报、误报或预报后未及时拦停列车的,定相关单位责任。由于货物超载、偏载造成车辆断轴事故,定装车站或作业站责任。

4. 因列车折角塞门关闭造成事故,无法判明责任的定发生地铁路运输企业责任事故。

5. 错误办理行车凭证发车或耽误列车事故的责任划分:司机起动列车,定车务、机务单位责任;司机发现未动车,定车务单位责任;通过列车司机未及时发现,定车务、机务单位责任;司机发现及时停车,定车务单位责任。

6. 应停车的客运列车错办通过,定车站责任;在区间乘降所错误通过,定机务单位责任。

7. 因货物装载加固不良造成事故,定货物承运单位责任;属托运人自装货物的,定托运人责任,货物承运单位监督检查失职的,追究货物承运单位同等责任。因调车作业超速连挂和"禁溜车"溜放等造成货物装载加固状态破坏而引发的事故,定违章作业站责任。

8. 自轮运转设备编入列车因质量不良发生事故时，定设备配属单位责任；过轨检查失职的，定检查单位责任；违规挂运的，定编入或同意放行的单位责任。

9. 事故发生后，因发生单位未如实提供情况，导致不能查明事故原因和判定责任的，定发生单位责任。

10. 铁路作业人员在从事与行车相关的作业过程中，不论作业人员是否在其本职岗位，由于违反操作规程、作业纪律，或铁路运输生产设备设施、劳动条件、作业环境不良，或安全管理不善等造成伤亡，定责任事故。具体情形按以下规定办理。

(1)作业人员在疏导道口、引导或帮助旅客上下车、维持站车秩序过程中被列车撞轧而伤亡的，定作业人员所在单位责任。

(2)事故发生过程中，作业人员在避险或进行事故抢险时因违章作业再次发生伤亡，应按同一件事故定责；事故过程已终止，在事故救援、抢修、复旧及处理中又发生事故导致伤亡的，按另一件事故定责。

(3)作业人员在工作或间歇时间擅自动用铁路运输设备设施、工具等导致伤亡的，定该作业人员所在单位责任事故，同时追究设备设施配属(或管理)单位的责任。

(4)作业人员因患有职业禁忌症而导致行为失控，造成伤亡的，定该作业人员所在单位责任。

(5)两个及以上铁路运输企业在交叉作业中发生伤亡，定主要责任单位事故；若各方责任均等，定伤亡人员所在单位责任，同时追究其他相关单位责任。若各方责任均等且均有人员伤亡，分别定责任事故。

11. 作业人员发生伤亡，经二级以上医院、急救中心诊断或经法医检验、解剖，证明系因脑溢血、心肌梗塞、猝死等突发性疾病所致，并按事故处理权限得到事故调查组确认的，不定责任事故。医院等级不够的，须经法医进行尸表检验或尸体解剖鉴定。法医尸检或解剖鉴定报告结论不确定的，定责任事故。

12. 铁路机车车辆与行人、机动车、非机动车、牲畜及其他障碍物相撞造成事故，按以下规定判定责任。

(1)事故当事人违章通过平交道口或者人行过道，或者在铁路线路上行走、坐卧造成人身伤亡，定事故当事人责任。

(2)事故当事人逃逸或者有证据证明当事人故意破坏、伪造现场、毁坏证据，定事故当事人责任。

(3)事故当事人违反国家法律法规，有明显过失的，按过错的严重程度，分别承担责任。

第三节 铁路交通事故相关内容解释

1. 机车车辆：包括铁路机车、客车、货车、动车、动车组及各类自轮运转特种设备等。

自轮运转特种设备：系指在铁路营业线上运行的轨道车及铁路施工、维修专用车辆(包括轨道起重机、架桥机、铺轨机、接触网架线车、放线车、检修车、大型养路机械等)。

2. 列车：系指编成的车列并挂有机车及规定的列车标志。单机、自轮运转特种设备，虽未完全具备列车条件，亦应按列车办理。

客运列车：系指旅客列车(含动车组)、按客车办理的回送空客车车底及其他列车。

货运列车：系指客运列车以外的其他列车。

军用列车除有特殊通知外，均视为货运列车。

列车与其他调车作业的机车车辆等互相冲撞而发生的事故，定列车事故。列车在站内以调车方式进行摘挂或转线而发生事故，定调车事故。

客运列车或客运列车摘下本务机车后的车列，被货运列车、机车车辆冲撞造成的事故，以及客运列车在中途站进行摘挂（包括摘挂本务机车）或转线作业发生的事故，均定客运列车事故。

区间调车作业、机车车辆溜入区间，发生冲突、脱轨事故时，定列车事故。在封锁区间内调车作业发生事故，定调车事故。

3. 运行过程中：系指铁路机车车辆运行的全过程，也包括在其运行中的停车状态。

4. 行人：系指在铁路线路上行走、停留的自然人（包括有关铁路作业人员）。

5. 其他障碍物：系指侵入铁路限界及线路，并影响铁路行车的动态及静态物体。

6. 相撞：系指铁路机车车辆在运行过程中与行人、机动车、非机动车、牲畜及其他障碍物相互碰、撞、轧，造成人员伤亡、设备设施损坏。

7. 冲突：系指列车、机车车辆互相间或与轻型车辆、设备设施（如车库、站台、车挡等）发生冲撞，致使机车车辆、轻型车辆、设备设施等破损。

在列车运行中由于人为失职或设备不良等原因，将车辆挤坏或拉坏构成中破及其以上程度，或在调车作业中由于人为失职或设备不良等原因，将车辆挤坏或拉坏构成大破以上程度时，亦按冲突论。

由于机车车辆冲撞造成货物窜动将车辆撞坏、挤坏时，定冲突事故，并根据所造成的后果，确定事故等级。

8. 脱轨：系指机车车辆的车轮落下轨面（包括脱轨后又自行复轨），或车轮轮缘顶部高于轨面（因作业需要的除外）。

每辆（台）只要脱轨 1 轮，即按 1 辆（台）计算。

9. 列车发生火灾：系指列车起火造成机车车辆破损影响行车设备设施正常使用，或发生人员伤亡、货物、行包烧毁等。

10. 列车发生爆炸：系指机车车辆在运行过程中发生爆炸，造成其设备损坏，墙板、车体变形或出现孔洞，影响正常行车。

11. 繁忙干线：系指京哈（不含沈山线）、京沪、京广、京九（含广州至深圳段）、陇海、沪昆（不含株洲至昆明段）线及客运专线，以及连接繁忙干线的联络线。

12. 其他线路：系指繁忙干线以外的线路。新交付使用的线路等级分类，在交付时公布。在连接不同等级线路的车站发生事故时，按繁忙干线算。

13. 中断铁路行车：系指不论事故发生在区间或站内，造成铁路单线、双线区间或双线区间之一线不能行车。中断行车的时间，由事故发生时间起（列车火灾或爆炸由停车时间算起）至恢复客货列车原牵引方式连续通行时止。

如列车能在站内其他线通行，又回到原正线上进入区间的，不按中断行车算。

施工封锁区间发生冲突或脱轨的行车中断时间，从事故发生前原计划开通的时间起计算。

14. 耽误列车：系指列车在区间内停车；通过列车在站内停车；列车在始发站或停车站

晚开、在运行过程中超过图定的时间(局管内)或调度员指定的时间;列车停运、合并、保留。

15. 占用区间:系指(1)区间内已进入列车。(2)区间已被列车取得占用的许可(包括准许时间内未收回的出站、跟踪调车凭证)。(3)封锁的区间(凭调度命令向封锁区间发出路用列车、救援列车;单线区间的车站,经以闭塞电话、列车调度电话或其他电话呼唤 5 min 无人应答时,凭调度命令封锁相邻区间向不应答站发出列车除外)。(4)区间内有停留或溜入的机车车辆、施工作业车辆。列车发出后溜入的亦算。(5)发出进入正线的列车而区间内道岔向岔线开通。(6)邻线已进入禁止在区间交会的列车。

列车前端越过出站信号机或警冲标即算。

办理越出站界调车后,没有取消手续,也没有办理列车闭塞手续,就用该调车手续将列车开出,亦按本项论。

16. 占用线:系指车站内已办理进路的线路或停有机车车辆的线路或已封锁的线路。

列车前端越过进站(进路)信号机或站界标即构成"向占用线接入列车"。在站内无空闲线路的特殊情况下按规定办理的列车除外。

17. 未准备好进路:系指(1)进路上的道岔未扳、错扳、临时扳动或错误转动。(2)进路上有轻型车辆(包括拖车)、小车及其他能造成脱轨的障碍物(不包括其他交通车辆)。(3)邻线的机车车辆越过警冲标。(4)违反《技规》规定禁止办理相对方向同时接车和同方向同时发接列车的规定而办理同时接车或发接列车。(5)超限列车(包括挂有超限货物车辆的列车)、客运列车由于错误办理造成进入非固定股道。

接入停车或通过的列车,列车前端进入进站(进路)信号机或站界标以及发出的列车起动均算。

设有进路信号机的车站,分段接发列车时,按分段算。如果每段都发生,每段各定 1 件事故;如果一次准备的全通路,为一个进路,定 1 件事故。

凡由于信号联锁条件错误或有关人员违章作业,致使信号错误升级显示进行信号或强行开放进行信号,造成耽误列车或列车已按错误显示的进行信号运行,虽未造成后果,均定事故。

18. 未办或错办闭塞发出列车:系指未和邻站、线路所、车场办理闭塞手续,或办理闭塞的区间与列车运行的区间不一致而发出的列车。列车前端越过出站信号机(包括线路所通过信号机)或警冲标即构成。客运列车,错办闭塞的区间虽与列车的运行区间一致,亦按本项论。

没有调度命令,擅自改变或错办列车运行径路,亦按本项论。

未按规定办理手续而越出站界调车时,亦按本项论。

19. 列车冒进信号或越过警冲标:系指列车前端任何一部分越过地面固定信号显示的停车信号;停车列车越过到达线末端计算该线有效长度的警冲标或轧上线路脱轨器(系指用于接发列车起隔开作用的脱轨器)时亦算。双线区间反方向运行,列车冒进站界标,亦按本项论。

在制动距离内,由于误碰、错办或维修设备,致使临时变更信号显示、信号关闭或临时灭灯,造成列车冒进信号时,不论联锁条件是否解锁,亦按本项论。

在制动距离内信号自动关闭或临时灭灯,在进路联锁条件不解锁的情况下,列车冒进信号时,不按本项论。

20. 机车车辆溜入区间或站内：系指以进站信号机或站界标为界，机车车辆由站内溜入区间或由区间、专用线溜入站内，在区间岔线内停留的机车车辆溜往正线越过警冲标，亦按本项论。

21. 关闭折角塞门发出列车或运行中关闭折角塞门：列车前端越过出站信号机或警冲标即算。

采用双管供风的列车因错接风管发出列车，按本项论。

22. 电力机车、动车组带电进入停电区：系指电力机车、动车组未降弓断电进入已经停电的接触网区。

23. 无调度命令施工，超范围施工，超范围维修作业：包括未按规定在车站登记要点进行施工、维修作业的，施工点前超范围准备的，未按规定施工维修作业内容进行作业的，均按本项论。

24. 漏发、错发、漏传、错传调度命令导致列车超速运行：列车运行监控装置未输或错输限速指令、机车出库后司机未接到线路限速命令，致使列车超过规定限速运行，按本项论。

25. 挤道岔：系指车轮挤过或挤坏道岔。

26. 错办或未及时办理信号导致列车停车：系指(1)因办理不及时或忘办、错办信号使列车在站外或站内停车；(2)禁止同时接车的车站或不准同时接入站内的列车，误使两列车均在站外停车；(3)接发列车人员未及时或错误显示手信号，使列车停车。

27. 错误办理行车凭证发车或耽误列车：系指与邻站已办妥闭塞手续，但由于未交、错交、未拿、错拿、漏填、错填行车凭证；自动闭塞、自动站间闭塞、半自动闭塞区间未开放出站(进路)信号机发车或耽误列车。

行车凭证交与司机或车站发车人员显示发车后，发现行车凭证错误，亦为错误办理行车凭证发车。

填写的行车凭证，错填、漏填电话记录号码、车次、区间、地点时，按本项论。

自动闭塞、自动站间闭塞、半自动闭塞区间未开放出站(进路)信号机，列车起动停车未越过信号机或警冲标时，视同一般D类事故情形。越过关闭的停车信号或警冲标时，视同一般C类事故情形。

28. 调车作业碰轧脱轨器、防护信号或未撤防护信号动车："脱轨器"系指固定脱轨器及移动脱轨器。防护信号：系指防护施工、装卸及机车车辆检修整备作业的固定信号或移动信号。

机车车辆碰上、轧上脱轨器或防护信号即算。对插有停车信号的车辆，碰上车钩及未撤防护信号动车，按本项论。

29. 施工、检修、清扫设备耽误列车：如因特殊情况需要延长施工时间时，须提前通知车站值班员、列车调度员，经列车调度员承认后(发布调度命令)耽误列车时，不定事故。

施工、检修、清扫设备人员躲避不及时，造成列车停车，按本项论。

30. 擅自发车、开车、停车、错办通过或在区间乘降所错误通过：

擅自发车：系指车站发车人员未确认出站信号发车。

擅自开车：系指司机未得到车站发车人员的发车信号而开车。

擅自停车：系指在正常情况下，不应停车而停车。

错办通过：系指应停车的客运列车而错办通过(不包括列车调度员按照列车运行情况临

时调整变更通过的列车)。

31. 应安装列尾装置而未安装发出列车:有规定或调度命令的不按本项论。

32. 作业人员:系指参加铁路行车相关作业的所有从业人员,含已参加铁路企业生产经营活动,与铁路用人单位形成事实劳动关系的人员。

33. 作业人员伤亡:系指在铁路行车相关作业过程中发生的,与企业管理、工作环境、劳动条件、生产设备等有关的,违反劳动者意愿的人身伤害,含急性工业中毒导致的伤害。

34. 作业过程:系指作业人员在本职工作岗位上或领导临时指派的工作岗位上,在工作时间内,从事铁路企业生产经营活动的全过程。作业人员请假离开、返回工作岗位、下班离岗、退勤退乘等,尚未离开其作业场所的,均视为作业过程。

工作时间:原则上以现行各种班制、乘务交路规定的工作时间和铁路综合计算工时工作制为依据。若不在规定的工作时间内,但属于因生产经营、工作需要而临时占用的时间,也视为工作时间。

35. 作业人员重伤:指造成作业人员肢体残缺或某些器官受到严重损伤,致使人体长期存在功能障碍或劳动能力有重大损失的伤害。

36. 因正常手术治疗而加重伤害程度:系指从业人员在事故中受伤后,为避免伤势恶化而必须实施截肢、器官摘除等手术措施,致使伤害程度加重的情况。

37. 职业禁忌症:系指某个工作岗位因其特殊性而对从业人员患有的可能造成事故的疾病作出限制的范围。如视力减退对于机车乘务员;恐高症、高血压对于电力工、架子工;高血压、心脏病对于巡道工、调车人员等均属职业禁忌症。

38. 交叉作业:系指分别属于两个或两个以上企业的作业区域相互重叠,从业人员在同一作业场所各自作业,包括铁路作业人员在专用线内取送车等作业。

39. 事故等级中所称的"以上"包括本数,所称的"以下"不包括本数。

【事故案例】

(一)铁路交通一般 D10 类耽误列车事故 1

1. 事故概况

××年×月×日×时×分,××铁路局集团公司××站车站值班员与邻站××站车站值班员根据列车调度员下达的阶段计划,确定接发车顺序为:××站先发客车 K7131 次,其后接客车 K7188 次,再发客车 K7117 次。×日×时×分×秒 K7131 次整列到达××站后,××站助理值班员(内勤),在未得到车站值班员指示的情况下,盲目按下"闭塞"按钮,车站值班员发现后,立即联系××站取消闭塞,由××站办理闭塞。×时×分×秒,××站助理值班员(内勤)在按压"复原"按钮取消闭塞时,××站助理值班员(内勤)也在按压"闭塞"按钮请求闭塞,造成闭塞机故障无法复原。×时×分,××站车站值班员在电务人员无法消除该故障的情况下,请示列车调度员使用故障按钮复原,×时×分,故障消除,造成客车 K7188 次××站停车 10 min,客车 K7117 次××站始发晚点 11 min,构成铁路交通一般 D10 类作业人员违反劳动纪律、作业纪律耽误列车事故。

2. 原因分析

一是××站助理值班员(内勤)在未得到车站值班员办理闭塞指示的情况下,主观臆测接发列车顺序,盲目办理闭塞。二是××年×月×日××站信号楼交付使用后,车站对闭塞设备继电器传输存在延迟这一问题，即两站一方按压复原按钮、一方在灭灯情况下按压闭塞，如在同一时间节点就会产生抵触，易造成设备故障这种设备安全隐患问题不清楚、不掌握。

(二)铁路交通一般D10类耽误列车事故2

1. 事故概况

××年×月×日×时×分，××线××站车站值班员布置助理值班员(内勤)47009次列车13道开车，西端信号员按压了13道X13LA始端按钮后，本应按压下行终端SNLA按钮，但误碰了上行通过STA按钮。误碰后，区间电路方向改变，上行三接近、二接近、一接近出现红光带不消失。经工务、电务处理后，×时×分恢复正常使用，影响上行3趟旅客列车的运行，构成耽误列车一般D10类事故。

2. 原因分析

一是助理值班员(内勤)排列信号按钮时，违反《技规》“在扳动道岔、操纵信号时，认真执行一看、二扳(按)、三确认、四显示(呼唤)制度”的规定，本应按压下行进路终端按钮(SALA)，却错误按压上行进路始端按钮(STA)，是导致事故的直接原因。二是联锁设备存在隐患。××站6502型联锁设备虽然设置有改方按钮，但发生误碰按钮时，联锁设备在信号员没有按压允许改方按钮的情况下，也能改变行车方向，区间出现双接，允许改方按钮不能进行卡控，存在安全隐患。

(三)铁路交通一般C类事故

1. 事故概况

××年×月×日×时×分，××铁路局集团公司××站9/11号道岔失去表示，工务1时48分销记，电务1时20分登记停止9、11号道岔正常使用。2时35分，车站组织K726次非正常发车，因进路准备错误，K726次进入下行线进站信号机内方(未进入区间)。3时25分，车站组织K726次退回Ⅱ道内方，影响客车9列。构成铁路交通一般C8类事故。

2. 事故原因

一是现场准备进路的助理值班员、调车长违反《铁路接发列车作业》标准“准备进路时，先确认道岔开通位置，再扳(摇)向所需位置，确认锁闭，道岔开通正确……”的规定，未确认9/11号道岔开通位置，在9/11号道岔位置不对情况下，未进行相互核对，盲目将9/11号道岔加锁后汇报，致使进路不对情况下发出K726次。二是车站值班员、副站长布置进路简化作业用语，未说明股道、车次、方向，现场准备进路人员汇报简单，简化作业用语，仅汇报道岔已钩好，致使道岔位置不对未确认、未被防止。

复习思考题

1. 何谓铁路交通事故？
2. 发生铁路交通事故应报告哪些主要内容？
3. 哪些情况构成错误办理行车凭证发车或耽误列车？
4. 哪些情况构成未准备好进路？
5. 哪些情况视为作业过程？

第四篇　专业技能

第一章　助理值班员(内外勤)接发列车作业

本章是助理值班员(内外勤)岗位的通用部分内容,介绍助理值班员(内外勤)在车站值班员的指挥下,办理接发列车作业的相关要求,内容涵盖了正常接发列车作业和非正常接发列车作业。通过对本章的学习,了解并掌握正常接发列车作业要求,施工作业、天气变化、设备变化等非正常作业应急处置的内容。

第一节　助理值班员(内外勤)正常接发列车作业

一、工作交接

(一)着装要求

1. 助理值班员(内勤)、助理值班员(外勤)应按规定着装,穿着铁路制服,佩戴规定的职务标识(臂章),保持着装整洁、规范得体、端庄大方、举止文明,严禁上岗后随意着装甚至衣衫不整。

2. 着短袖衬衣时,不佩戴领带,衬衫第一纽扣不扣;着长袖衬衣时,佩戴领带,衬衫纽扣全部扣好;衬衫下摆统一束入长裤内(规定衬衫下摆不束入长裤内的除外)。

3. 行车有关人员在执行职务时,必须坚守岗位,穿着规定的服装,佩戴易于识别的证章或携带相应证件,讲普通话。

4. 上道作业应穿有反光标志的防护服(夜间须佩戴方位灯),做到"白天见黄、夜间见光",禁止穿着高跟鞋、露有脚趾的凉鞋、硬底等易滑鞋,禁止将双耳包裹。手套应五指分开。

5. 根据季节和气温变化统一换装,原则上3月15日至5月14日、9月15日至11月14日着春秋服装,11月15日至次年3月14日着冬季服装,5月15日至9月14日着夏季服装,因地域、天气等原因,可提前或推迟换装时间,但应统一组织换装。

(二)班前准备

1. 接班前,须充分休息,严禁饮酒。

2. 参加班前点名会,开展业务学习及安全预想,听取管理人员布置班工作内容及重点事项。

3. 交接班时,应提前到岗,接班人员应按规定着装,面对面对号、错时逐岗交接[按照助理值班员(内勤)、助理值班员(外勤)(同室)、车站值班员的先后顺序交接,行车室设有多场时,按场进行交接],了解掌握本岗位作业的相关事项,跟班监控交班人员作业,按规定时间接班。

4. 对口、逐岗交接内容:

(1)检查信号设备操作终端、行车电话、无线电台等相关行车设备是否齐全、作用良好。

(2)核对计数器号码登记、行车备品箱施封、轨道电路分路不良处所等情况。

(3)掌握阶段计划、列车运行情况、股道及区间占用情况、站存车情况、行车设备状态、施工维修计划与进度情况、临客开行以及调车作业、线路存车、重点列车等情况及行车重点事项,签阅班计划及未执行完毕的调度命令,核对交班事项,在"车站(助理)值班员交接班簿"

上签认，签认时间须与交班时间一致。

(4)严格交接班纪律，接班人员到岗后，不得与作业人员闲谈，交班人员不得提前准备下班事项，严格执行作业纪律和作业标准。

(5)“三查、三清、四不交”。

三查：查班计划、站存车及防溜情况，装卸作业情况；查列车运行计划、有关命令指示和注意事项；查设备备品使用情况。

三清：计划清；有关命令、注意事项清；设备备品清。

四不交：不在规定地点不交；接车时，自列车接近车站至列车进站停妥或通过列车整列出站前不交(双线自动闭塞车站除外)；发车时，自待发列车出站信号开放或交付行车凭证至列车尾部越过发车地点(办理客运业务的列车为列车尾部越过站台)前不交；备品不清不交。

(三)阶段计划、列车接发、调车作业交接

1. 阶段计划

非 TDCS/CTC 区段以及 TDCS/CTC 系统故障时填记“三、四小时阶段计划记录簿”。助理值班员(内勤)根据车站值班员的布置填写“三、四小时阶段计划”，并将未执行完毕的阶段计划进行交接，接班助理值班员(内勤)与交班助理值班员(内勤)核对正确后在“三、四小时阶段计划”上签名。

2. 列车运行

将区间列车运行情况进行交接，区间列车运行情况应通过行车日志、各种行车表示牌、闭塞表示灯进行核对。

3. 到发线占用

将到发线占用情况进行交接，对到发线停留车辆数、车次、停留车位置交接清楚。助理值班员(外勤)还应现场检查核对，《站细》内规定由其他人员检查的，按《站细》规定要求执行。助理值班员(内勤)应对到发线占用表示认真核对，正线、到发线有机车车辆占用，轨道电路红光带(灯)不亮时，对存放车辆的线路，应在控制台上揭挂“停有车辆”表示牌，计算机联锁设备车站应将该线路两端信号机封闭，并将道岔开通其他线路。站内轨道电路不良区段发生变化时，应重点交接。

4. 停留车辆防溜

在站停留车辆的防溜情况应重点交接，按《站细》要求，对防溜位置、防溜器具编号、数量等交接清楚，并核对“防溜揭示簿”填记正确后签认。对防溜器具数量、进行核对，发现防溜器具数量、编号不符合规定的，汇报车站值班员。助理值班员(外勤)接班后根据《站细》要求，确定是否需要上道检查车辆的防溜情况。上道作业严格执行人身安全标准，及时汇报车站值班员。

5. 调车作业进度

调车作业应严格执行“逐钩抹销”制度，对未执行完毕的调车作业计划，对一批调车作业中临时停放车辆的防溜设置交接清楚。对未执行完毕的调车作业通知单认真核对，交接清楚注意事项和重点内容。

6. 机车使用情况

对有计划使用的机车应做好记录并认真交接，如：加开单机、临时停运、回送列尾等。助理值班员对机车号码、机车型号、使用目的等作为交接班重点事项交接清楚。对列车风压 600 kPa 的信息应记录在交接班簿重点事项栏内交接清楚。

(四)行车备品重点事项交接

1. 行车文电

对摆放在行车室的行车文电等重点内容,应认真阅读后按规定进行交接。

2. 行车命令

对于调度命令、运行揭示调度命令、客调命令等未执行完毕的行车命令事项,交接班时应认真核对命令号码、命令内容、受令处所。涉及限速的运行揭示调度命令,应认真核对限速提示卡中的时间、里程、限速值,客调命令应认真核对时间、车次、是否办客等内容。

3. 重点事项

交接班重点事项应包含重点行车事项,如列车风压 600 kPa 信息,区间逻辑检查功能开启状态等。遇其他车站值班员布置的重点事项或认为有必要重点交接的内容也应一并交接。

4. 设备变化

遇施工开通后行车设备变化、设备改造、新建设备开通等情况,助理值班员接班时应对设备变化情况重点交接。对新使用的其他设备应确保接班人员掌握使用设备的操作方法,避免出现并不熟悉设备情况的现象。

5. 施工、维修作业

交接班时仍在作业的施工、维修项目,助理值班员应做好交接,讲清作业范围、影响内容、施工计划开通时间。对施工维修作业,接班人员应认真核对施工维修计划。

6. 备品交接

对行车设备备品工具的数量、质量状况等情况进行交接,具体配备的品名、数量按车站设备要求进行。

对行车室中的行车备品进行检查核对,遇行车备品数量不足、损坏、不能使用等情况时,应及时通知车站值班干部更换补充。

7. 行车凭证

书面行车凭证包括路票、绿色许可证、线路所绿色许可证、半自动闭塞发车进路通知书、红色许可证、出站(跟踪)调车通知书、作为行车凭证的调度命令、车站值班员的命令。对未交付司机的书面行车凭证,交班人员应与接班人员共同核对行车凭证内容、行车凭证号码、列车车次、股道等信息,确保接班人员清楚。

(1)各站(线路所)的行车凭证由车务段、直属站或合资公司联系后及时印发。凡站存书面行车凭证(路票按区间别)少于 200 张,以及由于两端车站(线路所)名称发生变化时,应及时印发更新。

(2)车站(线路所)收到印发的行车凭证后,由站长或指定的专人进行审核、清点,除行车岗位配置外应集中管理。

(3)车站行车室必须按区间分别设置路票专用箱各一个,箱内应经常保持不少于 50 张印有站名并加盖站名印或行车专用章的路票。路票箱必须加锁,钥匙放在《站细》指定地点保管,并严格交接制度。两线、多线行车且路票上的站名不能区分线别时,车站应根据不同的线别分别设置路票箱,并事先在路票上加盖规定的线别章。

(4)各车站(线路所)应印制、保管适量应急所需的未印站名的备用路票。

(5)车站(线路所)应将划“×”作废的行车凭证,集中保管一个月后自行销毁。

8. 票据

对纸质票据,助理值班员(外勤)应保存良好,交接班时应核对票据数量及票据内容,确认无误后进行交接。

二、接发列车作业程序及技术要求

(一)双线自动闭塞集中联锁[设助理值班员(内勤)]

1. 接车(含通过)作业程序

接车(含通过)作业程序应符合图 4-1-1 的规定。

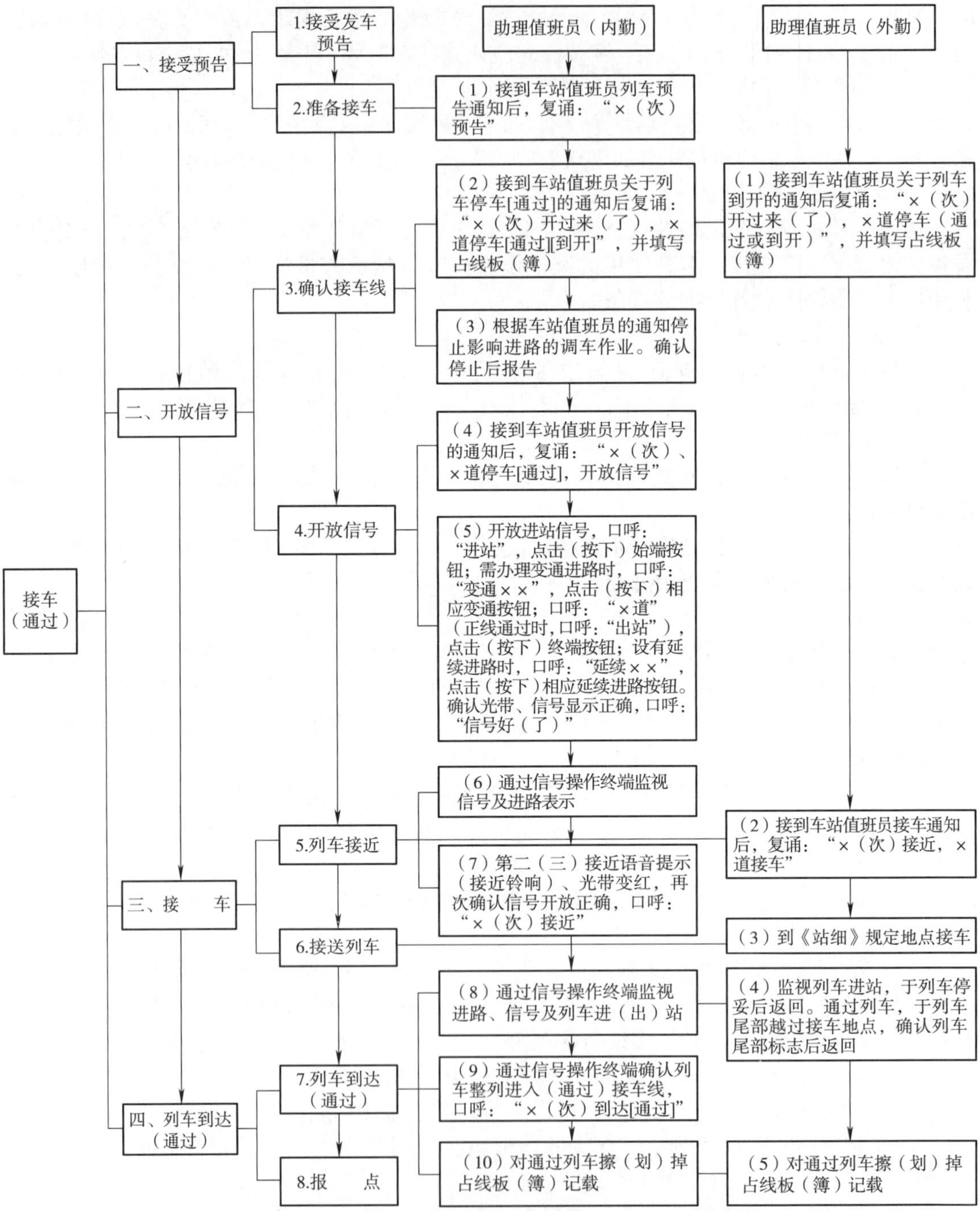

图 4-1-1 双线自动闭塞集中联锁[设助理值班员(内勤)]接车(含通过)作业程序

2. 发车作业程序

发车作业程序应符合图 4-1-2 的规定。

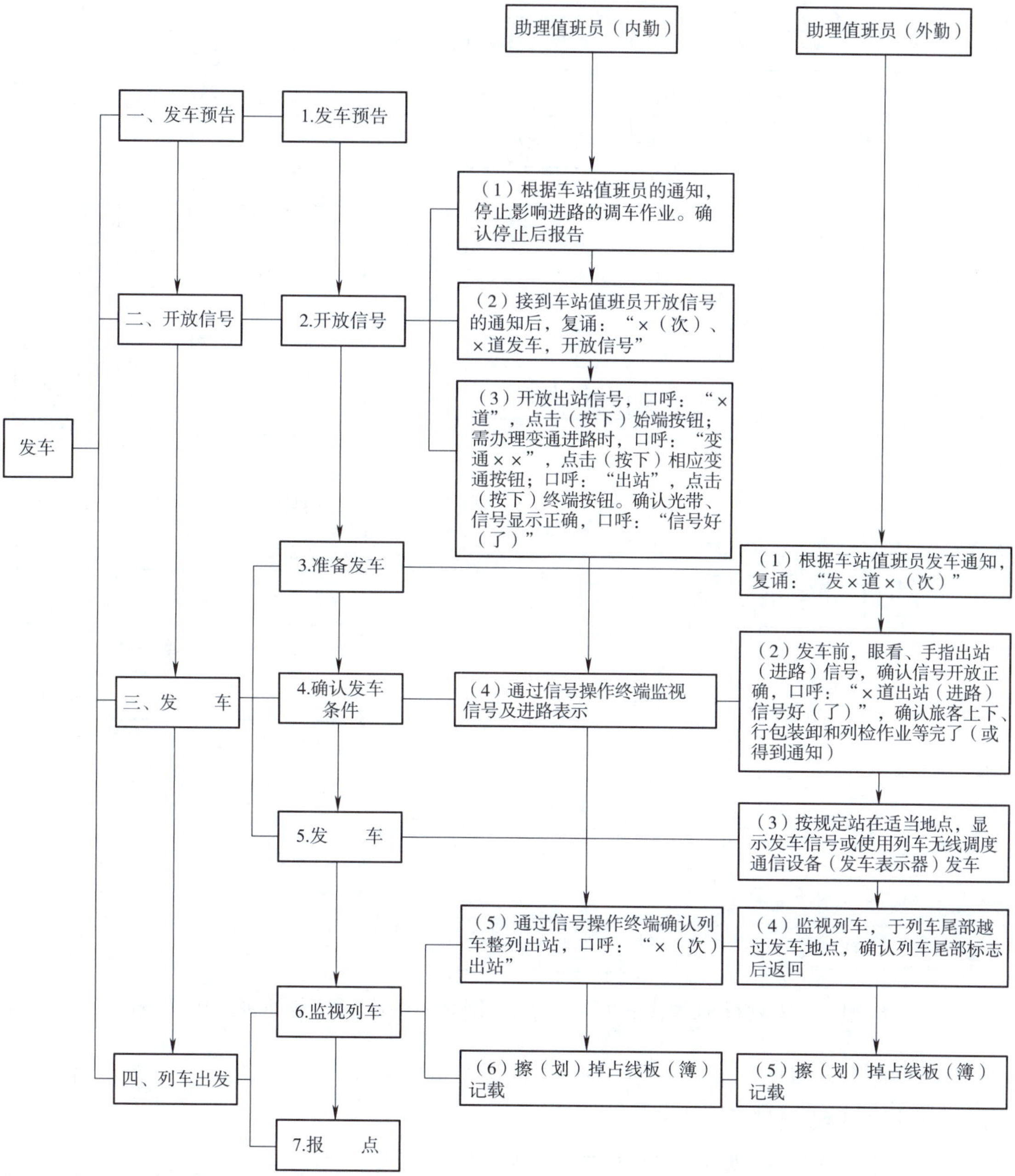

图 4-1-2 双线自动闭塞集中联锁[设助理值班员(内勤)]发车作业程序

(二)双线自动闭塞集中联锁[未设助理值班员(内勤)]

1. 接车(含通过)作业程序

接车(含通过)作业程序应符合图 4-1-3 的规定。

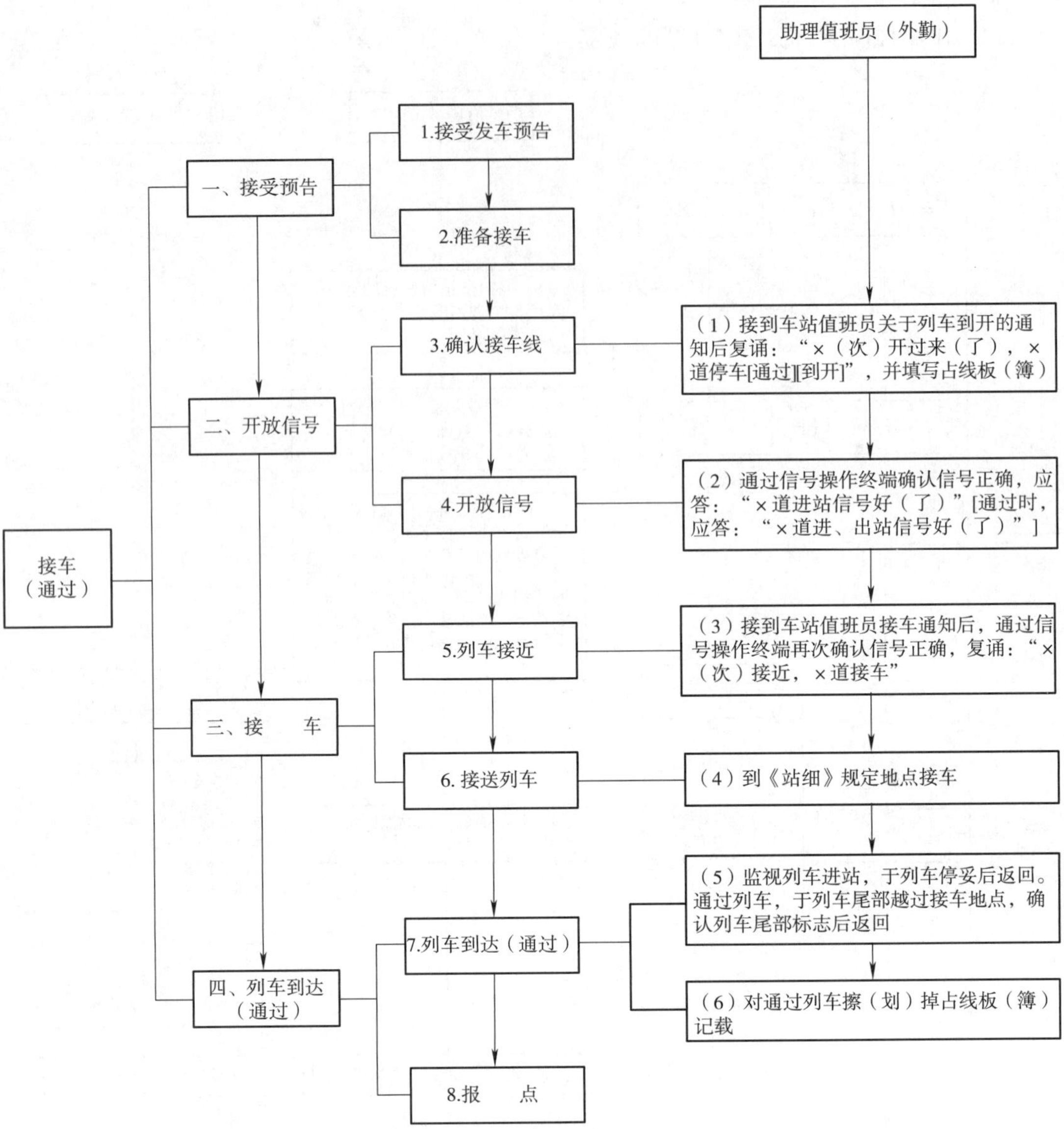

图 4-1-3　双线自动闭塞集中联锁[未设助理值班员(内勤)]接车(含通过)作业程序

2. 发车作业程序

发车作业程序应符合图 4-1-4 的规定。

(三)单(双)**线半自动闭塞集中联锁**[设助理值班员(内勤)]

1. 接车(含通过)作业程序

接车(含通过)作业程序应符合图 4-1-5 的规定。

2. 发车作业程序

发车作业程序应符合图 4-1-6 的规定。

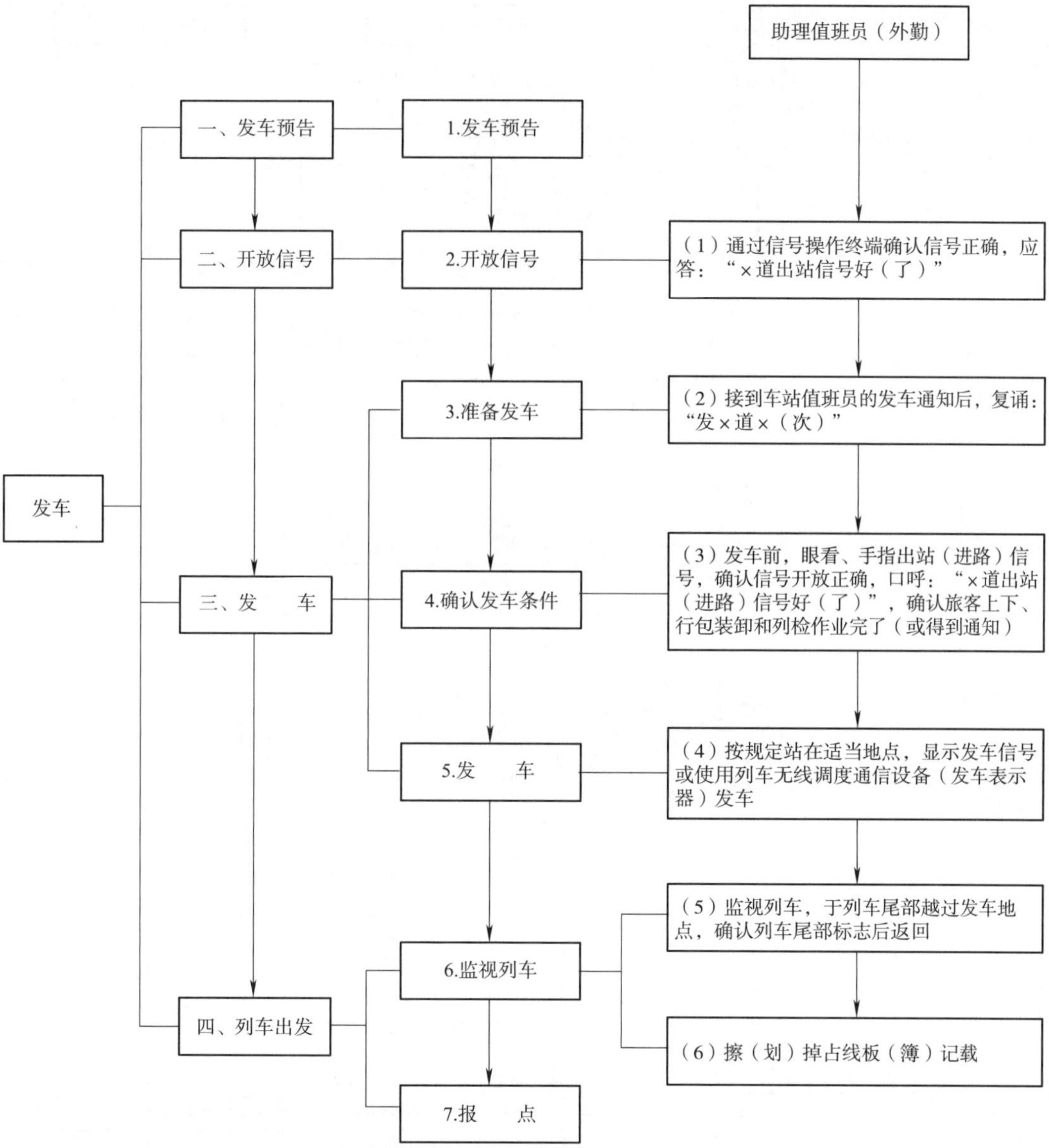

图 4-1-4　双线自动闭塞集中联锁[未设助理值班员（内勤）]发车作业程序

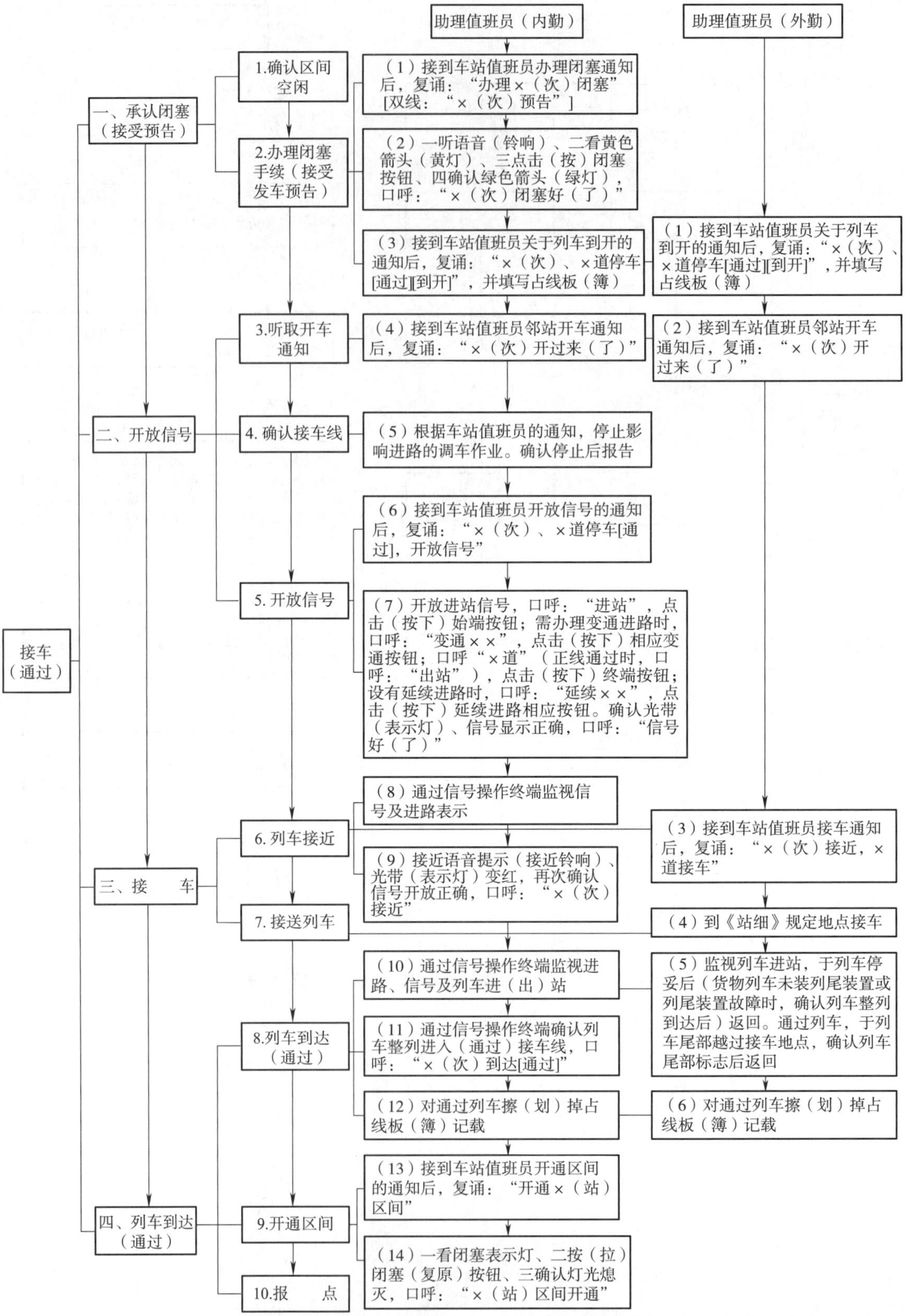

图 4-1-5　单(双)线半自动闭塞集中联锁[设助理值班员(内勤)]接车(含通过)作业程序

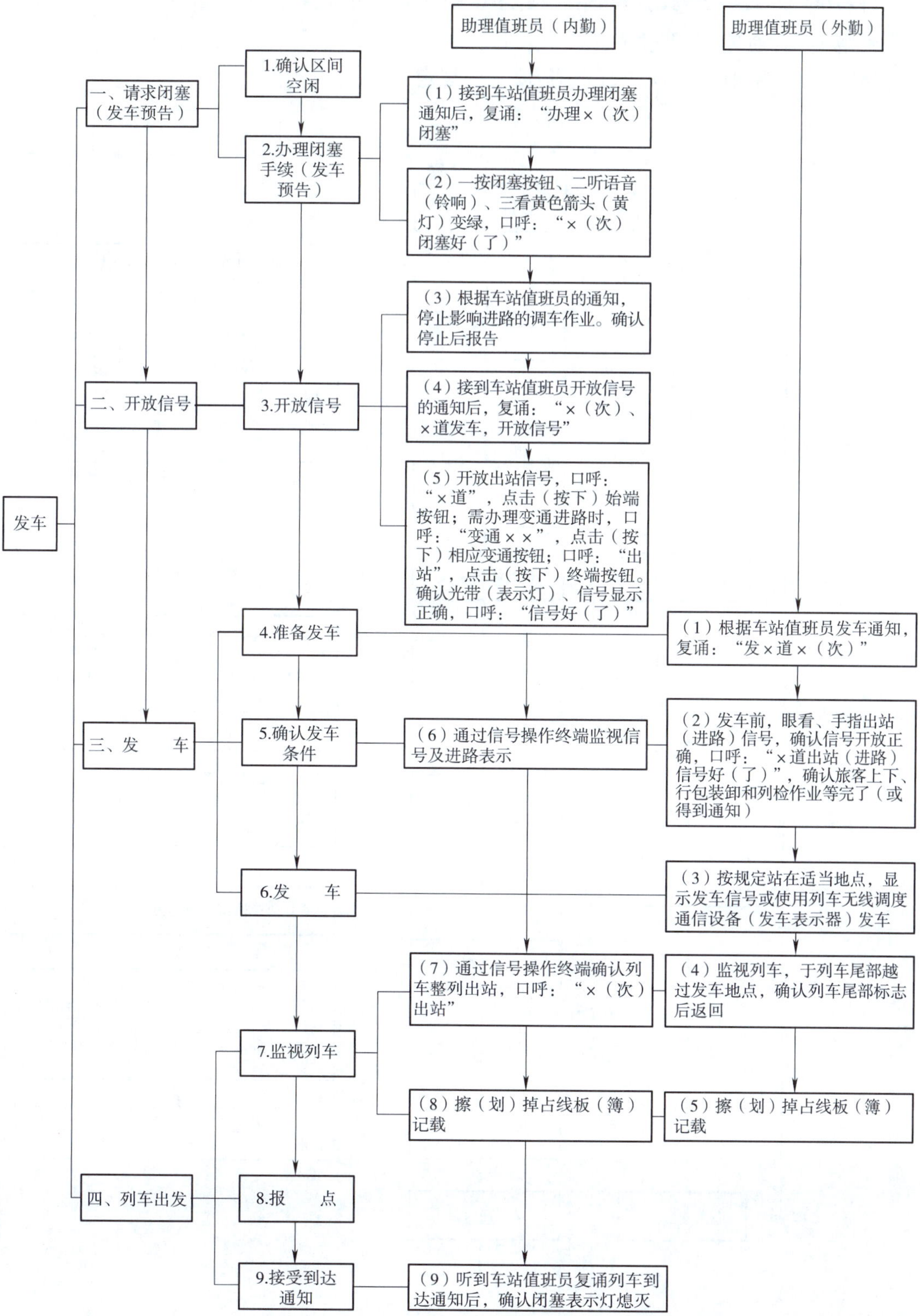

图 4-1-6　单(双)线半自动闭塞集中联锁[设助理值班员(内勤)]发车作业程序

(四)单(双)线半自动闭塞集中联锁[未设助理值班员(内勤)]

1. 接车(含通过)作业程序

接车(含通过)作业程序应符合图 4-1-7 的规定。

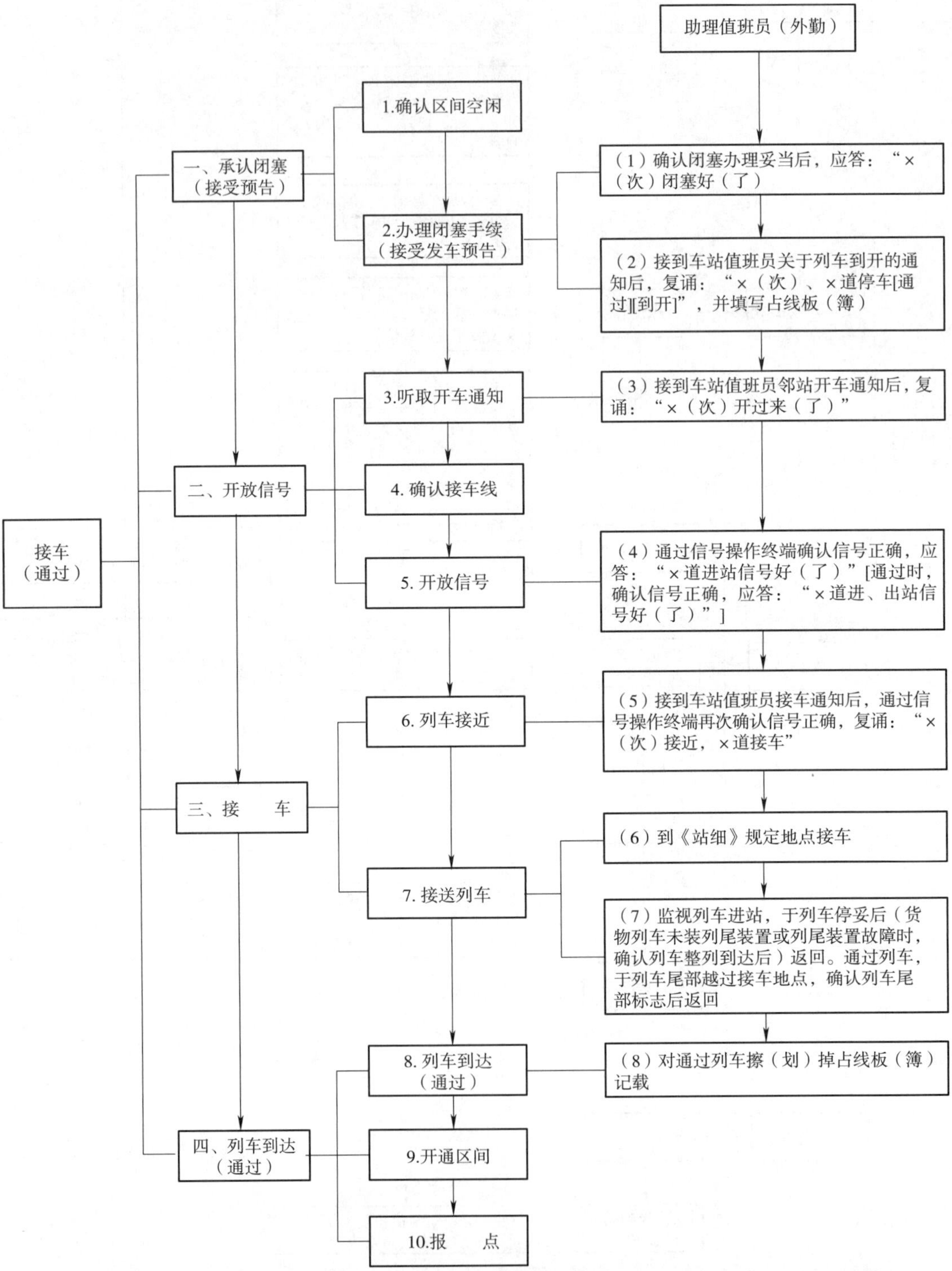

图 4-1-7 单(双)线半自动闭塞集中联锁[未设助理值班员(内勤)]接车(含通过)作业程序

2. 发车作业程序

发车作业程序应符合图 4-1-8 的规定。

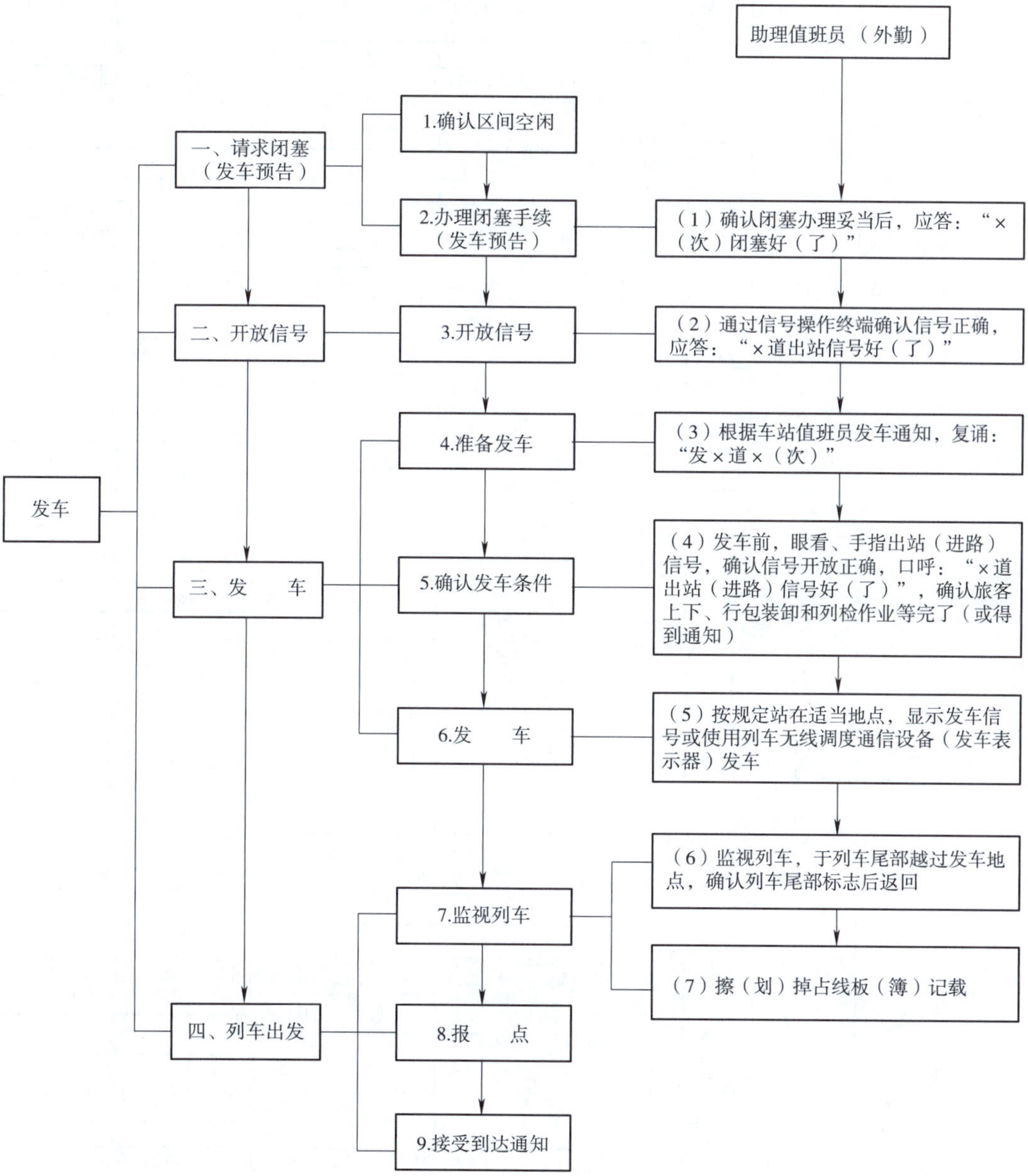

图 4-1-8 单(双)线半自动闭塞集中联锁[未设助理值班员(内勤)]发车作业程序

(五)单(双)线半自动闭塞色灯电锁器联锁

1. 接车(含通过)作业程序

接车(含通过)作业程序应符合图 4-1-9 的规定。

2. 发车作业程序

发车作业程序应符合图 4-1-10 的规定。

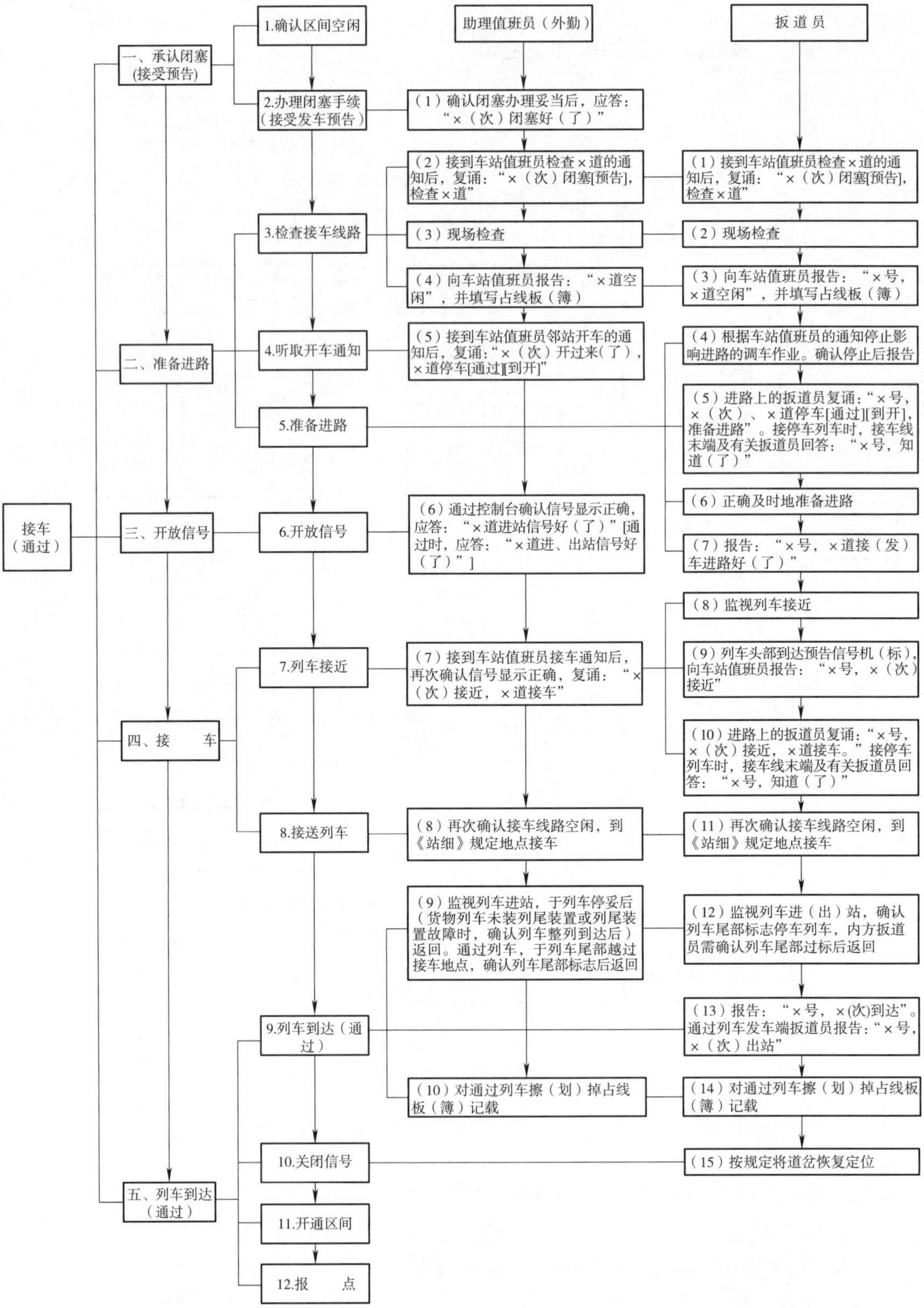

图 4-1-9　单(双)线半自动闭塞色灯电锁器联锁接车(含通过)作业程序

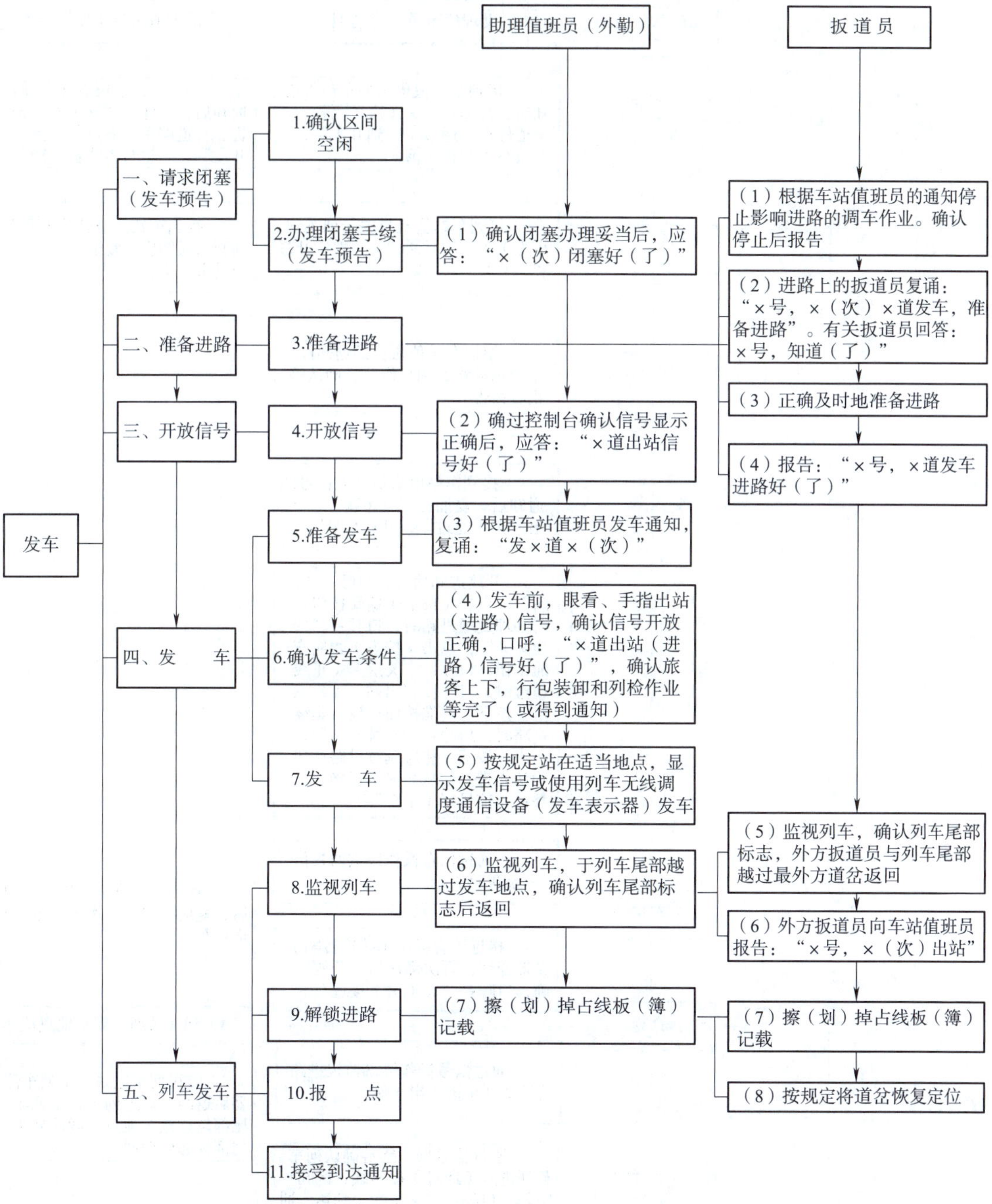

图 4-1-10 单(双)线半自动闭塞色灯电锁器联锁发车作业程序

(六)自动站间闭塞集中联锁[设助理值班员(内勤)]

1. 接车(含通过)作业程序

接车(含通过)作业程序应符合图 4-1-11 的规定。

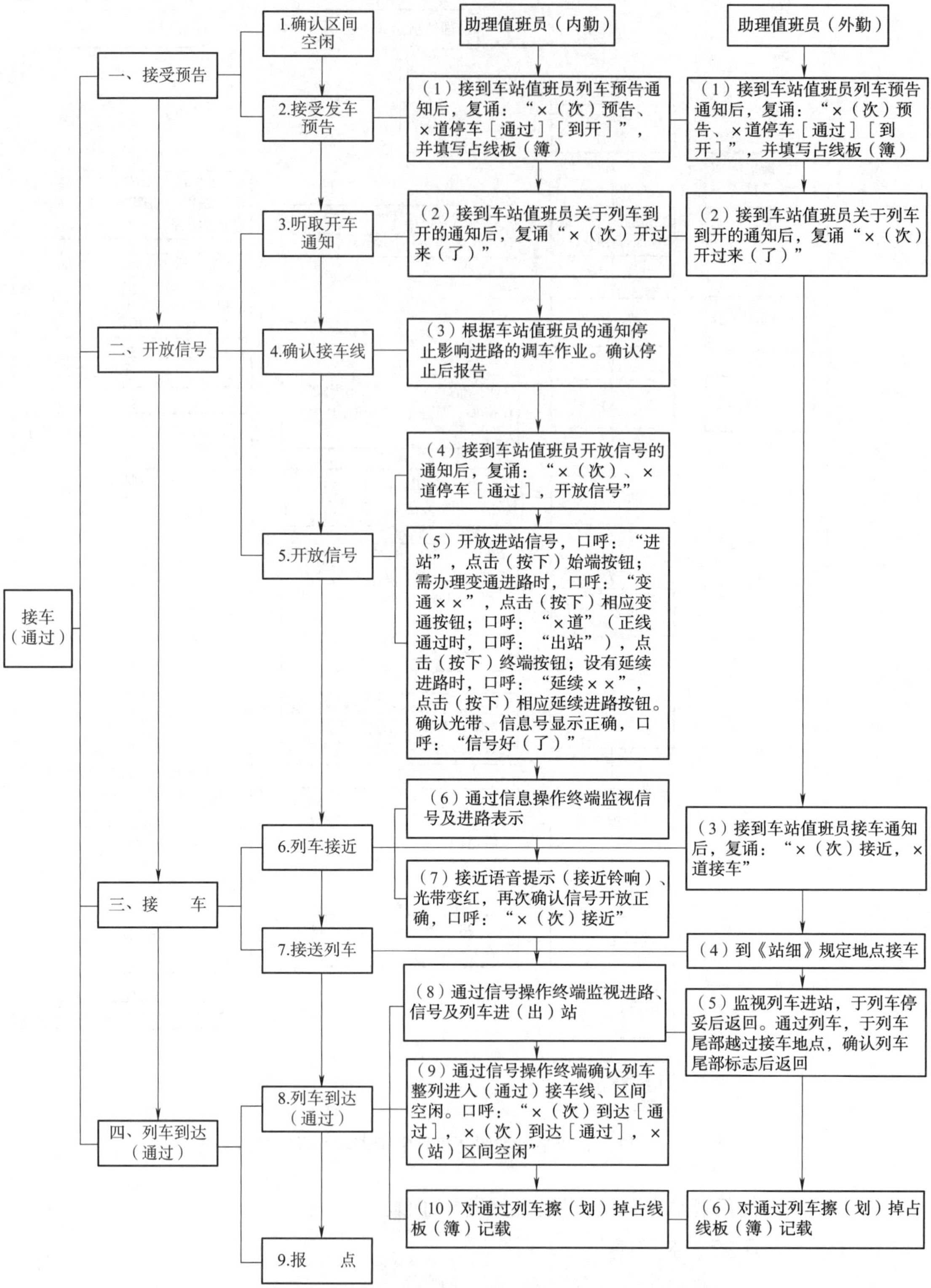

图 4-1-11　自动站间闭塞集中联锁[设助理值班员(内勤)]接车(含通过)作业程序

2. 发车作业程序

发车作业程序应符合图 4-1-12 的规定。

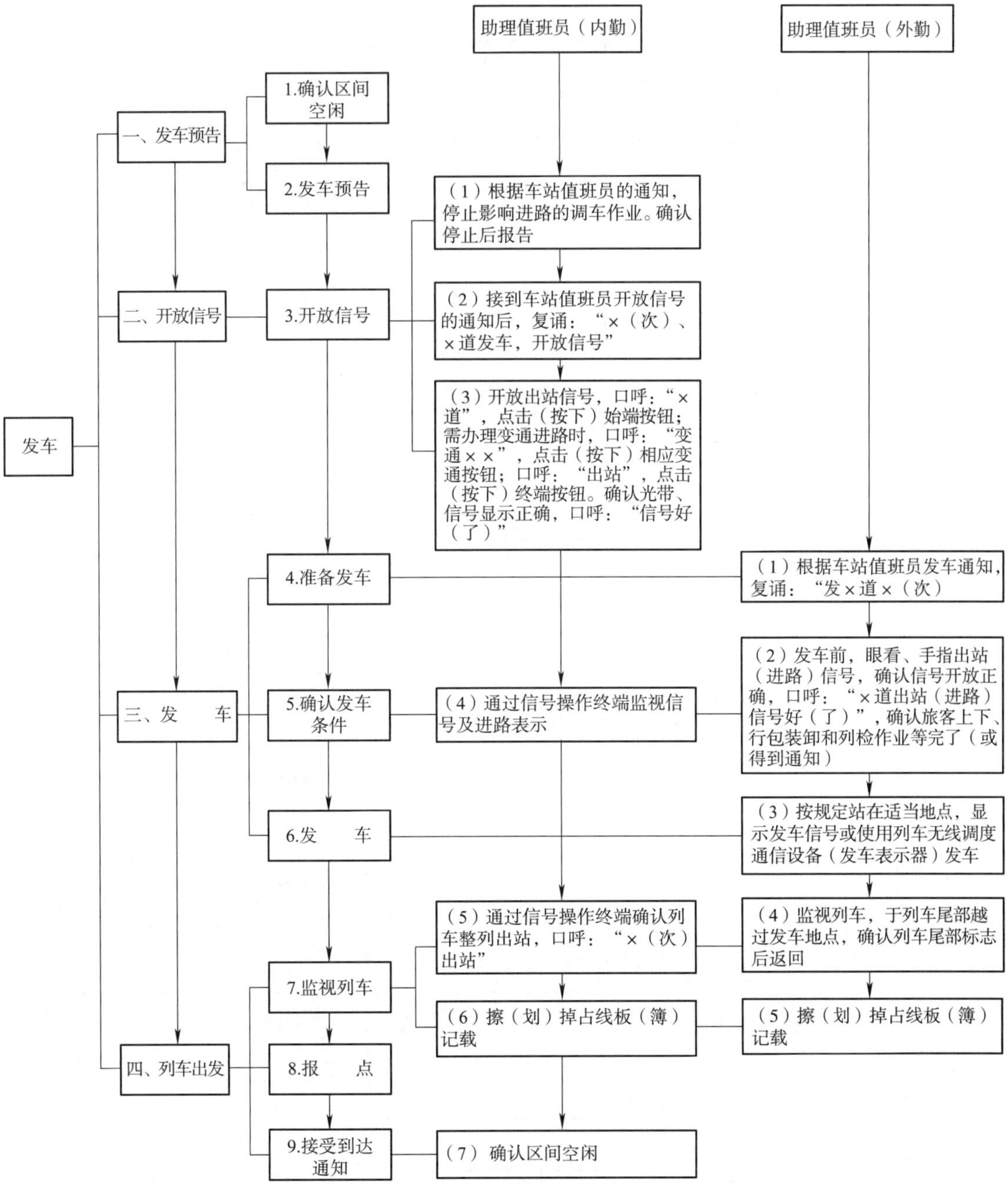

图 4-1-12　自动站间闭塞集中联锁[设助理值班员(内勤)]发车作业程序

(七)自动站间闭塞集中联锁[未设助理值班员(内勤)]

1. 接车(含通过)作业程序

接车(含通过)作业程序应符合图 4-1-13 的规定。

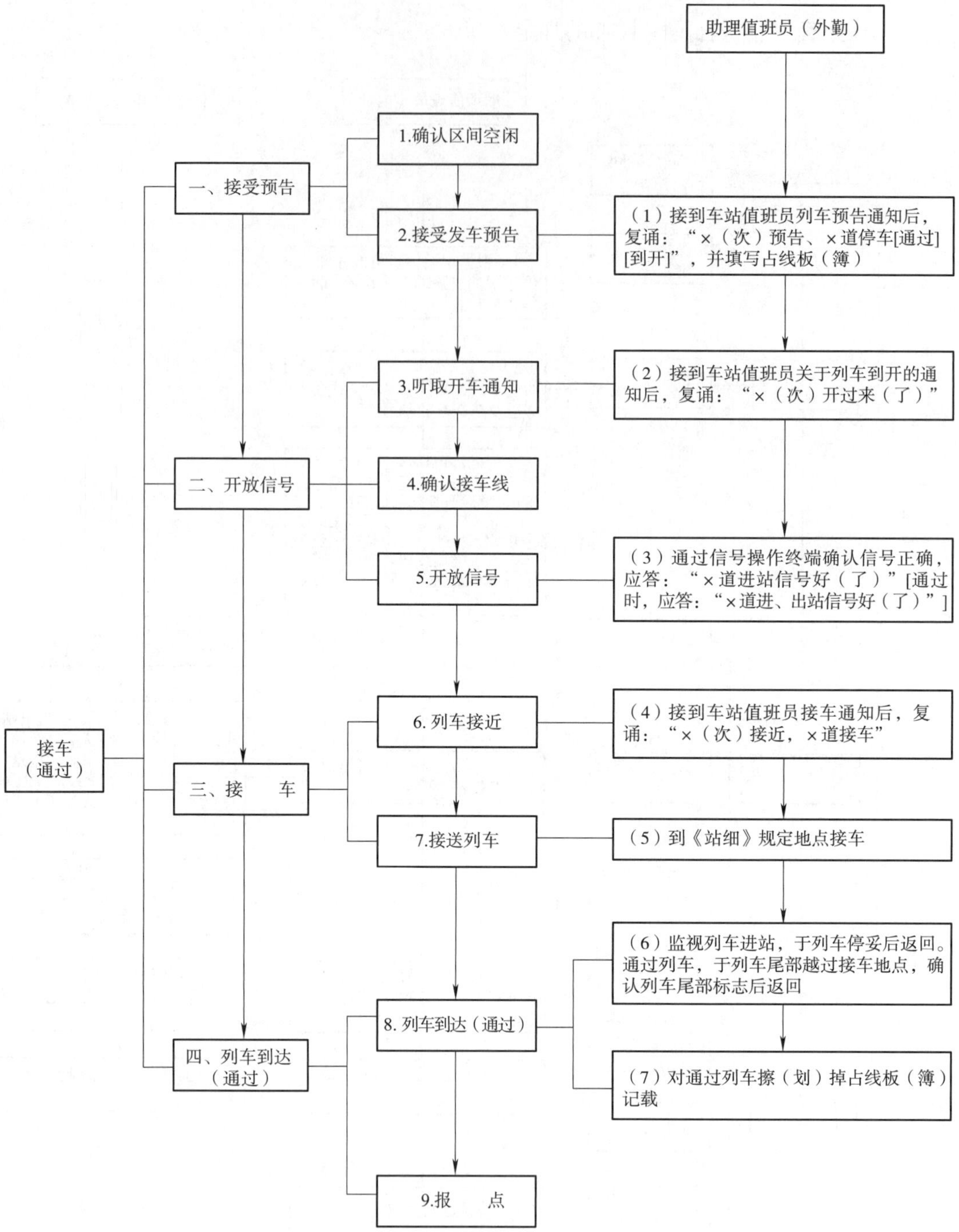

图 4-1-13　自动站间闭塞集中联锁[未设助理值班员(内勤)]接车(含通过)作业程序

2. 发车作业程序

发车作业程序应符合图 4-1-14 的规定。

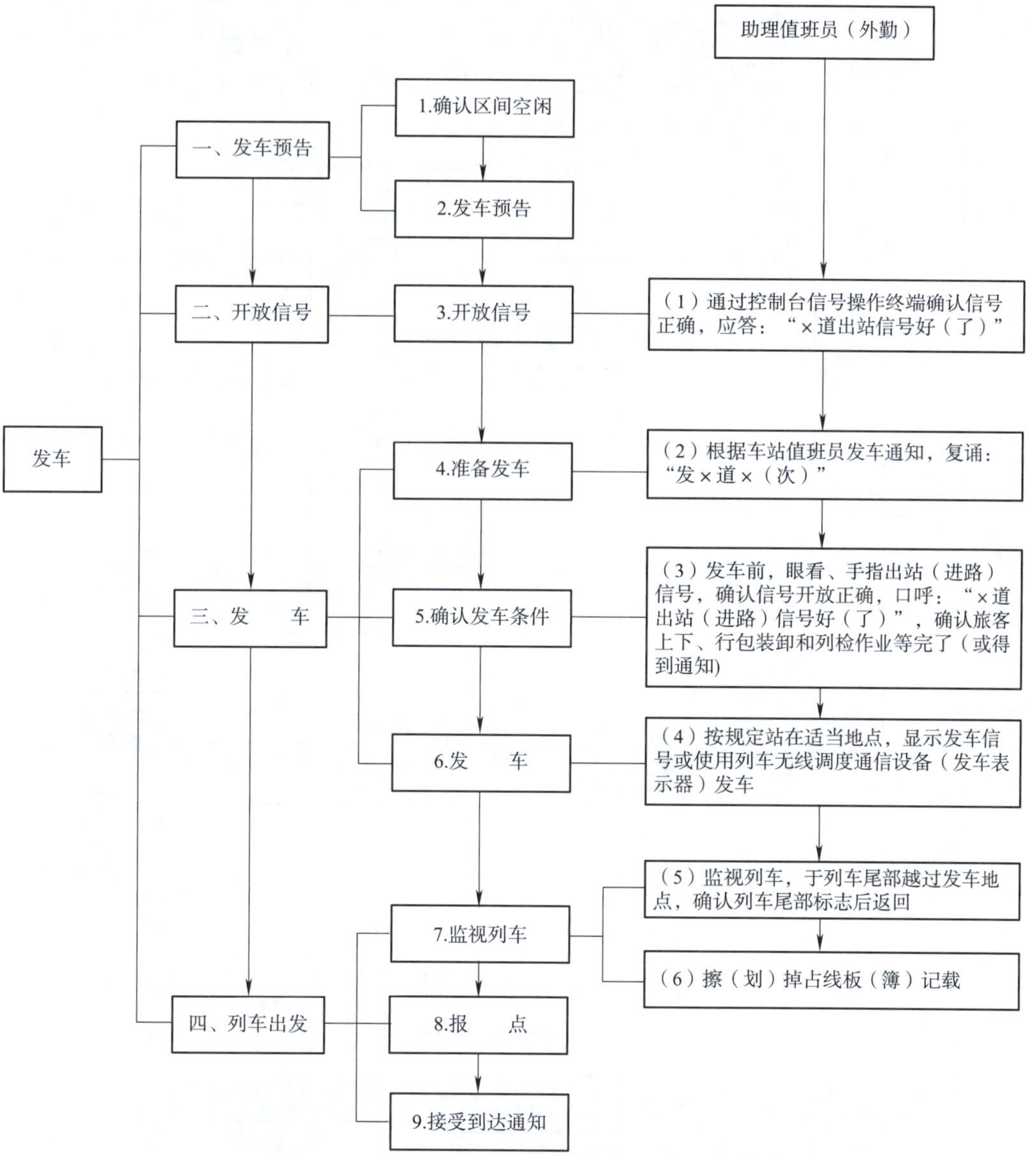

图 4-1-14　自动站间闭塞集中联锁[未设助理值班员(内勤)]发车作业程序

(八)单(双)线电话闭塞无联锁(联锁设备失效)

1. 接车(含通过)作业程序

接车(含通过)作业程序应符合图 4-1-15 的规定。

2. 发车作业程序

发车作业程序应符合图 4-1-16 的规定。

(九)单(双)线自动闭塞分散自律控制模式下车站操作方式[设助理值班员(内勤)]

1. 接车(含通过)作业程序

接车(含通过)作业程序应符合图 4-1-17 的规定。

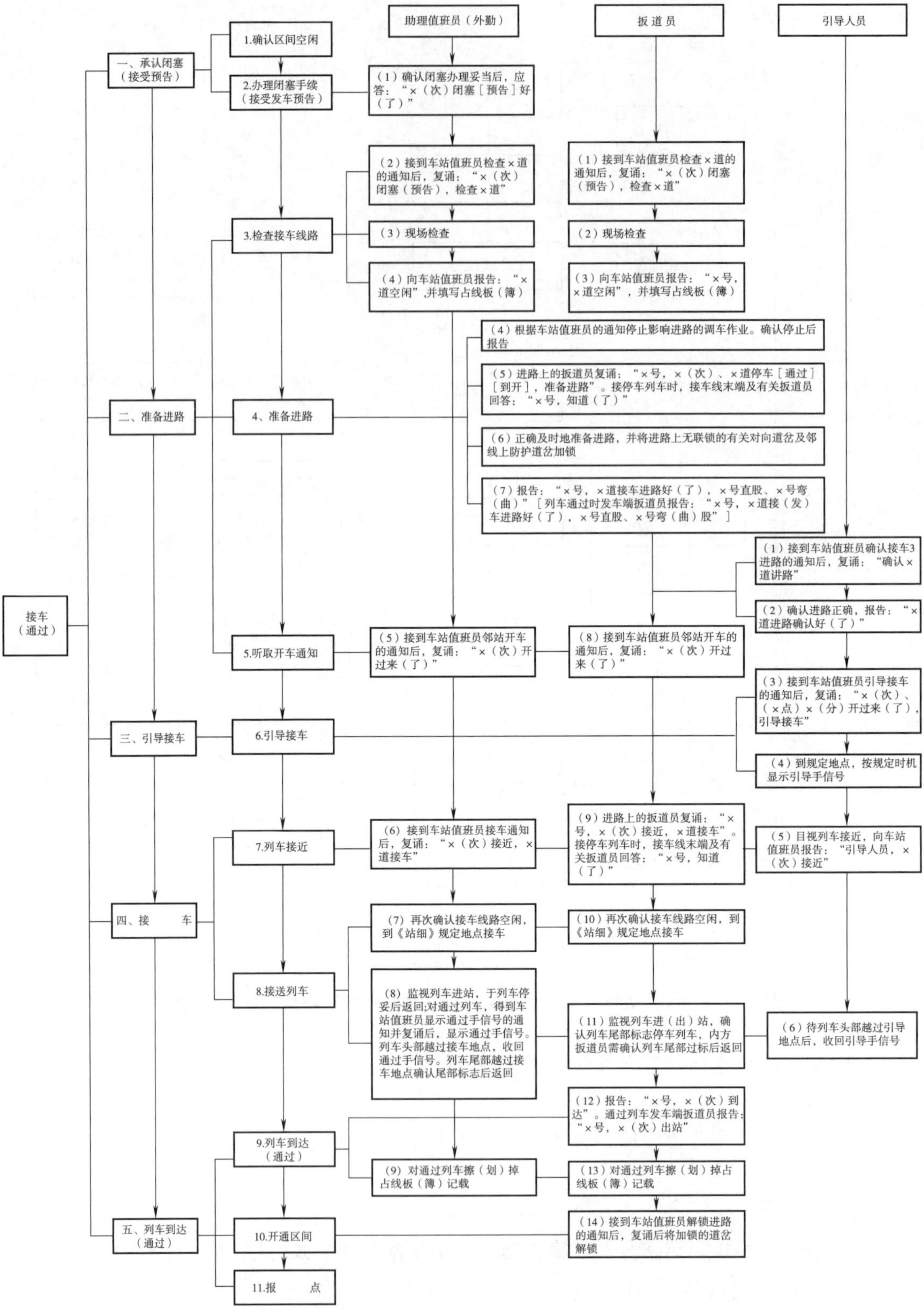

图 4-1-15　单（双）线电话闭塞无联锁接车（含通过）作业程序

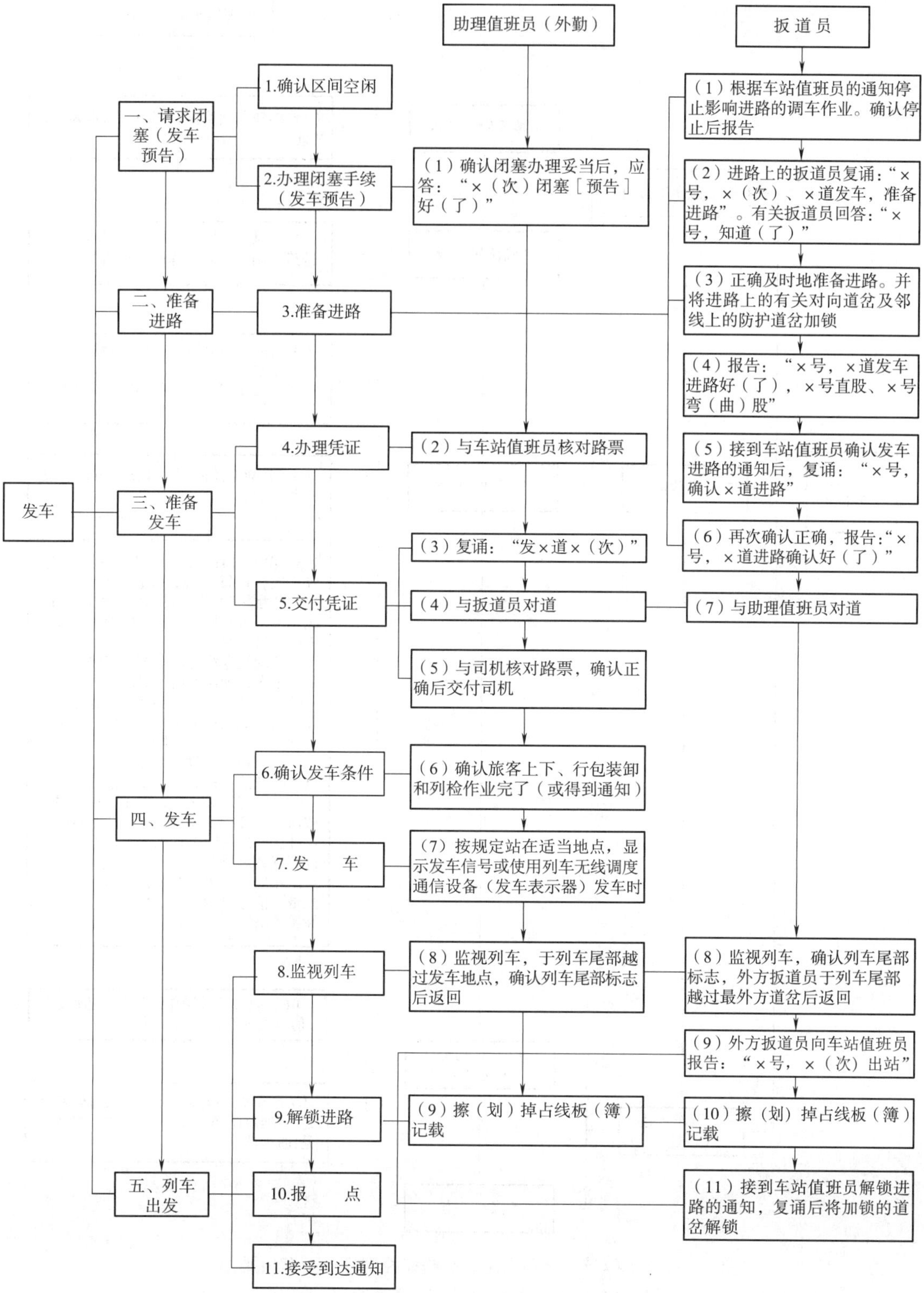

图 4-1-16 单(双)线电话闭塞无联锁发车作业程序

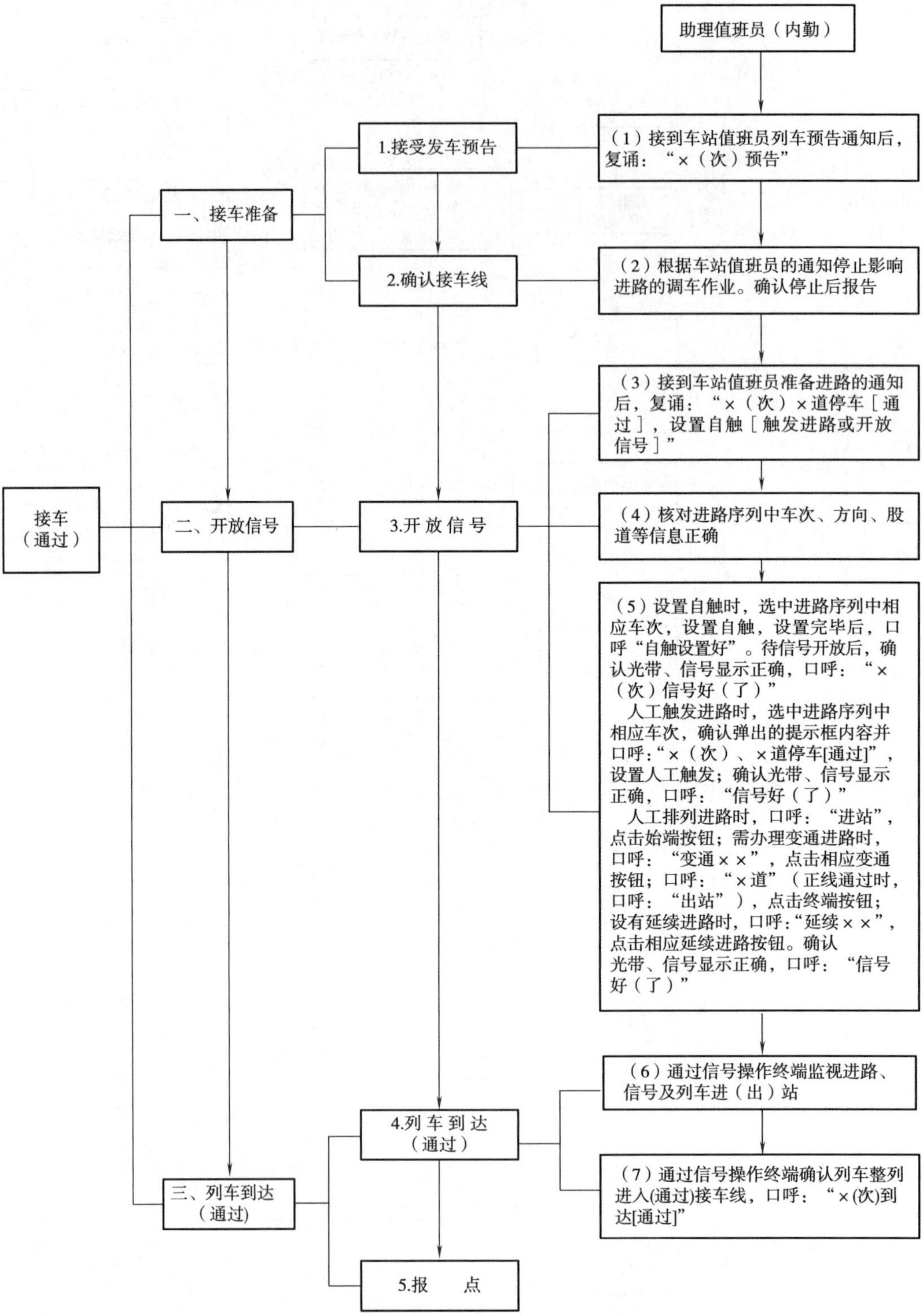

图 4-1-17　单(双)线自动闭塞分散自律控制模式下车站操作方式
[设助理值班员(内勤)]接车(含通过)作业程序

2. 发车作业程序

发车作业程序应符合图 4-1-18 的规定。

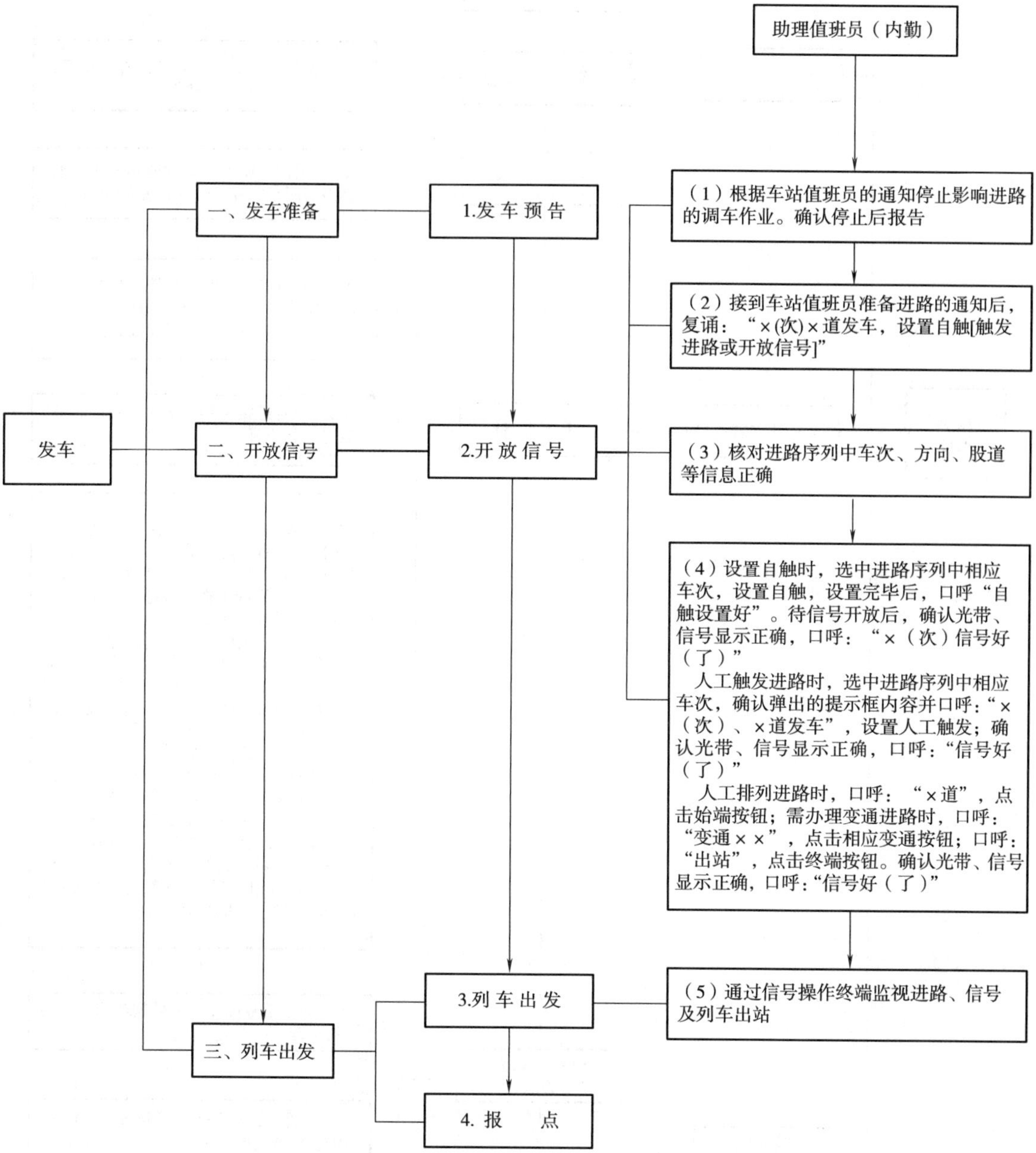

图 4-1-18　单(双)线自动闭塞分散自律控制模式下车站操作方式[设助理值班员(内勤)]发车作业程序

(十)自动站间闭塞分散自律控制模式下车站操作方式[设助理值班员(内勤)]

1. 接车(含通过)作业程序

接车(含通过)作业程序应符合图 4-1-19 的规定。

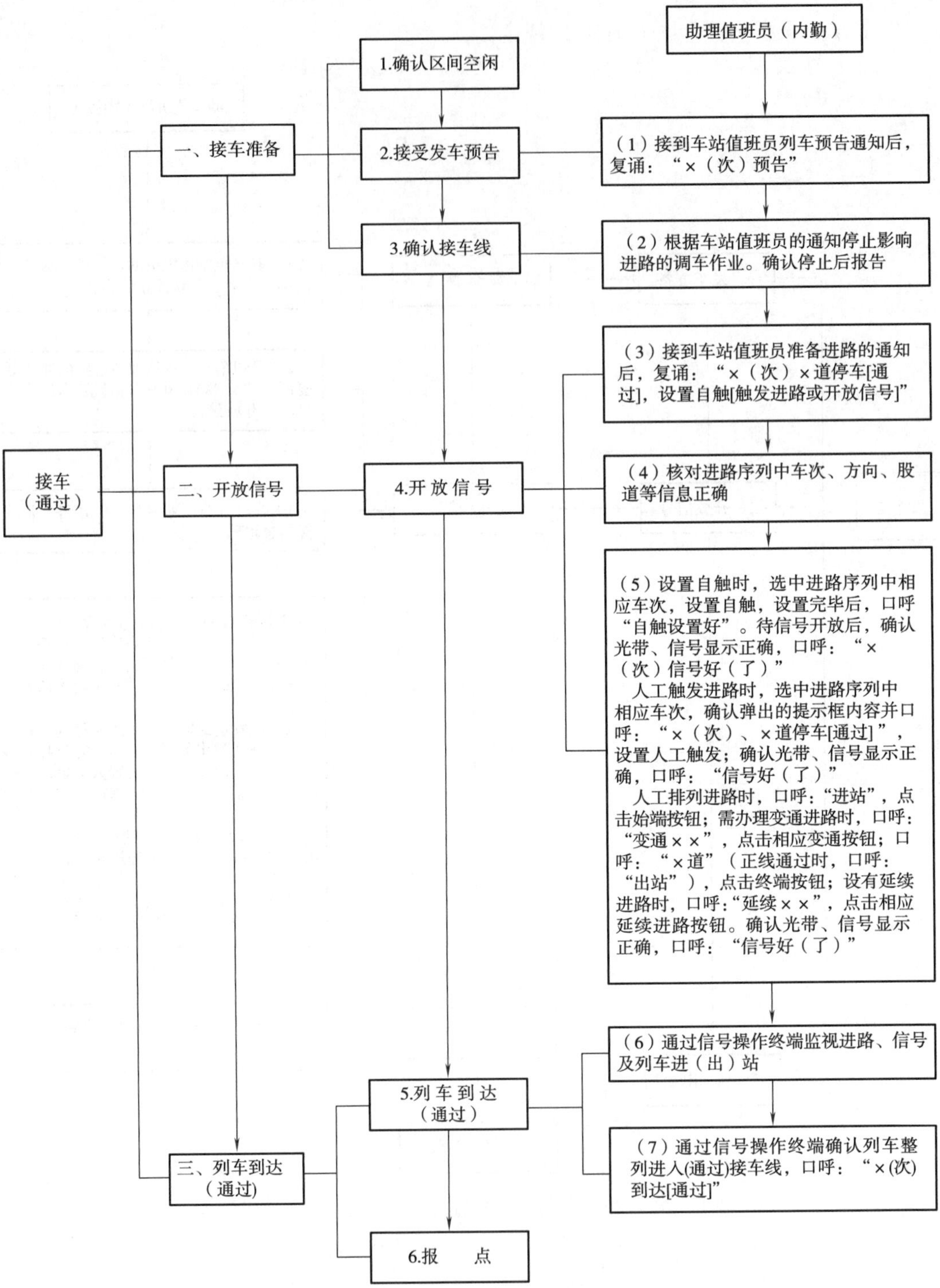

图 4-1-19 自动站间闭塞分散自律控制模式下车站操作方式[设助理值班员（内勤）]接车（含通过）作业程序

2. 发车作业程序

发车作业程序应符合图 4-1-20 的规定。

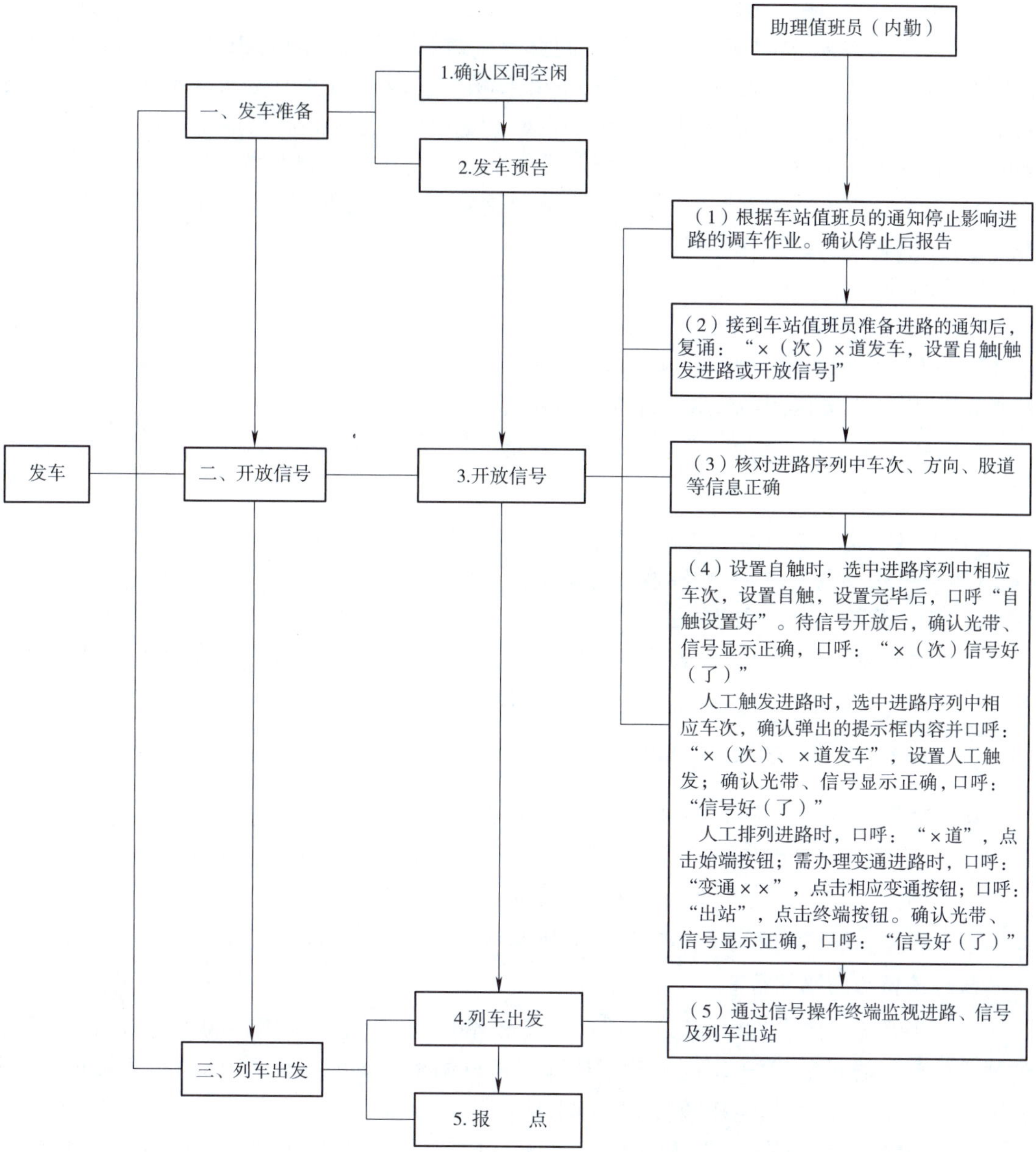

图 4-1-20　自动站间闭塞分散自律控制模式下车站操作方式[设助理值班员(内勤)]发车作业程序

三、确认区间、闭塞分区空闲

列车运行是以车站、线路所所划分的区间及自动闭塞区间的通过信号机所划分的闭塞分区作间隔。为保证列车运行的安全，使同方向列车不致发生追尾冲突，对向列车不致发生迎面相撞，列车运行必须有间隔；同时，在满足列车长度、速度、密度、制动力和信号显示距离等条件下，划分列车运行间隔有利于提高铁路通过能力。

(一)确认区间空闲

1. 确认区间空闲的时机

车站值班员在办理闭塞时，应确认区间空闲。如采用半自动闭塞法办理行车，因区间无轨道电路，一旦列车在区间丢失设备反映不出来，在办理接发列车时不认真确认区间是否被列车占用(包括因施工、维修作业被封锁的区间)及其他情况区间已被取得占用的许可就办理闭塞，向占用区间发出列车，就有可能造成列车冲撞及其他事故。特别是使用电话闭塞法行车时，因无设备控制依靠人工作业，一旦疏忽更易造成铁路交通事故。因此，在接发列车时必须把好确认区间空闲这一关。

2. 确认区间空闲的办法

确认区间空闲主要是通过闭塞设备(监督表示灯、闭塞表示灯)、行车日志、各种表示牌，以及有关人员的情况报告等，确认前次列车是否全部到达，补机是否返回，出站(跟踪)调车是否完毕，以及有无区间封锁和轻型车辆占用等。

(二)确认闭塞分区空闲

1. 确认闭塞分区的时机

(1)按自动闭塞法行车办理发车时，须确认第一闭塞分区空闲。

(2)越出站界调车时，须确认第一闭塞分区空闲。

2. 确认闭塞分区空闲的办法

通过信号操作终端监督器表示确认第一闭塞分区空闲，不表示时为接到前次列车到达邻站的通知或前次列车发出后不少于 10 min 的时间。

四、办理(取消)预告(闭塞)

接发列车时，车站值班员应亲自办理闭塞、布置进路(包括听取进路准备妥当的报告)、开闭信号、交接凭证、接送列车、发车。由于设备或业务量关系，除布置进路(包括听取进路准备妥当的报告)外，其他各项工作可指派助理值班员或扳道员办理。

助理值班员(内勤)根据车站值班员的接发列车指示办理、取消闭塞。

(一)按自动闭塞法行车

自动闭塞区段的车站，办理发车前应向接车站预告；单线自动闭塞区段的车站，还须得到列车调度员的同意(列车调度员已下达列车运行调整计划时除外)。已向接车站预告，但列车不能出发时，发车站须通知接车站取消预告。

1. 在单线自动闭塞区段，列车是双方向运行的，为保持列车运行秩序或不影响某些重要列车的运行，车站值班员发车之前，应得到列车调度员同意，但列车调度员已下达列车运行调整计划时，可根据列车运行调整计划组织行车，不需再另行征得列车调度员同意。

2. 无论在双线或单线自动闭塞区段，发车站在办理发车预告后，即确定了列车进入区间的顺序，接车站也应按此顺序做好接车准备。在列车预告后因特殊原因不能发出时，必须通知接车站取消发车预告，避免造成后续发出的列车与前次列车混淆，造成接车站接错车等事故的发生；避免接车站为接车做好准备后，却无列车到达，影响接车站的其他作业。

(二)按自动站间闭塞法行车

自动站间闭塞须与集中联锁设备结合使用,自动检查区间空闲,发车站办理发车进路后即自动构成站间闭塞。列车到达接车站或返回发车站并出清区间后,自动解除闭塞。

发车站在办理发车进路前,须确认区间空闲、接车站未办理同一区间的发车进路,并向接车站预告。发车站已向接车站预告,但列车不能出发时,在取消发车进路后,须通知接车站。

1. 由于自动站间闭塞发车前不需办理闭塞手续,排列发车进路开放出站信号后,即可发出列车,同时列车需按站间间隔行车,发车站在办理发车进路前,须确认区间空闲和接车站未办理同一区间的发车进路。为使接车站做好接车准备工作,发车站应向接车站发出预告。

2. 自动站间闭塞区间,发车站办理预告后,接车站必须做好接车准备。如果列车预告后因特殊情况不能发出时,发车站必须通知接车站取消预告。避免长时间占用区间,方便接车站进行其他作业,也能为其他列车运行提供条件。

(三)按半自动闭塞法行车

开放出站信号机或通过信号机前,双线区段必须得到前次列车到达前方站的到达信号;单线区段必须得到接车站的同意闭塞信号。发车站办理闭塞手续后,列车不能出发时,应将事由通知接车站,取消闭塞。

1. 办理闭塞的条件

(1)双线半自动闭塞区间,前次列车驶过接车站接车轨道电路,闭塞机就可以解锁并开通区间。发车站(线路所)只要在闭塞机上得到前次列车到达前方站(线路所)的到达信号后,就可以开放出站或线路所通过信号机发车。

(2)单线半自动闭塞区间,任何一端车站(线路所),在开放出站或线路所通过信号机前,必须得到接车站的同意闭塞信号。接车站(线路所)只能在区间空闲时,才能在闭塞机上发出同意闭塞信号。

2. 半自动闭塞取消闭塞的办法

(1)双线半自动闭塞的车站取消闭塞(预告)

开放出站信号后如需取消发车时,车站值班员须通知发车人员、司机,确认列车尚未起动,关闭出站信号,发车进路解锁后,将事由通知接车站,即可取消闭塞(预告)。

(2)单线半自动闭塞的车站取消闭塞

①如发车站已请求发车(发车表示灯亮黄灯),需要取消闭塞时,发车站通知接车站事由,由发车站复原闭塞按钮。

②如接车站已按下闭塞按钮(发车表示灯亮绿灯),但发车站未开放出站信号机时,亦由发车站复原闭塞按钮。

③如开放出站信号机后,需取消闭塞时,车站值班员确认列车尚未起动,车站值班员须通知发车人员、司机关闭出站信号机,复原闭塞按钮,双方闭塞表示灯熄灭,闭塞机复原。

五、准备进路、开闭信号

(一)准备进路

助理值班员(内勤)应严格按照车站值班员的接发列车命令、调车作业计划,正确及时地准备进路。对进路上不该扳动的道岔,也应认真进行确认。接发列车进路准备完了后,及时报告车站值班员(能从设备上确认的除外)。

1. 确认接车线路空闲

接车线路空闲系指未办理进路的线路、未封锁的线路、未停有机车车辆的线路。确认的方法:

(1)在设有轨道电路的车站,通过信号操作终端占用光带(表示灯)或各种表示牌确认。

(2)未设轨道电路或轨道电路发生故障时,由接发列车人员现场确认。遇天气恶劣难以辨认信号时,由车站两端扳道(进路准备)人员根据车站值班员的命令,迎面检查至互相见面为止,并向车站值班员汇报。

2. 停止影响进路的调车作业

调车作业影响接发列车进路主要考虑以下几种情况:

(1)调车进路与接发列车进路重叠;

(2)调车进路与接发列车进路交叉;

(3)调车进路违反接发旅客列车特定的限制条件;

(4)接发超限列车或邻线调动超限车辆而线间距不满足规定距离;

(5)进站信号机外制动距离内进站方向为超过6‰的下坡道,在接车线末端无隔开设备的延续进路上调车作业;

(6)其他影响列车进路的调车作业(如在无隔开设备的线路上向接发列车进路方向手推调车等)。

3. 准备进路

助理值班员(内勤)准备进路,开放信号时,执行"一看、二点击(按)、三确认、四呼唤"及"眼看、手指、口呼"制度。眼看:看准应操纵的按钮;手指:鼠标箭头或光电笔对准应确认的按钮(继电联锁时为中、食指并拢成"剑指",指向应确认的按钮);口呼:规定用语,吐字清晰。

4. 确认进路

(1)通过信号操作终端光带(表示灯)或信号表示灯确认。

(2)当联锁失效或在无联锁的线路上接发列车时,按《站细》规定的办法确认进路(包括汇报道岔加锁情况)。

(二)开闭信号

助理值班员(内勤)应根据车站值班员的指示开闭信号。

1. 开放进站信号机的时机

进站信号机开放后即锁闭有关进路上的道岔,过早开放就会过早占用咽喉区,影响站内其他作业;晚开放就可能造成列车在信号机外减速或停车,不仅影响正点率,而且威胁行车安全。

开放进站信号机最理想的时机是当列车头部正好运行至进站信号机前司机能够确认信

号机显示的地点。在一般情况下，考虑列车运行可能早到，应附加一定时间，适当提前开放进站信号的时机。

进站（进路）信号机以及通过列车出站（进路）信号机开放时机应不影响列车运行速度，原则上不小于 4 min。具体进站、进路信号机开放时机由车站应根据设备情况和列车运行速度等级在《站细》中明确。

2. 开放出站信号机的时机

开放出站信号的时机，需根据出站信号机开放后至列车起动前，办理全部作业所需的时间而定，其中包括显示发车信号或使用列车无线调度通信设备通知司机开车；司机确认发车信号及出站信号，以及起动列车等。

办理停车后再开的列车，必须在列车到达停妥后，方准开放出站（进路）信号机。停车办理客运业务的列车，无论出站（进路）信号机是否开放，均不得通过。

同一股道向两端方向办理发车作业时，必须在一端列车越过出站（进路）信号机后，方可开放另一端出站（进路）信号。

列车未停稳时严禁排列折返进路。

始发列车和本站到开列车出站（进路）信号机应不迟于开车前 2 min 开放。图定停车时间不足 2 min 的列车，在确认列车停妥后，即可开放出站（进路）信号。具体出站信号机开放时机由车站应根据设备情况和列车运行速度等级在《站细》中明确。

六、变更接车和取消发车

（一）变更接车

1. 接发列车应在正线或到发线上办理，并应遵守下列原则：

（1）旅客列车、挂有超限货物车辆的列车，应接入规定线路。

（2）动车组列车在车站办理客运业务时，须固定股道、固定站台、固定停车位置。

（3）动车组列车、特快旅客列车通过时应在正线办理，其他通过列车原则上应在正线办理。

（4）原规定为通过的旅客列车由正线变更为到发线接车及动车组列车、特快旅客列车遇特殊情况必须变更基本进路时，须经列车调度员准许，并预告司机；如来不及预告时，应使列车在站外停车后，再开放信号机，接入站内。动车组列车遇特殊情况需变更办理客运业务的固定股道时，须经调度所值班主任（值班副主任）准许。

2. 进站（进路）信号机开放后关闭信号、变更进路的规定。

变更接车进路时，应尽量保证列车在进站信号机外不减速、不停车的情况下进行。

（1）关闭信号、变更进路的限制

进站（进路）信号机开放后，除发生危及人身或行车安全情况外，禁止关闭信号机变更旅客列车进路。

需关闭进站（进路）信号机变更非旅客列车的进路时，如不足《站细》规定准备进路及开放信号机的时间亦禁止变更（发生危及人身或行车安全情况除外）。

（2）必须关闭信号、变更进路时的办法

遇特殊情况必须关闭信号、变更进路时，车站值班员（列车调度员）与司机联系妥当后方可办理。危及行车和人身安全时，应先关闭信号，再通知司机，未确认列车停妥或不满足信号开放时机，禁止操纵进路上的道岔。

(3)特殊站(场)执行《技规》规定有困难时的信号关闭时机

因技术设备条件限制，如接车站(场)关闭进站(进路)信号机影响发车站(场)出站(进路)信号机降级显示时，关闭进站(进路)信号机前须通知发车站(场)。

(二)取消发车

办理电话闭塞时，取消闭塞时应发出电话记录号码，并记入行车日志。

如取消发车进路时，应先通知发车人员；如已开放信号或发车人员已通知司机发车，而列车尚未起动时，还应通知司机，收回行车凭证后，再取消发车进路。当出发列车已经起动时，禁止取消发车进路。

七、揭挂安全帽(表示牌)

安全帽(表示牌)在设有助理值班员(内勤)的车站(场)，助理值班员(内勤)应根据车站值班员的布置进行揭挂；6502控制台配备"车次牌"安全帽的车站(场)，助理值班员(内勤)可在控制台上揭挂"车次牌"安全帽代替填记占线板(簿)。

(一)(安全帽)表示牌类型

(安全帽)表示牌按用途分为"区间占用""封锁区间""封锁线路""出站调车""轻型车辆""停有车辆""清扫道岔""办客""区间装卸""区间停车""区间退行""逻辑关闭""停电"(安全帽)表示牌。

(二)控制台(占线板)揭挂安全帽(表示牌)的场景及时机

1. 基本闭塞法停用改按电话闭塞法行车时，应揭挂"区间占用"安全帽(表示牌)。

揭挂时机：两端站办理电话闭塞后，在控制台(占线板)上对应区间进站口处揭挂"区间占用"安全帽(表示牌)。

摘下时机：区间开通后摘下。

2. 区间线路封锁时，应揭挂"封锁区间"安全帽(表示牌)。

揭挂时机：区间封锁的调度命令开始执行后，在控制台(占线板)上对应区间进站口处揭挂"封锁区间"安全帽(表示牌)。

摘下时机：区间开通后摘下。

3. 站内线路封锁时，应揭挂"封锁线路"安全帽(表示牌)。

揭挂时机：线路封锁的调度命令开始执行后，在控制台上对应股道两端信号按钮(占线板为该线路对应)处揭挂"封锁线路"安全帽(表示牌)。

摘下时机：线路开通的调度命令下达后摘下。

4. 办理越出站界调车或跟踪出站调车时，应揭挂"出站调车"安全帽(表示牌)。

揭挂时机：出站(跟踪)调车进路准备妥当后，在控制台(占线板)上对应区间进站口处揭挂"出站调车"安全帽(表示牌)。

摘下时机：出站(跟踪)调车作业完毕后摘下。

5. 承认轻型车辆使用(包括使用小车按照轻型车辆办理)，应揭挂"轻型车辆"安全帽(表示牌)。

揭挂时机：车站值班员发出承认号码后，应揭挂"轻型车辆"安全帽(表示牌)。

（1）区间使用时，在控制台（占线板）上对应区间进站口处揭挂“轻型车辆”安全帽（表示牌）。

（2）正线、站线上使用时，在控制台上对应股道两端信号按钮（占线板为该线路对应）处揭挂“轻型车辆”安全帽（表示牌）。

（3）车站道岔咽喉区使用时，在控制台（占线板）上对应道岔单独操纵按钮（道岔）处揭挂“轻型车辆”安全帽（表示牌）。

摘下时机：承认时间结束后摘下。

6. 在未设轨道电路以及轨道电路发生故障的到发线上停留机车车辆时，应揭挂“停有车辆”安全帽（表示牌）。

揭挂时机：该线路进入机车车辆（到发线已停留机车车辆而轨道电路发生故障时为故障发生）时，在控制台上对应股道两端信号按钮（占线板为该线路对应）处揭挂“停有车辆”安全帽（表示牌）。

摘下时机：未设轨道电路时，为机车车辆出清该线路后摘下。设有轨道电路时，为轨道电路修复（未修复时为机车车辆出清该线路）后摘下。

7. 在电动道岔上进行清扫时，应揭挂“清扫道岔”安全帽（表示牌）。

揭挂时机：车站同意清扫道岔时，在控制台（占线板）上对应道岔单独操纵按钮（道岔）处揭挂“清扫道岔”安全帽（表示牌）。

摘下时机：清扫完毕后摘下。

8. 非计算机联锁车站接入办客旅客列车时，应揭挂“办客”安全帽。

揭挂时机：办客旅客列车接车进路准备妥当后，在控制台上对应进路始端信号按钮处揭挂“办客”安全帽。

摘下时机：列车到达后摘下。

9. 电气化区段接触网停电时，应揭挂“停电”安全帽（表示牌）。

揭挂时机：车站值班员接到列车调度员下达的接触网停电命令后，在控制台停电区域的按钮（计算机联锁车站为占线板停电区域适当位置）揭挂“停电”表示牌。

摘下时机：接触网恢复供电的调度命令下达后摘下。

10. 自动闭塞区段发出区间装卸料的列车时（区间封锁装卸料时除外），应揭挂“区间装卸”安全帽（表示牌）。

揭挂时机：区间装卸料的列车出站后，在控制台（占线板）上对应区间进站口处揭挂“区间装卸”安全帽（表示牌）。

摘下时机：接到邻站关于该列车已起动且线路已清道的电话记录号码后摘下。

11. 自动闭塞区段发出需在线路所停车上下旅客的列车时，应揭挂“区间停车”安全帽（表示牌）。

揭挂时机：在线路所停车上下旅客的列车出站后，在控制台（占线板）上对应区间进站口处揭挂“区间停车”安全帽（表示牌）。

摘下时机：接到邻站关于该列车已在线路所开车的电话记录号码后摘下。

12. 自动闭塞区段临时准许列车在区间内后退时，应揭挂“区间退行”安全帽（表示牌）。

揭挂时机：车站准许列车后退时，在控制台（占线板）上对应区间进站口处揭挂“区间退行”安全帽（表示牌）。

摘下时机：接到邻站关于该列车整列到达的电话记录号码后摘下。

13. 自动闭塞区段装设区间继电式逻辑检查功能的线路，当区间占用逻辑检查功能关闭时，应揭挂“逻辑关闭”安全帽（表示牌）。

揭挂时机：区间占用逻辑检查功能关闭后（电务人员关闭时，根据电务人员的报告），在控制台（占线板）上对应区间进站口处揭挂“逻辑关闭”安全帽（表示牌）。

摘下时机：区间占用逻辑检查功能开启后（电务人员开启时，根据电务人员的报告）摘下。

（三）注意事项

计算机联锁车站，遇上述情况需揭挂表示牌时，应在画有车站线路、道岔、接触网电分段示意图的“占线板”上按规定揭挂表示牌。设备按钮有加锁（封）功能时，可使用加锁（封）按钮代替揭挂表示牌（“区间占用”“逻辑关闭”表示牌除外）。

八、特殊设备接发列车

（一）延续进路

1. 延续进路概念

除仅运行动车组列车的线路外，集中联锁车站进站信号机外方列车制动距离范围内，进站方向为下坡道且加算坡度值超过6‰时，为防止列车在区间下坡道线路运行接近车站时，因不能及时停车而冒进进站接车进路末端信号机的禁止信号，应设置进站接车进路的延续进路。

2. 办理要求

在延续进路终端处设有列车信号按钮或调车信号按钮时，它们可作为延续进路终端按钮使用；无信号按钮（如安全线处）时，应专设一终端按钮，供办理延续进路使用。

3. 操作方式

（1）排列延续进路操作：

①先按下接车进路始端按钮，再按下接车进路终端按钮，再按下延续进路终端按钮（延续进路终端的列车、调车信号按钮或专设的延续进路终端按钮），进站（进路）信号机方可开放。未按下延续进路终端按钮，进站（进路）信号机不能开放，进路光带不能显示。

②进站信号机外制动距离内有超过6‰的下坡道，办理引导接车时，应先按规定准备好延续进路后，再办理接车。

（2）取消延续进路的操作：

①延续进路需在接车进路按取消或人工解锁方式解锁后才能解锁。取消延续进路时，先按下总取消按钮，再按下延续进路始端按钮。

②坡道解锁：在接车进路的延续进路锁闭后，一般情况下自列车头部驶入股道开始，延时3 min后延续进路才能自动解锁。为了缩短延迟时间，车站值班员确认列车完全进入股道并已停稳后，可按压特设的带铅封的坡道解锁按钮，使延续进路提前解锁。

（二）中　　岔

1. 中岔概念

到发线上的中岔指的是在一条到发线有效长范围内设置的通往其他线路的道岔；两条纵向衔接在一起的到发线的中间道岔不属于中岔。中岔设置如图4-1-21中16号道岔所示。

2. 办理要求

(1)为减少扳动道岔次数,提高准备进路效率,到发线上的中岔除使用、清扫、检查或修理时外,应及时恢复定位,开通到发线位置。

(2)办理发车进路时,进路的范围有中岔时为列车后端,至相对进站信号机或站界标止的一段线路。

(3)向有中岔的到发线开放进站信号,或由有中岔的到发线开放出站信号,中岔应自动转到规定位置并锁闭。

(4)当防护该中岔的调车信号机开放时,通向该到发线的进站信号不能开放,但出站信号可以开放。

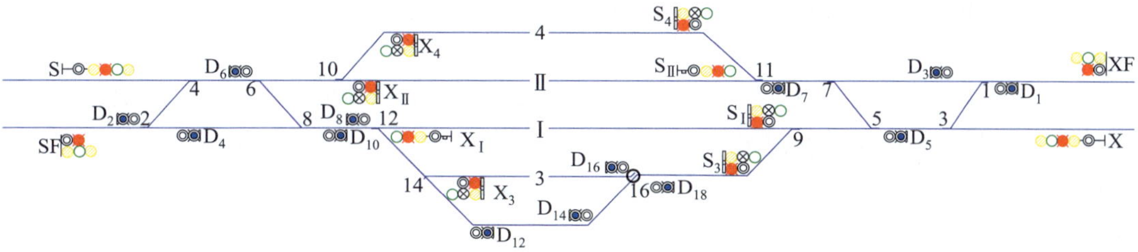

图 4-1-21　到发线上的中岔

3. 操作方式

(1)按压始端按钮和终端按钮(变更进路时,先按下进路始端按钮,后按下变更进路处的变更按钮或调车按钮,再按下进路终端按钮),中岔不能转换到规定位置(定位),进、出站信号机不能开放。

(2)如图 4-1-21 所示,16 号道岔不能转换到定位(道岔在反位被单独锁闭或失去表示),S_3、X_3 出站信号不能开放,3 道进站信号也不能开放。

(3)中岔的解锁。

①接车时,列车全部进入到发线后,如未压上中岔区段时,该道岔需延时 3 min 才能解锁。如已压上中岔区段时,该道岔不能解锁。如压上并出清中岔区段时,该道岔立即解锁。进站信号机开放后又取消时,该道岔立即解锁。

②发车时,如列车出清中岔区段,当列车头部进入出站信号机内方时,该道岔立即解锁。如到发线留有车辆,列车压上并出清中岔区段,当列车头部进入出站信号机内方时,该道岔立即解锁。如到发线留有车辆,列车未经中岔区段,当列车头部进入出站信号机内方时,该道岔需延时 3 min 才能解锁。

③到发线留有车辆占用中岔区段,当列车全部出清发车进路后,该道岔也不能解锁。出站信号机开放后又取消时,如到发线无车,该道岔立即解锁。如到发线有车,未压中岔区段,该道岔需延时 3 min 才能解锁。

④调车时,只要车列完全出清中岔区段,该道岔即可解锁。调车信号机开放后又取消时,如接近区段无车,该道岔立即解锁。如接近区段有车,该道岔需延时 30 s 才能解锁。

(4)注意事项:

①遇中岔区段为轨道电路分路不良区段以及中岔衔接未挂网线路时,对道岔锁闭按停电安全卡控要求执行。

②向设有中岔的到发线接车，列车进入股道后，该中岔延时 3 min 后解锁。遇该列车仍在运行且尚未越过防护中岔的调车信号机前，严禁操纵中岔，确需操纵中岔时，应与司机联系，得到司机关于列车停妥的报告后方可办理。

③向设有中岔的到发线接车，因作业需要需使列车在防护中岔前的调车信号机停车时，应预告司机，在接车进路自动解锁，并得到司机已停妥的汇报后，方可操作中岔办理调车进路。

(三)侵限绝缘

1. 钢轨绝缘与警冲标的关系

作为边界分割不同轨道区段的钢轨绝缘，其与警冲标之间距离值($L_{绝\text{-}警}$)与车辆端部(车钩外缘)至其第一轮对中心的最大间距($L_{钩\text{-}轮}$)之间密切相关，两者的相互关系既可能影响行车安全，也可能影响作业效率。图 4-1-22 展示了两种距离的关系。

我国当前投入运行的各型动车组(CRH1、CRH2、CRH3、CRH5、CRH380AL、CRH380BL 等)的 $L_{钩\text{-}轮}$ 最大值为 4.25 m(CRH5 型)。除动车组外，现有车辆的 $L_{钩\text{-}轮}$ 均小于 3 m，各型机车的 $L_{钩\text{-}轮}$ 最大值为 3.26 m。

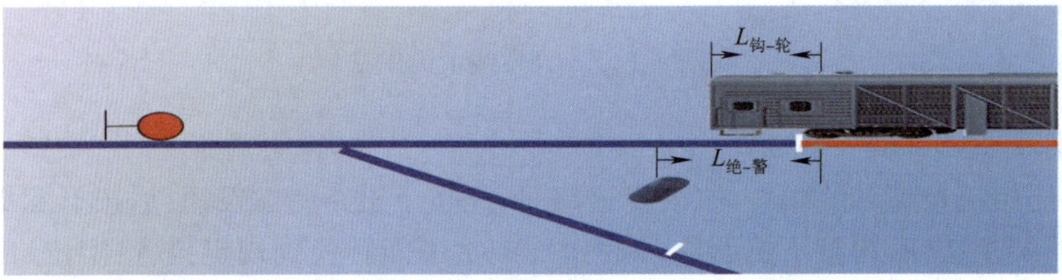

图 4-1-22 两种距离关系

$L_{绝\text{-}警}$ 大于 $L_{钩\text{-}轮}$ 时，当车辆进入警冲标内方随即停留时，其第一轮对可能并未越过绝缘节(跨压两相邻轨道区段)，此时轨道电路判定警冲标外方轨道区段占用，经由该区段的其他平行进路将因区段锁闭而不能建立。此时，需通知车辆向前移动，给运输带来不必要的工作量。$L_{绝\text{-}警}$ 太大还会缩短股道有效长度。

$L_{绝\text{-}警}$ 小于 $L_{钩\text{-}轮}$ 时，当车辆向警冲标内方运行、所有轮对越过绝缘节停留时，车钩可能仍位于警冲标外方。此时轨道电路判定警冲标外方轨道区段空闲，经由该区段运行的其他车辆可能与前述停留车辆侧面冲突。

2. 侵限绝缘的设置

除设置于双动道岔渡线的绝缘节外，其他设于警冲标外方，与警冲标并置，或虽设于警冲标内方但距警冲标沿线路方向的距离小于规定值(无动车组运行时为 3.5 m、有动车组运行时为 5 m)时，该绝缘节称为“侵限绝缘”。侵限绝缘在计算机联锁控制台上使用普通绝缘节外方增加红圈表示。

3. 侵限绝缘对信号开放的影响

正常办理进路或办理了重复开放手续，除引导信号外，防护该进路的信号机应检查其进路空闲、侵限绝缘相邻区段空闲(有道岔将相邻区段与本进路隔开时不检查空闲)、有关道岔位置正确、进路已锁闭、未施行人工解锁、敌对进路未建立以及照查联锁条件正确后方可开放。

鉴于机车车辆停于侵限绝缘区段，其车钩有可能越出警冲标而危及邻线行车安全，同时进路相邻的轨道区段边界为侵限绝缘时，相邻轨道区段空闲或相邻轨道区段中的道岔未开向本进路作为进路的防护信号机开放之前的检查条件之一。

经由侵限绝缘相邻的道岔区段办理平行进路时，如其中一个方向开放信号办理进路，另一个方向因压绝缘节等原因使用道岔单独锁闭方式准备进路而防护道岔未开通至规定位置时，当机车车辆压上侵限绝缘相邻的道岔区段时，将会导致正常开放的信号（引导信号除外）自动关闭，如图 4-1-23 所示。

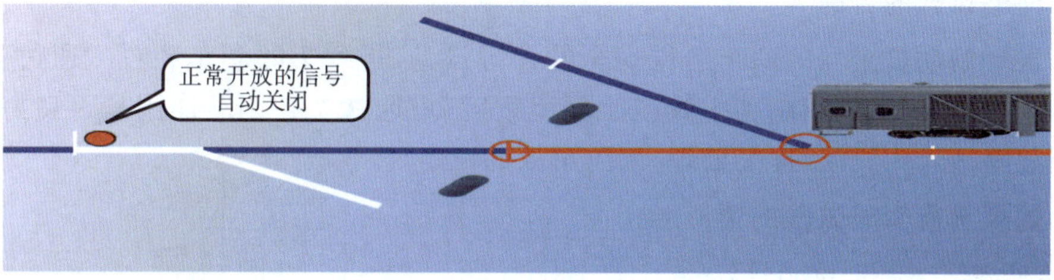

图 4-1-23　侵限绝缘地段红光带打掉原开放的列车信号

机车车辆停于侵限绝缘区段，经由侵限绝缘相邻的道岔区段办理交叉进路时，该道岔将转换至规定位置，并有光带锁闭，但信号不能开放（引导信号除外），如图 4-1-24 所示。

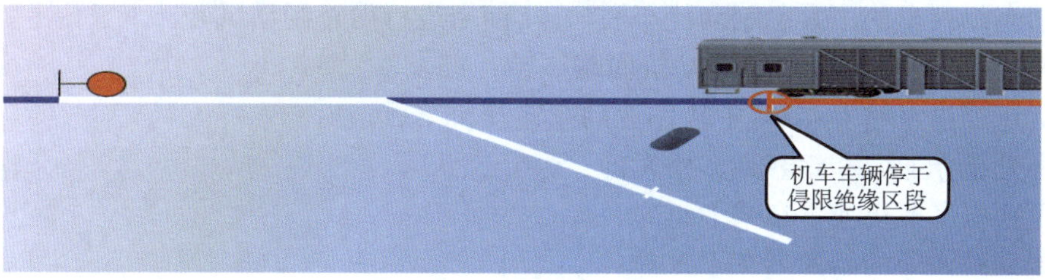

图 4-1-24　机车车辆停于侵限绝缘区段信号不能开放

4. 侵限绝缘处所作业要求

侵限绝缘相邻的道岔区段，禁止停留机车车辆。对设有侵限绝缘轨道电路处所，控制台操纵人员必须认真确认机车车辆停留位置并确认进路开通正确，遇机车车辆压侵限绝缘时禁止办理与侵限绝缘有关的交叉进路。需经由侵限绝缘相邻的道岔区段办理平行进路时，原则上不准采用道岔单独锁闭方式准备进路；确需使用道岔单独锁闭方式准备进路时，应确认邻线上防护道岔处于规定位置。

【事故案例】铁路交通一般 D9 类耽误列车事故

1. 事故概况

×日×站进行接触网小修施工作业，作业人员将梯车竖立安放在 13 号道岔中部时，导致车站 7-13DG 产生红光带，Z121 次司机发现进站信号机由双黄灯突变成红灯，立即采取紧急制动措施，9 时 42 分 10 秒列车停于 K1423+742 处，通知施工人员将梯车撤离线路，站内红光带消失，影响列车 4 趟，构成铁路交通一般 D9 类事故。事故定责供电段主要责任，车务段同等主要责任。

2. 原因分析

车站组织站内施工作业时，对供电单位施工内容及影响范围审核不到位，且在组织召开施工预备会时，只强调：5号、7号道岔有侵限绝缘，人工梯车严禁在7号道岔上作业，忽视了侵限绝缘区段包含7、13号两组道岔关键因素，导致供电作业人员在梯车上道过程中认为只要不在5号、7号道岔处上道作业，在封锁范围的13号道岔区段可以作业。

九、列车自动制动机简略试验

（一）简略试验的目的

列车自动制动机是保证列车运行安全的关键设备，是列车的刹车装置。通过列车自动制动机试验，可以确认列车制动主管风压漏泄程度、贯通状态和制动作用是否良好，以便于及时发现故障或人为失误，提前处理，预防事故的发生。

（二）需要进行简略试验的情形

1. 动车组简略制动试验规定：

（1）动车组列车在始发前需在操纵端进行简略制动试验；

（2）动车组列车更换动车组司机（同向换乘除外）或操纵端后，需进行简略制动试验；

（3）动车组列车在途中重联或解编后，开车前需在操纵端进行简略制动试验；

（4）动车组列车使用紧急制动停车后，开车前需进行简略制动试验；

2. 动车组以外的列车自动制动机简略试验：

（1）货车列检对始发列车、中转作业列车连挂机车后；

（2）客列检作业后和旅客列车始发前；

（3）更换机车或更换机车乘务组时；

（4）无列检作业的始发列车发车前；

（5）列车软管有分离情况时；

（6）列车停留超过20 min时；

（7）列车摘挂补机，或第一机车的自动制动机损坏交由第二机车操纵时；

（8）机车改变司机室操纵时；

（9）单机附挂车辆时；

（10）列车进行摘、挂作业开车前。

由于进行列车自动制动机的简略试验属于专业性、技术性较强的工作，关系到列车运行的安全，因此对列车在车站按规定需要进行简略试验时，其分工为——在站简略试验：有列检作业的由列检人员负责，无列检作业的由车辆乘务员负责，无车辆乘务员的由车站人员负责。挂有列尾装置的列车由司机负责（挂有列尾装置的旅客列车，始发前、摘挂作业开车前及在途中换挂机车站、客列检作业站，有列检作业的由列检人员负责，无列检作业的由车辆乘务员负责）。

（三）自动制动机简略试验程序

1. 通知试风

车站试风人员接受试风命令并复诵：“×道×次试风，明白。”

2. 检查携带备品

车站试风人员检查按规定携带的试风备品齐全良好、列车无线调度通信设备作用良好。

3. 确认试风条件

车站试风人员按车站指定路线到达列车尾部最后一位车辆。确认列车最后一位车辆后端制动软管已吊起、折角塞门已关闭，确认列车后端距出站（进路、调车）信号机（无信号机时为轨道电路绝缘节）距离，不足 3 m 时立即报告车站值班员，呼叫“×道×次后端距离不足 3 m”。得到车站值班员可以试风的通知后方可试风。

4. 通报车号

车站试风人员向车站值班员通报列车最后一位车辆车号，呼叫：“×道×次最后一位车辆车号××”。使用列车尾部试风记录装置试风时，应将“无线风压监测仪”连接到列车最后一位车辆尾部软管上，打开折角塞门。

5. 排风试验（未配备列车尾部试风记录装置或故障时）

无法使用列车尾部试风记录装置试风时，应进行排风试验。车站试风人员通知司机：“××次排风试验”。接到司机进行排风试验的通知后，打开列车最后一位车辆后端折角塞门进行排风，一手握住软管，一手徐徐打开折角塞门。接到司机关于“××(次)排风试验好”的通知后关闭折角塞门。

6. 通知试风

车站试风人员通知司机试风，呼叫“××次司机试风”。试风人员呼叫不到司机时车站值班员应及时中转。聆听制动主管充风的声音，确认最后一位车辆制动缸活塞推杆未伸出制动缸。当列车最后一辆为客车时，试风人员应要求列车乘务等人员打开车门，上车确认尾部风表压力；因特殊情况无法上车确认尾部风表压力时，确认列车最后一位车辆制动缸活塞推杆动作过程，无法确认车辆制动缸活塞推杆动作过程时，确认最后一位车辆闸瓦动作过程或最后一位车辆外侧制动缓解指示器显示状态。

7. 减压制动

车站试风人员通知司机：“××次司机制动”。确认列车最后一位车辆制动缸活塞推杆动作过程，制动缸活塞推杆已伸出制动缸，闸瓦压紧车轮。

8. 充风缓解

车站试风人员通知司机：“××次司机缓解”。确认列车最后一位车辆制动缸活塞推杆动作过程，制动缸活塞推杆缩回制动缸，闸瓦离开车轮。

9. 试风完毕

车站试风人员通知司机试风完毕，呼叫：“××次司机试风好了”。使用列车尾部试风记录装置试风时，应关闭最后一位车辆尾部折角塞门，撤除“无线风压监测仪”，吊起列车最后一位车辆尾部软管。按车站规定在列车尾部最后一位车辆上涂打识别标记后(配备“作业记录仪”并记录试风过程时除外)，向车站值班员报告试风完毕：“×道××次试风好了”。

10. 试风异常处置

车站试风人员在试风过程中遇有列车最后一位车辆制动缸活塞推杆动作不明显等非正常情况时，应及时与司机、车站值班员联系查明原因，待原因消除后，再通知司机进行试风。

十、确认列车尾部标志及整列到达

(一)列车尾部标志

列车应根据其种类及运行的线路和方向,在头部和尾部分别显示不同的列车标志。列车标志的显示方式,昼间与夜间相同,但昼间不点灯,其尾部显示方式如下:

1. 列车牵引运行时,机车前端一个头灯及中部两侧各一个白色灯光(如图 4-1-25 所示)。列车尾部两个侧灯,向后显示红色灯光,向前显示白色灯光;挂有货物列车列尾装置时,为列尾装置向后显示红白相间的反射标志和一个红色闪光灯光(如图 4-1-26 所示)。动车组以外的旅客列车尾部加挂客车时,侧灯位置不做调整,最后一辆客车的制动软管、总风软管须吊起。

图 4-1-25　牵引运行尾部标志灯光

图 4-1-26　列尾装置尾部标志灯光

2. 列车推进运行时,列车前端两个侧灯,向前显示红色灯光,向后显示白色灯光;挂有货物列车列尾装置时,为列尾装置向前显示红白相间的反射标志和一个红色闪光灯光(如第图 4-1-27 所示)。机车后端中部两侧各一个红色灯光(如图 4-1-28 所示)。

图 4-1-27　推进运行尾部标志灯光

图 4-1-28　机车后端中部两侧各一个红色灯光

3. 列车后端挂有补机时,机车后端标志与上述第 2 款同。

4. 单机运行时,机车前端标志与本条第 1 款同;后端标志与上述第 2 款同。

5. 调车机车及机车出入段时,机车前端标志与本条第 1 款同;机车后端标志与上述第 2 款同。

6. 轨道车运行时,前端一个白色灯光(如图 4-1-29 所示);后端一个红色灯光(如图 4-1-30所示)。

图 4-1-29 前端一个白色灯光

图 4-1-30 后端一个红色灯光

(二)确认列车尾部标志及整列到达

1. 能通过设备(含摄像设备)确认列车完整到达时,可通过设备确认,不能通过设备确认的,指派人员现场确认。改按电话闭塞法行车时,均指派人员现场确认。

2. 半自动闭塞区间未确认列车整列到达车站,禁止开通区间。

3. 未挂列尾装置或列尾装置故障的列车在半自动闭塞区间临时停车时,进站前司机应主动用列车无线调度通信设备通知车站。通知不上时,列车不准全列进站。车站值班员应提前通知接车人员到列车尾部核对尾部标志,确认无误后,方可开通区间。

十一、相关计算

(一)闸瓦压力计算

例题:42011 次运行区段规定为 A 站至 F 站(中间为 B、C、D、E 站),列车运行图规定线路最高运行速度为 120 km/h(货车 90 km/h),SS_6 型机车牵引,A 站至 F 站间为 5‰下坡道。列车编组情况为:机后 1～20 位为 C_{70} 重车,21～50 位为 C_{80} 空车;机后第 5、10、15 为关门车,制动主管压力 500 kPa。列车通过 B 站时发现机后第 6 位车辆零星冒火星,立即汇报列车调度员。列车调度员布置 C 站停车检查处理。根据计算结果确定,该列车是否需要甩关门车或限速运行?

技术资料见表 4-1-1～4-1-3。

表 4-1-1 车辆换算闸瓦压力表

<table>
<tr><th rowspan="3">种类</th><th rowspan="3" colspan="2">车　型</th><th colspan="3">每辆换算闸瓦压力(kN)</th></tr>
<tr><th colspan="2">自动制动机列车主管压力(kPa)</th><th rowspan="2">人力制动机</th></tr>
<tr><th>500</th><th>600</th></tr>
<tr><td rowspan="4">货车</td><td rowspan="2">普通货车(21 t 轴重)</td><td>重车位</td><td>145</td><td>165</td><td>40</td></tr>
<tr><td>空车位</td><td>60</td><td>70</td><td>40</td></tr>
<tr><td rowspan="2">普通货车(23 t 轴重)</td><td>重车位</td><td>160</td><td>180</td><td>40</td></tr>
<tr><td>空车位</td><td>65</td><td>75</td><td>40</td></tr>
</table>

注:按 H 型合成闸瓦计算。

表 4-1-2　普通货物列车制动限速表(km/h)

(计算制动距离 800 m,H 高摩合成闸瓦/L 低摩合成闸瓦)

i \ v \ P	每百吨列车重量(机车除外)的换算闸瓦压力(kN)						
	100	120	140	160	180	200	220
0	78/55	83/59	88/63	94/66	/69	/72	/75
1	76/53	81/57	87/61	93/64	/67	/71	/74
2	75/52	80/56	86/60	92/63	/66	/70	/73
3	74/51	79/55	85/58	91/61	/65	/69	/72
4	73/49	78/53	84/57	90/60	95/64	/68	/71
5	72/48	77/52	83/55	89/59	94/63	/67	/70
6	71/46	76/50	82/54	88/58	93/62	/66	/69
7	70/44	75/48	81/52	87/56	92/60	/64	/67
8	69/43	74/47	80/51	86/55	91/59	/63	/67

注:i 为下坡道千分数(‰);P 为每百吨列车重量的换算闸瓦压力,单位 kN;v 为货物列车制动限速,单位 km/h。

表 4-1-3　货车自重及换算长度表

货车种类	平均每辆自重(t)	平均每辆换算长度
标记载重 70 t 四轴敞车(C_{70})	23.8	1.3
标记载重 70 t 四轴敞车(C_{70E})	24.0	1.3
标记载重 80 t 四轴敞车(C_{80}、C_{80B})	20.0	1.1
标记载重 100 t 六轴敞车(C_{100A}、C_{100AH})	26.0	1.4

解:编入列车的关门车数不超过现车总辆数的 6%(尾数不足一辆按四舍五入计算)时,可不计算每百吨列车重量的换算闸瓦压力,不填发制动效能证明书。

42011 次编组 50 辆,第 6 位关门后,合计关门车 4 辆,50×6%=3(辆),现已超过规定,由车站人员计算每百吨列车重量的换算闸瓦压力填发制动效能证明书交司机。根据规定,每百吨列车重量的换算闸瓦压力为

$$\frac{\text{全列车总闸瓦压力(kN)}}{\text{列车总重量(自重+载重)}}\times 100$$

根据题目得:

20 辆标记载重 C_{70} 重车,自重 23.8 t,合计总重=(23.8+70)×20=1 876 t;

轴重=(70+23.8)÷4=23.45 t,按普通货车(23t 轴重)换算。

30 辆标记载重 C_{80} 空车,合计总重=30×20=600 t;

轴重=(80+20)÷4=25 t,按普通货车(23 t 轴重)换算。

因为牵引货物列车的机车闸瓦压力与货车闸瓦压力接近,机车重量占列车总重量的比重又不大,为简化计算起见,机车的闸瓦压力及其重量可不参加货物列车计算。

42011 次总重量=1876+600=2 476 t

42011 次总闸瓦压力=160×(20−3)+65×(30−1)=4 605(kN)(按重车位和空车位)

每百吨列车重量的换算闸瓦压力为

$\frac{\text{全列车总闸瓦压力(kN)}}{\text{列车总重量(自重+载重)}}\times100=4\ 605\div2\ 476\times100=186\ \text{kN}$

运行条件：

普通货物列车最高速度为 90 km/h 时，每百吨列车重量按 H 高摩合成闸瓦换算闸瓦压力不得低于 150 kN。根据计算得 42011 次大于 150 kN。

按 186 kN 及 5‰查定运行能够达到 94 km/h，不需要限速。车站人员填发制动效能证明书交与司机按规定发车。

(二)超限列车会车条件计算

例题：B 站至 C 站间为双线双向自动闭塞区间，区间正线线间距为 4.0 m，为特快旅客列车运行区段，B 站至 C 站为下行方向。B 站内所有线路线间距为 5.0 m，站内因有个别接触网支柱距线路中心线 2 085 mm。现有一列超限列车 48168 次从 C 站开出，列车运行条件为：线间距不足 4 010 mm 隔线接车。从技术方面考虑，B 站是否能接发 48168 次列车？请列公式计算说明接发要求。

解：设超限列车的半宽度 X，根据题意，为特快旅客列车运行区段的定义，该区段运行速度等级为 $120\leqslant U<160$，得出安全距离的极限数为 400 mm，

列式：$4\ 010-(X+1\ 700+100)=400$，解得 $X=1\ 810$ mm，所以超限列车的半宽度的最大值为 1 810 mm。

又因为接触网支柱距线路中心线的距离最小 2 085 mm，所以超限列车与建筑物之间的安全空间为：$2\ 085-1\ 810=275$ mm。

按照规定：超限列车的运行经路中，超限车辆的任何部位与建筑物或设备之间的距离在 200 mm 及其以下时，应限速运行。$151\leqslant L\leqslant200$ mm 时，不得超过 25 km/h；$100\leqslant L<151$ mm时，不得超过 15 km/h；不足 100 mm 时，原则上不得办理。因此，B 站能接 48168 次，且不需要限速。

(三)进站信号机开放时机计算

例题：48163 次(货车轴重<25 t)，以平均 50 km/h 速度进站，进站信号机至接车线末端警冲标间距离为 850 m，司机确认信号显示的距离为 200 m，列公式计算开放进站信号的最好时间是什么时候？技术资料见表 4-1-4。

表 4-1-4 列车在任何线路上的紧急制动距离限值表

列车类型	最高运行速度(km/h)	紧急制动距离限值(m)
旅客列车(动车组列车除外)	120	800
	140	1 100
	160	1 400
特快货物班列	160	1 400
快速货物班列	120	1 100
货物列车(货车轴重<25 t，快速货物班列除外)	90	800
	120	1 400
货物列车(货车轴重≥25 t)	100	1 400

解:开放进站信号的最好时间计算如下

$$T_{开}=\frac{L_{进}+L_{制}+L_{确}}{U_{进}}\times 0.06=\frac{850+800+200}{50}\times 0.06$$

$$=2.2(\text{min})=3\ \text{min}(小数点后不舍进1)$$

式中 $T_{开}$——开放进站信号的最好时间;

$L_{进}$——进站信号机至出站信号或接线末端警冲标间的距离(m);

$L_{制}$——列车制动距离(800 m);

$L_{确}$——司机确认信号显示距离(200 m);

$U_{进}$——列车进站的平均速度(km/h);

0.06——km/h 化为 m/min 的单位换算系数。

答:应在列车到达前 3 min 开放进站信号机。

(四)容车数计算

例题 1:牵出线有效长 550 m,调车机车长 22 m,货车长 14.3 m,列式计算牵出线换算容车数。

解:$N=\frac{L_{效}-L_{调机}-10}{14.3}=\frac{550-22-10}{14.3}=36.2$(辆)

式中 N——牵出线换算容车数;

$L_{效}$——牵出线有效长;

$L_{调机}$——调车机车长度;

10——安全距离。

答:牵出线换算容车数为 36 辆。

例题 2:正线、到发线有效长 520 m,机车长 24 m,附加制动距离 30 m,货车长 14.3 m,列式计算到发线换算容车数。

解:$N=\frac{L_{效}-L_{机}-L_{附}}{14.3}=\frac{520-24-30}{14.3}=32.6$(辆)

式中 N——换算容车数;

$L_{效}$——到发线有效长;

$L_{机}$——机车长度;

$L_{附}$——附加制动距离。

答:到发线(交换场线)换算容车数为 32 辆。

例题 3:调车线有效长 480 m,按有效长的 75%计算,货车长 11 m,列式计算调车分类线换算容车数。

解:$N=\frac{L_{效}\times 75\%}{11}=\frac{480\times 75\%}{11}=32.7$(辆)

式中 N——调车分类线换算容车数;

$L_{效}$——调车分类线有效长。

答:调车分类线换算容车数为 32 辆。

(五)中(停)时计算

例题:某站 5 日 2109 次 7:30 到达煤炭 20 辆,整零 2 辆。煤炭全部卸空后,其中 10 辆排空，挂当日2128次（12:30开）；另10辆卸后又装石碴，挂当日3178次（17:30开）；整零2辆卸空后，均装电扇，挂6日3156次（2:00开）。试计算该站5日的一次货物作业平均停留时间。

解：$一次货物作业平均停留时间=\frac{货物作业车辆小时}{货物作业次数}=\frac{10\times5.0+10\times10.0}{10+20}=5.0(h/次)$

答：该站5日的一次货物作业平均停留时间为5.0 h/次。

第二节　助理值班员（内外勤）非正常接发列车作业

一、施工期间行车

（一）施工特定行车办法

1. 采用施工特定行车办法条件。

（1）因车站线路、信号设备施工引起信联闭设备停用，但在正线具备列车通行条件时，可按施工特定行车办法行车。

（2）当车站部分线路、信号设备施工，只影响进站或出站信号机之一时，可以开放出站信号机发车或进站信号机接车。开放出站信号发车时，列车凭出站信号机显示的允许运行的信号发车；开放进站信号接车时，列车凭进站信号机显示的进入正线准备停车的信号进站。

（3）施工特定行车办法应在双线自动闭塞区段固定上下行正线、道岔全部开通直股，施工期间接发列车不扳动道岔（开通前停止接发列车进行试验信号时除外）的有计划施工中采用。

2. 作业要点。

（1）施工开始前，接发列车进路能使用调车进路锁闭应使用调车进路锁闭，调车进路无法锁闭的道岔，可使用单独锁闭，无法使用单独锁闭时现场人工加锁并紧固。

采用施工特定行车办法时，车站施工开始前必须固定正线进路，并在整个采用施工特定行车办法的过程中不许变更进路，并对进路上所有对向道岔、顺向道岔及邻线上的防护道岔按规定进行加锁。集中联锁设备良好时，在信号操作终端上对进路上的道岔进行单独锁闭。

（2）引导人员根据车站值班员的命令在引导员接车地点标（未设的应在进站信号机、进路信号机或站界标外方处，准许引导人员显示手信号的地点可适当外移，但最远不得超过距规定引导地点100 m）处。自列车接近站外制动距离时起至列车头部越过显示地点后止，显示特定引导手信号。引导人员向车站值班员报告列车接近，列车头部越过显示地点，即可收回特定引导手信号。

（3）助理值班员（外勤）根据车站值班员的指示显示通过手信号。

（4）引导接车并正线通过时，准许列车司机凭特定引导手信号的显示，以不超过60 km/h速度进站或通过（有限速条件低于60 km/h时按限速条件运行）。

3. 特定引导手信号已显示时列车无线调度通信设备的联系用语为：

车站值班员：“×（站）呼叫××（次）司机；特定引导手信号已显示。”

4. 列车司机：“我是××（次）司机；特定引导手信号已显示，××（次）司机明白。”

办理列车通过（出发）时，不再向列车司机递交书面行车凭证和调度命令，车站值班员应使用列车无线调度通信设备(其语音记录装置须作用良好)将调度命令、行车凭证号码(路票为电话记录号码、绿色许可证为编号的最后3位数)通知司机,并听取司机复诵正确后,方可布置助理值班员显示通过手信号(发车)。

列车司机在得到车站值班员的通知后,对通过列车凭车站显示的通过手信号通过,对出发列车凭发车人员的发车信号或发车通知开车。

5. 行车凭证已办理时列车无线调度通信设备的联系用语为:

车站值班员:“×(站)呼叫××(次)司机;路票已办理,电话记录××(号),调度命令××(号),凭通过手信号通过(凭发车信号或发车通知开车)。”

列车司机:“我是××(次)司机;电话记录××(号),××(次)司机明白。”

使用绿色许可证时,应将路票及电话记录相应改为绿色许可证及编号。

6. 注意事项:

(1)采用施工特定行车办法时,应在月度施工计划(电报)及施工日计划对应的施工项目中,注明“按施工特定行车办法办理”字样,并要精心安排施工组织方案。

(2)列车调度员仍按规定发布调度命令,车站按规定办理行车闭塞手续和填写行车凭证,并严格按《非正常接发列车作业纪律》执行。对接发列车进路及行车凭证等安全关键必须双人确认。列车通过、出发后,车站值班员应将行车凭证及时划“×”注销。

(3)使用施工特定行车办法行车时,车站的语音记录装置的记录功能必须良好,保证对通话过程有正确的记录。

(4)较规定时间提前或延迟施工,根据列车调度员提前或延迟施工的调度命令,仍可按“施工特定行车办法”办理。

(5)设有发车进路信号机的车站,采用“施工特定行车办法”时,联系用语及通过手信号显示地点,应在施工预备会上明确。召开施工预备会时,车务站段应通知相关机务段参加。

(二)无线电话交付行车凭证办法

1. 采用无线电话交付行车凭证办法条件

因车站线路、信号设备施工引起信联闭设备停用,可按无线电话交付行车凭证办法行车。

2. 作业要点

(1)接发列车进路能使用调车进路锁闭应使用调车进路锁闭,调车进路无法锁闭的道岔,可使用单独锁闭,无法使用单独锁闭时现场人工加锁并紧固。

(2)采用列车无线调度通信设备交付行车凭证时,均不再向列车司机递交书面行车凭证和调度命令,车站值班员应使用列车无线调度通信设备将调度命令、行车凭证号码(路票为电话记录号码、绿色许可证为编号的最后3位数)通知司机,并听取司机复诵正确后,方可布置助理值班员显示通过手信号(发车)。列车司机在得到车站值班员的通知后,对通过列车凭车站显示的通过手信号通过,对出发列车凭发车人员的发车信号或发车通知开车。

3. 列车无线调度通信设备的联系用语

车站值班员:“××(站)呼叫××(次)司机;路票已办理,电话记录××(号),调度命令××(号),凭通过手信号通过(凭发车信号或发车通知开车)。”

列车司机:“我是××(次)司机;电话记录××(号),××(次)司机明白。”

使用绿色许可证时,应将路票及电话记录相应改为绿色许可证及编号。

遇列车无线调度通信设备故障无法交付时，车站应向列车司机递交书面行车凭证和调度命令。

4. 注意事项

(1)“无线电话交付行车凭证办法”应在办理非正常接发列车的有计划施工中采用，并要精心安排施工组织方案。采用无线电话交付行车凭证办法时，应在月度施工计划(电报)及施工日计划对应的施工项目中，注明“按无线电话交付行车凭证办法办理”字样。

(2)列车调度员仍按规定发布调度命令，车站按规定办理行车闭塞手续和填写行车凭证，并严格按《非正常接发列车作业纪律》执行。对接发列车进路及行车凭证等安全关键必须双人确认。列车通过、出发后，车站值班员应将行车凭证及时划“×”注销。

(3)使用无线电话交付行车凭证行车时，车站的语音记录装置的记录功能必须良好，保证对通话过程有正确的记录。

(4)较规定时间提前或延迟施工，根据列车调度员提前或延迟施工的调度命令，仍可按“无线电话交付行车凭证办法”办理。

(5)设有发车进路信号机的车站，采用“无线电话交付行车凭证办法”时，联系用语及通过手信号显示地点，应在施工预备会上明确。召开施工预备会时，车务站段应通知相关机务段参加。

二、天气不良时办理接发列车

(一)天气恶劣难以辨认信号时行车

1. 作业场景

天气恶劣，信号机显示距离不足 200 m，信号机指进站、出站、进路及自动闭塞区间通过信号机等指示列车运行的信号机。

2. 作业流程

(1)车站值班员发现或接到司机汇报天气恶劣信号机显示距离不足 200 m，立即报告列车调度员。

(2)接收列车调度员发布的“改按天气恶劣难以辨认信号的办法行车”的调度命令。

(3)向司机和有关作业人员传达调度命令内容。

(4)列车按机车信号显示运行，运行中司机应确认地面信号机的显示。当地面信号机显示与机车信号显示一致时正常运行，显示不一致时，列车应立即采取减速或停车措施。

(5)天气转好时，及时报告列车调度员，接收恢复正常行车调度命令，并向运行区段内已接受调度命令的列车，传达恢复正常行车调度命令。

3. 作业要点

(1)车站无空线不得承认闭塞。

(2)进站、出站、进路信号机开放后，除有危及人身或行车安全情形外，禁止关闭信号机。

(3)当天气恶劣瞭望困难时，除救援列车外，禁止列车推进运行。

(4)发车要求。

当无法辨认出站(进路)信号机显示时，助理值班员(外勤)应与车站值班员联控，得到信号开放正确的通知，在列车具备发车条件后，组织发车作业：

①使用列车无线调度通信设备(其语音记录装置须作用良好)发车，司机凭车站助理值

班员(外勤)发车通知起动列车,在确认出站(进路)信号机显示正确后,再行加速。

②列车无线调度通信设备故障或语音记录装置作用不良时发车,应通知司机,并使用手信号发车,助理值班员(外勤)应站在便于司机确认发车信号的位置显示发车手信号。

(5)不能通过设备确认而需要现场检查线路空闲时,由车站两端扳道(进路准备)人员根据车站值班员的命令,迎面检查至互相见面为止。

(二)扫雪除冰作业

1. 上道作业安全措施

(1)遇有暴风雨(雪)等恶劣天气影响瞭望上道作业时,加强安全防护,确保来车时能按规定距离及时下道。

(2)没有防护,不准上道进行道岔扫雪除冰等作业。

(3)助理值班员(内勤)根据车站值班员的布置对相关道岔、信号机实施"岔封"或"钮封",未得到作业人员下道的通知,不得解除"岔封"或"钮封",办理行车。

2. 道岔扫雪标准

道岔尖轨与基本轨间、可动心轨与翼轨以及滑床板活动部位无积雪,电动转辙机以及拉杆活动部位无积雪,道岔转动正常。

3. 扫雪程序

(1)分动外锁闭道岔坚持先扫后操;

(2)除净尖轨与基本轨间、心轨动程内的积雪和冰块;

(3)除净道岔动作杆和勾头铁上的积雪和冰块(CNTT 道岔为除净锁闭辊轮、锁框与连杆上的积雪与冰块);

(4)除净钢枕槽内的积雪;

(5)除净道岔尖轨后部第一位顶铁和心轨后部第一、第二位顶铁下的冰雪;

(6)除不净的部位可用铁锤适度敲击或加热;

(7)操纵道岔,如仍无表示要会同电务确认没有到位的部位;检查没有到位的部位是否有影响道岔密贴的冰雪,并及时除净;

(8)用防冻液涂擦道岔滑床板及道岔动作杆、勾头铁等部位,进行防冻。

(三)普速铁路汛期行车

1. 冒雨巡查

普速铁路冒雨巡查是指当普速铁路沿线降雨量达到出巡警戒值及以上时,工务、电务、供电人员根据设备情况进行雨中设备巡查及防洪地点巡守,以便及时发现危及行车安全的滑坡、崩塌落石、边坡溜坍、路基塌陷、路基下沉、排水不良、倒树、供电设备故障、通信信号设备故障等各种灾害,及时做好应急处置,防止发生水害事故,确保行车安全。

工务、电务、供电工区接到雨量出巡及以上警戒信息后,应立即组织人员按照制定的巡查方案做好冒雨巡查工作。

2. 降雨量达到临时限速

(1)车站值班员接到工务的限速申请,立即报告列车调度员,由列车调度员按规定发布限速运行的调度命令。车站值班员在接到工务登记限速后应及时通知已经进入和即将进入限速区段列车的机车乘务员,待接到列车调度员的限速调度命令后再利用无线电补交。

(2)按规定做好限速命令的核对、登记、交付等工作。

(3)按规定执行车机联控。

(4)降雨量达到解除限速条件时，核对提速或取消限速调度命令正确，线路提速时做好限速命令的交付以及车机联控等工作。

3. 降雨量达到封锁警戒值

普速铁路采用客车、货车分别设置降雨量封锁警戒值的二级封锁警戒模式，即当降雨量达到客车封锁警戒值时区间禁止放行旅客列车，当降雨量达到货车封锁警戒值时区间封锁。

4. 降雨量封锁警戒解除条件

降雨量符合开通条件且经工区现场检查设备无异常后，工务单位及时进行销记(限速开通或常速开通)，列车调度员按规定组织行车。

5. 汛期普速铁路发生晃车

汛期普速铁路发生晃车，特别是持续降雨期间或之后，司机报告车站值班员(列车调度员)后，车站值班员报告列车调度员，并立即通知后续列车停车，并不得再向该区间放行列车。

三、信号机突变时的处理

1. 作业场景

进站(进路)信号机、出站(进路)信号机开放后，信号机突变。

2. 作业流程

(1)司机应立即采取停车措施，并使用列车无线调度通信设备报告车站值班员(列车调度员)。

(2)车站值班员汇报列车调度员，通知工务、电务部门进行检查，在行车设备检查登记簿内进行登记。

(3)工务、电务部门检查后，确认设备正常使用，在行车设备检查登记簿内进行销记。

(4)如列车停车后未越过关闭的信号机：

①接车时，重新开放进站(进路)信号机接车。

②发车时，重新开放出站(进路)信号机再按规定发车。

(5)如列车停车后已越过关闭的信号机：

①确认进路正确后，由列车调度员发布列车继续运行的口头指示。

②司机凭车站值班员可继续运行的通知后直接开车。

(6)如为电务设备故障一时无法修复时，按照电务部门登记的行车限制条件组织行车。

四、列车冒进信号机或越过警冲标的处理

(一)列车冒进信号机或越过警冲标

1. 作业场景

进站(进路)信号机、出站(进路)信号机在关闭状态，列车冒进信号机。

2. 作业流程

(1)司机应立即停车，向车站值班员(列车调度员)报告。车站值班员应派人现场确认。

(2)列车冒进进站(进路)信号机。

①确认接车进路满足接车条件：核对列车种类、机车属性，核对进路上道岔辙叉号、是否超限、是否挂网(有电)、是否经过轨道电路分路不良地段等相关接车限制条件。

②确认接车线路空闲和进路正确。

③使用列车无线调度通信设备通知司机进入站内接车线停车。

④司机凭车站值班员进入站内接车线停车的通知后直接动车。

(3)列车冒进出站(进路)信号机或越过警冲标。

①如列车已越过出站(进路)信号机而未越过接车线末端道岔,司机除迅速向车站值班员报告外,并使列车及时退入警冲标内方。

②如列车已越过接车线末端道岔时,禁止移动,确认道岔位置正确后,方准退入警冲标内方。

(4)如列车不能移动且必须接发其他列车时。

①确认其他列车的接发车进路不受影响。

②通知有关列车司机注意,并派人进行防护后,方可办理其他列车的接发车作业。

(二)列车头部冒进线路所通过信号机

1. 作业场景

线路所通过信号机在关闭状态,列车冒进信号机。

2. 作业流程

(1)司机不得擅自动车,立即报告车站值班员(列车调度员)。

(2)进路方向错误时以及进路方向虽正确但前方区间邻站已取得发车许可时,应按规定组织列车退回至线路所通过信号机前方。

(3)进路方向正确且前方区间具备运行条件时,在办妥闭塞(预告)手续,经确认进路正确后,线路所车站值班员报告列车调度员,由列车调度员发布列车继续运行的口头指示,司机凭车站值班员可继续运行的通知后直接开车。

注意事项:如列车冒进信号造成挤岔的,按挤岔进行应急处置。

五、列车发生火灾、爆炸时的处理

1. 作业场景

列车在站内或区间发生火灾、爆炸。

2. 作业流程

(1)列车发生火灾、爆炸时,司机须立即停车(停车地点应尽量避开特大桥梁、长大隧道等,选择便于旅客疏散的地点)。

(2)汇报列车调度员,按规定扣停后续列车,不再向区间放行列车,并通知邻线及后续相关列车停车,通知邻站不再向区间放行列车。

(3)现场需停电时,应立即通知供电部门停电、采取接地措施。

(4)旅客列车着火时,首先疏散着火车辆内的全部旅客。

(5)列车发生火灾、爆炸时,除迅速通知消防部门前往扑救外,还应通知公安部门,必要时通知医疗部门。

(6)列车需要分隔甩车时,应根据风向及货物性质等情况而定。一般为先甩下列车后部的未着火车辆,再甩下着火车辆,然后将机后未着火车辆拉至安全地段。

(7)甩下的车辆,在车站由车站人员负责采取防溜措施;在区间由司机、车辆乘务员负责采取防溜措施。

(8)如情况危急,可根据货物的性质、风向、地理位置、设备条件等具体情况机动处理。

六、发生挤岔时的处理

1. 作业场景

车轮挤过或挤坏道岔。

2. 作业流程

(1)助理值班员(内勤)通过信号操作终端确认故障现象,向车站值班员报告,并扣停相关列车。

(2)车站值班员汇报列车调度员,通知工务、电务部门进行检查,在行车设备检查登记簿内进行登记。

(3)确认工务、电务部门的登销记内容,报告列车调度员,按设备管理单位登记的行车限制条件组织行车。

3. 作业要点

(1)如机车车辆停在道岔上时,不得后退,应得到现场指挥人的准许,沿顺岔方向缓缓移动,将机车车辆驶过道岔。

(2)如须后退时,应检查尖轨损伤程度,不影响行车时,将尖轨紧固后,方可进行。

(3)复式交分道岔及分动外锁闭道岔挤岔后,禁止机车车辆移动,须经工、电部门检查并确定处理办法。

七、列车运行途中发生车辆抱闸

(一)车辆抱闸的概念

抱闸是指列车在运行过程中由于制动装置、闸调器故障或人力制动机未松,造成闸瓦紧贴车轮,使车辆不能正常运行或导致车辆损害的情况。

抱闸时车轮的轮辋、踏面变色(发红或呈蓝色),严重的踏面有碾堆现象,或者闸瓦有大量的熔渣产生,或是造成闸瓦抱死车轮导致踏面擦伤及拉伤钢轨等。

(二)铁路货车制动抱闸故障大致表象及判断方法

1. 车辆制动机处于缓解位时,制动缸活塞推杆仍处于伸出状态,即制动缸未缓解,导致车辆所有闸瓦均紧贴车轮踏面,造成车轮踏面擦伤或产生熔渣、辗堆,并伴有高温。

2. 车辆制动机处于缓解位时,制动缸活塞杆缩回,但人力制动装置仍处于制动位,即人力制动机闸链未松开,仍然拉紧前制动杠杆,使基础制动装置仍处于制动状态,导致车辆所有闸瓦均紧贴车轮踏面,造成车轮踏面擦伤或产生熔渣、辗堆,并伴有高温。

3. 铁路货车在运行过程中,特别是通过车站时,经常会发生制动调速现象,小减压量的空气制动会导致闸瓦瞬间贴靠车轮踏面即离开,但由于各车辆的制动机灵敏度、闸调器灵活性以及闸瓦厚度存在差异,可能会造成某些车辆的某些闸瓦离开车轮踏面时相对迟缓而产生火星,对该现象不能简单认定为制动抱闸,可通知前方车站观察未经制动调速的运行情况后再进行判断。

(三)旅客列车、军用列车、特快货物班列抱闸

1. 扣停列车

列车运行途中,车站有关人员(其他部门人员发现时,通知车站)发现旅客列车、军用列

车、特快货物班列车辆走行部有冒烟、冒火星、车轮发红等抱闸情形，应立即呼叫司机停车。司机接到通知后，使用常用制动停车，并将有关情况及时报告车站值班员（列车调度员）。

2. 旅客列车、特快货物班列、以客车编组的军用列车处置要求

（1）列车停车后，司机除按规定向车站值班员（列车调度员）报告外，还要将停车原因及相关情况通知车辆乘务员。车辆乘务员首先对车辆的人力制动机状态进行检查确认，然后联系司机对列车施行缓解后，检查制动缸、闸瓦（闸片）状态，确认抱闸故障且符合关门条件的，关闭截断塞门，排除副风缸、工作风缸的余风，按规定速度运行。车辆乘务员要及时将检查处理结果经司机转报车站值班员（列车调度员）。

（2）关门车编挂位置或数量不符合规定的，列车停在车站的，就地处理；在区间关门车位于列车最后一位或关门车为 2 辆及以上时，列车运行至前方站停车处理。车辆乘务员要计算每百吨列车重量的换算闸瓦压力，根据闸瓦压力提出限速要求，列车按限速要求运行至前方站停车处理或甩车。

3. 以客货车混合编组的军用列车处置要求

以客货车混合编组的军用列车停车后，在有列检人员的车站，应及时通知列检人员前往处理；在无列检人员的车站，所挂的客车、货车车辆分别由车辆乘务员、司机检查处理，车站应指派人员协助。

（四）旅客列车、军用列车、特快货物班列以外的列车抱闸

1. 扣停列车

（1）列车运行途中，车站有关人员（其他部门人员发现时，通知车站）发现旅客列车、军用列车、特快货物班列以外的列车车辆走行部有冒火、冒烟，车轮、闸瓦发红，车轮抱死、滑行，剧烈振动等严重抱闸情形时，应立即呼叫司机停车。司机接到通知后，使用常用制动停车，并将有关情况及时报告车站值班员（列车调度员）。

（2）发现旅客列车、军用列车、特快货物班列以外的列车车辆有零星冒火星或冒火花、异响等一般抱闸情形时，通知司机在前方站停车。

2. 处置要求

（1）回送客车底列车停车后，在有列检人员的车站，应及时通知列检人员前往处理；在无列检人员的车站，由司机通知车辆乘务员（车辆押运人员）检查处理。

（2）其他列车停车后，在有列检人员的车站，应及时通知列检人员前往处理；无列检人员的车站，车站应指派人员协助司机检查处理。

（3）检查流程和标准。

①车辆外观检查。检查人力制动机是否拧紧；车轮踏面是否有熔渣；在列车制动机处于缓解状态下检查制动缸活塞杆是否伸出；如无上述三种情况，则不是抱闸。

②车辆制动机试验。由司机配合车站人员（列检人员、车辆乘务员、车辆押运人员）判断车辆制动机作用是否良好，在列车主管充至定压后，将机车制动机自阀手柄置常用制动位减压 100 kPa，车辆须发生制动作用；再置运转位充风缓解，如车辆制动机在规定的 1 min 内缓解完毕，则可以判定车辆制动机作用良好，不是抱闸。

（4）处置办法。

①经检查确认不是车辆抱闸，司机（车站人员、列检人员）应将处理情况报告车站值班员，转报列车调度员列车可继续运行。

②经检查确认是车辆抱闸，司机(列检人员)应关闭车辆截断塞门，排尽副风缸余风，确认制动缸活塞推杆已退回和轮对踏面擦伤、缺损不过限后，报告车站值班员(列车调度员)可继续运行。但列车自动制动机关门车的编挂位置不得违反《技规》的规定(区间除外)，必要时调整顺位或甩车处理。

③停于区间的列车，不能准确判断是否抱闸时，应关闭车辆截断塞门，排尽副风缸余风，确认缓解后，列车司机以不超过 60 km/h 的速度运行至前方站处置。

3. 列车运行中，发现车辆燃轴时，使列车停车。由司机会同车辆乘务员，无车辆乘务员的由司机检查处理。此时，对燃轴的车辆，严禁泼水、撒砂或使用灭火器。

4. 对途中抱闸或燃轴的车辆，当列车到达有列检作业场的车站时，应由司机通知接车的列检人员。对抱闸车辆，由列检人员和司机共同进行试验。

八、轨道电路分路不良区段行车

(一)轨道电路分路不良区段的概念

“轨道电路分路不良区段”系指因钢轨面生锈严重、轨面粘附特殊非金属物质绝缘隔离层等原因，列车(机车车辆)实际占用时轨道电路不能可靠短路电气回路，并经电务检测确认分路残压超标的区段。

(二)确定方法

在接发列车、调车作业过程中，车站值班员(驼峰、调车场等不办理接发列车的处所为站段规定人员)，接到或发现车站信号操作终端(车务终端、调度终端)显示与列车(机车车辆)实际占用轨道电路不一致，即列车(机车车辆)实际走行时不显示红光带、断续显示红光带、占用该轨道电路区段且出清后进路遗留光带(因返岔、压岔、中岔作业不满足解锁条件遗留光带时除外)。经电务部门测试该轨道电路区段分路残压超标以及电务进行轨道电路测试发现分路残压超标时为轨道电路分路不良区段。

(三)处　　置

1. 通知：发现轨道电路分路不良现象时，通知电务、工务人员检查处理。

2. 登记：按规定在行车设备检查登记簿(轨道电路分路不良)内登记。

3. 销记：电务人员检测确认仍能使用其联锁条件办理行车时，须注明“不影响正常排列进路、开放信号”，否则还须登记停用信号设备技术条件的具体内容。

4. 汇报：电务人员登记或销记轨道电路分路不良区段时，车站值班员应报告列车调度员，列车调度员(车站值班员)应按照轨道电路分路不良相关规定办理。车站值班员、助理值班员(内勤)交接班时，将轨道电路分路不良发生变化区段重点进行交接。

(四)标识设置

1. 轨道电路分路不良区段应设置分路不良标识(尽头线距车挡 10m 内线路、衔接安全线的道岔定位轨道电路区段除外)，分路不良标识由电务部门在登记完毕后立即设置并与行车设备检查登记簿(轨道电路分路不良)内记录核对一致。车站值班员(驼峰、调车场等不办理接发列车的处所为站段规定人员)负责确认。

2. 非调度集中(CTC)区段：使用控制台操作的车站应在控制台上对应处所设置分路不良标识，标明该区段名称(道岔区段还应标明定位、反位)。使用计算机联锁操作的车站应在联锁显示器上按《车站计算机联锁操作显示技术规范》设置分路不良标识，以区别于正常区段。使用CIPS(SAM)、CCS系统操作的车站(动车所)，应在信号集中控制系统上按系统操作手册(说明书)设置分路不良标识，并在计算机联锁显示器上按规定设置分路不良标识。

3. 调度集中(CTC)区段：在CTC系统站场平面图上按《调度集中操作显示规范》设置分路不良标识，以区别于正常区段，未确认空闲的分路不良区段采用闪烁显示方式，已确认空闲的分路不良区段采用稳定显示方式；并在车站控制台(计算机联锁显示器)上按规定设置分路不良标识。

4. 注意事项。

(1)因设备停电、重启等情况，电务人员接到通知后应会同车站值班员(驼峰、调车场等不办理接发列车的处所为站段规定人员)共同确认分路不良标识是否完整，发现分路不良标识丢失时，应按规定设置。

(2)经整治已恢复正常的轨道区段，电务销记后应及时撤除分路不良标识。

(3)在CTC分散自律控制模式下，需在计算机联锁显示器上设置或撤销分路不良标识时，应转为非常站控模式，操作完毕后应及时转回分散自律控制模式。

(4)在CIPS(SAM)、CCS系统集中人工控制(自动控制)模式下，需在计算机联锁显示器上设置或撤销分路不良标识时，应转为非常站控模式，操作完毕后应及时转回集中人工控制(自动控制)模式。

(五)轨道电路分路不良处所办理行车

集中联锁车站，登记的轨道电路分路不良区段(股道、道岔)仍能满足锁闭进路、开放信号条件并保证行车安全时，可使用车站控制台(计算机联锁显示器)、车务终端、调度终端办理接发列车、调车作业，并遵守下列规定：

1. 调度集中(CTC)区段，列车调度员(车站值班员)确认轨道电路分路不良区段空闲后，方准将分路不良闪烁显示方式改为稳定显示方式。

2. 使用CIPS(SAM)、CCS系统操作的车站(动车所)，车站值班员确认轨道电路分路不良区段空闲后，方准将分路不良闪烁显示方式改为稳定显示方式。

3. 在轨道电路分路不良区段(股道、道岔)上，不能使用车站控制台(计算机联锁显示器)、车务终端、调度终端锁闭进路开放信号，即联锁设备不能保证接发列车、调车作业安全时，有关行车作业，须按"无联锁线路"非正常作业方式办理。

4. 办理进路前，车站值班员(列车调度员)必须亲自或指派胜任人员确认与进路有关的所有分路不良区段空闲后，方可准备进路，并将分路不良区段的道岔单独锁闭；列车(机车车辆)未全部出清轨道电路分路不良区段前，严禁操纵有关道岔及其防护道岔，不得解除分路不良区段道岔单独锁闭。

5. 遇有列车(机车车辆)通过后进路漏解锁、光带不消失时，必须确认列车(机车车辆)已通过该区段后，方可对该区段进行人工解锁。

(六)长时间停留的机车车辆、自轮运转特种设备(原则上按在一处停留超过72 h掌握)**调移**

1. 作业前检查

(1)长时间停留自轮运转特种设备：检查人员司机。

(2)长时间停留大修宿营车：检查人员由所属单位负责指派人员。

(3)保留列车、客车车底长时间停留：车辆段指派负责人进行检查。

上述以外的机车车辆(救援列车除外)长时间停留后需调移前，管辖单位应指派负责人进行检查。

2. 处置方法

(1)检查人员发现车轮生锈或污物粘连时，应立即报告车站值班员，并于开车前向车站值班员提报“车辆检查联系单”，车站值班员根据“车辆检查联系单”填记内容在行车设备检查登记簿(轨道电路分路不良)内登记。保留列车、客车车底经检查车辆车轮未生锈(无污物粘连)时，检查完毕后应立即报告车站值班员，车站值班员转报列车调度员，并根据车辆车轮未生锈(无污物粘连)的报告，登记行车设备检查登记簿(轨道电路分路不良)。

(2)检查发现车轮生锈或污物粘连时，车站值班员应于开车前报告列车调度员，列车调度员应发布“按轨道电路分路不良要求办理行车”的调度命令布置沿途各站，并执行下列规定：

①在办理接发列车或调车作业时，应向有关作业人员传达清楚。排列进路、开放信号经确认无误，并将进路上所有道岔单独锁闭后，方可继续作业。在列车或机车车辆全部出清进路前，严禁操纵该进路上的有关道岔及与其设有联锁关系的其他道岔。

②自动闭塞区间，车站值班员(列车调度员办理行车时为列车调度员)应作为行车关键进行重点盯控，发现轨道电路占用红光带消失时，应按列车占用丢失规定进行处置。

3. 注意事项

救援列车接发或调车作业时，车站值班员(驼峰、调车场等不办理接发列车的处所为站段规定人员，列车调度员办理行车时为列车调度员)亦应按上述之“按轨道电路分路不良要求办理行车”规定办理。

确认分路不良区段空闲是指确认分路不良区段无机车车辆占用。可通过目视确认、利用站场视频设备确认；动车组列车、单机(单机挂车、重联时除外)运行时，可通过 TDCS/CTC 设备或控制台确认出清轨道电路分路不良区段的下一良好轨道电路区段。

【事故案例】铁路交通一般 D3 类挤岔事故

1. 事故概况

××年×月×日 2 时 00 分，××站执行调车作业，供电轨道车 57801 次天窗作业结束后从Ⅰ道回接触网工区，2 时 07 分行经 5/7 号道岔区段(分路不良区段)挤坏道岔，构成铁路交通一般 D3 类调车挤岔事故。

2. 原因分析

助理值班员(内勤)不严格落实轨道电路分路不良区段办理调车作业规定，在既未与接触网轨道车司机联系，也未确认接触网轨道车是否出清 5DG 分路不良区段的情况下，臆测行事，盲目解锁和操动 5/7 号道岔至定位，导致挤岔事故发生。

九、站内非列车占用红光带

1. 作业场景

信号操作终端显示车站正线、到发线、接发车进路上无岔区段、道岔区段无机车车辆占用而轨道电路亮红光带(灯)。接发车时无需摇动红光带区段道岔，如红光带区段内道岔接发车时需摇动按道岔故障准备进路。

2. 作业流程

(1)助理值班员(内勤)通过信号操作终端发现站内区段，无机车车辆占用而轨道电路亮红光带(灯),报告车站值班员故障现象,车站值班员立即扣停相关列车和调车作业,并报告列车调度员。

(2)助理值班员(外勤)根据车站值班员指示,现场检查确认红光带区段无机车车辆占用或侵入。

(3)车站值班员通知工务部门、电务部门,在行车设备检查登记簿内登记故障现象。

(4)确认工务、电务部门的登销记内容,报告列车调度员,按设备管理单位登记的行车限制条件组织行车。

(5)准备进路:开放调车信号准备进路(开放引导信号接车须将调车信号关闭),不能使用调车进路锁闭时,单操道岔(含防护道岔)准备好进路。通过信号操作终端调车进路(接通光带或道岔定反位灯光)再次确认接发车进路正确。

(6)接车时开放引导信号或指派引导人员接车(半自动闭塞区段办理引导接车时,在列车到达后不能正常开通区间,接车站在列车到达后与发车站双方共同确认区间空闲,由使用站向列车调度员请求使用故障按钮的调度命令,使用故障按钮办理闭塞机复原)。

(7)发车时自动闭塞区段车站交付司机绿色许可证办理列车出发;半自动闭塞(自动站间闭塞)区段车站根据列车调度员停止基本闭塞法,改按电话闭塞法行车调度命令,交付司机路票及调度命令办理列车出发。

(8)注意事项。

①正线、到发线有机车车辆占用,轨道电路红光带(灯)不亮时,发出列车,可开放出站(发车进路)信号机;对存放车辆的线路,应在控制台上揭挂"停有车辆"表示牌,计算机联锁设备车站应将该线路两端信号机封闭,并将道岔开通其他线路。

②轨道电路非列车(机车车辆)占用红光带时,如电务登记停用设备或销记内容中已注明"该故障与工务专业无关"时,车站行车人员(列车调度员)可根据电务登记的行车限制条件或销记内容组织行车,工务部门不再上道检查,直接办理销记。

十、道岔故障

(一)道岔定、反均失去表示

1. 作业场景

信号操作终端挤岔报警,电铃长鸣[计算机联锁信号操作终端有语音(文字提示)报警],进路上一副或多副道岔定反位同时无表示。

2. 作业流程

(1)助理值班员(内勤)通过信号操作终端发现报警信息,报告车站值班员故障现象,车站值班员立即扣停相关列车和调车作业,并报告列车调度员。

(2)助理值班员(外勤)根据车站值班员指示,现场检查确认道岔位置、状态、有无异物。

(3)车站值班员通知工务部门、电务部门,在行车设备检查登记簿内登记故障现象。

(4)确认工务、电务部门的登销记内容,报告列车调度员,按设备管理单位登记的行车限制条件组织行车。

(5)现场准备进路。

①根据车站值班员指示到行车室登记申请规定数量的手摇把和道岔钥匙。

②执行车站值班员准备进路的命令。

③按规定着装、佩戴防护用品，携带经试验良好的无线电台、手信号旗(灯)、勾锁器及道岔钥匙和手摇把等相关备品，按车站固定走行线路行走，前往故障地点，横越线路时应执行相关人身安全作业标准。

④正确及时地准备进路，将故障道岔及邻线上的防护道岔加锁。具体加锁规定如下：

a. 检查道岔位置正确无需扳动时，应确认尖轨密贴于基本轨、心轨密贴于翼轨后按规定对道岔加锁。

b. 经检查需摇动道岔准备进路时，在摇动道岔听到电动转辙机箱内发出的“咔嚓”声后，停止摇动[如听不到“咔嚓”声(包括 2 个及以上转辙机有任一个不能摇到位)时，应报告车站值班员通知工务人员将道岔紧固]，确认道岔开通位置正确、尖轨密贴于基本轨、心轨密贴于翼轨后，按规定对道岔加锁、紧固(分动外锁闭道岔不论对向或顺向均应对密贴尖轨、斥离尖轨和可动心轨加锁、紧固)，勾锁器应加在距离连接杆(内锁闭道岔为第一连接杆)左右不超过 0.5 m 处。

(6)确认道岔位置正确并按规定加锁、紧固完毕后，向车站值班员汇报：

①执行“固定进路”的车站，办理第一个列车进路时，逐个报告道岔开通位置；

②不执行“固定进路”的车站每次办理进路时，对进路上的道岔应逐个报告开通位置(接车进路由外到内，发车进路由内到外)，执行“固定进路”的车站，遇特殊情况需摇(扳)动时，对摇(扳)动过的道岔也应逐个报告开通位置。

(7)执行车站值班员确认道岔位置正确的命令，再次确认道岔位置或进路正确，汇报车站值班员。

(8)其他规定。

①遇进路上一端有两个以上扳道员的车站，准备进路命令的发布、进路准备好了的报告、扳道员之间准备进路的分工和互对进路的办法在《站细》内规定。

②道岔勾锁器、紧固装置具体配置数量和紧固、加锁位置见表 4-1-5。

表 4-1-5 道岔加锁紧固要求表

<table>
<tr><th colspan="2" rowspan="2">道岔类型</th><th colspan="3">配置数量(副)</th><th rowspan="2">紧固、加锁位置</th></tr>
<tr><th>密贴尖轨
紧固器、勾锁器</th><th>斥离尖轨
限位器、勾锁器</th><th>可动心轨
紧固器、勾锁器</th></tr>
<tr><td rowspan="2">辙叉号为 12 号的分动外锁闭道岔以及 2 台转辙机牵引的辙叉号为 9 号的分动外锁闭道岔</td><td>紧固</td><td>1</td><td>1</td><td></td><td>密贴尖轨、斥离尖轨
第一转辙机处</td></tr>
<tr><td>加锁</td><td>1</td><td>1</td><td></td><td>密贴尖轨、斥离尖轨
第一转辙机处</td></tr>
<tr><td rowspan="2">4 台转辙机牵引的辙叉号为 12 号的分动外锁闭可动心道岔</td><td>紧固</td><td>1</td><td>1</td><td>1</td><td>密贴尖轨第二，
斥离尖轨第二，
可动心轨第二转辙机处</td></tr>
<tr><td>加锁</td><td>1</td><td>1</td><td>1</td><td>密贴尖轨、斥离尖轨、
可动心轨第一
转辙机处</td></tr>
</table>

续上表

道岔类型		配置数量(副)			紧固、加锁位置
		密贴尖轨紧固器、勾锁器	斥离尖轨限位器、勾锁器	可动心轨紧固器、勾锁器	
辙叉号为18号的分动外锁闭道岔以及5台转辙机牵引的辙叉号为12号的分动外锁闭可动心道岔	紧固	2	2	1	密贴尖轨第二、第三，斥离尖轨第二、第三，可动心轨第二转辙机处
	加锁	1	1	1	密贴尖轨、斥离尖轨、可动心轨第一转辙机处
辙叉号为30号的分动外锁闭道岔	紧固	3	2	1	密贴尖轨第二、第四、第六，可动心轨第二，斥离尖轨第四、第五转辙机处
	加锁	3	2	1	密贴尖轨第一、第三、第五，可动心轨第一，斥离尖轨第一、第二转辙机处
辙叉号为42号的分动外锁闭道岔	紧固	3	2	1	密贴尖轨第二、第四、第六，可动心轨第二，斥离尖轨第四、第五转辙机处
	加锁	3	2	1	密贴尖轨第一、第三、第五，可动心轨第一，斥离尖轨第一、第二转辙机处
说明事项	无联锁的线路上接发列车时，进路上无联锁的分动外锁闭道岔无论对向或顺向，均应对密贴尖轨、斥离尖轨和可动心轨加锁				

(二)道岔定位或反位一个位置无表示、另一个位置表示正常

1. 作业场景

道岔定位或反位一个位置无表示、另一个位置表示正常，工务已销记工务线路设备使用正常或工务未销记工务线路设备使用正常。

2. 作业流程

(1)电务人员检查确认登记停用内容、影响范围、行车限制条件和工务已销记线路设备使用正常后，未停用的位置可正常使用。

(2)在工务人员销记前，车站值班员(列车调度员)可根据电务人员登记的停用内容、影响范围、行车限制条件，经由未停用的位置办理接发列车。

①列车调度员应向经由该道岔运行的首列列车发布限速运行的调度命令(动车组列车限速 40 km/h，动车组以外的列车限速 20 km/h)，并通知司机注意观察线路有无障碍物。

②限速位置按进站信号机至(反向)进站信号机[线路所为通过信号机至(反向)通过信

号机]间的里程确定，其中尽头式车站，限速位置按进站信号机至站中心间的里程确定，设有车场的车站，限速位置按该车场接车进路(进站)信号机至列车运行方向另一端接车进路(进站)信号机间的里程确定。

(3)司机接到限速命令行车。

①如若越过前方接触网分相或坡道有困难时，不得动车，并报告车站值班员(列车调度员)。

②车站值班员(列车调度员)不再放行经由该道岔的列车，待工务人员办理销记后方可放行列车。列车调度员按规定取消前发限速调度命令。

③限速运行时，司机应注意观察限速地段内的线路上有无障碍物，发现障碍物危及行车安全时应立即停车，向车站值班员(列车调度员)报告，排除障碍并确认安全无误后，方可继续运行。

④无障碍物或障碍物不影响行车时，司机在通过限速地点后立即向车站值班员(列车调度员)报告。车站值班员(列车调度员)根据司机无障碍物或障碍物不影响行车的报告，组织后续列车正常运行。

3. 注意事项

(1)道岔夹异物：未设信号工区且无信号人员驻站的车站，因道岔夹异物不能转换到位，经工务人员现场处置道岔恢复正常，并销记"××(单位)工务设备正常，故障原因为夹异物"时，车站即可恢复正常使用。电务人员到场后，应对故障道岔进行检查确认，并按规定办理销记手续。

(2)道岔电锁器发生故障：准备接发列车进路，如道岔电锁器无电不能转换道岔时，车站值班员可命令扳道员使用电锁器钥匙打开电锁器，抬起锁闭杆进行人工解锁扳动道岔。当确认道岔开通位置正确，尖轨密贴于基本轨后，在对向道岔握柄上加挂锁锁闭。车站值班员得到扳道员关于接发列车进路正确开通，道岔已按规定加锁的报告后，方可按引导办法接车或改按电话闭塞法行车。

十一、出站信号机不能开放时的处理

1. 作业场景

信号操作终端上出站(进路)信号机表示灯闪红灯。

2. 作业流程

(1)助理值班员(内勤)通过信号操作终端发现出站(进路)信号机表示灯闪红灯，立即向车站值班员汇报，扣停有关列车及调车作业，并将相关出站信号机钮封。

(2)车站值班员汇报列车调度员，通知电务部门进行检查，在行车设备检查登记簿内登记。

(3)确认电务部门在行车设备检查登记簿内登记停用内容、影响范围、行车限制条件后，根据电务部门登记的行车限制条件组织行车。

①正线出站(进路)信号机不能开放，确认道岔位置正确及进路空闲后，按规定使用行车凭证发车。

②到发线出站(进路)信号机可以正常使用。如电务部门登记停用出站(进路)信号机时，确认道岔位置正确及进路空闲后，按规定使用行车凭证发车。

注意事项：未设通过信号机的区间，当出站信号机（线路所通过信号机）和监督器均发生故障时，经电务部门检查确认，在电务部门停用基本闭塞的登记后改用电话闭塞法行车。

十二、列车头部越过出站（进路）信号机发车的处理

（一）作业场景：超长列车头部越过出站信号机，未压上出站方面的轨道电路发车

1. 自动闭塞、自动站间闭塞区段作业要点：

（1）按规定与接车站办理发车预告，开放出站信号机发车。

（2）行车凭证为出站信号机显示的允许运行的信号。

（3）司机确认列车头部越过出站信号机，主动与车站联系，车站（助理）值班员确认信号显示正确后，通知司机信号开放正确，司机按规定开车。

2. 半自动闭塞区段作业要点：

（1）按规定与接车站办理闭塞手续，开放出站信号机。

（2）行车凭证为出站信号机显示的允许运行的信号。

（3）车站值班员向列车调度员申请"准许____次列车在____站____道____行出站信号机开放情况下越过出站信号机发车"的调度命令，此调度命令可使用语音记录装置良好的列车无线调度通信设备向司机发布、转达并按规定办理发车。

（二）作业场景：超长列车头部越过发车进路信号机，未压上轨道绝缘节发车

自动闭塞、自动站间闭塞、半自动闭塞区段作业要点：

1. 按规定与接车站办理发车预告，开放发车进路信号机发车。

2. 行车凭证为发车进路信号机显示的允许运行的信号。

3. 司机确认列车头部越过发车进路信号机，主动与车站联系，车站（助理）值班员确认信号显示正确后，通知司机信号开放正确，司机按规定开车。

（三）作业场景：超长列车头部越过出站信号机，压上出站方面的轨道电路发车

1. 自动闭塞区段作业要点：

（1）按规定与接车站办理发车预告，确认道岔位置正确及进路空闲。

（2）行车凭证为绿色许可证。

（3）车站值班员确认发车条件：监督器表示第一个闭塞分区空闲，不表示时为接到前次列车到达邻站的通知或前次列车发出后不少于10 min的时间；单线须取得对方站确认区间内无迎面列车的电话记录号码。

（4）从监督器上不能确认第一个闭塞分区空闲时，车站应发给司机书面通知。

2. 自动站间闭塞、半自动闭塞区间作业要点：

（1）应停止使用基本闭塞法，改用电话闭塞法行车。

（2）确认道岔位置正确及进路空闲。

（3）行车凭证为路票，并交给司机调度命令发车。

（四）作业场景：超长列车头部越过发车进路信号机，压上轨道绝缘节发车

1. 自动闭塞、自动站间闭塞区段作业要点：

（1）按规定与接车站办理发车预告，确认道岔位置正确及进路空闲。

（2）行车凭证为绿色许可证。

2. 半自动闭塞区段作业要点：

(1)按规定与接车站办理发车预告，确认道岔位置正确及进路空闲。

(2)行车凭证为半自动闭塞发车进路通知书。

十三、行车凭证填记方法

(一)路　　票

1. 填写的依据

(1)须有停止使用基本闭塞法改用电话闭塞法行车的调度命令，遇列车调度电话不通时，闭塞法的变更或恢复，应由该区间两端站的车站值班员确认区间空闲后，直接以电话记录办理。

(2)单线或双线反方向发车(正方向首列发车)时，根据行车日志查明区间已空闲，并取得接车站承认的电话记录号码，在发车进路准备妥当后，方可填发路票。双线正方向发车(首列除外)时，根据收到的前次发出的列车到达的电话记录号码，在发车进路准备妥当后，即可填发路票。

2. 填写的要求

(1)发车进路未准备妥当，不准填写路票，填写内容不得涂改，发现内容错误时应划"×"注销，重新填写。路票填写后，临时变更列车车次时，应将路票收回并划"×"注销，重新填发路票，将路票的编号填入行车日志"占用区间凭证号码"栏内。

(2)车站值班员在收到接车站同意接车的电话记录号码(双线正方向除首列发车时，根据收到前次发出的列车到达接车站的电话记录号码)以前，不准开箱取出路票，路票应由车站值班员或指定的助理值班员填写。

(3)对于填写的路票，车站值班员应根据行车日志的记录，进行认真核对，确认无误，并加盖站名印或行车专用章后，方可送交司机。

3. 路票填写方式

(1)单线区间及双线区间正方向运行的列车使用路票时，如图4-1-31所示。

(2)双线区间反方向运行的列车使用路票时，须加盖"反方向行车"章，如图4-1-32所示。

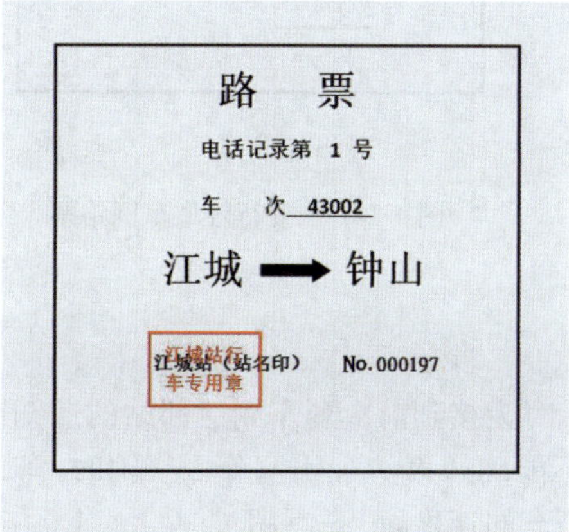

图4-1-31　单线区间及双线区间正方向运行路票

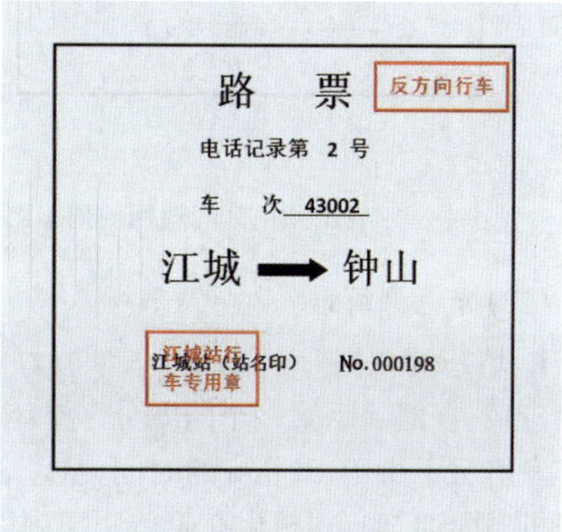

图4-1-32　双线区间反方向运行路票

（3）两线、多线区间使用路票时须加盖“××线行车”章（路票上的站名已能区分除外），如图 4-1-33 所示。

（4）多线区间内反方向行车使用路票时，须加盖“××线行车”章、“反方向行车”章，如图 4-1-34所示。

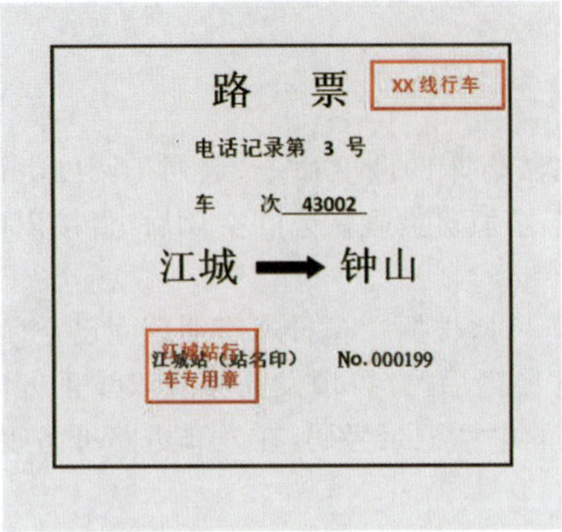

图 4-1-33 两线、多线区间运行路票

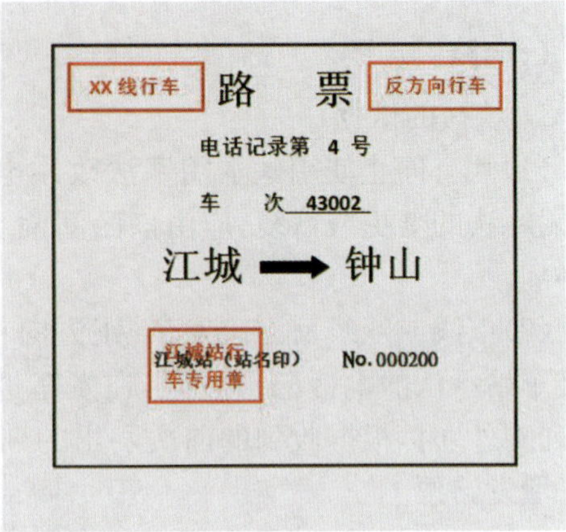

图 4-1-34 多线区间内反方向运行路票

（5）发出须由区间返回的列车使用路票时须填写往返车次，如图 4-1-35 所示。

（6）夜间或遇降雾、暴风雨雪，为消除线路故障或执行特殊任务，开行轻型车辆使用路票时，如图 4-1-36 所示。

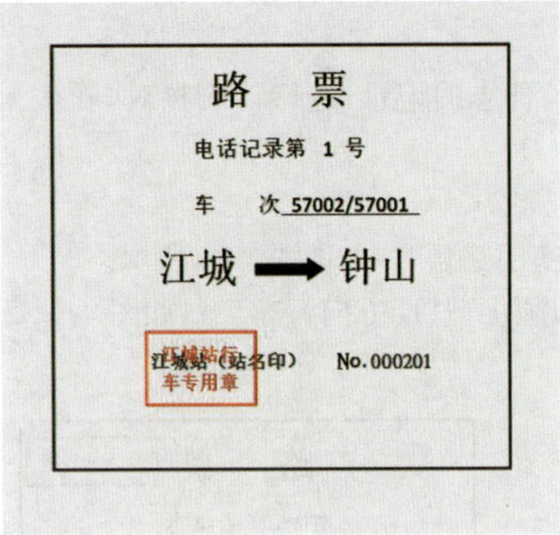

图 4-1-35 发出须由区间返回的列车路票

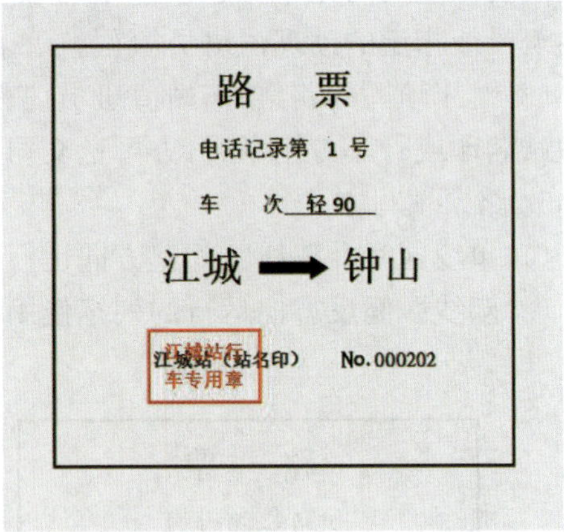

图 4-1-36 开行轻型车辆路票

（二）绿色许可证

1. 填写的依据

（1）监督器表示第一个闭塞分区空闲，不表示时为接到前次列车到达邻站的通知或前次列车发出后不少于 10 min 的时间（从监督器上不能确认第一个闭塞分区空闲时，车站应发给司机书面通知），司机以在瞭望距离内能随时停车的速度，最高不超过 20 km/h，运行到第一架通过信号机，按其显示的要求执行。

（2）确认道岔位置正确及进路空闲。

（3）单线须取得对方站确认区间内无迎面列车的电话记录号码。

2. 填写的要求

（1）发车进路未准备妥当，不准填写绿色许可证，填写内容不得涂改，发现内容错误时应划“×”注销，重新填写。绿色许可证填写后，临时变更列车车次时，应将绿色许可证收回并划“×”注销，重新填发绿色许可证，将绿色许可证的号码（编号后三位）填入行车日志“占用区间凭证号码”栏内。

（2）设有发车进路信号机的车站发出列车时，按下列规定办理：

①遇两架及以上发车进路信号机故障时，准许一次性交付一张绿色许可证，此时应将故障的发车进路信号机号码在绿色许可证中按发车方向依次注明。

②发车进路信号机和出站信号机同时故障时，准许一次性交付一张绿色许可证，此时，绿色许可证中出站（进路）字样均不抹销。遇区间停用基本闭塞法，改用电话闭塞法行车时，准许一次性交付绿色许可证和路票。

③车站一端有两个及其以上运行方向时，无论使用何种闭塞法，遇发车进路信号机故障或列车头部越过发车进路信号机且压上轨道绝缘节发车时，列车越过发车进路信号机的行车凭证为绿色许可证。

（3）设有发车进路信号机的车站发车前，列车运行方向次一架及以远的发车进路（出站）信号机故障，在发车进路准备妥当后，可在停车地点提前交付书面行车凭证并按规定发车。

3. 绿色许可证填写方式

（1）出站信号机故障停用，发出列车时，如图 4-1-37 所示。

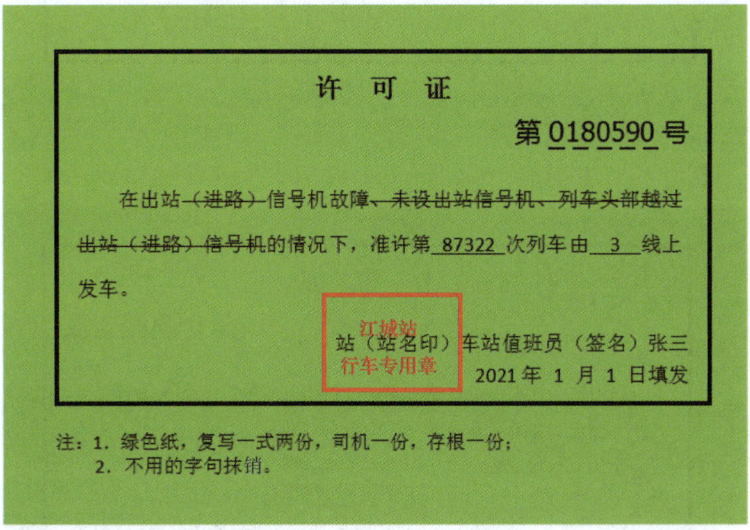
许　可　证

第0180590号

在出站~~（进路）~~信号机故障~~、未设出站信号机、列车头部越过出站（进路）信号机~~的情况下，准许第87322次列车由3线上发车。

站（站名印）车站值班员（签名）张三

2021年1月1日填发

江城站 行车专用章

注：1. 绿色纸，复写一式两份，司机一份，存根一份；
2. 不用的字句抹销。

图 4-1-37　出站信号机故障停用绿色许可证

（2）发车进路信号机故障停用，发出列车时，如图 4-1-38 所示。

（3）出站信号机及发车进路信号机均故障停用，发出列车时，如图 4-1-39 所示。

（4）在未设出站信号机的线路上发车，如图 4-1-40 所示。

许　可　证

第 0180591 号

在~~出站（进路）~~信号机故障~~、未设出站信号机、列车头部越过出站（进路）信号机~~的情况下，准许第 **25026** 次列车由 **2** 线上发车。

站（站名印）江城站 行车专用章　车站值班员（签名）张三

2021 年 1 月 1 日填发

注：1. 绿色纸，复写一式两份，司机一份，存根一份；
2. 不用的字句抹销。

图 4-1-38　发车进路信号机故障停用绿色许可证

许　可　证

第 0180592 号

在出站（进路）信号机故障~~、未设出站信号机、列车头部越过出站（进路）信号机~~的情况下，准许第 **33101** 次列车由 **1** 线上发车。

站（站名印）江城站 行车专用章　车站值班员（签名）张三

2021 年 1 月 1 日填发

注：1. 绿色纸，复写一式两份，司机一份，存根一份；
2. 不用的字句抹销。

图 4-1-39　出站信号机及发车进路信号机均故障停用绿色许可证

许　可　证

第 0180593 号

~~在出站（进路）信号机故障、~~未设出站信号机~~、列车头部越过出站（进路）信号机~~的情况下，准许第 **33105** 次列车由 **2** 线上发车。

站（站名印）江城站 行车专用章　车站值班员（签名）张三

2021 年 1 月 1 日填发

注：1. 绿色纸，复写一式两份，司机一份，存根一份；
2. 不用的字句抹销。

图 4-1-40　未设出站信号机发车绿色许可证

(5)列车头部越过出站信号机，出站信号机不能开放发车，如图 4-1-41 所示。

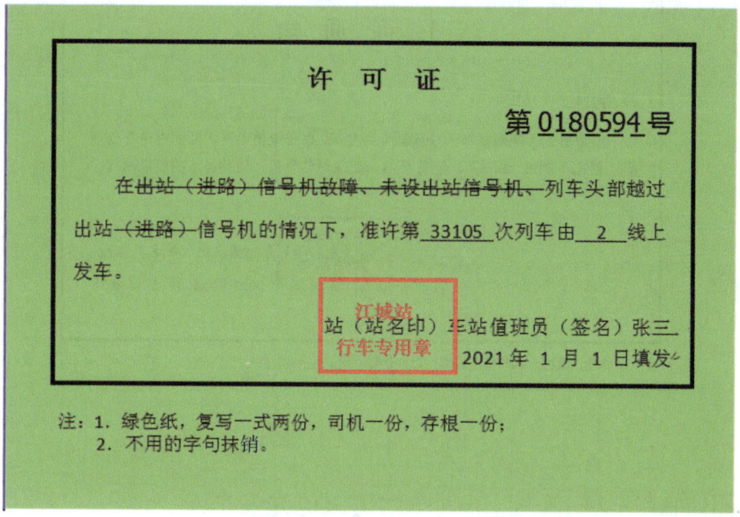

许　可　证

第 0180594 号

~~在出站（进路）信号机故障、未设出站信号机、~~列车头部越过出站~~（进路）~~信号机的情况下，准许第 33105 次列车由 2 线上发车。

江城站 行车专用章

站（站名印）车站值班员（签名）张三

2021 年 1 月 1 日填发

注：1. 绿色纸，复写一式两份，司机一份，存根一份；
2. 不用的字句抹销。

图 4-1-41　列车头部越过出站信号机绿色许可证

(6)列车头部越过发车进路信号机，发车进路信号机不能开放发车，如图 4-1-42 所示。

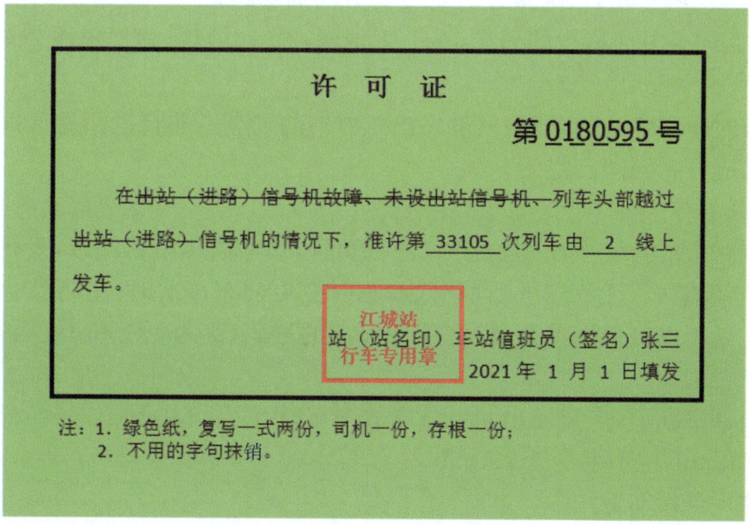

许　可　证

第 0180595 号

~~在出站（进路）信号机故障、未设出站信号机、~~列车头部越过~~出站~~（进路）信号机的情况下，准许第 33105 次列车由 2 线上发车。

江城站 行车专用章

站（站名印）车站值班员（签名）张三

2021 年 1 月 1 日填发

注：1. 绿色纸，复写一式两份，司机一份，存根一份；
2. 不用的字句抹销。

图 4-1-42　列车头部越过发车进路信号机绿色许可证

(三)书面通知

书面通知填写方式如图 4-1-43 所示。

(四)红色许可证

1. 填写的依据

(1)车站行车室内一切电话中断，单线行车按书面联络法，双线行车按时间间隔法，列车进入区间的行车凭证均为红色许可证。

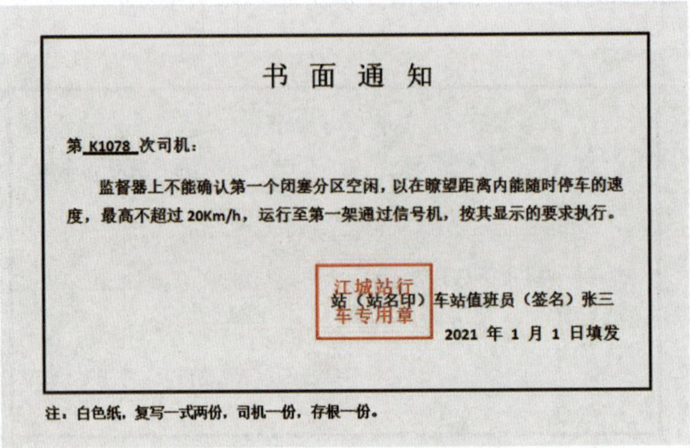

书 面 通 知

第 K1078 次司机：

监督器上不能确认第一个闭塞分区空闲，以在瞭望距离内能随时停车的速度，最高不超过 20Km/h，运行至第一架通过信号机，按其显示的要求执行。

江城站行车专用章 站（站名印）车站值班员（签名）张三

2021 年 1 月 1 日填发

注：白色纸，复写一式两份，司机一份，存根一份。

图 4-1-43 书面通知

(2)单线按书面联络法行车时，下列车站可以优先发车：

①已办妥闭塞而尚未发车的车站。

②未办妥闭塞时：

a. 单线区间为发出下行列车的车站；

b. 双线改为单线行车时，为该线原定发车方向的车站；

c. 同一线路同一方向运行的列车，有上下行两种车次时，铁路局集团公司规定优先发车的车站。

(3)双线按时间间隔法行车时，只准发出正方向的列车。非自动闭塞区间发出第一个列车时，在发车前应查明区间已空闲。

2. 填写的要求

(1)发车进路未准备妥当，不准填写红色许可证，填写内容不得涂改，发现内容错误时应划"×"注销，重新填写。红色许可证填写后，临时变更列车车次时，应将红色许可证收回并划"×"注销，重新填发红色许可证，将红色许可证的号码(编号后三位)填入行车日志"占用区间凭证号码"栏内。

(2)一切电话中断后，连续发出同一方向的列车时，两列车的间隔时间，应按区间规定的运行时间另加 3 min，但不得少于 13 min。

(3)红色许可证填写方式。

①单线已办妥闭塞而尚未发车的车站，列车持有行车凭证：

a. 有后续列车时，如图 4-1-44 所示。

b. 无后续列车时，如图 4-1-45 所示。

②单线已办妥闭塞而尚未发车的车站，出站信号机故障不能开放，列车无行车凭证：

a. 有后续列车时，如图 4-1-46 所示。

b. 无后续列车时，如图 4-1-47 所示。

③单线未办妥闭塞本站为优先发车站：

a. 有后续列车时，如图 4-1-48 所示。

~~许可证~~　　第0180590号

~~现在一切电话中断，准许____次列车自____站至____站，本列车前手___时___分发出的第_____次列车，邻站到达通知已/未收到。~~

通知书

~~1. 第____次列车到达你站后，准接你站发出的列车。~~

2. 于_10_时_10_分发出第_25038_次列车，并于_10_时_30_分再发出第_25060_次列车。

江城站 行车专用章

站（站名印）车站值班员（签名）张三

2021年1月1日填发

注：1. 红色纸，复写一式两份，司机一份，存根一份；
2. 不用的字句抹销。

图 4-1-44　有后续列车时红色许可证

~~许可证~~　　第0180591号

~~现在一切电话中断，准许____次列车自____站至____站，本列车前于___时___分发出的第_____次列车，邻站到达通知已/未收到。~~

通知书

1. 第_45032_次列车到达你站后，准接你站发出的列车。

~~2. 于____时____分发出第______次列车，并于____时____分再发出第____次列车。~~

江城站 行车专用章

站（站名印）车站值班员（签名）张三

2021年1月1日填发

注：1. 红色纸，复写一式两份，司机一份，存根一份；
2. 不用的字句抹销。

图 4-1-45　无后续列车时红色许可证

许可证　　第0180592号

现在一切电话中断，准许_45032_次列车自_江城_站至_钟山站，本列车前于_10_时_10_分发出的第_16002_次列车，邻站到达通知已/未收到。

通知书

~~1. 第____次列车到达你站后，准接你站发出的列车。~~

2. 于_10_时_30_分发出第_45032_次列车，并于_10_时_45_分再发出第_36002_次列车。

江城站 行车专用章

站（站名印）车站值班员（签名）张三

2021年1月1日填发

注：1. 红色纸，复写一式两份，司机一份，存根一份；
2. 不用的字句抹销。

图 4-1-46　有后续列车时红色许可证

许 可 证　　第 0180593 号

现在一切电话中断，准许 43168 次列车自 江城 站至 钟山站，本列车前于 10 时 10 分发出的第 36908 次列车，邻站到达通知已 ~~未~~ 收到。

通 知 书

1. 第 43168 次列车到达你站后，准接你站发出的列车。

~~2. 于＿＿时＿＿分发出第＿＿次列车，并于＿＿时＿＿分再发出第＿＿次列车。~~

站（站名印）　江城站 行车专用章　车站值班员（签名）张三

2021 年 1 月 1 日填发

注：1. 红色纸，复写一式两份，司机一份，存根一份；
2. 不用的字句抹销。

图 4-1-47　无后续列车时红色许可证

许 可 证　　第 0180595 号

现在一切电话中断，准许 43168 次列车自 江城 站至 钟山站，本列车前于 10 时 10 分发出的第 36908 次列车，邻站到达通知已 ~~未~~ 收到。

通 知 书

~~1. 第＿＿次列车到达你站后，准接你站发出的列车。~~

2. 于 10 时 23 分发出第 43168 次列车，并于 10 时 36 分再发出第 43170 次列车。

站（站名印）　江城站 行车专用章　车站值班员（签名）张三

2021 年 1 月 1 日填发

注：1. 红色纸，复写一式两份，司机一份，存根一份；
2. 不用的字句抹销。

图 4-1-48　有后续列车时红色许可证

b. 无后续列车时，如图 4-1-49 所示。

许 可 证　　第 0180596 号

现在一切电话中断，准许 43168 次列车自 江城 站至 钟山站，本列车前于 10 时 10 分发出的第 36908 次列车，邻站到达通知已 ~~未~~ 收到。

通 知 书

1. 第 43168 次列车到达你站后，准接你站发出的列车。

~~2. 于＿＿时＿＿分发出第＿＿次列车，并于＿＿时＿＿分再发出第＿＿次列车。~~

站（站名印）　江城站 行车专用章　车站值班员（签名）张三

2021 年 1 月 1 日填发

注：1. 红色纸，复写一式两份，司机一份，存根一份；
2. 不用的字句抹销。

图 4-1-49　无后续列车时红色许可证

④单线优先发车站无待发列车，向非优先站利用单机、重型轨道车传递通知书时，如图 4-1-50所示。

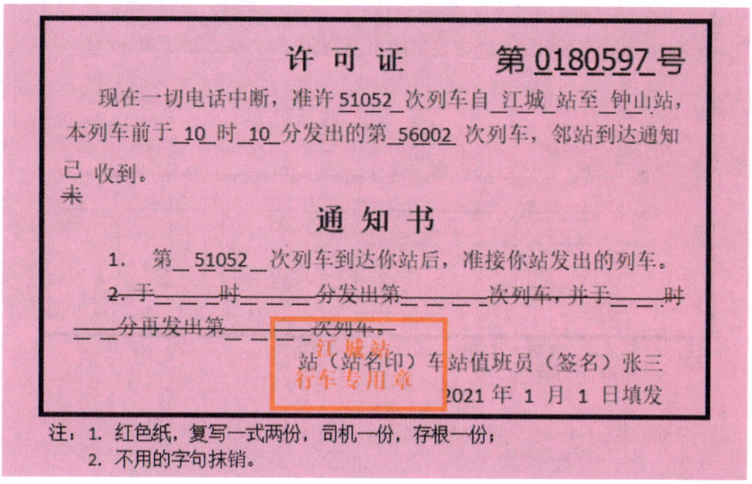

许可证　　第 0180597 号

现在一切电话中断，准许 51052 次列车自 江城 站至 钟山站，本列车前于 10 时 10 分发出的第 56002 次列车，邻站到达通知已／未收到。

通知书

1. 第 51052 次列车到达你站后，准接你站发出的列车。

~~2. 于___时___分发出第_____次列车，并于___时___分再发出第_____次列车。~~

站（站名印）车站值班员（签名）张三

江城站 行车专用章

2021 年 1 月 1 日填发

注：1. 红色纸，复写一式两份，司机一份，存根一份；
2. 不用的字句抹销。

图 4-1-50　无待发列车时红色许可证

⑤双线区间：一切电话中断，自动闭塞设备故障，红色许可证的填写：

a. 前次列车到达通知已收到，如图 4-1-51 所示。

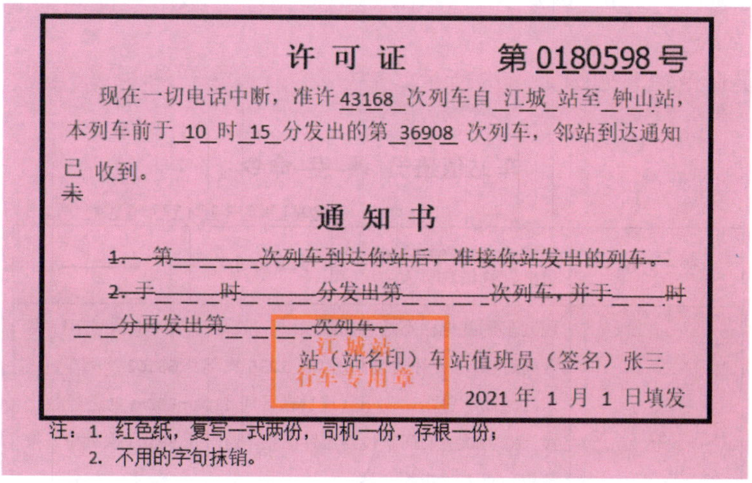

许可证　　第 0180598 号

现在一切电话中断，准许 43168 次列车自 江城 站至 钟山站，本列车前于 10 时 15 分发出的第 36908 次列车，邻站到达通知已／未收到。

通知书

~~1. 第_____次列车到达你站后，准接你站发出的列车。~~

~~2. 于___时___分发出第_____次列车，并于___时___分再发出第_____次列车。~~

站（站名印）车站值班员（签名）张三

江城站 行车专用章

2021 年 1 月 1 日填发

注：1. 红色纸，复写一式两份，司机一份，存根一份；
2. 不用的字句抹销。

图 4-1-51　前次列车到达通知已收到红色许可证

b. 前次列车到达通知未收到，如图 4-1-52 所示。

（五）车站值班员命令

车站值班员命令填写作业，当列车调度电话不通向封锁区间开行救援列车时。

1. 填写的依据

（1）救援的请求。

（2）确认道岔位置正确及进路空闲。

许 可 证 第0180599号

现在一切电话中断，准许43168次列车自江城站至钟山站，本列车前于10时15分发出的第43116次列车，邻站到达通知~~已~~未收到。

通 知 书

~~1. 第＿＿＿次列车到达你站后，准接你站发出的列车。~~

~~2. 于＿＿时＿＿＿分发出第＿＿＿＿次列车，并于＿＿时＿＿分再发出第＿＿＿＿次列车。~~

江城站 行车专用章

站（站名印）车站值班员（签名）张三

2021年1月1日填发

注：1. 红色纸，复写一式两份，司机一份，存根一份；

2. 不用的字句抹销。

图 4-1-52 前次列车到达通知未收到红色许可证

(3)救援列车以车站值班员的命令，作为进入封锁区间的许可。

2. 填写的要求

发车进路未准备妥当，不准填写车站值班员命令，填写内容不得涂改，发现填写内容错误时应划"×"注销，重新填写。车站值班员命令填写后，临时变更列车车次时，应将车站值班员命令收回并划"×"注销，重新填发车站值班员命令。

3. 填写的方法

车站值班员命令填写如图 4-1-53 所示。

车站值班员 ~~调度~~命令

2021年1月1日12时11分 第1号

受令处所	江城站、58102/58101次司机、救援负责人	调度员姓名	——
内容	现列车调度电话不通。自接令时起，江城站至钟山站间下行线区间封锁。准许钟山站利用 DF_{4D}1236 机车开 58102 次列车，进入江城站至钟山站间下行线封锁区间 130km600m 处进行救援，将 25027 次列车拉回至钟山站，返回开 58101 次列车，按救援负责人的指挥办理。		

~~受令~~车站 钟山站 行车专用章　　车站值班员张三

图 4-1-53 车站值班员命令

(六)半自动闭塞发车进路通知书

半自动闭塞发车进路通知书填写方式如下：

1. 在超长列车头部越过发车进路信号机时，如图 4-1-54 所示。

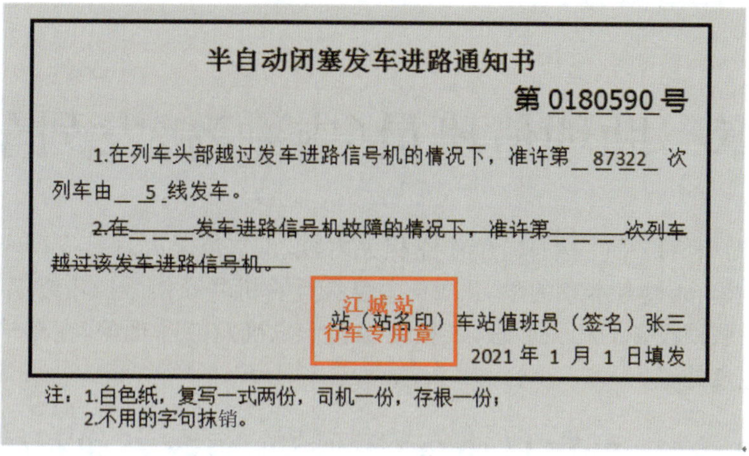
半自动闭塞发车进路通知书

第 0180590 号

1.在列车头部越过发车进路信号机的情况下，准许第__87322__次列车由__5__线发车。

~~2.在____发车进路信号机故障的情况下，准许第____次列车越过该发车进路信号机。~~

站（站名印）车站值班员（签名）张三

江城站 行车专用章

2021 年 1 月 1 日填发

注：1.白色纸，复写一式两份，司机一份，存根一份；

2.不用的字句抹销。

图 4-1-54 超长列车头部越过发车进路信号机半自动闭塞发车进路通知书

2. 发车进路信号机故障时，如图 4-1-55 所示。

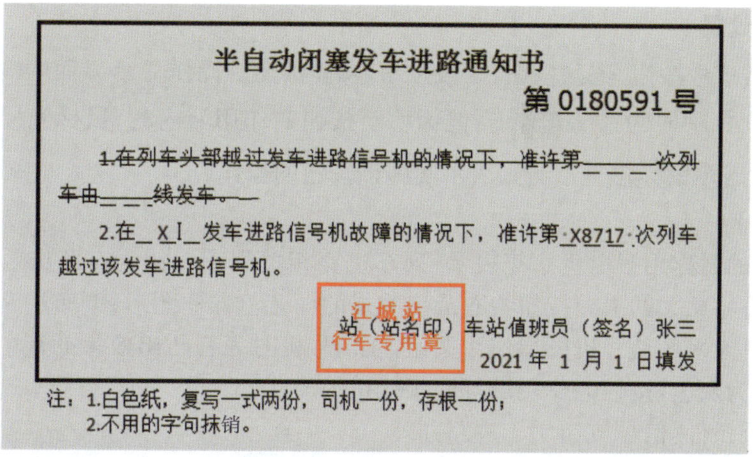
半自动闭塞发车进路通知书

第 0180591 号

~~1.在列车头部越过发车进路信号机的情况下，准许第____次列车由____线发车。~~

2.在__XⅠ__发车进路信号机故障的情况下，准许第__X8717__次列车越过该发车进路信号机。

站（站名印）车站值班员（签名）张三

江城站 行车专用章

2021 年 1 月 1 日填发

注：1.白色纸，复写一式两份，司机一份，存根一份；

2.不用的字句抹销。

图 4-1-55 发车进路信号机故障半自动闭塞发车进路通知书

复习思考题

1. 书面行车凭证包括哪些？
2. 动车组以外的列车哪些情况下应对自动制动机简略试验？
3. 进站(进路)信号机突变时如何处理？
4. 发生挤岔时如何处理？
5. 轨道电路分路不良处所如何办理行车？

第二章　助理值班员(内勤)接发列车作业

本章介绍助理值班员(内勤)岗位作业相关内容,正常情况办理接发列车作业和非正常情况下作业要求。通过对本章的学习,了解并掌握计算机联锁信号操作终端各种进路排列、按钮操作方式、联锁设备的相关原理,能根据报警信息确定故障现象,在车站值班员的指示下,正确办理应急处置。

第一节　助理值班员(内勤)正常接发列车作业

一、计算机联锁操作终端信号设备操作

(一)按钮设置

按钮分为:信号按钮、道岔按钮、区段按钮、功能按钮。操作显示界面的输入工具采用鼠标方式,鼠标光标平时为箭头  ,当鼠标移至按钮的作用域内时,鼠标光标应由箭头变成小手  ,此时若用鼠标左键点击则表示实施该按钮的操作。

1. 信号按钮

信号按钮的名称用银白色字符表示;列车进路相关列车按钮为有凸出效果的暗绿色方框图形,引导进路相关的引导按钮为有凸出效果的深蓝色方框图形;调车进路相关的调车按钮,当有信号机时采用信号机图形作为按钮,无信号机时为有凸出效果的灰色方框图形。信号按钮边框均为灰色,按钮的作用域等同于按钮的尺寸。

(1)用途及条件:信号按钮用于进路办理。

(2)操作方法。

①基本进路办理:顺序按下进路的始端信号按钮和终端信号按钮。

②变通进路办理:顺序按下进路的始端信号按钮、变通按钮和终端信号按钮。

③一次办理通过进路:顺序按下进站信号机旁的通过按钮和另一咽喉发车进路的终端信号按钮。通过进路也可按照发车、接车进路分别办理,接发车进路办理与基本进路的办理相同,具备条件时,通过进路应先办理发车进路,后办理接车进路。

④带有坡道延续进路的接车进路办理的操作流程:顺序按下进路的始端信号按钮、终端信号按钮和坡道延续进路终端信号按钮。发车进路已经建立时,顺序按下接车进路的始端信号按钮、终端信号按钮,可建立带有坡道延续进路的接车进路。

⑤长调车进路一次办理:顺序按下第一段进路的始端调车信号按钮和最后一段进路的终端调车信号按钮。

⑥重开信号办理:按下进路始端信号按钮。

⑦引导进路办理:在进路上的道岔处于正确位置条件下,按下对应信号机的引导按钮,

输入口令并按下确认按钮。

⑧列车进路转为引导进路办理：列车进路建立后，如果列车信号未能开放或因故关闭，在引导信号开放条件具备后，可按下对应信号机的引导按钮，输入口令并按下确认按钮。

⑨重新开放引导信号：按下引导按钮，输入口令并按下确认按钮。

⑩信号机内方第一区段故障时引导信号维持开放：以小于15s的间隔按下引导按钮维持引导信号，办理时不需要输入口令。

⑪引导总锁闭情况下开放引导信号办理：确认进路上的道岔处于正确位置，按下“引导总锁闭”按钮、输入口令并按下确认按钮。按下引导按钮、输入口令并按下确认按钮。

2. 道岔按钮

道岔岔尖为圆心的圆，作为道岔按钮。双动道岔的任一道岔按钮，对于道岔操作时功能是等同的。当鼠标移动至道岔按钮区域时，应突出显示道岔的名称。脱轨器按钮可用脱轨器名称所在区域或表达脱轨器的三角形图符来表示。

3. 区段按钮

区段按钮由区段图形表示。在按下“区故解”功能按钮后，全部区段显示名称，为银白色字体。

4. 功能按钮

功能按钮分为两种：常用功能按钮和特殊功能按钮。常用功能按钮应集中设置在常用功能按钮区。在多屏显示模式下，“总取消”“总人解”“区故解”“道岔单锁”“道岔单解”“分路不良”等常用功能按钮可根据需要设置多套。对于非进路调车、平面溜放、推峰、同意动岔、办理闭塞涉及的按钮及相关表示灯，宜设置在对应作业区附近；其他特殊按钮及相关表示灯可根据需要或参照继电联锁设置。按钮为灰色方形，铅封按钮的文字为黄色，非铅封按钮的文字为灰色。铅封按钮旁无须设置计数器。自动闭塞、半自动闭塞的相关按钮和表示灯，按进站信号机或线路集中设置一个方框内，并在方框内标注方框名称，按钮、表示灯名称可简化标注。

（二）常见按钮的使用

1. 总取消

(1)用途及条件：当进路已办理但未接近锁闭时可以使用“总取消”命令取消已经排列的进路。使用总取消时需确认进路处于预先锁闭状态、进路空闲、道岔表示正确。

(2)操作方法：顺序按下“总取消”按钮和进路始端按钮。通过进路和长调车进路按照其组成的各条进路逐条办理取消。对于带有坡道延续进路的接车进路，则需顺序完成接车进路的取消和延续进路的取消，其中延续进路的取消是通过顺序按下“总取消”按钮和延续进路的始端信号按钮予以实现的。

当鼠标移至“总取消”按钮的作用域并实施左键点击后，“总取消”按钮将由未按下状态进入已按下状态，若继而没有目标按钮按下，持续15 s后“总取消”按钮将自动恢复未按下状态，若在15 s内有目标按钮按下，“总取消”按钮将立即恢复至未按下状态。

2. 总人解

(1)用途及条件：当进路办好以后，如列车、机车车辆已进入接近区段时，如需取消进路时需使用总人解按钮。使用总人解时需确认进路处于接近锁闭状态、进路空闲、道岔表示正确。

(2)操作方法:按下“总人解”按钮,弹出口令输入对话框,输入口令,并确认后,再按下进路的始端信号按钮。

当鼠标移至“总人解”按钮的作用域并实施左键点击后,此时弹出口令输入对话框,若口令不正确,“总人解”按钮将维持未按下状态,若口令正确,“总人解”按钮将由未按下状态进入已按下状态,若继而没有目标按钮按下,持续 15 s 后“总人解”按钮将自动恢复未按下状态,若在 15 s 内有目标按钮按下,“总人解”按钮将立即恢复至未按下状态。

3. 清除

(1)用途:“清除”按钮用于复原当前操作界面中所有已按下的自复式按钮。

(2)操作方法:当鼠标移至“清除”按钮的作用域并实施左键点击后,当前操作界面中所有已按下的未构成完整操作的自复式按钮将恢复至未按下状态。

4. 总定位

(1)用途:“总定位”按钮用于对道岔单独操纵至定位的操作。

(2)操作方法:顺序按下“总定位”按钮和被操作的道岔按钮。

当鼠标移至“总定位”按钮的作用域并实施左键点击后,“总定位”按钮由未按下状态进入已按下状态,若继而没有目标按钮按下,持续 15 s 后“总定位”按钮自动恢复未按下状态,若在 15 s 内有目标按钮按下,“总定位”按钮立即恢复至未按下状态。

5. 总反位

(1)用途:“总反位”按钮用于对道岔单独操纵至反位的操作。

(2)操作方法:顺序按下“总反位”按钮和被操作的道岔按钮。

当鼠标移至“总反位”按钮的作用域并实施左键点击后,“总反位”按钮由未按下状态进入已按下状态,若继而没有目标按钮按下,持续 15 s 后“总反位”按钮自动恢复未按下状态,若在 15 s 内有目标按钮按下,“总反位”按钮立即恢复至未按下状态。

6. 单锁

(1)用途:道岔“单锁”按钮用于对道岔进行单独锁闭。

(2)操作方法:顺序按下“单锁”按钮和被操作的道岔按钮。

当鼠标移至道岔“单锁”按钮的作用域并实施左键点击后,道岔“单锁”按钮将由未按下状态进入已按下状态,若继而没有目标按按下,持续 15 s 后道岔“单锁”按钮将自动恢复未按下状态,若在 15 s 内有目标按钮按下,道岔“单锁”按钮将立即恢复至未按下状态。

7. 单解

(1)用途:道岔“单解”按钮用于对道岔进行单独解锁。

(2)操作方法:顺序按下“单解”按钮和被操作的道岔按钮。

当鼠标移至道岔“单解”按钮的作用域并实施左键点击后,道岔“单解”按钮将由未按下状态进入已按下状态,若继而没有目标按钮按下,持续 15 s 后道岔“单解”按钮将自动恢复未按下状态,若在 15 s 内有目标按钮按下,道岔“单解”按钮将立即恢复至末按下状态。

8. 道岔封锁

(1)用途:“道岔封锁”按钮用于对道岔进行单独封锁。

(2)操作方法:顺序按下“道岔封锁”按钮和被操作的道岔按钮。

当鼠标移至“道岔封锁”按钮的作用域并实施左键点击后,“道岔封锁”按钮将由未按下状态进入已按下状态,若继而没有目标按钮按下,持续 15 s 后“道岔封锁”按钮将自动恢复未按下状态，若在 15 s 内有目标按钮按下，“道岔封锁”按钮将立即恢复至未按下状态。

9. 道岔解封

(1)用途：“道岔解封”按钮用于对道岔进行单独解封。

(2)操作方法：顺序按下“道岔解封”按钮和被操作的道岔按钮。

当鼠标移至“道岔解封”按钮的作用域并实施左键点击后，“道岔解封”按钮将由未按下状态进入已按下状态，若继而没有目标按钮按下，持续 15 s 后“道岔解封”按钮将自动恢复未按下状态，若在 15 s 内有目标按钮按下，“道岔解封”按钮将立即恢复至未按下状态。

10. 坡道解锁

(1)用途：“坡道解锁”按钮作为特殊操作时不限时解锁延续进路。

(2)操作方法：按下“坡道解锁”按钮，输入口令并按下确认按钮后，按下延续进路始端信号按钮。

当鼠标移至“坡道解锁”按钮的作用域并实施左键点击后，此时弹出口令输入对话框，若口令不正确，“坡道解锁”按钮将维持未按下状态，若口令正确，“坡道解锁”按钮将由未按下状态进入已按下状态，若继而没有目标按钮按下，持续 15 s 后“坡道解锁”按钮将自动恢复未按下状态，若在 15 s 内有目标按钮按下，“坡道解锁”按钮将立即恢复至未按下状态。

11. 区故解

(1)用途及条件：“区故解”按钮用于解锁进路中漏解锁的区段。当区段因故障不能按进路方式解锁时，实现个别区段的人工解锁。被解锁的区段不在列车或车列运行的前方，而且该区段轨道电路无故障。

(2)操作方法：按下“区故解”按钮，弹出口令输入对话框，输入口令，并确认后，再按下相应的区段按钮。按下一次“区故解”按钮，仅对一个区段的一次解锁有效。

当鼠标移至“区故解”按钮的作用域并实施左键点击后，此时弹出口令输入对话框，若口令不正确，“区故解”按钮将维持未按下状态，若口令正确，“区故解”按组将由未按下状态进入已按下状态，若继而没有目标按钮按下，持续 15 s 后“区故解”按钮将自动恢复未按下状态，若在 15 s 内有目标按钮按下，“区故解”按钮将立即恢复至未按下状态。

12. 引导总锁

(1)用途及条件：“引导总锁”按钮按咽喉设置，用于对本咽喉的全部道岔实施引导总锁闭操作。

(2)操作方法。

①引导总锁办理：办理操作人员确认进路上的道岔处于正确位置，按下“引导总锁闭”按钮、输入口令并按下确认按钮。

②引导总锁解除：点击已按下的“引导总锁闭”按钮、输入口令并按下确认按钮。

当“引导总锁”按钮处于未按下状态，如鼠标移至“引导总锁”按钮的作用域并实施左键点击后，将弹出口令输入对话框，若口令不正确，“引导总锁”按钮将维持未按下状态，若口令正确，“引导总锁”按钮将由未按下状态进入已按下状态并保持；当“引导总锁”按钮处于已按下状态，如鼠标移至“引导总锁”按钮的作用域并实施左键点击后，将弹出口令输入对话框，若口令不正确，“引导总锁”按钮将维持已按下状态，若口令正确，“引导总锁”按钮将由已按下状态恢复到未按下状态并保持。

13. 辅助菜单

(1)用途:“辅助菜单”按钮用于扩展操作显示界面上联锁操作之外的其他辅助功能。

(2)操作方法:当鼠标移至“辅助菜单“按钮的作用域并实施左键点击后,将弹出二级菜单以供选择,菜单从下至上依次排列为:退出菜单、道岔名称显示或隐藏、信号名称显示或隐藏、道岔区段名称显示或隐藏、无岔区段名称显示或隐藏、道岔位置显示或隐藏、接通光带、语音暂停、破封统计、缩屏、切屏、报警窗口显示或隐藏、预警窗口显示或隐藏等。

14. 按钮封锁

(1)用途:“按钮封锁”按钮用于对信号按钮进行封锁。

(2)操作方法:顺序按下“按钮封锁”和信号按钮(有列车按钮的信号采用列连按钮,没有列车按钮的信号采用信号机)。

当鼠标移至“按钮封锁”按钮的作用域并实施左键点击后,“按钮封锁”按钮将由未按下状态进入已按下状态,若继而没有目标按钮按下,持续 15 s 后按钮封锁按钮将自动恢复未按下状态,若在 15 s 内有目标按钮按下,“按钮封锁”按钮将立即恢复至未按下状态。

15. 按钮解封

(1)用途:“按钮解封”按钮用于对信号按钮进行解封。

(2)操作方法:顺序按下“按钮解封”和信号按钮。

当鼠标移至“按钮解封”按钮的作用域并实施左键点击后,“按钮解封”按钮将由未按下状态进入已按下状态,若继而没有目标按钮按下,持续 15 s 后“按钮解封”按钮将自动恢复未按下状态,若在 15 s 内有目标按钮按下,“按钮解封”按钮将立即恢复至未按下状态。

16. 标记窗

(1)用途:“标记窗”按钮用于对股道、进站口标记窗添加标识。当股道或无岔区段有特殊用途或停着特殊车辆时,在股道、无岔上可以设置一些特殊的字符、数字(如车次号),以便值班员标记该股道或无岔区段的存车情况。

(2)操作方法:当鼠标移至“标记窗”按钮的作用域并实施左键点击后,“标记窗”按钮将由未按下状态进入已按下状态,若继而没有选中目标区域,持续 15 s 后“标记窗”按钮自动恢复未按下状态,若在 15 s 内有目标按钮按下,“标记窗”按钮将立即恢复至未按下状态。

注:若设置成功,在相应的股道或无岔区段上显示设置标记。如果此时想要清除标记,选择菜单的“清除标记”命令,可以清除标记。否则,当股道或无岔由占用变为空闲后,标记将自动清除。

17. 分路不良

(1)用途:“分路不良”按钮用于对区段添加分路不良标识。

(2)操作方法:按下“分路不良”按钮,输入口令并按下确认按钮后,点击区段按钮(或位于道岔位置的道岔按钮),弹出菜单后,勾选“分路不良”“岔前分路不良”“定位分路不良”“反位分路不良”中的一项或多项,按下确认按钮。

当鼠标移至“分路不良”按钮的作用域并实施左键点击后,此时弹出口令输入对话框,若口令不正确,“分路不良”按钮将维持未按下状态,若口令正确,“分路不良”按钮将由未按下状态进入已按下状态,若继而没有选中目标区域,持续 15 s 后“分路不良”按钮将自动恢复未按下状态,若在 15 s 内有目标按钮按下,“分路不良”按钮将立即恢复至未按下状态。

18. 上电解锁

(1)用途:“上电解锁”按钮用于设备上电时全站/场解锁。

(2)操作方法:按下“上电解锁”按钮,输入口令并按下确认按钮。

当鼠标移至“上电解锁”按钮的作用域并实施左键点击后,此时弹出口令输入对话框,若口令不正确,“上电解锁”按钮不执行,若口令正确,“上电解锁”按钮执行。

(二)特殊按钮使用规定

1. 使用故障按钮的规定

(1)车站(线路所)使用故障按钮

①故障按钮为装有计数器的加封按钮(计算机联锁为带密码按钮),车站每次使用故障按钮应在行车设备检查登记簿内登记使用时间、原因、调度命令号及使用后计数器号码并及时通知信号工区前来加封、销记。

②电务人员接到车站使用故障按钮的通知后,应及时到行车室加封、销记。

(2)电务人员使用故障按钮

电务人员检修闭塞设备在履行登记和签认手续后,需使用故障按钮时不请求调度命令,使用情况和计数器号码应在行车设备检查登记簿内登记,车站值班员予以签认。

2. 使用总辅助按钮的规定

(1)列车反方向运行条件

双线反方向行车时,列车调度员须按规定向车站和司机发布反方向运行的调度命令。使用允许改方按钮前,必须确认站间区间空闲。

(2)自动闭塞区段改变运行方向操作方法

①允许改变方向按钮的设置及使用

当本站(场)与相邻站(场)间为自动闭塞时,在每个正向接车口设置一个允许改方按钮,(正向发车口及单线双向运行线路不设允许改方按钮)当需办理经正向接车口向邻站(场)反向发车时需按压该按钮。

②自动闭塞区段改变运行方向操作方法

平时原接车站接车表示灯亮黄灯、发车表示灯灭灯,原发车站接车表示灯灭灯、发车表示灯亮绿灯

a. 正常办理改变运行方向电路

当(区间空闲、区间监督灯灭灯)要改变运行方向时,由原接车站破封按下“允许改方”按钮后,“允许改方”表示灯亮(闪)红灯,此时原接车站值班员即可办理发车进路开放出站信号,使方向电路自动改变方向。改变方向后,原接车站接车表示灯变为灭灯、发车表示灯变为亮绿灯,原发车站接车表示灯变为亮黄灯、发车表示灯变为灭灯,此时可拉出“允许改方”按钮,“允许改方”表示灯灭灯(发车进路锁闭后两站区间监督灯均亮红灯,发车进路取消后区间监督灯灭灯)。当需将方向电路改为正向运行状态时,由原发车站直接办理正向发车进路,方向电路将自动改为正向状态,原发车站发车表示灯亮绿灯,原接车站接车表示灯亮黄灯。

b. 辅助办理改变运行方向电路

下列情况需使用总辅助按钮办理改变运行方向电路:

设有双向闭塞设备的自动闭塞区间,遇轨道电路发生故障等情况,信号操作终端出现

"双接"，或虽区间空闲但因设备故障造成"监督区间"表示灯亮红灯，不能按正常方式操作改变闭塞方向时，则需附加使用总辅助、辅助按钮办理。使用总辅助按钮前，车站值班员应相互联系，必须共同确认该区间空闲，然后再向列车调度员报告。列车调度员接到使用总辅助按钮的请求后，向该区间两端车站发布调度命令。车站值班员接到调度命令后，使用总辅助按钮，并在行车设备检查登记簿内登记。

二、各种表示灯及光带的原理

(一)道岔的状态显示

道岔定位、道岔反位、道岔失去表示、道岔单锁、道岔封锁和挤岔 6 种状态信息，举例图示和相关说明见表 4-2-1。表示道岔开通位置的短线在道岔定位时显示绿色，范围是显示黄色，可以显示或隐藏。

表 4-2-1 道岔的状态显示

名　称	图　示	备　注
定　位	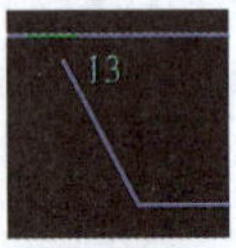	道岔名称使用绿色字体
反　位	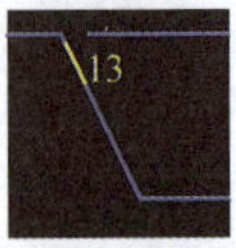	道岔名称使用黄色字体
失去表示	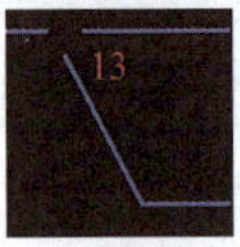	岔尖处为背景色(表示缺口)，道岔名称红色
单　锁	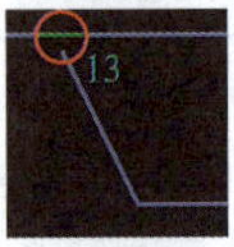	岔尖处红色圆圈，办理单锁或引导总锁闭时显示
道岔封锁	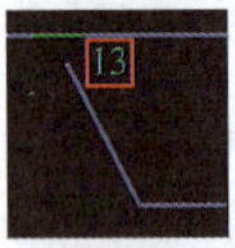	道岔名称红色方框，道岔名称强制显示
挤　岔	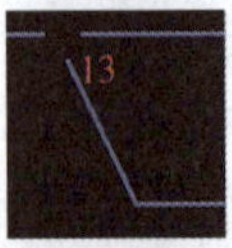 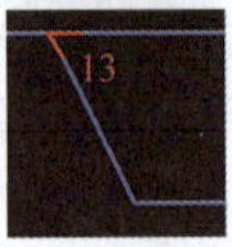	岔尖处为背景色(表示缺口)的图形和岔尖处为红色的图形交替显示，频率为 1 Hz，道岔名称为稳定红色

(二)光带的显示

光带提供轨道区段空闲、占用、锁闭和分路不良等状态信息，各种状态显示见表 4-2-2。

轨道区段名称采用银白色。显示的优先级按占用、锁闭和空闲依次递减。列车或车列占用出清后，轨道区段在延迟 3 s 解锁期间，应显示锁闭状态。区段占用时，若区段内的道岔失去表示，应至少在岔前分显示占用状态。区段在锁闭状态时，若区段内的道岔失去表示，应至少在岔前部分显示锁闭状态。

表 4-2-2　光带的显示

名　　称	图　　示	备　　注
空　　闲		颜色为浅蓝色线段
占　　用		颜色为红色线段
锁　　闭		颜色为白色线段
分路不良		颜色为粉色线段

(三)信号机(表示灯)的显示

1. 列车信号(包括出站兼调车信号)采用双灯位表示，即用两个圆圈表示；调车信号采用单灯位表示，即用 1 个圆圈表示。信号材基座采用一段短竖线表示，对于高柱信号机，在基座和圆圈之间增加一段短横线来表示灯柱，圆周、圆圈中十字交叉(如有时)、基座和灯柱用浅蓝色表示，圆周及圆圈填充颜色为对应室外信号颜色，如为闪光信号，则两种图形交替显示的频率为 1 Hz。信号机名称用银白色表示。信号机信号状态显示见表 4-2-3。

灯丝断丝时，禁止灯光闪烁。

表 4-2-3　信号机(表示灯)的显示

名　　称	图　　标	备　　注
红(点灯)		下面圆圈为红色，上面圆圈为背景色
单绿(点灯)		下面圆圈为背景色，上面圆圈为绿色
绿黄(点灯)		下面圆圈为黄色，上面圆圈为绿色
单黄(点灯)		下面圆圈为背景色，上面圆圈为黄色
双黄(点灯)		两个圆圈均为黄色
黄闪黄(点灯)	 	两个圆圈均为黄色的图形和下面圆圈为黄色、上面圆圈为背景色的图形交替显示，频率为 1 Hz
引导(点灯)		下面圆圈为白色，上面圆圈为红色
双绿(点灯)		两个圆圈均为绿色
红　　闪	 	两个圆圈均为背景色的图形和下面圆圈为红色、上面圆圈为背景色的图形交替显示，频率为 1 Hz

续上表

名　　称	图　　标	备　　注
白　　灯		下面圆圈为白色，上面圆圈为背景色（含出站兼调车信号显示白灯的情况）
蓝　　灯		下面圆圈为背景色，上面圆圈为亮蓝色

2. 其他图符或表示灯的显示

表示灯宜根据站场信息提示的需要配置，宜在表示灯的显示区域附近显示表示灯的名称（表示灯的文字为银白色），一般应在满足提示的条件时点亮。若表示灯的提示与计时计数相关时，宜在表示灯的显示区域附近显示计时计数的信息，见表 4-2-4。

表 4-2-4　其他图符或表示灯的显示

名　　称	图　　示	备　　注
超过 6‰下坡道	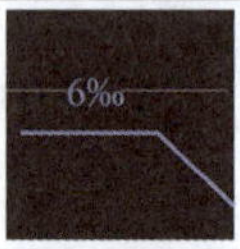	字体和线段使用浅蓝色，按照设计文件设置在站场拓扑图对应位置
绝 缘 节		颜色灰色
侵限绝缘节		竖线颜色灰色，空心圆圈为红色
尽头绝缘节	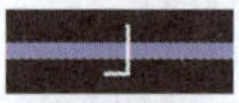	颜色灰色
交叉渡线绝缘节	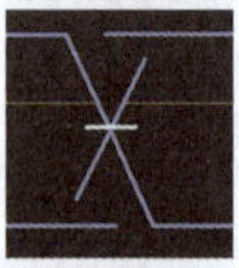	重叠在交叉点上，以横线标识，颜色灰色
表示灯灭灯		圆周用白色，填充色为背景色
表示灯亮灯（以红灯为例）		圆周用白色，填充色可为红色、绿色、白色、黄色
表示灯闪光（以红灯闪光为例）	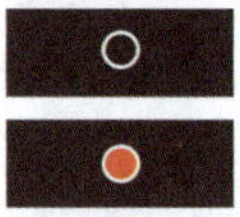	圆周用白色，填充色为背景色的图形与填充色为红色的图形交替显示，频率为 1 Hz
信号降级表示灯	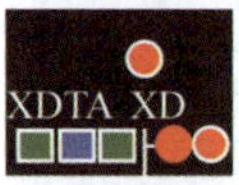	圆周用白色，填充为红色。当联锁收到列控中心的信号“限速”信息或与列控中心通信中断时显示红灯
股道停稳计时及其表示	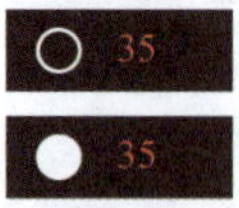	当停稳计时期间，填充色为背景色与白色的图形交替显示，频率为 1 Hz，且以红色数字显示倒计时秒数
方向表示灯	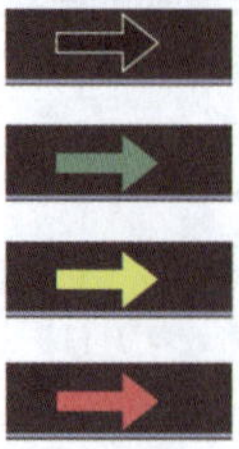	表示灯熄灭时轮廓线为浅灰色，表示灯点亮时箭头轮廓线和填充色为绿色、黄色或红色接车。发车箭头采用尖对尖方式布置

续上表

名称		图示	备注
照查表示灯	照查条件未成立		文字为银白色，轮廓线为浅灰色
	列车照查		箭头轮廓和箭头填充色为绿色
	调车照查		箭头轮廓和箭头填充色为白色

三、计算机联锁技术条件

(一)基本联锁功能

1. 进路

(1)下列进路规定为敌对进路。敌对进路应相互照查，不应同时开通：

①同一到发线上对向的列车进路与列车进路；

②同一到发线上对向的列车进路与调车进路(含非进路调车)；

③同一咽喉区内对向重叠的列车进路；

④同一咽喉区内对向或顺向重叠的列车进路与调车进路；

⑤同一咽喉区内对向重叠的调车进路；

⑥信号机设在侵限轨道绝缘节处时，不准许同时开通的进路；

⑦向驼峰推送车列的进路与另一端向同一股道的列车或调车进路(含非进路调车)；

⑧与延续进路重叠的进路(不含该延续进路始端的顺向列车进路)。

(2)无岔区段有车占用时允许向该区段排列调车进路，但不准许经由该区段排列组合调车进路，即长调车进路。

(3)不应排列出联锁表中未列出的列车进路和调车进路(不含组合调车进路)。不应排列出与联锁表中所列列车进路走向不一致的引导进路。

2. 进路的锁闭

(1)进路锁闭分为预先锁闭和接近锁闭。预先锁闭应在进路选通，有关联锁条件具备时构成。接近锁闭在信号开放、进路的接近区段占用时构成。当接近区段未设轨道电路或轨道电路长度不足时，接近锁闭应于信号开放后立即构成。对于列车进路，接近锁闭应持续到进路内方第一区段自动解锁或人为解锁。当进路在接近锁闭期间防护进路的信号因故关闭、接近区段无车的情况下重新开放信号时，进路接近锁闭可转为预先锁闭。

(2)列车及调车进路，应设接近锁闭。

(3)引导锁闭分为引导进路锁闭和咽喉引导总锁闭。引导进路锁闭时应检查进路中道岔及防护道岔位置正确，并锁闭进路中道岔及防护道岔，敌对信号不应开放，不检查超限界绝缘相邻区段空闲及进路中区段空闲。引导总锁闭应锁闭咽喉区的全部道岔，包括到发线上的中岔，允许开放本咽喉的引导信号。

3. 进路的解锁

(1)任何操作不应使占用的区段解锁。

(2)列车、车列驶入进路内方后，任何操作不应使进路(除延续进路)中列车、车列运行前方的区段解锁。

(3)进路的解锁应在信号关闭后进行，应按分段解锁或一次解锁方式设计。解锁方式规定为：

①采用分段解锁方式时，锁闭的进路应能随列车、车列的正常运行而自动解锁；有条件的区段均应满足三点检查，延时 3 s 自动解锁；防护接车进路的信号机外方相邻的区段也可作为三点检查的条件之一；

②采用一次解锁方式时，当列车驶过进路，进路中全部区段(不含股道)均满足分段解锁条件后，进路中全部区段一次性同时自动解锁。

(4)在同一咽喉区内进行中途折返调车作业时，在下列条件下调车进路应能实现中途返回解锁：

①当车列驶入调车进路后，因中途折返而使该进路的部分区段不能解锁时，在检查车列确已根据开放的折返信号机驶入该信号机的内方，且出清全部未解锁的区段后，该部分区段应自动解锁；

②当车列驶入调车进路后，因中途折返作业而使该进路全部区段均不能解锁时，在检查车列顺序退出该进路和其接近区段后自动解锁；

③当车列驶入并置信号机内方后，因中途折返作业而使该进路全部区段均不能解锁时，在检查车列确已根据开放的反向并置信号机驶入该信号机的内方，且出清全部未解锁的区段后，该条进路自动解锁。

(5)已锁闭的进路不应因下列原因错误解锁：

①轨道电路瞬时分路不良；

②轨道电路停电恢复、站内轨道电路的室内断路器或轨道发送或接收设备断路再恢复、异物侵限电路动作后恢复延时 13 s 之内。

(6)办理取消进路和人工解锁应符合下列规定：

①办理取消进路时应首先关闭信号，检查进路未在接近锁闭状态、信号机关闭且进路空闲后立即解锁进路，否则进路不应解锁；

②办理人工解锁时应首先关闭信号，若进路未在接近锁闭状态，检查信号机关闭且进路空闲后立即解锁进路：若进路在接近锁闭状态则延时解锁进路，接车进路、正线发车进路人工解锁自信号机关闭时起延时 3 min，经由 18 号以上号码道岔侧向的发车进路人工解锁自信号机关闭时起延时 3 min，其他进路的人工解锁自信号机关闭时起延时 30 s，在延时期间持续检查进路空闲，延时结束后立即解锁进路。

(7)除下列区段外的区段均可采用区段故障解锁方式解锁：

①轨道电路占用区段；

②处于进路内列车、车列走行前方的区段；

③处于接近锁闭状态的进路中信号关闭后相应人工解锁延时时间内的区段。

(8)引导进路建立后，应在人工确认后办理进路人工解锁。

4. 信号

(1)信号开放应符合下列规定：

①正常办理进路或办理了重复开放手续，除引导信号外，防护该进路的信号机应检查其进路空闲、超限界绝缘相邻区段空闲(有道岔将相邻区段与本进路隔开时不检查空闲)、有关道岔位置正确、进路已锁闭、未施行人工解锁、敌对进路未建立以及照查联锁条件正确后方可开放；

②出站信号机、线路所通过信号机开放前需检查区间闭塞条件成立。

(2)一次排列由几条进路组成的组合调车进路，只当其各条进路均构成后，防护各进路的调车信号机由组合调车进路最远端开始依次开放或同时开放。

(3)已开放的信号机于下列情况之一时应及时关闭：

①列车信号，当列车第一轮对进入该信号机内方第一轨道区段时；

②调车信号，当车列全部越过信号机时，或在信号机外方区段留有车辆或信号机外方区段未设轨道电路(无论是否留有车辆)的情况下车列出清内方第一区段时；

③在专用的机走线和机务段出口处以及机待线上的调车信号机，当机车第一轮对进入信号机内方时；

④当进路上的道岔位置、轨道电路等联锁条件不满足时；

⑤出站信号，线路所通过信号机，当区间闭塞条件不成立时；

⑥复示信号机当其主体信号机关闭时；

⑦列车信号，当用于点灯(含指示列车逆向运行的进路表示器点灯)的继电器未能吸起或吸起状态不能被采集到且无法保证室内外显示一致时；

⑧办理取消或解锁进路时；

⑨计算机联锁设备发生系统性故障或检测到其他危险性故障时。

(4)应保证能人工随时关闭开放的信号机。

(5)进站、进路、出站信号机及调车信号机，在信号关闭后，不经再次办理，不应自动重复开放信号。

(6)进站、接车进路信号机因故障不能正常开放信号时，应具备开放引导信号功能。引导信号开放时应办理引导进路、检查引导进路中的道岔和防护道岔位置正确、未建立敌对进路、引导进路在锁闭状态；或者对道岔进行总锁闭。向非接车线路接车时，应建立引导总锁闭后再开放引导信号。开放引导信号应检查该信号机红灯灯丝完好。

(7)引导信号在下列情况下应及时关闭：

①列车未驶入引导进路之前信号保持开放的条件不能满足；

②信号机内方第一轨道区段无故障的情况下，列车第一轮对进入该区段时；

③信号机内方第一轨道区段故障，未能在 15 s 内进行维持开放信号的操作时；

④办理引导进路解锁时；

⑤解除引导总锁闭时；

⑥人工关闭信号时。

(8)信号灯丝监督应符合下列规定：

①列车主体信号机和调车信号机应设灯丝监督；

②在信号开放后，应不间断地检查灯丝完好；

③进站、进路或出站信号机，当开放的信号灯断丝，应自动转变为红灯显示；

④进站和有通过列车的正线出站或进路信号机应检查红灯灯丝完好方能开放；

⑤开放预告或复示信号机时，应不间断地检查其主体信号机在开放状态；

⑥列车信号机及进站、接车进路信号机的复示信号机的点灯电路应具有主、副灯丝的自动转换功能，当主灯丝断丝时，应有表示和报警。

5. 下坡道接车延续进路

(1)建立延续进路不检查区间空闲，闭塞方向电路不应改变方向。

(2)排列接车进路及其延续进路，应依次确定接车进路的始端、终端和延续进路的终端。

(3)进站信号机开放应持续检查接车进路及延续进路上的道岔及防护道岔位置正确并被锁闭、轨道区段及超限界绝缘相邻区段空闲(有道岔将相邻区段与本进路隔开时不检查空闲)、敌对信号未开放。

(4)当延续进路已通向出站口时，如需连续发车，经办理，检查出站信号机开放的条件满足后，即可开放出站信号机。出站信号机开放后，还可随时关闭，但该进路不应解锁。

(5)延续进路的解锁应符合下列规定：

①在正常情况下，在列车头部进入股道 3 min 后，延续进路才能解锁；

②根据需要，在列车完全进入股道，经人工确认列车停稳后，可采取坡道解锁的特殊操作不限时解锁；

③在取消或人工解锁接车进路后，延续进路应按取消进路方式解锁。

(6)引导接车时不设延续进路。

6. 到发线出岔

(1)向有中岔的到发线上排列接车进路，或由有中岔的到发线排列发车进路，中岔应自动转换到规定位置并锁闭，进站或出站信号机才能界放。

(2)当防护该中岔的调车信号机开放时，通向该到发线的接车进路不应建立，但发车进路可以建立。

(3)接车时中岔的解锁应符合下列规定：

①列车全部进入到发线并按顺序通过中岔，中岔应自动解锁；

②列车全部进入到发线，但未压入中岔区段，中岔应经 3 min 延时后自动解锁；

③列车全部进入到发线，占用中岔区段，该中岔应经 3 min 延时并在列车出清后自动解锁；

④取消或人工解锁接车进路时，需待接车进路解锁后，中岔才能解锁。

(5)发车时中岔的解锁应符合下列规定：

①出发列车全部出清到发线，中岔应立即自动解锁；

②无岔区段留有车辆时，列车出清出站信号机内方第一区段后，中岔才能解锁；取消或人工解锁发车进路时，中岔和发车进路应同时解锁。当中岔区段有车占用时，应保留区段锁闭。

(二)平面溜放调车(单钩溜放)

1. 溜放进路应由牵出线通向某一股道或某指定线路的所有调车进路组成。

2. 当满足下列条件时，才能开放调车信号机的允许溜放信号：

(1)溜放进路建立后；

(2)溜放进路具有退路锁闭;

(3)溜放方向的调车信号机外方有车列时,或退路方向的调车信号机内方直至牵出线路末端空闲时。

3. 溜放信号的关闭时机为:

(1)当车列全部越过溜放方向的调车信号机时;

(2)当车列在该信号机内方区段分钩并出清后,该信号机及其外方溜放方向的所有信号机均关闭。车组所跨调车信号机及其运行前方的调车信号机继续保持溜放信号,与是否取消溜放无关,直至车组越过该信号机;

(3)当机车进入退路方向的信号机内方时,该信号机关闭;

(4)取消溜放时,除在行车组所跨的调车信号机及其运行方向前方的调车信号机外,其他所属调车信号机均关闭。

4. 溜放进路的解锁应符合下列规定:

(1)分钩时自分钩区段前方第一架溜放方向调车信号机内方的进路应随溜放车组的走行分段解锁:若分钩点为溜放方向调车信号机内方第一区段,则该信号机防护的进路亦随溜放车组的前进分段解锁;若分钩点非信号机内方第一区段,则该信号机防护的进路与该信号机外方至牵出线的溜放退路进路相同,当车列退行至信号机外方时该信号机防护的进路按中途返回方式解锁。

(2)通向股道的调车信号机,当机车车列驶入该信号机内方后再全部退回信号机外方,即按分钩处理,该信号机所防护的进路按中途返回解锁,其继续退行出清的进路,亦按中途返回解锁。

(3)取消溜放时经 30 s 后机车车列溜放方向前方空闲的进路解锁,其余进路待机车车列出清后解锁或采取提前解锁方式以便车列及时改变退路

(4)溜放进路不能正常解锁时,可施行区段故障解锁。

5. 溜放进路的办理有单办和储存两种方式。当采用储存方式时,区段解锁后道岔延时转换,且在该溜放区内不准许同时办理其他列、调车进路或其他溜放进路。

四、办理闭塞机复原

(一)正常复原

1. 双线半自动闭塞的车站办理复原

电锁器联锁的车站,开放信号后因故需取消闭塞时,车站值班员须通知发车人员、司机,确认列车没有出发,关闭出站信号,按下闭塞按钮使发车表示灯亮黄灯,即可通知接车站取消闭塞;然后由接车站值班员登记破封,拉出故障按钮,再拉出闭塞按钮,办理区间复原。

2. 单线半自动闭塞的车站办理复原

(1)如发车站已请求发车(发车表示灯亮黄灯),需要取消闭塞时,经两站车站值班员联系同意后,由发车站拉出闭塞按钮(或按下复原按钮),两站表示灯熄灭,闭塞机复原。

(2)如接车站已按下闭塞按钮(发车表示灯亮绿灯),但发车站未开放出站信号机时,亦由发车站拉出闭塞按钮(或按下复原按钮),闭塞表示灯熄灭,闭塞机复原。

(3)如开放出站信号机后,需取消闭塞时,集中联锁的车站,经两站联系,发车站值班员确认列车没有出发,关闭出站信号机,拉出闭塞按钮(或按下复原按钮),双方闭塞表示灯熄

灭，闭塞机复原；电锁器联锁的车站，双方站车站值班员确认列车没有出发，由发车站值班员，登记破封，使用事故按钮办理复原。

（二）故障复原

在半自动闭塞区间，遇接车站轨道电路发生故障、闭塞设备停电后恢复供电、列车因故退回原发车站、接车站使用引导方式接车或因故使用调车方式接车时需使用故障按钮办理闭塞机复原。

需要使用故障按钮时，两端站车站值班员应共同确认区间空闲，由使用站向列车调度员请求。当列车未出发时，由发车站办理；列车到达接车站（包括因故退回原发站）时由接车站办理；停电后恢复供电时，由发生站办理。列车调度员在查明区间空闲后，应向区间有关两端站的车站值班员同时发布调度命令。

五、区间占用逻辑检查设备

（一）设备原理

自动闭塞区间，继电式逻辑检查按列车运行在区间正方向运行时，根据闭塞分区列车占用、出清的顺序关系，对区间闭塞分区的状态进行逻辑判定。

继电式逻辑检查按照闭塞分区占用逻辑检查原则进行状态的判定。闭塞分区包括空闲、正常占用、故障占用、占用丢失四种状态。

空闲状态：表示列车未占用该闭塞分区、且闭塞分区轨道电路所反映的线路状态为空闲；

正常占用状态：表示列车占用该闭塞分区、且闭塞分区轨道电路所反映的线路状态为占用；

故障占用状态：表示列车未占用该闭塞分区、但闭塞分区轨道电路所反映的线路状态为占用；

占用丢失状态：表示列车占用该闭塞分区、但闭塞分区轨道电路所反映的线路状态为空闲。

当正常占用的闭塞分区轨道电路恢复空闲，而其区间闭塞方向前方闭塞分区轨道电路未被正常占用时，判定该闭塞分区为占用丢失，逻辑检查人工解锁盘给出声光报警。

当继电式逻辑检查电路判断闭塞分区出现占用丢失时，继电式逻辑检查自动对该闭塞分区进行安全防护，防护该闭塞分区的通过信号机点亮红色灯光（出站第一离去区段占用丢失时为出站信号机不能开放），同时将该闭塞分区轨道电路点亮红光带。根据本次列车的运行以及前方闭塞分区逻辑状态，继电式逻辑检查可自动解除对该占用丢失闭塞分区的安全防护状态闭塞分区占用丢失逻辑检查报警自动或人工解除后，防护该闭塞分区的信号机、闭塞分区轨道区段状态和码序恢复正常。

（二）继电式逻辑检查人工解锁盘

继电式逻辑检查人工解锁盘有关灯光及按钮，如图 4-2-1 所示。

QGJD（区间轨道继电器状态表示灯）：绿灯亮表示区间轨道电路设备输出闭塞分区空闲信息；绿灯熄灭表示区间轨道电路设备输出闭塞分区占用信息。

BJD（报警灯）：红灯点亮表示本闭塞分区出现逻辑检查报警；红灯熄灭表示本闭塞分区

无逻辑检查报警。

图 4-2-1　继电式逻辑检查人工解锁盘有关灯光及按钮

BJDL(报警电铃):本站所辖各区间线路对应的闭塞分区产生逻辑检查报警时鸣响。

OLA(切断电铃按钮):常态处于拉出状态;其拉出/按下用于切换 BJDL 的鸣响/静音状态。

RJA(人工解锁按钮):当对应的闭塞分区 QGJD 绿灯亮并出现逻辑检查报警时,按下 RJA 后,其 RJD 黄灯点亮,解除该闭塞分区的防护状态及报警状态;解除防护状态后,报警灯熄灭,其防护信号机(出站信号机除外)自动改点允许灯光。

GBA(关闭按钮):用于关闭对应区间线路的逻辑检查功能。其对应 GBD 为红灯(常态熄灭),GBA 按下时,对应区间 RJD 黄灯点亮,GBD 红灯点亮产生逻辑检查报警时,BJD(报警灯)红灯点亮,QGJD(区间轨道继电器状态表示灯)绿灯亮,表示该闭塞分区发生占用丢失。

(三)自动闭塞区间继电式逻辑检查的防护功能不适用的情况

1. 列车跨压区间通过信号机时,其尾部所在的轨道区段占用丢失。

2. 列车紧追踪运行时,后续列车所在的闭塞分区占用丢失。

3. 列车在本闭塞分区占用丢失,且列车前方相邻闭塞分区同时发生故障占用。

4. 列车断钩或分部运行时,遗留车辆所在的闭塞分区同时处于占用丢失状态。

5. 区间反方向行车。

6. 发车站正向发车进路最后一个轨道区段占用丢失。

7. 接车站正向接车进路第一轨道区段占用丢失。

8. 闭塞分区占用丢失、故障占用、通过信号机(进站信号机)红灯断丝等故障构成的多重故障

(四)区间占用逻辑检查报警时的行车处置

1. 车站值班员(应急值守人员)发现闭塞分区占用丢失逻辑检查报警后,应立即通过逻辑检查人工解锁盘或 CTC 确认发生报警的闭塞分区和列车车次,通知已进入区间的后续列车立即停车,报告列车调度员,不再向该区间放行列车,联系发生占用丢失的列车司机,询问列车位置及现场情况,及时通知电务部门并在行车设备检查登记簿内登记。此种情况下该闭塞分区出现的轨道电路红光带,不通知工务部门检查。

2. 闭塞分区占用丢失逻辑检查报警自动解除后,车站值班员(应急值守人员)根据电务

人员“×闭塞分区电务设备正常”的登记，报告列车调度员，恢复正常行车。

区间发生占用丢失逻辑检查报警的列车完整到达前方站（线路所）后，闭塞分区逻辑检查报警仍未自动解除时，车站值班员（应急值守人员）根据电务人员“×闭塞分区电务设备正常”的登记，确认该闭塞分区空闲后，在逻辑检查人工解锁盘上人工解锁该逻辑检查报警，报告列车调度员，恢复正常行车。存在设备故障时，车站值班员（应急值守人员）报告列车调度员，并根据设备部门登记的行车限制条件组织行车。

3. 闭塞分区出现占用丢失逻辑检查报警后，遇逻辑检查人工解锁盘停电或接到电务人员逻辑检查设备停电的报告，车站值班员（应急值守人员）应立即通知已进入区间的后续列车停车，待该闭塞分区至前方站（线路所）间空闲后，方可通知后续列车逐列恢复运行至前方站（线路所），指示后列恢复运行前必须确认前列已完整到达前方站（线路所）。区间空闲后停电恢复前，按站间（所间）区间组织行车。停电恢复后，车站值班员（应急值守人员）根据电务人员逻辑检查设备恢复正常的登记，报告列车调度员，恢复正常行车。

4. 任何人员不得随意关闭区间占用逻辑检查设备。

遇区间施工（维修）、设备故障检查处理、区间救援、反方向行车、列车区间退行（返回）、越出站界调车、引导接车、未开放列车信号发出列车等情况时，可根据需要关闭该区间逻辑检查报警功能。有关施工（维修）结束、设备故障检查处理结束、相关行车作业完毕且列车或车列已全部到达车站、区间反方向改回正方向后，必须及时启用区间占用逻辑检查报警功能。区间占用逻辑检查报警功能关闭或开启后，车站值班员（应急值守人员）应及时报告列车调度员。

由于未关闭该区间逻辑检查报警功能，遇上述情况出现闭塞分区占用丢失逻辑检查报警时，由车站值班员（应急值守人员）确认该闭塞分区空闲后，在区间逻辑检查人工解锁盘上人工解锁该逻辑检查报警，不通知电务部门检查。

5. 遇电务设备施工（维修）等需停用区间逻辑检查功能时，应在施工（维修）计划中注明。相关施工（维修）作业开始前和结束后，电务部门应及时关闭和开启该区间的逻辑检查功能。遇设备故障检查处理需停用区间逻辑检查功能时，由电务部门按规定登记后在逻辑检查人工解锁盘上办理，车站值班员（应急值守人员）应报告列车调度员；设备恢复后遗留逻辑检查报警时，电务部门在逻辑检查人工解锁盘上人工解锁该逻辑检查报警。

车站值班员（应急值守人员）关闭或开启区间逻辑检查功能时，须在行车设备检查登记簿内登记，并经值班干部或指定人员同意后方可操作。

6. 逻辑检查功能开启/关闭时，应以区间为单元，两端站车站值班员（应急值守人员）按操作权限分别进行开启/关闭操作。

7. 区间发生逻辑检查报警时，车站值班员（应急值守人员）不得进行改变该区间闭塞方向的操作。

8. 车站值班员（应急值守人员）不能通过区间逻辑检查人工解锁盘进行有关操作时，应立即通知电务部门，报告列车调度员，并在行车设备检查登记簿内进行登记。

六、报警信息处置

助理值班员（内勤）通过信号操作终端监视各种报警信息，及时发现信号、联锁、闭塞设备故障，并及时向车站值班员汇报。

(一)挤岔报警

1. 故障现象:挤岔表示灯亮灯,电铃长鸣(计算机联锁控制台为语音报警)而道岔不能转换到所需位置。

2. 了解事项:进路上一副或多副道岔定反位一个位置无表示或定反位同时无表示。

3. 作业要点:道岔失去表示超过系统规定的时间,需检查相应道岔,应及时将道岔恢复原来位置,汇报车站值班员扣停相关列车和停止调车作业。

(二)信号非正常关闭报警

1. 故障现象:进路上轨道电路故障、道岔失去表示、防护道岔被摇动,机车车辆侵入等。

2. 了解事项:信号机在信号开放后因信号保持条件不满足而关闭。

3. 作业要点:确认关闭的信号及关闭的原因;此故障影响哪些信号机的正常作业;汇报车站值班员扣停相关列车和停止调车作业。

(三)灯丝报警

1. 故障现象

当信号机灯泡主副灯丝均断丝时。未设灯丝转换设备的调车信号机,当灯丝断丝时。

2. 了解事项

(1)进站、进路信号机表示灯:当信号机显示的红色灯光熄灭时,表示灯闪红灯;当信号机显示的绿色灯光或黄色灯光熄灭时,表示灯绿灯熄灭变为红灯;当引导信号开放后月白色灯光熄灭时,表示灯闪白灯。

(2)出站兼调车信号机表示灯:当信号机显示的红色灯光熄灭时,表示灯闪白灯;当信号机开放后显示的绿色灯光或白色灯光熄灭时,表示灯绿灯或白灯熄灭。

(3)调车信号机表示灯当信号机显示的蓝色灯光熄灭时,表示灯闪白灯;当信号机开放后显示的白色灯光熄灭时,表示灯白灯熄灭。

3. 作业要点

(1)当信号机主灯丝断丝转亮副灯丝时,控制台上断丝表示灯亮红灯,同时电铃响起报警(计算机联锁控制台为语音报警)。点击切断断丝电铃按钮,电铃停响。车站值班员应立即通知信号工区检查处理。修复后,表示灯红灯熄灭。电铃又响。拉出按钮即恢复正常。

(2)断丝表示灯亮红灯时,应立即报告车站值班员通知电务工区前来检查处理。如控制台上进站(出站)信号机表示灯均能正常显示时,进站(出站)信号机均可正常使用。如到发线出站信号机表示灯红灯熄灭而绿灯可以正常显示时,仍可开放出站信号机发车。正线出站信号机显示的红色灯光熄灭时,应不能开放该信号机。如进站信号机红灯熄灭时,则应改用手信号引导接车。

七、道岔操纵规定

1. 天窗点外检查、试验等需转换道岔

工务、电务驻站联络员应向车站值班员提出申请,并在车站行车设备检查登记簿登记(处置道岔故障需操纵试验时可口头申请),经车站值班员同意后由车站行车人员负责操纵转换道岔。

2. 维修天窗作业

(1)电务垂直天窗及单线区段不划分区域的电务站内天窗作业,天窗点时段内需操纵道岔时,均由电务人员负责,不再登记行车设备检查登记簿。

(2)除电务垂直天窗及单线区段不划分区域的电务站内天窗外的其他天窗(V形、站控天窗等)作业,如需转换道岔,电务驻站联络员应向车站值班员提出申请,并在车站行车设备检查登记簿登记,经车站值班员同意后由车站行车人员负责操纵转换道岔(自轮运转特种设备作业区域内的道岔禁止操纵转换)。

(3)仅工务单位作业,且无作业车配合,天窗点内如需转换道岔时,工务驻站联络员应向车站值班员提出申请,并在车站行车设备检查登记簿登记,经车站值班员同意后由车站行车人员负责操纵转换道岔(另有规定时除外)。

3. 施工天窗作业

(1)信号施工天窗作业

①全站信号停用的电务施工作业,根据调度命令下达的施工命令起止时间,电务部门在该时间段内可对接、发列车进路以外的道岔(防护道岔除外)进行操纵转换,禁止转换影响接发列车进路的道岔以及防护道岔。

②车站局部信号停用的电务施工作业,如需转换道岔,电务驻站联络员应向车站值班员提出申请,并在车站行车设备检查登记簿登记,经车站值班员同意后由车站行车人员负责操纵转换道岔。

③电务关门点内进行道岔操纵以及信号试验均由电务部门负责,不再登记行车设备检查登记簿。

(2)综合施工天窗作业

①涉及电务与其他部门的综合施工天窗作业,工务、电务部门如需转换未封锁的道岔时,工务、电务驻站联络员应向车站值班员提出申请,并在车站行车设备检查登记簿登记,经车站值班员同意后由车站行车人员负责操纵转换道岔;电务部门如需转换已封锁的道岔时,须得到道岔封锁单位的准许,并经车站值班员同意后由电务人员负责操纵转换道岔(自轮运转特种设备作业区域内的道岔禁止操纵转换)。

②电务关门点内进行道岔操纵以及信号试验均由电务部门负责,不再登记行车设备检查登记簿。

第二节　助理值班员(内勤)非正常接发列车作业

一、交流临时停电和恢复供电

1. 停电时。

停电表示灯亮红灯,电铃长鸣时,应按下停电切断按钮。此时,铃声停止。

2. 恢复供电时。

(1)停电表示灯红灯熄灭,电铃再度长鸣,应拉出切断电铃按钮。此时,铃声停止,控制台全部恢复正常状态,可按正常方法办理接发列车。

(2)进站(出站)信号机开放后,突然停电,如信号机自动关闭后又恢复供电时,应待进路解锁后，重新开放信号机。

(3)半自动闭塞车站，发车闭塞办妥后，突然停电，如又立即恢复供电，闭塞表示灯亮红灯时，应使用闭塞故障按钮复原。

3. 凡出现上述情况，车站值班员应立即通知电务工区和供电工区前来检查处理，在电务恢复设备正常使用的销记或登记停用内容、影响范围、行车限制条件前，不得办理行车。如停电后控制台轨道电路出现红光带(灯)时，可不通知工务工区检查处理。

二、控制台断丝表示灯着灯

断丝表示灯亮红灯时(计算机联锁信号操作终端有语音报警及文字提示)，应立即通知电务工区前来检查处理，如控制台上进站(出站)信号机表示灯均能正常显示时，进站(出站)信号机均可正常使用。如出站信号机表示灯红灯熄灭而绿灯可以正常显示时，仍可开放出站信号机发车。如进站信号机红灯熄灭时，则应改用手信号引导接车。

三、进路表示光带(灯)灭灯

进路表示光带(灯)灭灯时，进站(出站)信号机可继续使用。车站值班员应通知电务工区派员前来检查处理，排列进路前，应通过道岔定(反)位灯光确认线路开通状态。

四、控制台上进站、出站、进路信号机表示灯灭灯

1. 进站(进路)信号机表示灯。

(1)红灯灭灯时，开放进站(进路)信号机后，绿(黄)灯亮灯时，可继续使用；

(2)红灯亮灯时，开放进站(进路)信号机后，红灯灭灯，绿(黄)灯无显示时，也可继续使用。

2. 出站(进路)信号机开放后，控制台上无显示时，确认地面信号机显示正确后，可继续使用。

3. 凡出现上述情况，车站值班员应在行车设备检查登记簿内登记，并及时通知电务工区前来检查处理。

复习思考题

1. 哪些进路规定为敌对进路？
2. 自动闭塞区间继电式逻辑检查的防护功能有哪些不适用的情况？
3. 引导信号在哪些情况下应及时关闭？
4. 控制台断丝表示灯着灯如何处理？
5. 控制台上进站、出站、进路信号机表示灯灭灯时如何处理？

第三章　助理值班员(外勤)接发列车作业

本章是介绍助理值班员(外勤)正常接发列车和非正常接发列车的相关要求。为保证列车运行的安全,车站接发车人员应及时出务立岗接车,监视列车运行和货物装载状态。通过本章学习,使助理值班员(外勤)掌握接发列车作业程序,正确使用技术设备,办理接发列车作业及相关应急处置,保证列车运行安全正点。

第一节　助理值班员(外勤)正常接发列车作业

一、检查接车线路空闲

为了防止向占用线路接车,必须在接车前认真检查、确认接车线路空闲。检查到发线时,应检查全线路有无机车车辆占用及有无障碍物。

接车线路空闲系指接车线无施工封锁,无机车、车辆占用或无办理的进路。

确认方法为:

1. 在设有轨道电路的处所,通过信号操作终端上股道占用红光带或股道占用表示灯确认,此外,还需要注意现场确认有无轻型车辆。

2. 未设轨道电路或轨道电路发生故障时,由接发车人员现场确认接车线路是否空闲。

3. 查看股道占用揭示板(簿)。

助理值班员(外勤)应将检查情况及时使用列车无线调度通信设备报告车站值班员,并听取车站值班员应答后,方可按规定返回原岗位。

二、监视列车运行和货物装载状态

接发列车时,接发车人员应携带列车无线调度通信设备、持手信号旗(灯),站在规定地点接送列车,注意列车运行和货物装载状态。发现旅客列车尾部标志灯光熄灭时,通知车辆乘务员进行处理。在自动闭塞区段,通知不到时,应使列车停车处理。发现货物装载状态有异状时,及时处理;发现货物列车列尾装置丢失时,应报告列车调度员,使列车在前方站停车处理。

货物列车列尾装置丢失时,应报告列车调度员,列车调度员应使列车在前方站停车处理。接发车人员发现货物列车尾部制动软管未吊起时,应立即报告车站值班员转报列车调度员。列车调度员应立即安排列车在前方站停车,列车停车后,车站值班员应立即指派有关人员核对最后一辆车的车号,车号不对时,还应核对辆数。确认车号或辆数正确,由车站派人补吊软管后,列车方准继续运行。

对动车组列车、自轮运转特种设备及不挂车的单机,助理值班员(外勤)可不接送列车,其他列车助理值班员(外勤)应接送列车(另有规定时除外)。

当不能从设备上确认列车接近车站、进站和出站时，接发车人员应及时向车站值班员报告列车进出站情况，报告的时机、内容、用语按有关规定执行。单机挂车时，由于可以不挂列尾装置，还应根据车站值班员布置的挂车辆数，认真确认。车站值班员通过上述报告，以确认列车的整列出发与到达。

三、确认信号，确认列车发车条件

动车组以外的列车在车站发车前，有关人员应做到：确认发车进路准备妥当、行车凭证已交付、出站（进路）信号机开放正确，亲自确认或得到有关人员关于旅客上下完毕、行包装卸完了、列检作业完毕并已撤除防护信号等，完全具备发车条件后，具备使用列车无线调度通信设备发车时，应使用列车无线调度通信设备发车，无法使用列车无线调度通信设备发车时，应通知司机，并使用手信号发车。

挂有专用警卫包车的旅客列车发车时，发车条件具备后，助理值班员（外勤）还必须得到车站接车领导同意发车的指示，方可按规定发车。

四、组织换挂机车

由车站人员组织换挂机车，列车到达车站停车后，机车乘务员必须使列车保持制动保压状态。摘开机车前，有关作业人员必须确认列车停妥、按规定采取防溜措施后，方可摘解软管和提钩摘车。其机车与车辆之间车钩连挂、软管（指制动软管摘结）的工作分工按下列规定：

1. 机车与第一辆车的车钩连挂分工：由机车乘务员负责。但是遇单班单司机值乘的，由列检人员负责；无列检作业的列车，由车辆乘务员负责；无车辆乘务员的列车，由车站人员负责。

2. 机车与列车第一辆车的车钩摘解分工：由列检人员负责。无列检作业的列车，由机车乘务员负责；单班单司机值乘的，由车辆乘务员负责，无车辆乘务员的，由车站人员负责。

3. 机车与第一辆车的软管摘解、连结分工：由列检人员负责。无列检作业的列车，软管摘解由机车乘务员负责，单班单司机值乘的由车辆乘务员负责，无车辆乘务员的，由车站人员负责；软管连结由车辆乘务员负责，无车辆乘务员的列车，由机车乘务员负责，单班单司机值乘的由车站人员负责。

五、接发列车手信号的使用

手信号旗的手持方法及不持信号旗人员手信号显示规定：

在显示手信号时，凡昼间持有手信号旗的人员。应将信号旗拢起，左手持红旗，右手持绿旗（扳道员右手持黄旗）。不持手信号旗的人员徒手按各该条规定方式显示信号。

显示手信号的要求：

行车有关人员显示手信号时必须严肃认真，要位置适当、正确及时、横平竖直、灯正圈圆、角度准确、段落清晰。

（一）列车运行手信号

列车运行时，有关人员应遵守下列手信号的显示：

1. 停车信号：要求列车停车。

昼间——展开的红色信号旗；夜间——红色灯光。

昼间无红色信号旗时，两臂高举头上向两侧急剧摇动；夜间无红色灯光时，用白色灯光上下急剧摇动。

昼间、夜间停车信号分别如图 4-3-1、图 4-3-2 所示。

图 4-3-1　昼间停车信号

图 4-3-2　夜间停车信号

2. 减速信号：要求列车降低到要求的速度。

昼间——展开的黄色信号旗；夜间——黄色灯光。

昼间无黄色信号旗时，用绿色信号旗下压数次；夜间无黄色灯光时，用白色或绿色灯光下压数次。

昼间、夜间减速信号分别如图 4-3-3、图 4-3-4 所示。

图 4-3-3　昼间减速信号

图 4-3-4　夜间减速信号

3. 发车信号：要求司机发车。

昼间——展开的绿色信号旗上弧线向列车方面作圆形转动；夜间——绿色灯光上弧线向列车方面作圆形转动（如图 4-3-5 所示）。

在设有发车表示器的车站，按发车表示器显示发车。

4. 通过手信号：准许列车由车站（场）通过。

昼间——展开的绿色信号旗；夜间——绿色灯光（如图 4-3-6 所示）。

5. 引导手信号：准许列车进入车场或车站。

昼间——展开的黄色信号旗高举头上左右摇动；夜间——黄色灯光高举头上左右摇动

（如图 4-3-7 所示）。

图 4-3-5　发车信号

图 4-3-6　通过手信号

6. 特定引导手信号显示方式：昼间为展开绿色信号旗高举头上左右摇动，夜间为绿色灯光高举头上左右摇动（如图 4-3-8 所示）。

图 4-3-7　引导手信号

图 4-3-8　特定引导手信号

7. 接发列车手信号显示及收回时机。

（1）通过手信号：自列车头部进入接车线前、线路所为能看到列车头部时起，至列车头部越过显示地点后止。

（2）发车信号：自列车完全具备发车条件后起，至列车起动后止。

（3）引导手信号：自列车接近站外制动距离时起至列车头部越过显示地点后止。

（二）试验列车自动制动机的手信号

车站人员显示下述信号时，昼间可用拢起的信号旗代替。司机应注意瞭望试验信号，并按规定回答。

如列车制动主管未达到规定压力，试验人员要求司机继续充风时，按照缓解的信号同样显示。试验列车自动制动机的手信号显示方式如下：

1. 制动

昼间——拢起的信号旗高举头上；夜间——白色灯光高举。

2. 缓解

昼间——拢起的信号旗在下部左右摇动；夜间——白色灯光在下部左右摇动 。

3. 试验结束

昼间——拢起的信号旗作圆形转动；夜间——白色灯光作圆形转动。

(三)听觉信号分类及意义

听觉信号，长声为 3 s，短声为 1 s，音响间隔为 1 s。重复鸣示时，须间隔 5 s 以上。

机车、自轮运转特种设备作业中提示注意、相互联系等应使用通信设备方式。遇联系不通或危及行车人身安全时，应采用鸣笛方式；行车人员及调车人员应采用口笛、号角鸣示方式，见表 4-3-1。

表 4-3-1 机车、自轮运转特种设备鸣笛鸣示方式表

名　称	鸣示方式	使用时机
注意信号	一长声 —	接近鸣笛标、行人时
退行信号	二长声 — —	列车、机车车辆、单机开始退行，遇通信设备联系不通时
召集信号	三长声 — — —	要求防护人员撤回，遇通信设备联系不通时
牵引信号	一长一短声 — ·	途中本务机车要求补机牵引运行，遇通信设备联系不通时(补机应以同样信号回答)
惰行信号	一长二短声 — · ·	本务机车要求补机惰力推进或要求补机断开主断路器，遇通信设备联系不通时(补机应以同样信号回答)
途中降弓信号	一短一长声 · —	电力机车双机牵引中，本务机车司机要求补机降下受电弓，遇通信设备联系不通时(补机须以同样信号回答)
途中升弓信号	一短二长声 · — —	电力机车双机牵引中，本务机车司机要求补机升起受电弓，遇通信设备联系不通时(补机须以同样信号回答)
呼唤信号	二短一长声 · · —	1. 机车要求出入段，遇通信设备联系不通时 2. 在车站要求显示信号，遇通信设备联系不通时
警报信号	一长三短声 — · · ·	发现线路有危及行车安全的不良处所时
试验自动制动机及复示信号	一短声 ·	1. 试验制动机开始减压，遇联系不通时 2. 接到试验制动结束的手信号，回答试风人员，遇联系不通时 3. 调车作业中，表示已接受调车长所发出的手信号，遇联系不通时
缓解及溜放信号	二短声 · ·	1. 试验制动机缓解，遇联系不通时 2. 要求列车乘务组缓解人力制动机，遇通信设备联系不通时 3. 复示溜放调车信号，遇通信设备联系不通时
拧紧人力制动机信号	三短声 · · ·	1. 要求列车乘务组拧紧人力制动机时 2. 要求就地制动时
紧急停车信号	连续短声 · · · · · · ·	司机发现(或接到通知)邻线发生障碍，向邻线上运行的列车发出紧急停车信号时。邻线列车司机听到此种信号后，应紧急停车

第二节 助理值班员(外勤)非正常接发列车作业

一、手摇道岔程序

1. 了解事项:道岔类型、加锁、紧固的数量及位置。

2. 作业要点(以分动外锁闭道岔为例):

第一步“看”:一看道岔尖轨(心轨)开通位置,是直股还是曲股,是否需要摇动;二看转辙机分布位置。

第二步“摇”:

一开:打开转辙机防尘罩(分动外锁闭道岔开关锁防尘盖钥匙“蝶头”垂直插入向里压紧左转 90°断开遮断开关,取出钥匙,打开手摇把挡板,钥匙“蝶尾”一端方孔插入盖板右转);二插入:由摇把孔插入手摇把摇动[多人摇动时按统一速率向左(右)统一进行摇动],听到“咔嚓”声后,停止摇动。

第三步“检”:检查尖轨密贴于基本轨(心轨密贴于翼轨)道岔开通直(曲)股位置正确。

第四步“锁”:分动外锁闭道岔勾锁器应加在指定的加锁、紧固位置,应对密贴尖轨、斥离尖轨和可动心轨加锁、紧固,(内锁闭道岔为第一连接杆左右不超过 0.5 m 处),向车站值班员逐个报告进路上及邻线上防护道岔正确开通,道岔已按规定加锁、紧固。

第五步“确认”:未设进路检查人员或引导员时再次检查,确认道岔开通直(曲)股位置正确,已按规定加锁、紧固后报告车站值班员(办理发车时按车站值班员的指示与助理值班员对道)。

二、发现车辆故障处置

1. 车站值班员接到或发现列车因制动梁脱落、列车有异响(不含货物列车一般抱闸情形产生的异响)等情况时,应立即通知司机停车,并立即报告列车调度员。

2. 列车停车后,车站值班员指派助理值班员(外勤)查看了解异响发生地点前后各 200 m 线路轨枕上有无刮痕,如有刮痕时,助理值班员(外勤)(有车辆乘务员时为车辆乘务员;回送客车底列车无车辆乘务员时,为车辆押运人员)应逐辆检查制动梁是否脱落。如是制动梁脱落,用铁丝吊起制动梁后方可开车。列车到达车站后,将故障车辆摘车处理。未发现异状时,车站值班员向列车调度员汇报,列车可运行至前方站停车处理。

三、进路表示器发生故障

1. 助理值班员(外勤)发车时发现进路表示器故障时,应与车站值班员再次核对确认进路、方向是否正确,并将进路表示器故障的情况向车站值班员汇报,核对正确后口头通知司机进路表示器故障。

2. 列车由车站(场)出发,司机发现进路表示器灭灯时,通知车站值班员。车站值班员确认进路正确,通知司机,司机根据车站值班员的通知开车。

3. 通过列车司机发现进路表示器灭灯时,可凭出站(通过)信号机显示的允许运行的信号通过,同时将进路表示器的故障情况报告车站值班员。

四、列车在站内临时停车

1. 司机主动停车时，自行起动列车。

司机主动停车指司机发现危及行车或人身安全的情况等原因主动停车时，等停车原因消除后，由司机自行起动列车，车站不再发车。

2. 其他列车乘务人员使用紧急制动阀（紧急制动装置）停车时，由车辆乘务员（随车机械师）通知司机开车。

司机以外的列车乘务人员使用紧急制动阀（紧急制动装置）使列车停车，由车辆乘务员（随车机械师）查明情况消除隐患后，通知司机开车，车站不再发车。

3. 车站接发车人员使列车在站内临时停车时，由车站按规定发车（动车组列车由车站通知司机开车）。

车站接发列车人员因发现货物装载问题、车辆抱闸等原因通知列车在站内临时停车的，等停车原因消除后，由车站按规定程序发车；动车组列车不需要车站发车，因此由车站通知动车组列车司机开车。

4. 因其他原因临时停车，由车站值班员组织司机、车辆乘务员（随车机械师）共同查明原因，恢复运行条件后，由车站按规定发车；动车组列车不需要车站发车，因此由车站通知动车组列车司机开车。

五、制动软管皮圈漏风

1. 接到车站值班员通知，××次列车充不满风，对××次列车制动主管进行检查。

2. 按规定着装，携带备品及无线风压监测仪，按规定走行路线行走，到达××次本务机车停留位置，从前向后逐辆检查。

3. 发现第×位车辆后端制动软管密封圈翻起漏风，通知司机需进档处理，请勿移动。

4. 以展开的红色信号旗（红色灯光）向司机显示防护信号，进入车档，严格执行“一关前二关后三摘软管”进行检查，必要时更换制动软管皮圈，重新连接制动软管，打开折角塞门，确认无异状，退出车档，撤除防护信号。

5. 继续检查直至列车尾部，确认其他车辆制动软管状态良好。通知司机制动主管漏风处理完毕。

6. 报告车站值班员××次制动主管漏风处理完毕。根据车站值班员的布置，进行试风作业。

六、人力制动机未松开或人力制动机紧固器未撤除处置

1. 助理值班员（外勤）接到车站值班员的通知，××次列车疑似抱闸，协助司机进行处理。

2. 按规定着装，携带备品，按规定走行路线行走，对车辆进行检查。发现机后第×位车辆人力制动机未松开（人力制动机紧固器未撤除），报告车站值班员，根据车站值班员的指示通知司机需进车档处理。

3. 以展开的红色信号旗（夜间为红色灯光）向司机显示防护信号后，进入车档处理：

（1）撤除人力制动机登上人力制动机踏板台时（低于车钩下平面的人力制动机踏板台除

外),必须使用安全带,做到“上车先挂钩”“下车先摘钩”。不能使用安全带的车辆,作业时必须选好站立地点。

(2)撤除人力制动机紧固器后,必须确认车辆缓解状态,检查人力制动机拉杆与拉杆托架滚轴是否“卡滞”。

(3)确认人力制动机松开、闸链松弛,退出车档撤除防护信号后通知司机。

4. 与司机共同确认车辆状态良好,具备运行条件。

5. 向车站值班员报告××次列车问题处理完毕,并将人力制动机未松开(人力制动机紧固器未撤除)的车辆车号汇报车站值班员。

七、尾部车辆制动软管未吊起

1. 助理值班员(外勤)接到车站值班员“××次列车尾部制动软管未吊起”的通知,现场确认并进行处置。

2. 按规定着装,携带备品,携带铁丝,按规定走行路线行走,到达××次列车尾部,确认最后一位车辆车号,与车站值班员核对尾部车号正确。

3. 确认列车暂不移动,补吊尾部车辆软管,制动软管吊起高度不低于车钩下平面,报告车站值班员。

八、加挂防护红灯

(1)接到车站值班员×进站信号机灯光熄灭或遮住(信号机灭灯),为便于司机确认该信号机位置,夜间在信号机柱加挂信号灯的通知,破封打开备品箱,取出备用信号灯,红色灯光试验良好。

(2)按规定着装,携带备品、备用信号灯,按规定走行路线行走,到达××进站信号机处。

(3)在信号机柱距钢轨顶面不低于 2 m 处加挂信号灯,向区间方面显示红色灯光,并确认灯光显示正确。

(4)矮型进站信号机夜间需加挂信号灯时,可将信号灯加挂在信号机遮沿上。

九、显示引导手信号

接到车站值班员手信号引导接车的命令,按车站值班员的指示,办理手信号引导接车。

(1)听取车站值班员的布置后复诵:“×(次)、(×点)×分开过来(了),引导接车”。

(2)按规定着装,携带备品,出务作业,按规定走行路线行走,横越线路,执行人身安全标准。

(3)到达××进站信号机(站界标、引导员接车地点标)一侧前,目视列车接近,向车站值班员报告:“引导人员,×(次)接近”。

(4)确认列车接近站外制动距离后,显示引导手信号,展开的黄色信号旗(夜间为黄色灯光)高举头上左右摇动。

(5)列车头部越过引导地点后,收回引导手信号,按规定走行路线返回。

十、车顶有扒乘人员处置

助理值班员(外勤)接车时,发现车顶有扒乘人员,立即向车站值班员汇报,车站值班员向列车调度员汇报。如不影响安全时，列车可以运行至前方站停车处理；危及安全时，应立即通知司机停车。处置流程如下：

1. 接到现场处理人员“请求停电（登顶）处理”的汇报，车站值班员报告列车调度员：车顶有扒乘人员，请求停电（登顶）处理。

2. 通知供电：××站×道车顶有扒乘人员，请求停电（登顶）处理。

3. 通知车间（站）值班干部、站（段）安全生产指挥中心，通知公安到场处置。

4. 通知司机按规定降弓并确认降弓，按规定在行车设备检查登记簿内登记，将停电处理的地点登记清楚。

5. 向列车调度员申请接触网停电（登顶）的调度命令，确认停电（登顶）命令下达后，助理值班员（内勤）根据车站值班员的布置，按“车站接触网停电道岔锁闭、信号机钮封一览表”将行车限制卡中的关联道岔开通非停电区域单独锁闭，不能通过关联道岔隔开时应将能进入停电区域的信号机按钮进行钮封。

6. 揭挂“停电”表示牌，接触网恢复供电的调度命令下达后摘下。

7. 确认供电部门“××供电单元停电、××已采取接地的安全措施”的登记以及列车调度员发布的停电（登顶）调度命令后，使用列车无线调度通信设备通知现场处理人员：“××接触网已停电并接地，准许登顶作业”。

8. 如无法使用列车无线调度通信设备通知现场处理人员时，应使用调度命令纸（一式两份）指派胜任人员书面通知现场处理人员，在调度命令内容栏内注明“××接触网已停电并接地，准许登顶作业”。现场处理人员收到后应在其中一份调度命令纸上签名、注明时间，并将签名的调度命令纸交还给指派的胜任人员（留存一个月）。

9. 现场突发情况处理结束后，现场处理人员通过具备录音装置的通信设备通知车站值班员：“××突发情况已处理完毕，现场处理人员已撤离”。无法使用具备录音装置的通信设备通知车站值班员时，现场处理人员在接收的调度命令纸内注明“××突发情况已处理完毕，现场处理人员已撤离”并签名，将签名的调度命令交给车站值班员指派的胜任人员。

十一、动车组列车以外的旅客列车需在站内移动（在办客站未完全停靠站台）

1. 司机立即向车站值班员报告停车情况及机车状态。

2. 车站值班员得到客运值班员或助理值班员（外勤）“××次全列车门关闭，请求移动”的通知。

3. 车站值班员通知助理值班员（外勤）向司机显示指示列车移动的调车手信号。

4. 车站值班员通知司机“准许××次凭调车手信号移动”。

5. 助理值班员（外勤）显示调车手信号，指示司机移动列车。

6. 司机按照“准许××次凭调车手信号移动”的通知及助理值班员（外勤）手信号的显示要求，起动列车，将列车停靠至规定位置。

7. 车站主动要求列车移动对货位时，车站值班员告知司机事由，并通知司机“准许××次凭调车手信号移动”。助理值班员（外勤）确认旅客上下、行包装卸停止后，方可显示指示列车移动的调车手信号。

复习思考题

1. 对哪些列车,助理值班员(外勤)可不接送列车?
2. 显示手信号时必须执行哪些要求?
3. 发车手信号、通过手信号、引导手信号如何显示?
4. 列车站内临时停车如何办理?
5. 夜间进站信号机红灯灭灯,如何加挂防护红灯?

参考文献

[1] 佟立本，杨浩．交通运输概论[M]．北京：中国铁道出版社，2001．

[2] 常治平．铁路线路及站场[M]．北京：中国铁道出版社，2006．

[3] 中华人民共和国铁道部．铁路交通事故调查处理规则[S]．北京：中国铁道出版社，2007．

[4] 宋瑞，赵海宽．铁路运输设备[M]．北京：中国铁道出版社，2012．

[5] 中国铁路总公司．铁路技术管理规程(普速铁路部分)[S]．北京：中国铁道出版社，2014．

[6] 中国铁路总公司．铁路技术管理规程(高速铁路部分)[S]．北京：中国铁道出版社，2014．

[7]《技规》条文说明编写组．铁路技术管理规程(普速铁路部分)条文说明[M]．北京：中国铁道出版社，2014．

[8]《技规》条文说明编写组．铁路技术管理规程(高速铁路部分)条文说明[M]．北京：中国铁道出版社，2014．

[9] 中国铁路总公司．铁路超限超重货物运输规则[S]．北京：中国铁道出版社，2017．

[10] 上海铁路局．上海铁路局行车组织规则[S]．北京：中国铁道出版社，2014．

[11] 佟立本．铁道概论[M]．8版．北京：中国铁道出版社有限公司，2020．

[12] 中国国家铁路集团有限公司．中国国家铁路集团有限公司铁路货车统计规则[S]．北京：中国铁道出版社有限公司，2020．

[13] 国家铁路局．铁路接发列车作业[S]．北京：中国铁道出版社有限公司，2021．

[14] 国家铁路局．铁路调车作业[S]．北京：中国铁道出版社有限公司，2021．

[15] 国家铁路局．铁路车机联控作业[S]．北京：中国铁道出版社有限公司，2021．

[16] 中国国家铁路集团有限公司．中国国家铁路集团有限公司铁路运输调度规则(普速铁路部分)[S]．北京：中国铁道出版社有限公司，2022．

[17] 中国国家铁路集团有限公司．中国国家铁路集团有限公司铁路运输调度规则(高速铁路部分)[S]．北京：中国铁道出版社有限公司，2022．